被争夺的
身体

魏玛德国的
生育制度

[德]科尔纳利·厄斯本——著

李尚蓉 施田琪——译

上海人民出版社

献给我的母亲玛莲娜·蒂金（Marlene Tücking, 1919—1984）

海伦纳·斯托克（1869—1943年），是一位女权主义者和性解放运动倡导者，和平主义者，也是保护母亲联盟的领导者。

1925 年 10 月 6 日，一批德国女性政治家代表团来到美国讨论妇女权利问题，在华盛顿国会山的妇女选举权雕像前合影，从左到右分别是：托妮·普菲尔夫（社会民主党），路易丝·施罗德（社会民主党），克里斯汀·特乌施（Christine Teusch）(中央党），克拉拉·门德（Clara Mende）(德国人民党）和图斯内尔达·朗–布鲁曼（Thusnelda Lang-Brumann）（巴伐利亚人民党）。

阿黛尔·施赖伯（1872—1957 年），是妇女权利和性解放运动倡导者，曾于 1920—1924年和 1928—1932 年担任社会民主党的国会代表。

社会民主党为 1919 年国民议会选举制作的宣传海报。文字内容为："母亲！为了我考虑！为社会民主党投票！"

德国国家人民党为 1920 年首届国会选举制作的宣传海报。文字内容为："你的未来岌岌可危。为德国国家人民党投票。"

1928 年 5 月选举中，德国民主党制作的宣传海报。文字内容为："女士们！如果你们关心住房、繁荣和教育，请为德国民主党投票！"

年轻女性手持气球前往或离开舞会时经过勃兰登堡门前。

亚历山德拉·科伦泰（1872—1952年），1918年俄国布尔什维克政府的首位社会福利委员。她在性解放方面的著作对魏玛时期的德国产生了很大影响。

卡尔·阿尔诺德（Karl Arnold）绘制的漫画，图中一位男性化的新女性站在男女厕所前。题注写着："洛特必须做出选择！"

尤利乌斯·恩格尔哈特（Julius Engelhardt）设计的宣传海报，用于宣传"黑色耻辱"（Die schwarze Schmach）运动。但由于被认为过于露骨而未被使用。

《先锋报》的插图，名为"镣铐下的美杜莎"。美杜莎的蛇发中写有所谓的犹太性犯罪者和性学家马格努斯·希尔施费尔德的名字。

《先锋报》的插图，标题为"犹太教徒：异族人的神殿是我们的厕所"。

《女共产党员》(*Die Kommunistin*)1922 年 9 月 1 日刊的封面。说明文字为:"女人如商品!老板:'好吧,亲爱的孩子,你的推荐信和证明书都很好。我没有工作给你。但如果你想成为我的私人秘书,我可以给你一份双倍薪水的工作。'"

柏林的舞者安妮塔·贝尔博(Anita Berber)。

魏玛共和国的"新女性"。

德国艺术家雷内·辛特尼斯（Rene Sintenis）和她的女友。

马克斯·霍丹（1894—1946 年），社会主义党派医生和性解放运动倡导者。

弗里茨·布鲁帕赫尔的著名节育指导手册早期版本的封面。

德国共产党为宣传《新时报》（Die Neue Zeitung）上关于支持堕胎的系列文章（1928年）而制作的海报。标题为："不再想做母亲的女性"。

1928年8月19日在莱比锡举行的反对堕胎法第218条的示威活动。这场示威由共产主义红色阵线战士联盟（Rotfrontkämpferbund）组织。

卡尔·克雷德的戏剧《第218条：受折磨的人》(*Paragraph 218: Tortured People*）的海报，由厄温·皮斯卡托（Erwin Piscator）执导，并于1930年4月在柏林上演。插图由凯绥·珂勒惠支绘制。

BLÄTTER DER
PISCATORBÜHNE

8

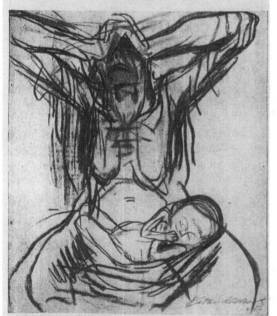

FRAUEN IN NOT
§ 218
Weg mit dem

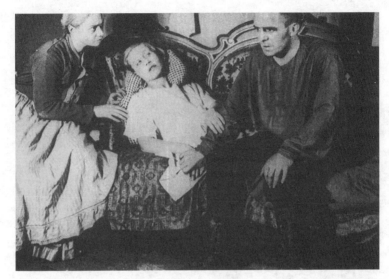

弗里德里希·沃尔夫的堕胎主题戏剧《氰化钾》(*Cyankali*)中的一幕，摄于 1929 年柏林。

菲力克斯·泰尔哈伯的堕胎小册子《急需母性》(*Motherhood in Need*)的封面设计，由帝国节育和性改革联盟于 1930 年前后出版。

序　言

　　本书是一部特定时期下的"身体史"[1]，在那个时期，身体已变得高度政治化。20世纪头三十年，德国致力于保护其"民族身体"（Volkskörper），即政治体（the body politic），免受出生率下降（Geburtenrückgang）这一影响了整个西欧社会之"流行病"的蹂躏。这一意图涉及对"女性身体"（Frauenkörper）的干预，意味着德国妇女的性行为必须受到控制，只有这样，才能生育出强大国家所需要的健康儿童。然而，生育政治化带来了民族身体与女性身体之间、集体利益和个人利益之间的潜在冲突。这一冲突也是本书的核心内容。此外，本书分析了德国政府机构为调节人口数量和人口平衡而采取的策略，这些策略虽然符合整体上的社会、经济和政治理念，但并不完全契合个人的观点和意愿。在魏玛共和国时期，妇女和家庭是四个与生育有关的政策的干预对象，从最不容易引起争议的到最容易引起争议的领域分别是：孕产、性、避孕、堕胎。这展示了个人如何成为政治的一部分。尽管人口政策关注的是男性的身体——尤其是在优生学方面——但女性的身体才是其规训的主要目标，因为限制生育的决定主要由女性作出。并且，对于任何偏离道德规范的行为，女性都要承担比男性更多的责任。

19世纪末以来，德国官方对人口结构变化——出生率下降和小型化家庭增多——的回应集中在节育议题上，并认为这是恢复传统生育率和社会模式的手段。出生率下降除了其字面含义，还蕴含着阶级和性别之间权力关系的根本变化。同样，对妇女来说，节育不仅仅意味着少生孩子，还意味着免于非自愿怀孕和生育的自由。妇女获得生育控制权有多方面的意义，比如改善健康状况，摆脱家务劳动，提高职业地位和享受性愉悦的同时不必担心怀孕。正如琳达·戈登（Linda Gordon）在其关于美国生育控制的开创性研究中所言，"节育是妇女解放的物质基础中最重要的一个因素……避孕有望最终消除妇女在生理上的唯一重大劣势（这里说的劣势不是指生育能力，而是无法控制生育能力）"[2]。

在本书中，节育包括所有避免非自愿怀孕的通行做法，即避孕、绝育和堕胎。它还涵盖生育控制的两个不同层面：个人生育选择和国家人口规划。

为应对出生率的急剧下降，德国在第一次世界大战前夕制定了人口政策。此时，国民生育率成为威廉二世政府衡量国家健康和活力的标准。由于担心生育率的下降也意味着工业和军事实力的下降，当局制定了一套复杂的、以鼓励生育为目的的政策，尽管它未必符合逻辑。该政策标志着国家开始干预公民最私密的决定：性和生育，它也对妇女在德国社会中的角色和地位产生了至关重要的影响。而魏玛的人口政策由一系列松散的临时措施组成，旨在有选择地控制生育，将关注重点从人口数量转向人口质量，而这反过来又意味着官方对家庭生活的干预。

但是，正如节育兼具个人意义和社会意义一样，人口政策虽然是为了公共利益而制定的，但它对于个人的影响并不仅仅是负面地限制个人自由，魏玛的政策还通过提高孕妇的地位，为母亲及其子女提供了宝贵的物质支持，使妇女及其家庭受益。由于母亲的身份不纯粹是一种负担，只要是自愿的，它也会成为妇女快乐和力量的源泉，因此必须将孕妇保护计划视为对妇女解放的重要贡献。因此，分析人口政策与魏玛宪法对性别平等的让步在多大程度上改善了妇女的生活，又在多大程度上阻碍了生育自决，以及研究为什么人口政策，尤其是生育控制政策成为如此热门的政治议题，是非常有意义的。最后，由于人们仍然倾向于将魏玛共和国理解为从帝国专制到纳粹独裁这一不间断发展过程中，一个有趣但短暂且无疾而终的插曲，本书尝试判断魏玛共和国的态度和政策在多大程度上有别于之前的威廉二世政府和在此之后的纳粹政权。 xiii

目前，对 19 世纪和 20 世纪德国妇女的研究主要集中在德意志帝国和纳粹德国时期。[3] 直到最近，魏玛共和国的妇女才出现在妇女运动[4]研究以及有关妇女经济和政治地位的研究中。[5] 本书将重点放在妇女作为生育者而非生产者的角色上，放在妇女的家庭地位而非公共地位上，意在填补德国史学界的空白。本书还重新评估了最近的一些观点，即妇女解放在魏玛时期进展甚微。[6] 这种悲观的描述与女性立法者在这一时期的经历形成了强烈的反差。例如，德国国会的社会民主党（SPD）议员、生育权利运动领导者阿黛尔·施赖伯（Adele Schreiber）提请人们注意妇女在出生率迅速下降的现象之下获得的好处。她称："这是妇女'最伟大的非暴力革命'，是'将控制生命的钥匙牢牢掌握在母亲手中的革命'。由此，被束缚的妇女成了主人，决定着家庭、民族和人类的命运。"[7]

社会民主党的其他女政治家也认为，人口结构的巨大变化孕育着新的性别和社会秩序的种子。她们认为，子女稀少意味着所有的母亲，无论已婚与否，都将得到公众的尊敬和回报。推行生育自由

不仅能改善妇女的生活，还能解决当时的社会政治问题。[8]20 世纪 20
年代，女权主义者和社会主义者满怀激情地发起了堕胎和避孕合法
化运动，她们相信，为女性和男性创造一个更美好的新世界不仅是
必要的，也是可能实现的。1968 年，对这一事件的记忆激励着德国
年轻女性发起了反对堕胎法的运动，从而开创了新的联邦德国妇女
运动。近来的妇女史研究对生育问题缺乏关注，大概是因为人们认
为生育问题对妇女进步的重要性不如经济和政治参与 [9]，这也是大众
对魏玛女权主义普遍持否定态度的一个重要原因。

　　历史学家确实研究过人口变化和相应的人口规划，这不足为奇，
因为帝国和魏玛时期的社会对这些问题有着浓厚的兴趣。然而，大
多论述都集中在威廉二世时期 [10]，或局限于人口政策的某一特定方
面，如优生学，而不是对总体问题进行研究。[11] 此外，他们通常不会
对 20 世纪早期人口规划者的倾向提出质疑，即将人口视为抽象的社
会经济因素，并进而将妇女视为有生育力的商品。有时，他们描述
生育控制和节育技术发展的医学观点时也过于不加批判 [12]，而我们有
必要明确认识到相关医学宣传册本身存在的偏见，以借此理解一个
强大的医学—道德政治思想体系的出现。此外，采用科学决定论的
范式，将出生率下降归咎于新的家庭节育（family limitation）方法的
引入也是值得商榷的。女性主义历史学家已经证明 [13]，生育控制和
生育自由不仅是技术议题，也是政治议题，本书希望为这一论点作
出贡献。当愈发广泛的社会经济变革使人们希望建立小型化家庭时，
节育技术的首要作用是对民众压力的回应。

　　直到最近，人们才从性别角度分析德国的生育政策，对人口学
家关于男性角色和国家角色的许多基本假设提出了质疑。[14] 迄今为止，
只有三项研究关注到了魏玛时期的性和生育监管问题 [15]，本书希望对
这些研究进行补充。

xiv

研究范围

本书关注的是出生率下降的影响，而不是其原因，无论是真实的还是想象中的。它探讨了人口变化给政策制定者带来的恐惧，以及给妇女带来的机遇和限制；简要概述帝国时期的人口政策，并详细研究魏玛的生育政策，这些政策在性和生育控制方面引入了重要的福利立法和法律改革。

通过对帝国时期的简要回顾，我们可以对三种截然不同的政体所制定的人口政策进行比较分析：威廉二世时期的君主专制政府、第一次世界大战期间的军事专制政府以及民主但软弱的魏玛共和国政府。本书还涵盖了对生育行为和官方应对措施产生决定性影响的一系列危机：第一次世界大战、1918 年革命、战后复员、1922—1933 年的恶性通货膨胀、1925 年后工业和日常生活的理性化（从道德右派的角度看则是一场危机）以及 20 世纪 30 年代初的经济萧条。这样就可以研究威廉二世政府和魏玛政府之间，以及魏玛政权和纳粹政权之间的连续性和变化（通过简略涉及 1933 年后的政策）。

对出生率下降的恐慌催生了一系列策略性的方案，每一个方案都要求国家对个人生育进行更高程度的干预，而这本身又成为争论的主题。调节生育率的官方计划在往往截然相悖的集体利益和个人利益之间引发冲突。个人利益与集体利益之间的竞争不仅影响了德国人口政策的制定和成功实行，也影响了其他一些国家，尤其是法国、美国和英国。[16] 德国自由主义者，尤其是妇女运动中的资产阶级一派——德国妇女组织联合会（Bund Deutscher Frauenvereine, BDF），以及女权主义性改革者倾向于维护个人利益，他们认为人本质上是自主的，而社会主义者和优生论者则维护集体利益，他们强调人的

xv

社会性。然而，相互竞争观点之间的分界线永远是模糊的。20世纪20年代，为协调个人愿望与社会关切，人们进行了各种尝试。自由派和激进女权主义者原本信奉个人主义价值观，但有时却又做好了牺牲个人权利来换取社会利益的准备，其中最显著理由的是为了"国民健康"。另一方面，许多社会民主党人似乎在私下里拥护个人权利，但在公开场合却又常常不得不维护集体观念。

xvi   本书希望通过概述个人与公共之间的冲突、"女性身体"与政治体，也即"民族身体"之间的冲突，阐明国家与社会之间不断变化的关系。当然，国家并不是一个单一结构，而是由相互关联、相互竞争的利益集团和政府机构组成的一个复杂网络：国家各部门之间相互竞争，各州政府和国家政府之间也是如此。此外，教会仍然影响着官方和民间对生育和性行为的态度。本书研究表明，教会和教派妇女运动都具有适应不断变化的社会经济和政治环境的非凡能力，并在左派提倡的新的理性化生活方式之外提供了真正的替代方案。

但医学界很大程度上篡夺了教会的权力：节育和产科的医学化[17]是需要探讨的另一个重要主题。医生们利用"人口恐慌"获得了对非专业治疗师的支配权，并增强了他们对政府的影响力。妇女组织积极参与公共讨论，随着她们在德国国会和各州议会中获得政治话语权，她们的影响力也在不断扩大。

各政党就节育问题展开了激烈的辩论，这场辩论在堕胎法改革运动中达到了顶峰。然而，正如下文将论证的那样，把他们对性的态度纳入左/右派的分析框架下是无益的，因为这往往会掩盖一个重要的基本共识，即对父权制家庭和优生优育的重要性的认同，而这些价值观也是参与人口辩论的其他大多数群体（新马尔萨斯主义者、社会达尔文主义者、性学家和资产阶级妇女运动家）所认同的。

　　所有这些机构和利益团体都将自己的利益和世界观带入了有关节育的辩论中。因此，本书也讨论了民族主义者、优生论者、传统道德秩序的捍卫者、维护个人权利的自由主义者、集体主义者乃至实证主义性改革者和医生所提出的生育进步观念的变化。

　　本书的大部分工作于 1981—1985 年间在德国定期进行。研究经费来自开放大学的学生奖学金、文学院慷慨的旅费资助以及伦敦的德国历史研究所的赠款。我非常感谢他们的支持。我还要向所有图书馆和档案馆表示感谢，他们让我得以查阅本书所依据的资料并提供了有益的建议。这些图书馆和档案馆的名单详见尾页。尽管这是一项关于国家生育政治的研究，并且主要基于帝国各部门，尤其是帝国卫生局（Reichsgesundheitsamt, RGA）的原始资料，但考虑到文化尤其是宗教方面的差异，本书也对重要的地区政策进行了调查，以平衡当代以及许多历史记载中对柏林的过度强调。[18] 为此，我们查阅了两个主要信奉新教的州——普鲁士和萨克森，以及两个信奉天主教的地区——普鲁士莱茵地区和巴伐利亚——的档案。普鲁士不仅在面积、人口、经济和政治力量方面是德国最重要的州，它还发起并在很大程度上决定了德国的人口政策。作为一个拥有大量女性劳动力的高度工业化地区，萨克森也制定了自己的人口政策。

　　我们查阅了巴伐利亚的档案，以了解这个以农业为主并且大部分为天主教保守派的州对节育的规定。这些档案提供了大量有关警方和医疗机构对"公共恶习"（包括避孕药具和堕胎药的贩运）进行管制的详细信息。

　　弗莱堡德国慈善会档案馆（Archiv des Deutschen Caritas Verbands, ADCV）提供的资料为了解教会在魏玛社会中的作用提供了新的视角，汉堡跨学科性研究所（Institut für Interdisziplinäre Sexualforschung）提供了有关性改革的宝贵资料。社会民主党司法部长古斯塔夫·拉

xvii

德布鲁赫（Gustav Radbruch）的文件以及赫尔穆特·施密特（Helmut Schmidt）担任总理期间，联邦共和国司法部政务次官（Parliamentary Under-secretary）汉斯·德·威特（Hans de With）提供的个人资料，让我受益匪浅。在他们的帮助下，我对社民党在堕胎改革运动中所扮演的角色进行了彻底的重新评估。曼弗雷德·施蒂尔茨贝彻（Manfred Stürzbecher）指导我找到了婴儿健康方面的医生和权威人士——弗里茨·罗特（Fritz Rott）的宝贵藏书，柏林自由大学图书馆馆长恩格尔博士（Dr. Engel）为我提供了重要信息。我还要感谢以下人士与我分享他们对 20 世纪 20 年代的回忆：已故的夏洛特·沃尔夫（Charlotte Wolff）（伦敦）、已故的芭芭拉·冯·伦特-芬克（Barbara von Renthe-Fink）（柏林）、汉斯·莱菲尔特（Hans Lehfeldt）和赫塔·纳托夫（Hertha Nathorff）（均在纽约）以及鲁道夫·诺伊贝特（Rudolf Neubert）（德累斯顿），他们都曾参与过节育咨询工作；已故的约瑟夫·费尔德（Josef Felder）（慕尼黑），当时他是魏玛国会最年长的议员，属于社民党；已故的汉斯·哈姆森（Hans Harmsen）（汉堡），他在 20 世纪 20 年代是人口学家，也是"内在使命"(Inner Mission）组织的医学顾问；以及维尔纳·斯蒂芬（Werner Stephan）（巴特戈德斯贝格），他在 1922—1929 年间担任过德国民主党（DDP）的秘书。我还要感谢雷娜特·布兰顿（Renate Branton）（伦敦）提供有关她父亲马克斯·霍丹（Max Hodann）的信息，感谢雷纳·莱普修斯（Rainer Lepsius）教授（海德堡）提供有关玛丽安·韦伯（Marianne Weber）的信息，感谢迪特里希·图茨克（Dietrich Tutzke）教授（柏林），他是研究阿尔弗雷德·格罗特雅恩（Alfred Grotjahn）的权威，感谢科特·涅密茨（Kurt Nemitz）（不来梅）提供尤利乌斯·莫西斯（Julius Moses）的资料。

　　本书是在 1989 年 10 月提交的博士论文基础上撰写的。我要特别感谢我的导师理查德·贝塞尔（Richard Bessel）和帕特·塞恩（Pat Thane），他们不遗余力地给予我建议和激励，他们的批评和鼓励非常宝贵。我非常感谢审稿人伊夫·罗森哈夫特（Eve Rosenhaft）和杰里米·诺克斯（Jeremy Noakes）提出的有效意见，以及许多朋友和同事为该项研究提供信息、阅读各种草稿、对论文加以评论并引发讨论，我无法一一列举；但我要特别感谢伊丽莎白·克罗尔（Elisabeth Croll）、马丁·达勒姆（Martin Durham）和珍妮·威利斯（Jenny Willis）。在德国分裂时期，在联邦和民主德国的许多朋友和同事都为我的研究作出了巨大贡献，使我在那里度过了愉快的时光，特别是君特·博特（Günter Both）、安娜和于尔根·雷尔（Anna and Jürgen Real）以及古德伦·冯·里姆夏（Gudrun von Rimscha）。最后，我要特别感谢彼得、尼古拉和马丁。

科尔纳利·厄斯本

目 录

| 引 言 |

人口问题争论的历史背景

在 19 世纪，有关人口的论辩为对人口过剩的恐惧所主导，托
马斯·马尔萨斯在他的《人口原理》（*Essay on the Principles of Population*，1798）中对此表达得最为强烈。在这一时期，大多数欧洲国家确实经历了一场规模空前的人口爆炸。德国的人口增加了一倍多，从 1800 年的近 2500 万增至 1900 年的 5600 多万。[1]

然而，到这一时期结束时，人们开始正面地看待人口增长，并将其与军事力量和国家进步联系起来。在德国，这种观点的转变发生在世纪之交，当时国家的生育率显然已经下降。尽管人口仍在快速增长，特别是死亡率有所降低，但生育率的下降（见表 1 和表 2）被视为民族衰退的预兆。医生们构建了一种本质上属于医学范畴的"民族危机"范式，在他们的影响下，出生率下降逐渐被视为一种疾病，与肺结核、酗酒和性病一样危及民族有机体，甚至危害比这些疾病更严重。[2] 因此，从社会改革到国防，从道德衰退到妇女权利，出生率下降的现象开始成为所有重大公众讨论的主要议题。关于人口的讨论很少涉及个人，而主要从将德国人作为一个集体的角度来看待生育问题。同样地，个人生育决定的正确与否几乎完全是根据其对国家的影响来评判的，这都助长了个人的性行为合法地成为社会控制的对象。

新产生的对人口统计的热情强化了人们对"人口危机"的意识，

鼓舞了生育趋势会对外部影响有所回应的乐观信念。尤其是那些对
性行为和心理学感兴趣的医生，开始收集有关生育行为的隐私资料。
这些案例研究在以前被视为禁忌的领域启动了调查和干预。人口学
和医学统计学这两门新"科学"在德国享有极高的声望，以至于统
计数字经常被不加批判地用作工具以证明意识形态的正确性。因此，
关于民族衰退和个人堕落的官方声明往往是迷思而非现实。

表 1　1851—1939 年的关键性趋势

时段	粗出生率	粗死亡率	婴儿死亡率	预期寿命
1851—1860	35.3	26.3	—	—
1861—1870	37.2	26.8	(1867) 239	—
1871—1875	38.8	28.2	(1872—1875) 244	37.0
1876—1880	39.3	26.1	227	
1881—1885	37.0	25.7	226	38.7
1886—1890	36.5	24.4	224	
1891—1895	36.3	23.3	221	42.3
1896—1900	36.0	21.2	213	
1901—1905	34.3	19.9	199	46.6
1906—1910	31.7	17.5	174	
1911—1915	26.3	17.7	160	
1916—1920	17.9	19.1	145	
1921—1925	22.2	13.3	120	(1924—1926) 57.4
1926—1930	18.4	11.8	94	
1931—1935	16.5	11.2	75	(1932—1934) 61.3
1936—1939	19.5	11.9	63	

注：婴儿死亡率的定义是每 1000 名活产婴儿中 1 岁以下婴儿的死亡率。
来源：John Knodel, *The Decline of Fertility in Germany, 1871–1939*, Princeton:
Princeton University Press, 1974, p. 5.

表 2　每段婚姻平均生育子女数、结婚时间和职业

职业	结婚时间					
	1905 年前	1905— 1909 年	1910— 1914 年	1915— 1919 年	1920— 1924 年	1925— 1929 年
农业						
个体	5.5	4.6	4.1	3.5	3.1	2.7
劳工	6.1	5.2	4.7	4.1	3.5	3.0
全行业	5.5	4.7	4.1	3.6	3.2	2.8
非农业						
个体	4.0	3.1	2.6	2.2	1.9	1.7
公务员、 士兵	3.5	2.9	2.5	2.1	1.8	1.6
雇员	3.4	2.7	2.3	1.9	1.6	1.5
劳工	4.7	3.8	3.3	2.8	2.4	2.1
全行业	4.5	3.4	2.9	2.4	2.1	1.9
整体人口	4.7	3.6	3.1	2.6	2.3	2.0

来源：Reinhard Spree, "Der Geburtenrückgang in Deutschland vor 1939", *Demographische Informationen*, 1984, p. 62.

　　然而，我们很容易理解当时人们的担忧。德国人的生育率确实从 19 世纪的最后十年开始大幅下降，并一直持续到 20 世纪 30 年代。在不到两代人的时间里，就完成了从高生育率到低生育率的人口转变，而这种转变更是仅存在于一代人的记忆中。其原因不是婚姻数量的减少或婚龄的推迟，也不是非婚生育率下降，整体生育率的下降源自婚内子女数量的减少。19 世纪和 20 世纪初的主要区别是，家庭规模小得多，婚后子女出生较晚，而妇女在成家时更加年轻。尽管这被认为对国家不利，但它为妇女带来了新的好处，比如改善了她们的健康，使她们在更多日子里能摆脱生育劳动，从而有更多时间发展个人爱好和职业兴趣。[3]

当然，国家生育率下降不仅发生在德国，这是所有西欧国家在19世纪后半期经历的一个现象。然而，它对当时的德国人来说似乎更具威胁性，因为人口变化的速度非常惊人，而且与重大的社会经济转型同步发生。特别是自从普法战争的胜利和1871年的统一以来，德国一直为自己是一个年轻而有活力的国家而感到自豪，有别于"堕落的"法国，彼时法国的人口衰退常常被与古罗马帝国覆灭时的情况相提并论。1876年，德国拥有欧洲最高的出生率（除俄罗斯外），40.6‰。而此后，它的下降速度比其他地方快得多。1901年，该比率为35.7‰，而英格兰和威尔士为28.5‰，法国为22‰。但到1913年，德国的生育率下降了8.2‰，降至27.5‰，迅速接近英格兰和威尔士的生育率（24‰），而法国的生育率只下降了3.2‰，达到18.8‰。[4]

德国的人口变化与政治、经济和社会的重大转变相重叠。从统一到第一次世界大战期间，德国社会从以农业为主导转变为以工业为主导，并成为新工业的世界领导者。但德国认为，其新的经济地位不仅是机器带来的，更是广大民众带来的。经济实力反过来又助长了德国获得与其物质财富相称的政治影响力的欲望，这种对帝国主义和强劲的人口增长之间关系的认识，是国家关注人口出生率的根源。[5]

由于德国的社会经济转型和人口变化同时发生，当时的分析家们在试图为所谓的人口减少找出清晰的原因和解决方法时，面临着巨大的问题。为克服生育率下降的趋势，他们提出了大量的建议，这些建议乍看之下似乎相互矛盾，然而仔细观察后可以发现，其主要源于三大人口理论，而这三大理论从来就没有被完全区分开来，并有相互促进的趋势：

（1）种族卫生学（Racial hygiene，在德国有时被称为优生学）：达尔文的自然选择学说与遗传学的学术进展相结合，催生出人口可以受社会调控的新学说。马尔萨斯认为人口是按照不可改变的规律运作的，与此相反，种族卫生学的信徒们相信，从生物学的角度来看，种族可以被改良。

（2）新马尔萨斯主义（Neo-Malthusianism）：马尔萨斯的思想在有关节育技术的信息中再次出现，并作为避孕药具的宣传材料传播。这种宣传主要针对工人阶级，向他们宣扬计划生育是避免经济困难的一种手段。

（3）生育主义（Pronatalism）：一个国家的军事、经济和文化影响力主要来自其人口规模，在这一信念下，国家应优先刺激出生率。其他增加人口的措施则是次要的，例如降低婴儿死亡率。

一、种族优生学与社会达尔文主义

德国种族优生学的思想根源可以追溯至一元论（Monism）、动物学家恩斯特·海克尔（Ernst Haeckel）[6] 所普及的达尔文进化论以及某些遗传理论，例如孟德尔（Gregor Johann Mendel）遗传定律和魏斯曼（August Weismann）种质学说的再发现。一元论所提倡的社会达尔文主义的意识形态，将国际关系和社会发展都视为生存竞争的一部分，从而确保"适者生存"。

根据魏斯曼的理论，种质原封不动地转移到下一代，这意味着反常的社会行为是由基因预先决定的，而不是由所处的社会条件造成的，教育和社会福利不能确保弱势群体的社会进步。[7] 因此该理论认为，管控生育远比解决社会或政治问题更为紧迫。由于人口质量被视为决定民族兴衰之要素，著名的种族优生学家威廉·沙尔迈尔

5

（Wilhelm Schallmayer）认为，个人应该对下一代的"遗传价值"负责，"个人利益应当毫无例外地服从于整体的社会利益"。这一想法成为优生思想的核心并产生了深远影响。[8] 对于优生学家来说，国力衰退不仅源于总体生育率低，还与特定阶级的生育率下降有关。他们断言，当下社会中最富有和受教育程度最高的阶层所生的孩子少于最贫穷和受教育程度最低的阶层。优生学家认为，由于社会地位决定生物等级，那么出生率的阶层差异将会导致下一代的质量整体上呈现恶化趋势。因此，为了确保甚至提高一个民族的生物质量，"最好的公民"需要尽可能多地生育后代，而"劣等的公民"则要尽可能少地生育后代或根本不需要生育。而医生是在"使人类的繁衍理性化"方面起着关键作用的群体。

　　尽管政府官员避免将优生学的解决方案列入政策文件，但他们还是很大程度上受到优生学观点的影响。作为专业人士群体的成员，他们推崇种族优生的"科学"主张，因为此种主张似乎提供了一个调控劳动阶层生育的策略，并且能够解决"人口问题"的阴暗面，也即后代的"天生低劣"和高度"反社会"倾向，尤其是在城市贫民窟中诞生的此类后代。[9] 优生论者担心大众社会和新工业精英的商业价值观所带来的平等化倾向，并称此种倾向是一种危害民族遗传健康的病症。他们对"新兴一代的无产阶级化"感到惊恐[10]，以公共卫生领域为代表的医学进步以及社会政策的进步大大加速了这一进程。优生论者声称，在控制流行病、国家疫苗接种计划、工业卫生、城市卫生和工人保险计划方面取得的骄人成就，已经干扰了自然选择，为天生的"弱者"和"劣等者"提供了他们本不应该得到的生存机会。除此之外，他们越来越关注20世纪头十年对"反社会者"的照顾给共同体带来的经济负担，并大力强调消极优生学。

　　消极优生学的重点是防止那些被视为"劣等者"的群体生育，

如精神病患、癫痫患者、智力缺陷者和罪犯，但也包括如盲人等仅
有身体残疾的人。提议的措施包括强制隔离、禁止结婚，以及后来
的对"先天缺陷"的新生儿实施安乐死和绝育。德国鼓励消极优生
计划，这一举措与许多其他国家类似，如在美国以及后来的瑞士，
新开发的输精管切除术技术导向了大规模的男性绝育。[11]

优生学吸引了许多杰出的社会改革者，德国种族优生学的领头
人自诩为争取构建新自由主义德国的进步活动家，这一点也被与其
同时代的人认同。但是在第一次世界大战之前，种族优生学在政界
几乎没有产生影响。卫生行政人员普遍抵制优生计划，并继续支持
用生育主义和环保主义的措施来解决人口问题。但在实际运作中，
由于医生在医疗管理部门中逐渐取代了律师的位置，种族优生学在
各州官员中获得支持的可能性很大。国家还通过资助主张优生学的
社团间接地促进种族优生学的发展。[12]

二、新马尔萨斯主义

尽管许多优生论者反对家庭节育的观念，因为这会加剧出生率
的阶层差异，但新马尔萨斯主义实际上和种族优生学有许多相似之
处。新马尔萨斯主义者和优生论者一样，担心种族的退化，但与优
生论者不同的是，他们认为健康水平下降是人口过剩而非劣质基因
导致的。正如他们的名称所示，他们赞同马尔萨斯的观点，即人口
过剩导致贫困，但他们拒绝接受他悲观的"补救措施"，即推迟结婚
和／或禁欲，而是认为避孕是人类进步的关键。通过传播避孕信息，
他们试图改善产妇和儿童的健康，通过促进早婚，他们希望能杜绝
卖淫和性病。[13]

德国新马尔萨斯主义的力量在于它对许多医生、经济学家、政

治家和性改革者的影响，这些人的活动有时与马尔萨斯的学说相合，但与真正的新马尔萨斯主义者的实践又没有明显的一致性。有时，他们宣传避孕措施的目的是为改善社会经济和物质条件，而并不会特意提及马尔萨斯，例如医生阿诺德·梅耶霍夫（Arnold Meyerhof）和威廉·彼得·约翰·门辛格（Wilhelm Peter Johann Mensinga）在 1878 年完善和推广了阴道隔膜，并以假名出版了许多避孕指导手册。[14] 这两位医生的活动专门面向医疗市场，而一位女医生霍普·布里奇斯·亚当斯-莱曼（Hope Bridges Adams-Lehmann）则直接针对女性患者。1895 年，她在《妇女之书》（Frauenbuch/Woman's Book）中用简单的语言和大量插图解释了实用的医学知识，包括性行为和生育的细节。她向妇女推荐避孕药具，甚至包括如何邮购的细节。与当时其他一些女医生一样，她相信个人主义，主张避孕和堕胎，并认为这不仅是为了改善社会条件，也是妇女的权利。[15]

从 19 世纪 80 年代开始，避孕药具制造商开始散布伪装成新马尔萨斯主义资料的廉价小册子。安娜·伯格曼（Anna Bergmann）展现了商界如何迅速利用大众对家庭节育的兴趣，使市场上充斥对传统避孕方法，如避孕套和阴道隔膜，以及新的化学和物理避孕方法的邮购订单。[16]

在世纪之交以后，严肃的新马尔萨斯主义组织开展了更方便地获得避孕药具的运动。其中，成立于 1905 年的"保护母亲联盟"（Bund für Mutterschutz）是新马尔萨斯主义思想最重要的基地，尽管它的首要关注是提高未婚母亲的地位和改变男女之间的性关系。这一联盟的成员包括性学家、女权主义者、优生论者和政治家，因此不可避免地导致了目标和策略上的冲突。[17] 女权主义者海伦纳·斯托克（Helene Stöcker）很快成为无可争议的领导者，她深受弗里德里希·尼采思想的影响，相信新女性的个人自主性、自决权、"自我

责任心"以及"人类意志力和意识的创造力"。因此，斯托克强调有
必要在一种"新道德"（Neue Ethik）中给予妇女在社会和性层面的
平等，社会的双重标准和教会的压迫性规训将被一种"肯定生命的
道德所取代，这种道德将人类从负罪感中解放出来，并使他们的爱
神圣化"[18]。避孕保证了爱与生育的分离，既有助于性行为的"理性
化"，又为负责任的生育提供条件，从而佐证了斯托克的信念，即新
马尔萨斯主义是"解决妇女问题乃至整个社会问题的最有效手段"。
节育也发挥了优生学的功能，使生育在合适的时机和完美的结合下
进行，从而达到改良种族的目的。它还使享受"生命、发展和个人
内在成长"所必需的性行为成为可能。[19]

　　莱比锡著名的性学家赫尔曼·罗勒德（Hermann Rohleder）主张
避孕，因为他认为禁欲是有害的，这在当时得到广泛认同。其他人
则指出了小型化家庭、降低婴儿死亡率和总体物质生活的幸福之间
的关系。因此，保护母亲联盟开展了免费获取避孕药具的运动，并
与政府所有遏制避孕药具流通的尝试作斗争。[20]

　　尽管其成员从未超过 4000 人，但毫无疑问，该组织对公众舆论
产生了相当大的影响。它在政界引起了极大的敌意，以至于有人多
次提出要取缔该组织。由于保护母亲联盟的广泛宣传，温和的妇女
运动组织和政府都被迫采取了防御行动。

三、1913 年"生育罢工"事件

　　许多新马尔萨斯主义者和性改革者都支持左派，其中一些人也
是社民党成员。[21] 尤其是那些对社会卫生感兴趣的医生，他们经常
目睹工人阶级的苦难，并致力于将社会主义和节育作为改善社会的
手段。例如，柏林的两位社会民主党医生阿尔弗雷德·伯恩斯坦

(Alfred Bernstein）和尤利乌斯·莫西斯参与了工人阶级的避孕宣传工作。与政府认为需要提高出生率的观点相反，他们将节育视为一种潜在的"革命武器"，可以应用于重新分配财富和改善穷人的健康和福利的斗争。1912 年，在政府计划遏制避孕措施的刺激下，他们呼吁进行全国性的"生育罢工"，并认为如果妇女拒绝生育，停止向统治阶级供应廉价劳动力和士兵，就能摧毁资本主义。伯恩斯坦和莫西斯的运动针对的是他们所谓的政府的"强制性"生育主义以及社民党在这个问题上的犹豫不决。

"生育罢工"运动受到社民党妇女部的热烈欢迎，也被党内全男性的选举会议接纳，这迫使社民党领导人正式谴责整个运动为反社会主义的。贫困的缘由是过度生育，这一概念使社会主义者反感，因为他们坚持传统的观点，认为经济问题要通过在社会主义原则下建立一个平等的社会来解决。他们坚决反对将工人的苦难归咎于工人自身，而不质疑资本主义。社民党没有像新马尔萨斯主义者那样主张个人"自救"，而是期待通过有组织的劳动改善下层社会的工作和生活条件。²²

为党派拒绝"生育罢工"进行辩护的任务落在了三位杰出女性身上：克拉拉·蔡特金（Clara Zetkin）和路易丝·齐茨（Luise Zietz）是社会民主党妇女运动的领导人，而罗莎·卢森堡（Rosa Luxemburg）是一位出色的党内演说家。这些人选和她们的演讲内容在很大程度上揭示了女权主义和社会主义之间的不稳定联盟，此外，一旦两者之间出现紧张关系，就会出现使前者屈从于后者的倾向。蔡特金宣称，抵制"国家士兵"的诞生也意味着"失去了能参加革命的士兵"。卢森堡谴责这场运动的吸引力，认为它是"群众的肤浅、愚蠢和精神懒惰"的证据。只有齐茨承认，在个别情况下，家庭节育作为一种"临时措施"是合理的。²³ 但是，在场人数的庞大和听众对官方演讲的强烈不满表明，节育是社会民主党内热切关注的议题，并造成了基层和领导层之间的紧张关系。将不以生育为目的的性爱贬低为对"资产阶级道德堕落的卑劣模仿"并没有在工人阶级听众中得到呼应，因为他们中的大多数人早就开始节育了。[24] 大多数听众是女性这一事实也揭示了党内的男女分裂，预示着第一次世界大战后节育将成为最重要的吸引社民党女性成员的议题。

四、生育主义与早期普鲁士人口政策

与种族优生学一样，医学界的态度也对官方的人口政策存在决定性影响。政府官员认为医学对社会问题的诊断比经济理论更具说服力，因为经济理论往往相互矛盾。医生是最早提请人们注意有害的人口变化的群体之一。随着他们的关注点从流行病预防向孕产妇和婴儿福利转变，许多家庭医生和兼任国家官员的医生完全能够注意到民众生育行为的变化。他们也是第一个认识到堕胎危险性的群体。[25] 与经济学家不同，他们并不回避对规范行为加以规定，这与社会各阶层的医疗化进程相一致，而这一进程随着 19 世纪 80 年代强制性保险计划的引入而加速。

许多医生相信，生育率的下降是不理想的、应当被制止的现象。他们中的一些人甚至建议规定每个家庭的最低子女数，以维持目前的人口实力。另一些人则建议设立一种特殊保险，作为对创造理想规模家庭的财政激励。[26]

社会应承担家庭开支的责任，至少是部分责任，这一观点贯穿于大多数讨论出生率的医学文献中。这与以前持有的信念完全不同，而这种信念恰恰是马尔萨斯人口理论的核心，即家庭福利是个人的事务，如果个人力有不逮，就是慈善机构的事务。以家庭津贴或教

育补助金的形式提供资金支持的建议颇受欢迎，这是越来越多人认为国家应将家庭福利纳入公共卫生支出的必然结果。这也与国家是一个活的有机体，而家庭是构成其最小单位的细胞这一流行说法有关。在这种意识形态中，家庭健康对于一个欣欣向荣的"民族身体"，即全体国民来说是至关重要的。大多数医学家都是社会卫生学的倡导者，这催生出一种想法，即医学不单单只是为改善患者个人的身体健康，还具有更广泛的社会功能。社会卫生学家为了增进整个社会的福祉，不仅关注人们的处境，还关注他们的道德"健康"。医学宣传册通常将"健康的家庭"等同于大家庭，并用半宗教意味的"多子多福"(Kindersegen) 形容多子女家庭。相比之下，少于三个孩子的小型化家庭被称为"细胞退化"，而出生率下降的现象被视为"道德堕落"的标志。

医生们也从道德角度看待人口问题。一位卫生官员声称，由于妇女的"理智化"和道德滑坡的大环境，妇女的生育能力正在萎缩。其他医生则怪罪于妇女运动、新马尔萨斯主义和新兴的个人主义，并主张禁止避孕和堕胎。[27]

这也是德国政府采取的方针。自 1900 年以来，由于对避孕药具在城市和农村地区的使用率不断上升感到不安，政府对避孕药具的贩运进行了管制。从那时起，《刑法典》中的反淫秽条款（第 184 条第 3 款）禁止宣传和展示"用于不雅用途的物品"，也就是避孕药具。[28]1910 年，在对人口减少的担忧的刺激下，总理冯·毕洛 (von Bülow) 和帝国内政部的常任秘书冯·德尔布吕克 (von Delbrück) 提出了一项法案，旨在全面禁止避孕和堕胎工具。该法案被社民党否决，并因技术定义问题以及化工业界和新闻界的反对而失败。[29]

但这并没有影响到国家扭转出生率下降的决心。1909 年冯·毕洛下台后，他的倡议被普鲁士部长们采纳，他们与前总理一样关注出生率的持续下降。重要的是，政府认为这是自己的责任，出台的相关政策为公共卫生管理的干涉主义和专制作风铺平了道路。在这种作风下，社会的集体福利通常优先于个人的利益。负责卫生事务的普鲁士文化部长视低生育率为一种需要治疗的病理现象，因而将目光转向了医疗行业。1910 年，他责成由普鲁士最知名的医学教授组成的普鲁士医学委员会（Prussian Medical Council）研究"我们的人民是否有身体退化的迹象"并导致了出生率下降，如果有的话，如何才能扭转这一局面。[30] 这一举措为深入调查生育率下降的原因和补救措施开辟了道路，也确立了普鲁士在制定德国国家人口政策方面的领导地位。

1911 年 10 月，普鲁士医学委员会（当时已升格为内政部的一个部门）开会讨论相关程序。尽管存在对立的证据，但委员会还是指出家庭节育，即它所谓的无节制的非生育性行为（zügelloser Präventivverkehr），是德国人口问题的主要原因。因此，普鲁士政府于 1912 年 4 月 1 日颁布法令，要求各省政府首脑向地区行政长官、市长、学校和工厂视察员、医疗官员和医疗委员会咨询生育率下降的确切原因，并了解哪些社会阶层实行家庭节育，以及避孕信息和方法是如何普及的。[31]

战争的爆发使得这些研究结果直到 1915 年才发表，但博恩特拉格（Jean Bornträger）在他有影响力的研究中采用了其中一些数据。该研究在普鲁士内政部的支持下于 1912 年出版，这使该书成为最早的半官方人口政策声明之一。[32] 博恩特拉格是一位来自莱茵省的新教卫生官员，他坚定不移地奉行生育主义，主要从"道德沦丧"的角度解释德国的人口缺陷。他声称日益增长的物质主义导致了生育率的下降，这是对教会的抛弃，是人类以为"可以控制自然"的邪恶"妄想"。整本书实际上是对新马尔萨斯主义者、社会主义者和妇女

12

的谩骂，它指责新马尔萨斯主义者散布避孕信息，社会主义者宣扬无神论，而妇女则因为自私和自我放纵而忽视了对人民的责任。

博恩特拉格建议采取奖励、胁迫和道德劝说相结合的方式来抵制这些"有害的"影响。奖励措施包括对婚姻的经济援助，以及为有两个以上孩子的家庭提供福利，如税收减免、住房计划、儿童津贴、免费提供助产服务、产妇和母乳喂养津贴、托儿所护理、减免学校膳食费、为儿童提供有影响力的"教父教母"，以及给多子女的父亲额外投票权。对未能生育的惩罚包括征收单身税和延长单身男子的兵役和陪审团义务。虽然博恩特拉格由于认为不切实际而删去了强制要求国家官员结婚的建议，但他仍然指出单身是反社会的。他还要求将"下等人"（Minderwertige）关进精神病院，严格打击酗酒和对抗性病，并加强对年轻人的教育。但像其他生育主义者一样，他把节育作为最需要打击的目标。此外，为了恢复家庭生活，他主张应该限制妇女解放、性改革和妇女的工厂工作，应该教育妇女接受她们作为母亲和家庭主妇的传统角色。

社会民主党人抨击该出版物是"反动"的，并认为博恩特拉格的建议仿佛是想"拼命招来检察官的介入"[33]，但他将道德和地缘政治问题联系起来的做法得到了医学界的认可，因为这与他们将民族问题病理化的倾向是一致的。

博恩特拉格设计的积极的生育主义激励措施也出现在当时大多数人口研究中。然而，政府在战前并没有采取任何措施。相反，它专注于对节育的司法镇压。1913 年 4 月之前普鲁士政府收到的各省政府报告不仅指出了避孕药具的广泛使用，还揭示了堕胎率的惊人增长。这促使普鲁士在 1913 年 7 月进行了第二次调查，但这一次只有医学委员会参与。[34] 虽然只有 2515 名医生（占普鲁士产科医生的 21.7%）参加调查，但他们证实了官方的担忧，即非法堕胎正在增加，而且还有医生牵涉其中。来自 36 家大学的妇女医院的报告加剧了这种担忧，报告称，1910—1912 年间治疗的"流产"数量增加了1/3。1915 年对慕尼黑妇产科医生兼堕胎权利运动者亚当斯-莱曼的审判表明，当时可以比较容易地通过手术终止妊娠。至少在 12 年前，她就已经开始大规模地进行堕胎手术了。仅在 1913 年，她就在医院管理部门完全知情的情况下进行了至少 127 次这样的手术，并由当地疾病基金支付费用。这种证据尤其令人惊讶，因为 1871 年的《刑法典》规定堕胎是一种刑事犯罪，可判处劳役刑（见附录 1）。亚当斯-莱曼案引起了很大轰动，促使官方决心对医学诱导的"流产"加紧控制。[35]

关于避孕药具的使用，地区行政长官声称，这种贩运已经"达到了极为严重的程度，并以如此狡猾和无耻的方式进行"，因此需要采取紧急措施。普鲁士司法部长立即予以回应，于 1913 年 9 月颁布法令，指示所有国家检察官确保法律（第 184 条第 3 款）得到严格执行。随后，政府于 1913 年提出了另一项反对避孕的法案，并在1914 年提出了一项由天主教中心推动并得到 200 名资产阶级政党成员支持的法案。第二项法案不仅旨在禁止所有避孕药具和堕胎药的广告，而且禁止其进口、制造和销售。[36]

这两项法案都因为战争的爆发而被搁置。然而，如我们所见，尽管社民党以及一些在政界有影响力的医生对这些法案有相当大的反对意见，但它们还是在战争期间被恢复。反对者中最突出的是德国性病防治协会（Deutsche Gesellschaft zur Bekämpfung der Geschlechtskrankheiten，DGBG）的阿尔弗雷德·布拉什科（Alfred Blaschko），他认为某些避孕药具对于预防疾病是必要的。政府高层中也有批评者，早在 1909 年 12 月，普鲁士的三位部长就去信敦促首相冯·贝特曼-霍尔维格（von Bethmann-Hollweg）放弃将节育列

14

为非法行为的企图。有趣的是，这封信高度关注民间家庭节育的实践。部长们有理有据地说，这样的法案无论如何都是不可取的，因为节育手段中的"男性缓和剂"（male palliatives）还需要用来对抗性病；该法案也无法执行下去，因为中断性交"不需要任何工具"，而且"秘密商人"和"狡猾的制造商"会绕过任何禁止堕胎的法律。但他们承诺，为了政府形象考虑，他们将在明面上支持首相认为的必要行动。这让人十分难得地了解到政府在打击节育方面的动机。三位部长尽管有疑虑，但还是承认，反对避孕的司法行动"可以给民众留下好印象"，并能表明政府决心消除"性行为方面的社会不满情绪"。正如我们将在后面看到的，教会及其附属协会是性道德的有力捍卫者。因此有理由认为，政府的强制措施至少在一定程度上是一种公关行为，旨在防止政府显得松懈。当然，镇压性立法（repressive legislation）在帝国时期的德国并不罕见，而且由组织严密的医疗警察有效执行，在莱茵兰，博恩特拉格所在地区突击检查药剂师商店的报告就说明了这一点。[37]

对于19世纪最后几十年和20世纪前十年发生的人口变动，我们区分了三种不同的反应。但如果没有强调这三种反应一定程度上都受同一先入之见的影响，则可能造成误导。它们都是由中产阶级的倡导者提出的理论，几乎完全针对下层阶级，他们的生育行为被认为或多或少存在威胁资产阶级的意图。很少有新马尔萨斯主义者或优生论者认为富裕阶层生育了太多孩子。上述三种反应也赞同资本主义的假设，即可以用调节经济的方式——市场力量——调解家庭规模。生育主义者非常明确地认为生育率下降既是一个生理问题，也是一个道德问题，并将其作为对民族衰落进行医学分析的一部分，而新马尔萨斯主义者在赞同这一观点的基础上寻求建立"新的道德经济"，优生论者则倾向于将任何形式的反常行为都视为一种退化。[38]

这三个阵营之间有许多联系。尽管政府机构直到战后才将优生学思想纳入政策文件，但医疗官员往往很容易吸收优生学的观点。新马尔萨斯主义者甚至是种族优生学的忠实盟友，因为他们笃信"少生优生"的观念，期望减少无产阶级后代的数量从而使人口质量得到提高。家庭规模的扩大意味着较高的婴儿死亡率，并在很多时候会迫使母亲外出工作。他们认为，对家庭规模的限制将使民众的身体和情感得到更好的关怀，改善教育并创造更幸福的未来。

尽管保护母亲联盟的女权主义者们发起了节育运动，并将其作为对抗父权制的一种方式——在父权制下，男性将女性置于家庭和公共生活的从属地位——但所有这三种意识形态都赞美孕产，将家庭视为女性理想的工作场所。生育主义者旨在让女性回到应有的位置上，而优生论者和新马尔萨斯主义者则将"少生优生"的责任放在"好母亲"的肩上。

最后，对生育主义的支持和反对都前所未有地助长了国家对生育、性行为以及妇女和儿童健康的监管。政府设立新的官方机构负责卫生、家庭福利和对反常人士的处理，以监测和调控人口发展。实证科学与专业化医学有助于中产阶级与父权制主导的当局对普通女性的生育行为进行审察与支配。有关遏制节育用品流通的国会法案证明，私人的性行为成为公共干预的合法领域。尽管对于这些法案是否可取存在不同看法，但恰恰是在这一方面政治家表现得尤为积极。战争爆发时，国家干预生育似乎是一项可以接受的政策，应对生育率下降的各种建议为制定自上而下的全面人口政策铺平了道路。

五、第一次世界大战期间的人口政策[39]

1914 年 8 月，战争的爆发使得制定人口政策更加紧迫。战场上可能发生的屠杀和国防的需要意味着人口实力（Volkskraft）比以往任何时候都更等同于军事实力（Wehrkraft）。儿童成为国家最重要的商品之一，许多政治家赞同冯·毛奇（von Moltke）的观念，即"每年减少的婴儿数量意味着战场上的失败"，并焦虑地将德国的出生率与其西部和东部的敌人相比较。1911年，法国的死亡人数已经超过了出生人数，这被看作民族堕落的一个警示。另一方面，俄国的情况给人口规划者心中注入了致命的恐惧。他们把俄国称为"蒸汽滚轮"，因为其出生率是欧洲最高的，而且俄国本已很庞大的人口正在每年增加250万人，而德国只有80万人。[40]

1915年，德国战争伤亡人数超过预期，而生育率下降速度加快，关于人口的讨论经常变得歇斯底里。军事当局的特殊权力和对公共生活日益严格的管控加剧了国家对个人性生活和家庭生活的干预，而在一个自由的宪政国家，这本应不属于公共管辖范围。例如，德意志帝国政府全面的人口政策将生育更多子女的物质奖励与一系列令人震惊的惩罚性制裁措施相结合，这在英国是不可想象的。[41] 然而，在德国，由于对人口数量的焦虑，政府的政策以无情的生育主义为导向，或如同时代的人所称，成为"与出生率下降的斗争"（Kampf gegen den Geburtenrückgang），而损害了改善婴儿健康和人口物质福利水平的计划。在高生育率是民族阳刚之气象征的时代，生育率降低被视为比基因"健康"降低更糟糕的退化。实际上，消极优生学从未出现在当时的官方声明之中。

（一）国家福利和刑事制裁

1912年，普鲁士的调查为内政部在1915年7月发布的公函提供了依据。此次调查的结论为，出生率下降不是由身体而是由文化衰退造成的，而文化衰退表现在不道德的性行为、物质主义、享乐主义，尤其是节育的传播上。公函从器质性疾病的角度描述了人口下降的现象，并指出这种疾病仍然可以治愈，因为它是最近才产生的，还没有扩散开来。这鼓励了国家的干预，因为与法国人不同，"日耳曼民族性格"里有能够自愈的生命力。[42] 普鲁士内政部负责 1912 年调查的医疗官员奥托·克罗内（Otto Krohne）转而采用了人们熟悉的方案作为疗法，即对婚姻和子女给予物质奖励，制裁卖淫和节育，防止性病传播。1915 年 10 月至 1917 年 6 月间，普鲁士一个针对出生率下降的部际委员会制定的生育主义政策遵循了这一策略，为战前和战时在这一领域的所有国家措施，以及很大一部分的魏玛社会政策提供了蓝图。此外，它还为后来民族社会主义者为提高出生率而采取的许多举措提供了先例。[43] 与博恩特拉格相反，普鲁士委员会相当重视社会卫生措施，认为这些措施可以挽救生命，特别是儿童的生命，从而抵消低生育率带来的严重影响。委员会专门拨出了最大的一笔额外资金用于建立婴儿诊所和助产，但是支持大家庭的提议被财政部阻止了，土地改革和农村安置计划也没有计算成本，这表明官方对它们的实施有疑虑。打击避孕和堕胎的法律措施似乎更加可行。正如我们将看到的，正是在这个领域，理论得到了最成功的实践。

但这绝不是唯一的举措。1917 年 9 月，第一军需官鲁登道夫（Ludendorff）将军不甘落后于当局，发表了自己对提高出生率的建议；1918 年，普鲁士议会成立了一个人口政策委员会；萨克森、巴伐利亚、巴登和符腾堡等也计划采取措施，刺激出生率并改善公共卫生状况。[44]

人口实力也是帝国层面的常规议题，无论是在内政部还是在帝国国会。帝国国会于 1916 年 5 月成立了一个新的人口政策特别委员会。1918 年夏天，特别委员会和帝国国会全体会议详细讨论了提高出生率的政府法案。

生育主义也得到专业人士群体的广泛支持。战争期间涌现出大量的生育主义者协会，均得到了国家的慷慨资助和官方的认可。[45] 到战争结束时，协会的数量翻了一番，其中许多协会与政党及福音派或天主教会有密切联系，或两者兼而有之，这表明"人口减少"在很大程度上被视为一个政治和道德问题。

新闻界广泛探讨了这一问题，并提出了一些建议，其中包括为大家庭的父亲提供多张选票，以及消除未婚母亲因未婚夫为祖国捐躯而蒙受的一切耻辱。在战争的民族主义话语中，母亲的身份被描述成女性对战争的贡献。例如，1916 年广受尊敬的《科隆日报》（*Kölnische Zeitung*）宣称，"怀孕是妇女的战时服役"。[46]

战时的生育主义是一项由男性制定的针对女性的政策，而除个别情况外，从未正式征求过女性的意见。这很可能是该政策天然具有模糊性和矛盾性的原因。例如，战时政策旨在为生育和抚养子女创造更好的条件，也为许多女权主义者在争取的重要社会改革铺平了道路，但是这些政策与女权主义对妇女参与公共领域的主张，以及战时对女性劳动机会的要求相冲突。

战时生育主义的影响很难评估。尽管其得到了国会内外的广泛支持，但是最初激进的提议后来却沦为小规模的措施，且这些措施往往是不连贯、相互矛盾和不切实际的。大多数福利计划都没有得到必要的财政支持，而三项花费不多、得到国会支持的主要法案也被 1918 年 11 月的革命所挫败。在战争结束时，出生率与 1913 年相比几乎减半，这似乎昭示生育主义已经失败。

然而，如果将战时政策视为无关紧要的空谈，那就大错特错了。当时引入了一些往往对妇女有害的强制性的措施，而社会福利计划却没有跟上。即使是那些还在规划阶段的政策也值得研究，因为它们揭示了政府对妇女角色的重要预设，这些预设不仅与女权主义者的想法相悖，也与现实相冲突。

帝国政策包括三方面的努力：通过物质、法律和意识形态层面的措施增加人口。由于其目的是提高生育率和改善公共卫生状况，因而对社会政策有很大的刺激作用。社民党利用这一点，要求改善产妇和儿童护理条件，为女工制定工厂保护法，提高未婚母亲及其子女的法律地位。[47]尽管社民党人继续谴责他们所谓的官方"强制生育主义"，但在他们看来，支持政府的人口政策似乎是消除新马尔萨斯主义有害形象的一个好办法，而新马尔萨斯主义往往与他们联系在一起。幸亏有政府的福利措施，社会主义者才能够接受这项基本上是受帝国主义启发、主要针对工人阶级的惩罚性提案。但是，为了与政府的镇压手段和独裁言论保持距离，他们坚称生育率下降不是一个道德问题，而是社会问题，并指出了婴儿死亡率的阶级差异。他们宣称，工人阶级的家庭节育与"贪婪、自我放纵和懒惰"毫无关系，反而是"负责任"的象征，而"贪婪、自我放纵和懒惰"是富裕阶层妇女的特权。

（二）物质福利

20

最早也是迄今为止最重要的福利措施是 1914 年 12 月推出的"战时产期补助"（Kriegswochenhilfe），它使军人的妻子有资格获得国家的生育津贴、在产后 8 周内的每周津贴，以及额外的哺乳奖金。从 1915 年起，该计划覆盖至能够证明孩子的父亲正在服役的未婚母亲，旨在改善不尽如人意的产妇死亡率或发病率记录。[48]

婴儿死亡率是欧洲最严重的死亡率之一，引起了人们的强烈关切。对此的改进建议包括：建立更多的托儿所、幼儿园和儿童医院；对医生进行更好的产科培训；建立更多的婴儿和产妇诊所；以及宣传母乳喂养。但是，尽管得到了几个邦的支持，这些建议中的大部分直到战后才得以实现。[49]那些在战争期间付诸实施的计划，如开设婴儿诊所计划，在很早以前就已经启动了。而更重要的举措是，帝国政府决定提高非婚生子女的地位。1915年，非婚生子女家庭有权获得战争津贴和支付给军人家庭的国家养老金。这与其说是道德态度上的彻底转变，不如说是一种务实的尝试，旨在使每年出生的19万左右的"私生子"能够存活下去，他们在出生后第一年的存活率是其他孩子的一半。关于提高未婚母亲法律地位的建议则从未形成政府法案。[50]

　　除了个别地区以外，其他旨在提高出生率的物质奖励建议都没有得到实施。此事令人惊讶之处在于皇帝支持这些计划，社民党也一再要求提供资金，最终却未能落实，背后的原因仍需推测。就普鲁士而言，有证据表明，部门间的竞争是财政部长决定阻止采取更昂贵措施的一个因素。帝国政府可能也不愿为代价高昂的改革提供资金，因为它很不确定那些措施能否取得预期成果。最后，正如首相本人所言，考虑到资金紧张和急于求成的心态，法律制裁更容易执行，当然代价也更小，而且可能比长期福利计划更能产生立竿见影的效果，人们对后者的效果众说纷纭。[51]

（三）压迫性制裁

　　战时的生育主义是战前政策的重演，它依靠的是消极的压制而不是积极的措施。从1915年起，军事当局不仅禁止展示和宣传避孕药具和堕胎药，还禁止其销售，并加强了警察的监视。避孕套作为预防性病的用品被免于起诉，事实上，它也被广泛推荐给士兵，而且很容易获得。然而女性的避孕药具尽管也是一种预防用品，却被禁止。[52]

　　1916年和1917年，普鲁士医学委员会和帝国卫生委员会分别制定了限制医生堕胎行为的准则。尽管根据《刑法典》第218—220条，无论在什么情况下，堕胎都是一种犯罪行为，但医疗终止妊娠的做法却越来越多，而且司法部门也给予了宽大处理。自此，只有注册在案的专业医生才能终止妊娠，而且只有在妊娠对妇女的健康或生命构成直接和严重威胁，而且这种威胁无法通过任何其他手段避免的情况下才能实施。[53]

但战时人口政策的核心无疑是三项主要的政府法案，其目的都是为了控制女性的性行为和生育。如果不是因为1918年的政权更迭和同年的革命，这些法案本会按常规成为法律。[54]

第一项法案涉及性病。当时普遍认为，性病在部队中大量增加，并且被视为对出生率的威胁，因为性病会造成不育和婴儿死亡。该法案规定，对"任何明知自己患有性病而仍发生性行为的人"可处以三年以下监禁，并规定对任何被怀疑患有性病的人进行强制医疗检查和治疗。在实践中，它只应用于"从事色情交易的女性"，针对男性的条款却被略去了，因为正如帝国卫生局局长所说，这将构成"对家庭事务的过度干涉，并违反了医生和病人之间的保密性"。男性仅仅被鼓励去性病诊所就诊。[55]

第二项法案旨在通过禁止所有避孕药具的生产、进口、销售和广告宣传来压制避孕和堕胎，但药剂师以医疗目的向医生提供的避孕药具除外。由于避孕套作为预防性病的用品不在禁止之列，因此该禁令专门针对女性避孕用品。禁令的范围还扩大到当时尚未纳入立法范围的堕胎药和堕胎服务的广告，甚至包括只略微涉及家庭节育的小册子和书籍。

该法案遭到医生、社会主义者和女权主义者的反对和嘲笑，尤其是因为最常用的物理方法——避孕套——仍然不在该法案的规定范围内。在普鲁士议会，社会主义者卡尔·李卜克内西（Karl Liebknecht）讽刺政府试图通过近乎"保护子宫内的刺刀"的政策来强迫妇女生育"未来的士兵"。[56]

最后一项法案涉及堕胎和绝育。该法案于 1918 年 6 月匆忙提交给联邦参议院，它是对耶拿大学一位教授参与的轰动一时的绝育试验的回应，同时也使得人们相信堕胎是导致国家生育率下降的主要因素。在短短 12 年里，不仅对堕胎犯罪的定罪数量增加了近 5 倍，而且据医生估计，每年的堕胎数量达到了惊人的 20 万—40 万例。[57]该法案旨在取缔"庸医"堕胎，并规范"不当"医疗行为，只允许在严格的医学理由下进行堕胎。非法绝育将导致外科医生被判处三年以下的劳役刑，而病人则会被监禁。该法案表面上涉及男性和女性的绝育问题，但实际上，正如序言中所说，该法案的目的只是为了控制妇女的生育能力。该法案还抛弃了医疗保密的概念，规定在堕胎或绝育后必须立即向医疗官员通报病人的身份和病史，这就更令人震惊了，因为反对性病的法案明确避免了对男性患者的隐私权的侵犯。

尽管社民党经常反对"国家强制生育"，但这三项法案在国会中几天内就进入了委员会层级，其通过速度极大地说明了各党派在生育问题上达成共识的程度。但战争的结束和革命的介入，挫败了政府为抵制"拒绝将健康妇女生育视作道德和爱国责任"而作出的最坚决的尝试。[58]

（四）意识形态运动

生育主义者一直把希望寄托在鼓励妇女多生孩子的意识形态运动上，这显然比社会福利措施要便宜得多，而且他们错误地认为，在战争的爱国主义氛围中，这种方法成功机会很大。政府官员和保守派都继续将生育率下降视为一个道德问题而非社会问题，这使他们看起来像是道德价值观的捍卫者，并确保他们能得到强大的教会支持。[59]背后的根本原因是他们担心避孕会导致滥交，并认为妇女与生俱来的性能力应当用在怀孕和抚养子女这些对社会"有用"的功能上。[60]

　　这场意识形态运动还呼吁妇女发扬爱国精神，培养她们"成为母亲的意愿"，并指责妇女接受高等教育、就业与她们作为家庭主妇和母亲的真正角色"背道而驰"。[61]

　　但事实证明，让妇女退出劳动力市场而留在家里为丈夫和人民服务，只是人口规划者的一厢情愿与战争现实之间的众多矛盾之一。政府未能重新调和对妇女的矛盾要求，也即既要求她们在战争工业中从事生产，又要求她们在家中进行生育。尽管政府强烈呼吁妇女留在她们孩子身边，但实际上从来没有足够的财政支持让妇女可以这样做，她们也没有这样做的打算，而官方也担心领取津贴的妇女会真的离开工作岗位而留在家里。[62] 无论如何，备受赞誉的产妇津贴低于疾病津贴的金额，也远远落后于非熟练女工的平均周薪。因此，这些计划未能说服妇女停止工作并失去收入。

　　超过 200 万名妇女在战争工业中就业，其中许多人已婚并有年幼的孩子，这使得妇女的工作备受关注。这一现象是对官方"讴歌"母爱的讽刺，尤其是因为许多学龄前儿童无人看管，并且大量妇女在体力要求往往超出她们能力的重工业岗位工作。[63] 此外，1914 年 8 月 4 日的一项紧急法令实际上废除了保护女工的法律，工作时间长达 12 小时的工作日和长时间的夜班成为常态。为了"白天的空闲"，有年幼子女的妇女自愿上夜班是很常见的。[64]

　　统计数据表明，产妇死亡率和发病率不断上升，特别是在战争的最后两年普遍营养不良和流感流行之后，这反映了妇女负担分娩及雇佣劳动的艰辛。[65] 但产妇健康作为一个问题本身从来没有成为政府政策的重要内容。尽管社民党施加了压力，国会特别委员会也提出重新制定女性工作保护法的建议，但政府什么也没做，尽管其同时也承认，对妇女越来越不利的工作条件已经造成了"民族的母亲

24

们健康的严重恶化，并损害了人口增长的前景"。对于政府而言，保护母亲的重要性不如最大限度地提高武器产量。[66]

（五）女权主义的回应

以男性为主体的政策倾向于将妇女视为国家规划的对象。然而在现实中，妇女远非被动，即使她们对官方政策的反应并不总是容易发现或阐释。由于女权主义者在回应时态度谨慎，我们需要在其字里行间进行大量仔细的解读。这一部分因为她们对男性对女权主义运动的攻击十分敏感，也因为她们被战争时期的民族主义气氛所吸引，或者被审查制度所约束。

尽管战时的审查制度给一些女权主义者带来了麻烦，特别是那些参与和平主义运动的女权主义者，但值得注意的是，女权主义者确实频繁地、直言不讳地批评了人口政策。她们嘲笑官方人口政策中的男性偏见，正如一位女性领导者所说，这些政策由"老教授和单身汉政治家主导，却谈论女性对家务的无知和母乳喂养的重要性"。妇女运动团结一致，不赞成大多数生育主义者的军国主义口吻，他们希望妇女"生育活体弹药"。[67]官方越来越多地依靠胁迫而不是说服的趋势被谴责为不人道和不切实际。禁止避孕的法案被抨击为"对妇女自决权的无理干涉"。这个问题实际上将妇女运动中通常交战的资产阶级和无产阶级派别联合起来。1918 年 7 月，一个由社会主义和资产阶级妇女领袖组成的代表团向国会人口问题特别委员会抗议 1918 年的政府法案。[68]

女权主义者将生育自由与妇女在其他领域获得解放的要求相联系。他们认为，妇女不应充当"生育机器"，而应要求享有充分的公民权利和与男性的平等权。另一方面，许多杰出的女性，尤其是来自中产阶级的德国妇女联合会采用，或许甚至是发明了"怀孕是女性的主动服役"这一概念，或许是因为一些女性真的与服役的男性有同样的感受，又或许这是一个聪明的策略，可以在一个仇外的时代提高妇女运动的地位。[69] 女性可以使用男性能够理解和倾听的语言，将男性的争论和焦虑转化为自己的优势。例如，英国国防军的著名成员罗莎·肯普夫（Rosa Kempf）就把怀孕说成是妇女"为祖国作出的牺牲"。她并不是在暗示妇女应该生孩子，而是在强调怀孕和分娩的危险性，而这一点在官方的言论中却很少得到关注。其他女权主义者利用优生学的论调扩大妇女的权利，尽管优生学本身具有反女权主义的含义。例如，妇女联合会的主席格特鲁德·鲍默（Gertrud Bäumer）呼吁男性政治家给予妇女与"民族的母亲们"相称的法律和社会地位。只不过，妇女联合会支持官方的生育主义，甚至赞赏让妇女离开劳动力市场回到家庭的运动，似乎违背了她们的一些核心要求，比如要求妇女在工作和家庭中享有平等地位。[70]

（六）大众的看法和节育的实践

　　由于有数以百万计的男子在军中服役，德国出生率持续下降的现象并不令人惊讶。但是，抛开这些特殊情况不谈，官方提高出生率的运动似乎对整体人口水平的影响不大。背后的原因在于普通德国人对避孕措施的看法。当时德国新一代的性学家也刚刚开始调查这些措施。1916 年，柏林医生兼性学家马克斯·马尔库塞（Max Marcuse）采访了 300 名接受性病治疗的已婚士兵，了解他们对节育的态度。[71] 他们主要是来自农村和城市的工人阶级，属于不同的宗教派别。马尔库塞的研究不仅揭示了无产阶级在一代人的时间内所经历的从大家庭到小型化家庭的巨大人口变化，还指出大多数人坚信社会进步与家庭节育之间的联系。尽管士兵和他们的妻子通常来自有 7 个或更多孩子的大家庭，但他们自己的家庭平均孩子数量只有 1.1 个（当然，在某些情况下，他们的家庭还没有达到完整状态）。300 人中有 210 人使用某种形式的节育措施。士兵们把孩子说成是一种"负担"，"太昂贵"，与生育主义者认为孩子是上帝的恩赐形成了鲜明对比。一些人担心庞大的家庭会使他们成为大家嘲笑的对象，其他人则为没有孩子的"现代婚姻"感到自豪。

早前对 600 名妇女进行的两项调查 [一项由马尔库塞主持，另一项由波拉诺（Oscar Polano）主持] 证实了这些发现，并表明男性和女性对节育有着不同的态度。[72] 在后续的调查中，军人往往不愿意配合，而妇女们通常对节育措施持令人惊讶的开放态度，由此看来，让工人阶级家庭保持小型化家庭的倡议显然来自妇女，而这往往会造成婚姻关系紧张，甚至是性关系完全破裂，并容忍丈夫"去找别的女人"。[73]

但也有证据表明，丈夫和妻子之间存在合作。最常见的节育方法是体外射精，这需要夫妻在家庭规模和性行为上有一定程度的共识。[74] 对这一办法青睐有其意义，因为政府企图通过取缔避孕药具强行增加生育率，而这一古老方法无需任何器具或药剂，使得官方的控制失效，这也推动了它的盛行。尽管许多医生宣称这种方法会导致男性神经衰弱和女性性欲减退，但工人阶级仍在继续使用这种方法。[75] 体外射精之所以如此流行，也是因为这种方法不需要医学指导。此外，它也不需要预先考虑或准备，并且方便实用，考虑到劳动人口拥挤的住房条件，许多父母被迫与他们的孩子共用一个卧室，这个因素非常重要。最重要的是，它是免费的。

这些因素使体外射精相比避孕套有了巨大的优势，这些调查显示，避孕套远没有那么受欢迎。这一点尤其令人吃惊，因为军医一般都建议使用避孕套作为预防措施。导致其不受欢迎的原因分别是，许多男人对避孕套有偏见，因为据说它会减少性愉悦，并与卖淫联系在一起；此外，由于避孕套的使用需要自律和计划，因此那些不负责任的人或在酒精影响下发生性行为的人不会考虑这种方法；并且，避孕套也非常昂贵，在 1914 年每打要 6 马克甚至更多，这意味着周工资约为 20 马克的普通非技术工人根本无法负担。[76]

有趣的是，尽管自 19 世纪 70 年代以来，医生们就推荐使用阴道隔膜，并保证它能使妇女在没有男性配合的情况下也能得到保护，但只有极少数的妻子会使用。除了价格因素——到 1920 年 3 月，其价格为 20—30 马克（与 1 磅黄油的价格差不多），再加上置入阴道的费用——阴道隔膜相对不受欢迎的原因是它的使用需要医生的帮助，而很少有医生有资格并愿意提供帮助，工人阶级的妇女也不愿意在这样的私密问题上咨询医生，因为他们大多是男性。她们更愿意求助于助产士，虽然官方禁止此种做法，但许多助产士都知道如何置入阴道隔膜。[77]

最流行的女性避孕方式是性交后用注射器冲洗，这种注射器比较容易从药店买到，甚至作为卫生设备由当地健康保险基金提供。它们取得了巨大的商业成功，在战争期间的售价在 4—50 马克之间。但是，尽管它们有诱人的品牌名称，如女士之友（Ladies' Friend）、骑士圣乔治（Ritter St. Georg）或歌洛莉娅世界级冲洗器（Gloria Weltdusche），但其避孕效果往往被证明并不理想。马尔库塞在柏林的调查显示，许多使用者不得不进行堕胎。此外，注射器也有潜在的危险，因为它们很容易被改造成堕胎工具。调查中的一些妇女还使用了可能是通过邮购或由助产士置入的有柄子宫托（stem pessary），据了解这曾造成严重感染甚至死亡。[78]

在马尔库塞的两项研究中，人工流产的发生率非常高，这证实了从一些司法记录中获得的印象，即人工流产在调节工人阶级家庭规模方面发挥了重要作用。[79] 经济条件较好的妇女也进行堕胎，但她们有更多的机会得到家庭医生周全的帮助。相比之下，工薪阶层妇女的堕胎行为要公开得多，通常是在女性自助网络中进行。[80] 对她们

28

来说，堕胎并非不正常或犯罪，它不仅是避免非自愿生育的最后一次孤注一掷的尝试，而且是避孕真正的替代方案。实际上，马尔库塞对 100 名柏林妇女中 41 位描述堕胎经历时的平淡态度感到惊讶。其他收治工人阶级病人的医生也对严苛的堕胎法和大众看法之间的对立发表了看法。堕胎和避孕之间的分界线并非固定不变，同样的工具或药剂可以防止受孕，如果已经受孕，则可以诱发流产。在没有验孕的情况下，往往无法判断妇女是试图推迟经期，还是在进行堕胎这一犯罪行为。确实有一些妇女被指控堕胎，但后来发现她们并没有怀孕。[81]

　　下层社会相对更能接纳堕胎，这意味着很少会有人向警方告发。这些未报告的案例使我们无法准确估计非法堕胎的数量。然而，人口规划者自信满满地引用了缺乏证实的数据，这些数据引发了政治轰动。到 1915 年，德国知名妇科医生声称，堕胎犯罪的数量在 3 万—50 万之间，而政府报告中往往引用较高的数据，在政界引发了"堕胎恐慌"。然而，即使对全国堕胎情况的估计是高度推测性的，但医疗官员进行的一些小规模研究和从业人员的经验表明，到第一次世界大战时，堕胎现象十分普遍并呈上升趋势，这是造成德国出生率长期下滑的主要的原因，甚至可能是最重要的原因。[82]

　　事后来看，德国的生育主义者显然是在打一场败仗。他们必须应对的不是他们所认为的短暂又可逆的道德堕落趋势，而是同样影响着大多数工业国家的更深层次的社会变革。用他们衰退论的医学概念来说，生育主义者对抗的是症状而不是疾病本身。他们的"药物"是国家干预，而在战争的压力下，国家干预从积极的激励转向惩罚性的制裁。社民党和妇女运动抵制了镇压计划，转而开展为大家庭提供福利和物质援助的运动。但这两个团体出于不同的原因都赞同生育主义。由于采纳了这一官方有关生育的意识形态，他们未能充分强调限制生育对个人和健康的巨大好处。政府的政策承诺改善社会状况，但实际上却把重点放在打击节育上，而他们对政府政策的支持对工人阶级和女性都是不利的。然而很明显，刺激生育率的尝试失败了。劝说和威胁都没为国家带来更多的大家庭，生育率持续下降，至 1931—1935 年，"人口转型"已经完成。

人口计划自身也有一个严重缺陷，它矛盾地要求妇女在战争经济中从事生产，又要求她们积极生育。战争期间，许多妇女生活在恶劣的环境中，这使得官方对母性的赞美成为了一个笑柄。1918 年的法案中提出的遏制节育行为的动议也是不现实的，因为最流行的防止受孕的方法是中断性交，而这是警察无法监控的。医生们经常嘲笑取缔避孕药具的企图，有人将其比喻为"为了防止自杀而禁止手枪"。[83] 女性自助网络经常提供堕胎服务，同样逃过了法律的限制。从受到起诉的和推测的堕胎案例数量之间的巨大差距可以看出，现有的堕胎法与公众舆论脱节，未能起到威慑作用。综上，没有理由相信 1918 年法案能更成功地限制堕胎。人们保持小型化家庭的愿望是生育率下降的根本原因，这一愿望远比节育技术和严厉的法律的影响力更大。[84] 那么，政府为什么要推行其政策呢？正如已经看到的那样，普鲁士政府非常重视刑法规定，并以此作为一种策略来安抚那些认为生育率持续下降是道德败坏和身体退化之后果的人，而战时的政府无疑也是如此。虽然"强制生育"政策对国家人口趋势的影响还有待商榷，但其确实使希望对生育有所控制的妇女受到了严重影响。由于无法获得适当的避孕药具，许多妇女不得不使用有害的器具，或被迫进行堕胎。由于没有合法的药物流产条件，妇女只能依靠自助或秘密手术，而这一切不仅可能危及健康和生命，还伴随着被官方发现的危险。尽管大多数情况下都没有被发现，但每年都有数百名妇女因为接受这种手术而被关进监狱。[85]

30

在国际上，高生育率被看作是国家"活力"和军事力量的标志。德国自然会担心自己可能会像法国那样在人口竞赛中落后。但仅凭这一点并不能解释讨论生育率下降时那些歇斯底里的说法。德意志民族显然没有灭亡的危险，其生育率远远高于人口更替水平，人口实际上在继续增长。那些说法的出现很可能有更深层次的焦虑在起作用，这些焦虑涉及两性之间的权力关系这个相对不那么官方的领域，它现在似乎受到了避孕和堕胎的威胁。在魏玛时期，这种感受确实在更为自由的舆论氛围中得到了表达（见第二章）。毕竟，使用避孕手段并不仅仅意味着家庭规模的缩小，还表明了妇女对家庭和社会生活的新态度，它使妇女能够将性行为与生育分开，这反过来又削弱了传统性道德中的双重标准：虽然男性的花天酒地可以得到宽恕甚至赞扬，但女性性行为的唯一合法场所是在婚姻中，女性被期望将其性行为用于生育，否则就会遭受与私生子和卖淫相关的社会舆论羞辱。普鲁士议会的核心成员弗莱赫尔·冯·施泰纳克（Freiherr von Steinacker）认为向女性传授避孕知识的女性"比在人类社会中放纵野兽还要危险"，而他并不是唯一一个持有这样观点的人。[86]节育比其他任何事都更能塑造"新女性"的概念，这一概念在魏玛共和国时期发挥了相当重要的作用。

第一章　孕产

生产与生育

左派对人口问题的回应

一、战后的"人口危机"

第一次世界大战战场上德国惨重的损失加剧了一些人对出生率下降的担忧，而另一些人则更加坚定地与过去军国主义的"强制生育"政策决裂。尽管将人们的态度划分为左派和右派未免过于简单，但与左派相比，保守派的确更倾向于利用战争对人口的影响来为旧社会和道德秩序的复兴辩护。巴伐利亚统计局（后来成为帝国统计局）的弗里茨·布尔格多弗（Fritz Burgdörfer）成为了保守派生育主义游说团体最重要的发言人之一。他将战争对人口的影响，无论是真实的还是想象的，绘制成像资产负债表一样的图表。根据他的计算，战争使德国损失了 1200 万—1300 万人，占总人口的 1/5：

因《凡尔赛条约》中的领土变更而损失了 650 万人；

200 万人阵亡；

75 万平民成为盟军"饥饿封锁"的受害者；

1918 年流感流行造成 10 万人死亡；

300 万—350 万人因战争而未能出生。

总计 1235 万至 1285 万人。[1]

另一方面，社会主义评论家格奥尔格·沃尔夫（Georg Wolff）反对针对获胜的协约国的"仇恨政策"，据称，协约国遭受的苦难更

32 少。他指出，就绝对值而言，俄国的损失远远大于德国。就人口比例而言，塞尔维亚和法国的损失超过了德国。与其他一些社会主义者一样，沃尔夫渴望在国际联盟的框架内播下和平的种子。[2] 战后的社民党似乎不再担心人口不足，相反，复员后的"失业大军"让人联想到人口过剩的老问题。在这方面，社民党并非孤军奋战，其他党派的政治家也表示，"德国的人口比它所需要的多 1000 万—1500 万"[3]。

然而，战后德国的生育行为似乎与此相反。年轻人中出现了一种结婚但不生育的新趋势。战后的结婚热潮（1920 年为 894978 对，1913 年为 513283 对）并没有带来足够的后代以弥补战时的损失。事实上，1920 年的战后生育高峰（25.9‰）远远低于 1913 年的生育率（27.5‰），使得德国成了一个"没有年轻人的民族"（Volk ohne Jugend）。结婚热潮于 1923 年结束，但此后的平均结婚率仍高于战前的最后五年。然而，出生率却持续下降，从 1920 年的 25.9‰ 降至 1933 年的 14.7‰，为全欧洲最低。[4] 出生率低的现象在德国城市最为明显，这助长了认为城市生活"非自然"和"腐化"的观点。首都柏林的情况经常作为警示案例出现在报刊上，告诉人们这个国家将面临什么。1924 年，报纸惊恐地宣布柏林是世界上出生率最低的城市（9.4‰）。[5]

最令人口学家担忧的是，"二孩体系"① 的趋势不仅影响了中产阶级，也蔓延到曾经众所周知的"多子多孙"群体——无产阶级上。在英格兰和威尔士，两个阶级间的生育率差异也有所缩小，但体力劳动者的婚内生育率仍明显高于非体力劳动者。相比之下，德国柏林和德累斯顿的两项广受关注的研究表明，尽管宗教差异依然存在，但生育率的阶级差异已经趋于消失。[6]

---

① 指仅生育两名子女的小型化家庭。——译者注

福利替代制裁

魏玛的人口政策令人迷惑，它既有连续性也有变化，既有意见分歧，也有重大的成就和失败。尽管发生了1918年革命，但由于种种原因，威廉二世时代的法律和观念继续影响着魏玛的政策。战后政局长期不稳定，导致历届政府无法制定全面的人口政策，政府的快速更迭也不利于制定长期规划。虽然人口问题一直是各部和议会工作的重点，但直到1927年国家层面才发布了官方政策声明，普鲁士也在一年后发布了政策声明。但是，这两项文件标志着新政策的消亡而非开始。经济的不景气实际上摧毁了将这两项建议付诸实施的机会。[7] 尽管社会民主党派的国家内政部长塞弗林（Severing）于

1930年1月召集了一个新的国家人口问题委员会，但仅仅18个月后，该委员会就因各位主席辞职抗议"布吕宁紧缩政策"（Brüning cuts）而解散。

曾经帝国政府的回应是正面解决人口问题，而民主共和国的反应则较为含蓄。政治权力的更迭和战后的社会动荡改变了对人口问题的定义：当下的重点是福利制度而不是提高出生率，是"更好而不是更多"的孩子。旧制度的威信扫地，甚至连那些仍然相信威廉政府时期计划的人也不得不放弃旧时代的话语。因此，即使是对人口结构有直接影响的计划，也不一定被冠以"人口措施"之名。左派主要致力于公共卫生和社会福利的改善，右派则致力于打击不道德行为和捍卫家庭。

缺乏连贯的规划意味着零散的改革和临时性的决定，这使得政府倾向于从威廉政府时期的计划中汲取灵感，尽管该计划只是"暂时性的"，不是一个理想的方案，但至少也是一套相当全面的方法，毕竟它包含了一些关于促进儿童福利等积极措施的宝贵要素。帝国意识形态与魏玛意识形态之间的联系也因公务员制度的连续性而得

到加强。战争期间启动的针对出生率下降的方案在 1918 年后被继续执行，就好像政治上没有发生任何变化一样。[8] 例如，弗朗茨·布姆（Franz Bumm）1905—1926 年间一直担任帝国卫生局局长，该局从未获得部级地位，始终隶属于国家内政部。同样，威廉时期人口政策的主要设计者之一奥托·克罗内（Otto Krohne）在战后继续担任新成立的普鲁士公共福利部的高级医务顾问。1926 年，他接替职业生涯同样跨越帝国与共和国的爱德华·迪特里希（Eduard Dietrich）担任普鲁士医疗管理局局长，从而使其政治影响力得到了延续。

法律领域也有明显的连续性。虽然改革 1871 年《刑法典》的提案在 20 世纪 20 年代末已经取得很大进展，修订 1900 年《民法典》的运动也颇有声势，但这两部法典在魏玛时期基本未作修改，这也阻碍了新宪法的实施。

35 　　1918 年后，旧官僚体制的大部分结构没有改变，同样，尽管有了新的组织形式和名称，但大部分政党政治团体也没有改变。这一点，再加上 1918 年革命没有催生社会主义政府这一事实，都确保了政策一定程度的连续性。社民党和德国共产党（KPD）的势头不断受到中间派和民主派联盟伙伴的遏制和分散，并遭到强大保守势力的反击。宪法特别委员会内部的激烈争论明确展现了未来可能的政治分歧，这些分歧会切实妨碍坚定不移的改革计划，这也说明了政治妥协的必要性，导致的结果是一部充满矛盾的宪法的诞生。例如，第 121 条赋予非婚生子女平等权利，但这实际上破坏了保护婚姻神圣性的第 119 条；第 163 条承诺每个德国人都有工作权，这又与第 119 条促进人口增长和保护孕产妇的承诺背道而驰。第 119 条暗含着性别分工的倾向，并鼓励在社会和家庭中延续父权价值观：男性被视为养家糊口者，而女性则是下一代的孕育者。[9]

最后，国家干预的观念也具有连续性。魏玛政府与其前身威廉政府一样，认为生育问题在政治上具有重要性，不能由个人来决定。尽管战后生育仲裁权越来越多地下放给了医学界，但为了实现社会的"更大利益"，国家仍继续进行干预。

尽管魏玛政府和帝国政府在人口问题上的态度有很大的连续性，但也存在着显著的差异。1918年的革命和议会制政府的成立，预示着与战前的意识形态决裂。1919年的自由主义宪法尽管在许多方面自相矛盾，但还是反映了建立在民主原则上的福利国家的新理想：尽管宪法第119条表达了保守派的利益，宣布民族的维护和发展是宪法特别关注的问题，但它也表明对福利的承诺，致力于给母亲提供特殊照顾，并给予多子女者补贴；每个德国人都应拥有体面的住房，每个家庭，尤其是大家庭，应根据自身需要获得生活住所和工作的住宿地（第155条）；年轻人应免受剥削和忽视（第122条）；消除对非婚生子女的歧视（第121条）以及消除社会、工作和婚姻中的性别歧视的条款体现了新的平等主义精神；男女在法律面前一律平等，具有同样的公民义务和权利（第109、119和128条）。

虽然政府没有统一的人口政策，但有一点上却达成了惊人的共识：帝国的监控和惩罚性制裁政策在新的民主制度下是不可接受的，必须用对人口质量的重视取代对数量的盲目强调。人们对人口健康的日益关注加速了社会改革，正如在第三章中将看到的，也使得节育的社会接纳度越来越高。

魏玛社会政策的缺陷有据可查。宪法中所表达的"推翻旧的价值观"和"从废墟中创造出一个更美好的世界"的殷切希望确实从未完全实现。[10]其中最主要的原因是，共和国初期的通货膨胀和末期的经济衰退所造成经济问题严重影响了社会政策。据说，承诺与现实之间的差距已经在工人阶级中"造成了无法估量的怨恨"，并使他们对共和国以及帮助创建共和国的社民党越来越充满敌意。即使颁布了政策，其好处也会被通货膨胀所侵蚀，或在世界经济危机期间被削减。[11] 然而，在经济困境和政治的不稳定的背景下所实行的魏玛社会政策依然是一项了不起的成就。本章将证明，德国在产妇保护方面取得了真正的进步：德国是第一个签署《华盛顿公约》以延长产假的工业国家，它将战争期间推出的产妇福利计划永久化，建立了一个广泛的产前和产后诊所网络，提升了产科标准和护理水平，最后，它改革了助产士制度。即使是那些未能实现的提案，如国家对非婚生子女的供养和法律上的平等，以及为所有家庭提供适当的住房，也显示出对母亲及其子女的全新的支持态度。

37　　在国家保护孕产妇领域取得的成就是左派与右派议会合作的结果。然而，这并不意味着生育主义的彻底消亡。例如，德国国家人民党（DNVP）向国民议会人口政策特别委员会提交的第一份提案建议加重对避孕、堕胎和卖淫的惩罚，表达了他们打击人口减少（以及"不道德行为"）的决心。由于受到左派和中央党的抵制，该提案与1922年巴伐利亚在参议院的动议和1930年德国民族社会主义工人党（NSDAP）的动议一样没有取得成功（见附录3）。

　　支持生育主义和反对传播节育信息的还有帝国卫生局的高级官员。他们在多份报告中警示全国生育率将进一步下降，并建议加强对避孕药和堕胎药贩运的监控。1926年和1930年，帝国统计局发表了一系列基于当前趋势的估计，对德国的人口前景做出了悲观的预测。与政治右派存在松散联盟关系的人口协会、教会和部分新闻界人士也大力提倡生育主义。[12]

　　社会主义者也从未完全抛弃人口增长的理想。即使在战后，他们中的一些人仍然坚持"广大群众"意味着无产阶级权力的观念。阿尔弗雷德·格罗特雅恩就曾多次提到这一点。[13] 格罗特雅恩于1919年加入社民党，并于1921年成为该党在卫生和人口问题上的发言人。在 1921 年和 1925 年的社民党大会上，他力促该党在其纲领中正式承诺提高出生率，但未能如愿。相反，该党通过了一项条款，承诺支持"满足工人阶级需要的合理的人口政策"。[14] 显然，多数社民党人拒绝一切与之前粗暴的生育主义论相关的政策，他们更关注社会卫生、福利和节育，意在使无产阶级能够拥有理想的子女数量，并保护他们的健康。格罗特雅恩后来也改变了观点，他的策略变得更加民主，但仍保留了一些原有的内容。他反对国家遏制节育，但也不赞成无视社会需求的"个人主义"行为。为了协调这些主张，他要求"理性化生育"，并认为防止出生率下降的最佳武器是"从质量和数量上进行生育规划"。他再次呼吁每对已婚夫妇至少要有三个孩子，如果父母"很健康"，可以多生几个，但他也出于健康考虑主张采取避孕措施。[15]

38

社会主义者团结一致，反对政治右派从道德角度解释人口结构变化（见第二章）。用一位重要评论家的话来说，出生率下降是"物质需求的意识形态表现"。面对普遍的贫困、营养不良、无家可归，以及官方报告中令人震惊的婴幼儿发病率和死亡率的上升，许多社会主义者声称，家庭节育不仅是可以理解的，而且是值得称赞的。他们认为，摆脱"无产者毫无章法的生育"，是工人阶级社会责任感增强的表现，值得国家的全力支持。[16] 如果不能保证给予工人阶级平等的空间和食物，国家就无权要求他们生育更多的孩子。因此，社民党中的多数和德国独立社会民主党（USPD，后来分裂成两个派别，分别与社民党和德国共产党合并）都在国会提出了一项全面的社会政策方案。其中包括改善工资和工作条件、扩大妇幼福利和医疗保健以及未婚母亲及其子女的法律地位平等。社会民主党人还呼吁废除将堕胎和传播避孕药具定为犯罪的法律（见附录 2）。

这些雄心勃勃的计划的实施取得了一些显著的进展，这在很大程度上要归功于众多积极支持社会改革的女政治家。1918 年 11 月 12 日普选权的授予使得妇女在立法机构中的参与率异常之高。1919 年的国民议会中有 41 名妇女，占议员总数的 9.6%，这一比例高于任何其他议会。到 1920 年，还有 117 名妇女（占议员总数的 6%）当选为州议会议员，近 14000 名妇女（占 11%）当选为市议会议员。虽然这一比例在随后几年有所下降，在 1932 年的国会中降至 6.2%，但国家和州一级的女政治家仍然是支持保证质量的人口政策的强大力量。她们大多是两个社会主义政党——社民党和德国独立社会民主党的成员，因此，她们对魏玛的福利计划有着天然的亲近感。但其实各党派的妇女都特别关注社会政策，所以在人口和社会政策特别委员会中，女性的比例很高。在 1924 年的普鲁士议会中，该委员会的女性成员实际上占多数：21 名女性对 17 名男性。[17]

比起统计数据，女政治家们更关注人本身，她们尤其关注承担生育重任的妇女。社民党的路易丝·施罗德（Louise Schroeder）和阿黛尔·施赖伯指出，许多妇女不得不承担工资劳动、家务劳动和生育的三重负担。施罗德抨击了战前以男性为主导的人口意识形态，并为提高民众生活质量而奔走呼号。对于那些继续惋惜战争中损失人数的人，她尖锐地反驳道：

德国在战争中损失了约 960 万人，这确实令人遗憾，但从人道主义和民族的角度来看，更令人震惊的是，普鲁士的肺结核死亡率自 1913 年以来上升了 70%（确实如此）。[18]

1919 年，施赖伯在社民党妇女大会上发表纲领性讲话，要求给予妇女更多的权利和更多的国家支持，使"生育……不再是对妇女个人的压迫，不再给妇女个人带来负担，而是成为广大公众关注的问题"。她主张为所有母亲（无论已婚与否）提供适当的经济支持和更高的法律地位、更好的产科服务和儿童保育服务，并建立国家诊所，为妇女提供避孕和堕胎方面的建议，以便她们在生育问题上做出她们想要的任何选择。[19] 安娜·玛格丽特·施特格曼（Anna Margarete Stegmann）是一名医生，也是德国国会的社民党议员，她甚至将自己首次演说的主题定为怀孕和生育自由，这在英国下议院是不可想象的。她要求制定适当的社会政策，为妇女自愿成为母亲创造条件，同时还要求提供节育服务，因为"我们必须最终停止对人民高姿态的监护。相反，我们必须给予人民发展的自由，让妇女掌控自己的身体"[20]。在德国共产党内部，玛莎·阿伦德塞（Martha Arendsee）和后来的海伦纳·奥弗拉赫（Helene Overlach）是最坚定的活动家，她们要求制定一项影响深远的福利计划，其中包括同样的一系列要求：免费提供节育、产前护理、产科、助产、儿童保育服务和延长全薪产假。后来，她们又增加了对儿童津贴、家庭财政补贴及低收入家庭住房和交通补贴的要求。（见附录2）

尽管通常所说的资产阶级政党的女政治家们一般都回避她们社会主义党派的姐妹们提出的更为激进的要求，但她们都赞同母婴福利政策。1927年和1929年，德国国会就德国共产党提出的制定母婴保护法的动议进行辩论，各政治派别的女性议员明显就这一问题的重要性达成了共识。玛丽-伊丽莎白·吕德斯（Marie-Elisabeth Lüders）和许多其他德国妇女组织联合会领导人一样，在战后加入了德国民主党。德国人民党（DVP）的赫特维希-宾格（Hertwig-Bünger）博士申明，该党决心"与特别委员会合作，以便寻找办法，帮助母亲们摆脱在社会中的困境"，并应对出生率下降的问题。[21]

女性自己也经常评议她们在使官方人口政策"女性化"方面取得的成功。早在1921年，德国妇女组织联合会的期刊《女性》（Die

Frau）就回顾了战后在科隆召开的第一次人口问题大型会议，并对会议最终由女性主导表示满意。不仅女性在听众中占多数（事实上在整体人口中也是如此），而且女性的思想也明显影响了官方的计划。会议认为，影响人口议题的社会问题永远不可能通过惩罚措施来解决，而只有改善福利制度才能带来改变，这需要私人慈善组织与公共机构的协作，更需要男女之间的合作。[22]

1918 年革命后，国会中立即出现了对旧式生育主义的反感，取而代之的是"关爱而非惩罚"的新理念。在 1919 年 3 月的第一次会议上，当时由左派和民主派主导的普鲁士议会人口政策委员会承诺支持"提高公民个人的素质，尤其是下一代的素质"，而不是试图刺激出生率。它在最初的几次会议上专门讨论了保护产妇和改善产科服务的问题。同样的决心在国家一级也很明显。12 月 14 日，也就是德国人民代表委员会接管政府仅四周后，就颁布了一项法令，规定战时产妇津贴不应停止发放，而应长期实行。[23]1919 年 4 月，国家内政部召开会议，讨论未来的人口规划，明确与威廉政府的政策决裂。内政部、司法部、劳动部、帝国卫生局、帝国保险局以及普鲁士相关部门的代表出席了会议，会议决定，应着手制定一项防治性病的法案，但"在当前的政治形势下"，恢复 1918 年的其他惩罚性人口法案是毫无意义的，这样做只会妨碍性病防治法案的通过。因此，会议认为，今后最好将人口问题的讨论重点放在"防止危害妇女健康"方面。[24] 虽然内政部的官员（没有透露姓名，但可能是奥托·克罗内）对"避孕药具和堕胎药宣传力度的加大"表示不安，还有几位官员依旧捍卫威廉政府政策的"核心"，但是这一时期始终有一种从消极措施到积极措施的明显转变，而且这一转变从未逆转。

在 20 世纪 20 年代末的官方政策声明中，这一点仍然很明显。帝国卫生局在 1927 年编写的备忘录中重申，它支持关注人口质量而非数量的规划并支持左派的福利计划。[25] 普鲁士福利部部长希尔茨基弗（Hirtsiefer）在 1928 年 10 月的备忘录中甚至承认，在目前的情况下，德国人口是增加还是减少并不明确。令人惊讶的是，身为中央党成员的希尔茨基弗采取了左派的立场，批评保守派将生育率下降归咎于民众的"自私、自我中心和自我放纵"。他认为，人们生儿育女的自然愿望只是被经济忧虑压抑。虽然他是天主教徒，但他认为相比于制裁节育，刺激出生率的积极措施更加有效。他特别提到了对大家庭的资金和财政支持、家庭工资、双亲保险、埃森和法兰克福示范工业村已有的公共住房，以及农村安置计划。[26]1930 年 1 月，隶属社民党的国家内政部长塞弗林在新成立的国家人口问题委员会上致开幕词。讲话反映出他同样致力于社会政策而非生育主义。塞弗林把家庭津贴和母婴福利作为核心目标，当选为主要小组委员会负责人的三位医生也是如此。其中，格罗特亚恩谈到了他的老话题——育儿保险，妇科医生雨果·塞尔海姆（Hugo Sellheim）谈到了产妇保护，尤其是对单身母亲的保护，儿科医生弗里茨·罗特谈到了产前护理和产科等议题。[27]

42

　　新的人口政策也影响到了旧派的利益团体。战后，一些与威廉政府的意识形态相关的强大协会无法再复兴，生育主义因此名誉扫地。德国种族卫生协会适应了关注人口质量的政策，但德国人口政策协会却被并入了新成立的、有影响力的道德与人口协会，即"民族复兴特别工作组"（Arbeitsgemeinschaft für Volksgesundung）。同时，许多其他利益团体出现，将对道德和人口数量的关注与优生学相结合（见第二章），进一步表明了对人口质量和福利的全新重视。教会福利组织，如福音派教会的"内在使命"组织和天主教会的"博爱协会"（Caritas Association），很好地融入了新的框架。左派建立了自己的福利组织，以制衡民族主义和教派活动。1919 年，玛丽·尤夏茨（Marie Juchacz）成立了工人福利组织（Arbeiterwohlfahrt）。这是一个社民党机构，与工会和健康保险基金有密切联系。除了为左派社会卫生学家和政治家提供一个发声平台外，它还成为了一些女政治家的重要舞台，她们帮助引导政府的社会福利计划获得议会批准。[28]

1928 年，德国共产党还成立了自己的福利组织——社会政治组织工作组（Arbeitsgemeinschaft sozialpolitischer Organisationen），该组织由各种共产主义团体构成，如国际工人救济会（International Workers' Help）和妇女与女童红色联盟（Red Women's and Girls' League）。它出版了自己的刊物《无产阶级社会政治》（*Proletarische Sozialpolitik*），由玛莎·阿伦德塞主编，该刊物与社民党的工人福利组织及其同名刊物一样，在政治左派中倡导积极的人口政策。

二、为母亲提供经济支持

战时政策议程中的家庭津贴在魏玛共和国变成了现实。家庭津贴的发放对象是政府负有直接责任的那部分人口，也是许多人认为会影响社会趋势的那部分人口：国家雇员和公务员。这一职业群体以子女少而著称：1926 年的一项调查显示，他们平均只有 1.17 个子女，而全国平均水平为 2.8 个。[29] 然而，该计划的实施是零散的。1924 年 5 月，国家的受薪雇员可领取法定的儿童福利金；1926年 6 月，体力劳动者可领取儿童福利金；1927 年，公务员可领取儿童福利金。大多数州政府也为其雇员提供了同样的福利。此外，在1923—1927 年间，公共部门的雇员还享有配偶津贴、学费减免（如果他们的家庭人口众多）以及就业选择方面的优惠待遇。从 1925年起，他们在生育第一个孩子后还可享受税收优惠，以后每生育一个孩子，税收优惠都会增加。这些决定似乎兑现了战前做出的长期承诺。但实际上，这些福利的象征意义大于经济价值。对于月薪约900马克的高级公务员来说，每月20马克的子女补贴显然无法激励他们多生孩子，尽管月薪约270马克的低级公务员可能会对这笔外快心存感激。[30]此外，布吕宁在1931年颁布紧急法令，将生育第一个孩子的补助金减半，从而危及了整个计划。但这种高度选择性的福利制度主要针对精英群体，反映了日益显著的优生学倾向（见第三章）。

战后最初几年，家庭还受益于工业界的一种新趋势，即向工人和受薪雇员支付"家庭工资"，也即根据家庭状况和子女数量支付工资。根据汉斯·哈姆森的研究，这一趋势在通货膨胀时期达到顶峰，当时有40%的工业企业参与了这一计划，但在货币稳定后，大多数企业放弃执行这一政策。哈姆森认为，这是由于代表单身工人的工会所施加的压力，但更有可能的原因是1922年后失业率上升和全面稳定化的紧缩政策。[31]

在1914年之前，就有人大力提倡通过保险制度引入家庭津贴的计划，也就是一种特殊的育儿保险。虽然得到了代表中产阶级利益的政党的支持，但这一想法始终未能实现，原因可能是成本太高。然而，1930年，布吕宁推出了长期以来最受右派欢迎的单身税，但所得收入并没有按原定计划流向大家庭，而是又被纳入了财政总预算。[32]在社会政策方面，宪法中对大家庭进行补贴的承诺被遗忘了，但1927年还是推出了象征性的"福利"。普鲁士公共福利部部长希尔茨基弗本人也是一个大家庭的父亲，他向成功生育并抚养了12个子女的母亲发放了特别奖励。她们将获得一个普鲁士皇家瓷杯或100马克的现金奖励。此事引得《工人福利》(Arbeiterwohlfahrt)杂志以讽刺的口吻发表建议，称部长应该亲自考察普通工人家庭的家务安排，以了解存放如此珍贵的杯子有多困难，更何谈使用它。巴登州还提出了一个类似的计划，但其中包含了道德规训的意味，其承诺只要不是"私生子"，每生第 7 个孩子就能得到 30 马克的奖励。[33]

官方之所以采取这种老式的家长作风，是因为对大家庭和家庭补贴计划的真正意义上的财政支持未能落实。这一方面是由于共和国面临着持续的经济压力，但更重要的是，政治右派和中央党特别关注的生育主义计划已不再受欢迎。左派历来提倡"保护孕产妇"（Mutterschutz）的概念，他们的生育福利计划旨在帮助那些不得不兼顾家庭外工作和母亲身份的妇女，魏玛的人口政策正是在这一领域取得了最大的成功。由于"保护孕产妇"针对的是无产阶级劳动妇女，因此社会主义者更倾向于采用不分阶级地惠及所有家庭的家庭补贴计划，它试图减轻所谓的家务劳动、生育劳动和雇佣劳动的三重负担。

长期以来，妇女的福利一直是工人运动的重要内容。自 1867 年起，社民党一直在为保护妇女的劳动法而奔走呼号；19 世纪 70 年代后，它又开始为争取产妇津贴而奋斗。战后，"保护孕产妇"成为社民党和德国共产党积极人口政策的象征。它是两党妇女会议上的主要议题，并总是出现在国会关于社会政策的辩论中。[34] 它还获得了所有党派的普遍支持，因为没有人可以否认对它的责任，也因为它的定义被刻意地保持模糊，从而可以适应不同的政治解释。这一概念通常包括产妇津贴和产假，以及产前和产后的就业规定。对于社会主义者，特别是德国共产党来说，它还包括一项全面的产妇护理计划：产前和产后护理、产科服务、婴幼儿护理以及节育。保守派和中间派反对更激进的主张，即建立义务幼儿园、产科社会化、提供免费避孕和堕胎服务，但他们支持狭义概念上的"保护孕产妇"，从而促成了一次政策上的重大突破。

面向女工的生育津贴以及保护性立法是为了抵消工业劳动给妇

女健康带来的负面影响，进而造福他们的孩子。战后，这个问题变得更加紧迫，因为有报告称，随着妇女进入劳动力市场的人数增加，她们的健康状况恶化了，堕胎现象也在增加。

战后第一次人口普查（1925年）显示，有近300万妇女从事工业劳动，较上一次1907年的人口普查增加了近50%。截至当时，已婚妇女（47.8%）和20—50岁育龄妇女的增幅最大（79.5%），因此人们担心职业妇女是否有能力生育和抚养健康的子女。1925年后，妇女的就业趋势仍在继续：尽管"理性化"的浪潮减少了工厂女工的总人数，但已婚妇女的人数却增加了12.1%。[35] 一些医学报告似乎表明，工业劳动导致妇女健康状况恶化。一些健康保险基金收集的统计数据指出，女性患病率不仅有所上升，而且一直高于男性，这与战前的情况正好相反。但如下文所示，这些统计数字更多反映的是意识形态上对女工的反感，而不能证明工厂工作与孕产是相互排斥的。

妇女健康状况的恶化在当时被归咎于妇女在工业领域就业的增加，其他可能的因素则很少被考虑。根据莱茵兰和萨克森的职业健康官员以及莱比锡保险基金的记录，25—30岁年龄段的女性死亡率特别高，因为这个年龄段的女性承受着"双重负担"。他们称，在这个年龄段，每100名男性死亡，就有133名女性死亡，女性患病率大约是男性的4倍。许多妇女被诊断为患有精神疲劳、神经和消化系统紊乱，但最主要的是妇科疾病。[36] 这些统计数据被广泛公布，并被国会中的左派用来推动立法改革。

国家的医学统计数字也表明，产后败血症的发病率急剧上升，从1901—1910年间的平均每1万例活产婴儿中有14.7例上升到1918—1924年间的平均27.1例。1924—1928年间，德国的这一数字仍为26.2。[37] 医疗机构通常认为其背后的原因是堕胎率的上升，到

46

1925 年，有些机构估计每年的堕胎数量为 50 万。[38] 支持"保护孕产妇"的人认为，这一计划不仅有助于改善妇女的健康，也会对她们的孩子产生有益的影响，同时还能减少对妇女健康和生命造成严重威胁的流产和自行堕胎。但是，将孕产妇死亡率和发病率的上升归咎于堕胎的倾向也是为了让妇女自行承担自己的痛苦，并转移对其他可能因素的关注，如经济贫困和医疗保健不足。

正是在这种背景下，社会主义者和女权主义者呼吁延续战时产妇津贴，并促使人民代表委员会于 1918 年 12 月临时批准了这项津贴。1919 年 8 月，社民党提出了一项将津贴永久化的法案。仅一个月后，该法案获得通过，固定为法律。同时代的人们称赞它是在女议员帮助下完成的首批重要立法之一，体现了宪法的精神，即国家承认其对妇女生育的责任，并承担起保护孕产妇福祉的义务。1919 年 9 月的法律规定，所有在怀孕前一年投保至少 6 个月的妇女都有权享受以下产期补助：

> 一次性支付 50 马克的分娩费用（确实照此实行）；
>
> 相当于病假工资的产妇津贴（每天至少 1.50 马克），为期 10 周；
>
> 哺乳津贴，每天至少 0.75 马克，为期 12 周；
>
> 如果怀孕期间出现并发症，需要医生或助产士帮助，可额外领取 25 马克。[39]

由于通货膨胀的原因，与战时津贴相比，该津贴的实际价值并没有提高，但它确实延长了支付期限，而且还首次为投保人家庭的所有受抚养成员提供支持。此外，它还为年收入不超过 2500 马克的贫困妇女提供了产妇救济金（Wochenfürsorge），与产期补助的补助金标准相同，由国家直接资助。

尽管取得了这一突破，左派仍继续要求改进。尤其是社会主义女政治家们，她们在国会内外开展了一场声势浩大的运动，要求扩大产妇服务的范畴。[40] 德国共产党要求参照苏联的做法，提供更全面的生育保障。[41]1926 年，社民党制定了一项法律，增加了产妇津贴，以支付助产、医疗帮助以及家庭分娩所需的所有药品和设备的费用。1929 年，玛丽·尤夏茨自豪地指出了新法律所取得的成就：1927 年，超过 80 万名妇女（共计 116 万次孕产）领取了产期补助。如果再加上 9.5 万名获得产期救济金的妇女，则有近 90 万名妇女获得了一定程度的资助。[42] 当然，通货膨胀和经济萧条严重降低了补助金的价值。例如，最初的 50 马克的一次性补助金是用来支付所有分娩费用的，但到了 1919 年底，这笔钱也已经不够用了。虽然在通货膨胀期间定期增加了补助金，但还是赶不上物价和费用的增长。到 1922 年，这笔钱只能勉强支付助产士的费用，到 1923 年甚至还不够。1924 年的稳定化紧缩和 20 世纪 30 年代初的危机导致了福利的大幅削减，包括国家产妇救济。这与八小时工作制的结束一起，对许多职业母亲产生了灾难性的影响。[43]

1925 年起，社民党还根据 1919 年《华盛顿公约》的建议，在其要求中纳入了产假权。国际劳工组织的这项公约主张在"工商企业"工作的妇女在产前和产后可享受 6 周带薪产假，比 1911 年德国保护法规定的产假多 4 周。[44]1922 年 10 月，参议院首次考虑批准该公约，但因缺乏资金而搁置。德国纺织工会于 1925 年 4 月 1 日向国会提交的请愿书最终促使政府采取行动。[45] 在为作为德国纺织业中最庞大的女性劳动力群体的 30 万名女工发声时，请愿书声称，不仅所有纺织女工中有近 40% 已婚，其中一半以上在家中有年幼的孩子无人照看，而且在任何时候，纺织业中都至少有 9 万名全职工作的孕妇。请愿书称，在 1110 名新近分娩的母亲中，70% 在怀孕和分娩期间出现并发症，只有 27.4% 正常分娩。请愿书还包括柏林著名性学家和妇科医生马克斯·赫希（Max Hirsch）的一份报告，提请注意职业母亲的死胎率高和婴儿出生体重低的问题。赫希呼吁禁止妇女在孕期的最后 3 个月内从事全职工作，实行全薪产假，改善孕妇的工作条件，并聘用女医生担任工厂检查员。

1926 年，纺织工人工会的调查结果受到了雇主协会的质疑。他们声称，自己工厂保险基金的统计数据所显示的情况并没有如此严峻。此外，产科并发症和流产的增加是由于"约四分之一的孕妇在分娩前一直工作"以及"不道德行为的增加，尤其是堕胎率的上升和梅毒的传播"。[46] 然而，工人们的请愿似乎触动了政府的神经。

1925 年 6 月，普鲁士商业部长颁布法令，要求更好地执行现行法律；1925 年 12 月，国家劳动部长对传统上女性就业率较高的其他行业进行了调查。[47] 然而，请愿最重要的结果是 1927 年 7 月 16 日《华盛顿公约》的实施。该法不仅将产假从 8 周延长至 12 周（在出现医疗并发症的情况下可延长产假），而且还规定新生儿母亲每天有两个半小时的哺乳时间，最重要的是，该法还保护孕妇或新生儿母亲不被解雇。1927 年的法律无疑是魏玛人口政策中最重要的福利法。它还意味着德国成为第一个批准《华盛顿公约》的主要工业国家。英国就没有签署该公约，因为如其政府的精算师所说，"篡夺父亲的责任是错误的"[48]。当然，与理论相比，新法在实践中并不那么完美。它有几个严重的疏漏，比如不涵盖家庭佣人、家庭工人或务农妇女，社会主义和资产阶级妇女领袖都对此表示遗憾，尽管在当时，这些领域的女性就业率正在下降。[49] 然而，这与其说是疏忽，不如说是一种基于实际的妥协。德国家庭主妇协会全国联合会（Reichsverband Deutscher Hausfrauenverbände）是一个由保守的德国中产阶级家庭主妇组成的强大组织，旨在保护她们自身的经济利益，反对家庭佣工工会。[50] 家庭佣工由于其工作的非正式性质，很难受到法律的保护。农业女工也是如此，她们通常作为家庭帮手为父亲或丈夫工作。

12 周的产假也往往是一厢情愿的想法。由于产假福利滞后于工资水平，大多数妇女无法承担减薪休假。因此，许多妇女违反了规定。20 世纪 20 年代末进行的一项最令人震惊的调查涉及 3000 名女工，她们共怀孕 7500 次。调查显示，近 40% 的妇女一直工作到怀孕的最后一周，1/3 的妇女在产后 4 周内重返工作岗位，无视法定的 6 周产假。只有极少数重返工作岗位的妇女会继续给婴儿喂奶。报告称，由于过度劳累和人工喂养，有工作的母亲所生的孩子通常体形较小，而且与那些可以留在家里的母亲所生的孩子相比，他们在第一年内死亡的风险要高得多。在某些方面，新立法的效果实际上适得其反，如一些雇主要求进行体检，并拒绝雇用孕妇。许多妇女也因为无知或害怕在高失业率时期受到歧视或解雇而放弃了产妇权利。[51]

1927 年的法律遗漏了各类女工，这确实是一个严重问题，尤其是因为农业家庭帮工占已婚女工总数的近 70%。[52] 不可否认的是，该法规与许多其他福利法一样存在严重缺陷，并经常产生相反的结果。然而，这并不能掩盖其在意图和效果上的巨大意义。左派将德国的规定与苏联相提并论，后者规定妇女享有 16 周的全薪产假，并在所有大中型工业企业中享有免费托儿设施。但苏联本身在很大程度上受到了德国政策的影响，且它的例子并不具有可比性，因为其工业化水平较低，因此在工厂工作的妇女人数较少。实际上，尽管对 1927 年法律的批评是有道理的，但其他大多数欧洲国家都落后于德国的产妇福利计划。[53]

魏玛时期，德国在产前、婴儿、青年和家庭护理领域以及后来的婚姻咨询领域也取得了令人瞩目的进步。不同于医院等监护机构，

50

诊所宣传的开放式福利概念是魏玛卫生和人口政策的重要内容。社会和种族优生学家的信念是其基础，即通过教育进行预防是最好的医疗形式。诊所的另一个优势是，它比治疗机构便宜得多。开放式福利始于 1905 年，当时成立了第一家婴儿诊所。人们普遍认为，这些诊所对母亲进行的育儿教育对德国婴儿死亡率的大幅下降起到了重要作用。战后，婴儿死亡率开始回升，对诊所有效性的信任促进了这一系统的扩大。仅在 1920—1921 年间，诊所的数量就翻了一倍多，从 1000 家增至 2600 家。到 1928 年，诊所数量几乎又翻了一番，达到 5000 家。[54]

51　　　　孕产妇发病率和死亡率居高不下，而人们认为孕产妇健康与婴儿的存活几率息息相关，这促使政府在战后设立了一个与婴儿诊所并行的产前诊所计划，这些诊所通常与婴儿健康诊所相联系，或者是婴儿健康诊所的一部分。第一家产前诊所于 1918 年 10 月在柏林的一家研究机构——奥古斯特·维多利亚女皇之家（Kaiserin Auguste Victoria House）——的赞助下开业。该诊所为所有妇女提供咨询，不论其阶级或婚姻状况如何，并为有需要的妇女（当时有很多）提供食物和热餐。很快，其他城镇也开设了类似的诊所，通常由一名兼职医生、一名社会工作者和一名荣誉助手组成，诊所数量稳步增长。但产前和产后护理从未像婴儿护理那样得到官方的支持。例如，到 1928 年，普鲁士有 2656 家婴儿诊所和 1517 家幼儿诊所，但只有 898 家产前诊所，其中大部分由慈善机构经营。[55] 这表明，在魏玛共和国时期，孕产妇保健仍然比较容易被忽视，这意味着大多数工薪阶层的孕妇要么得不到医疗照顾，要么即使有保险，也要长途跋涉去人满为患的手术室。柏林健康保险基金开办的门诊（Ambulatorien）是一个明显的例外，这类诊所于 1926 年开始运营，它们提供全面的产科医疗服务，这也是每个社会主义改革者的梦想。

从在家中或医院分娩到避孕和堕胎再到住房和儿童保育，它们都能安排妥当。这些诊所从孕妇入手，最终能够照顾到整个家庭，其受欢迎程度从高就诊率中可见一斑。在开办的第一年，它们就接待了近 2500 名患者。[56]

左派政治家和社会主义派医生，如格罗特雅恩和马克斯·赫希，曾多次呼吁改善产科服务，具体而言指的是增加产科医院和提高助产水平。魏玛政府在这两方面都取得了长足的进步，尽管是否最终改善了产妇的健康状况还有待商榷。住院分娩数从 1913 年的每千人中有 4.6 例增加到 1924 年的 5.8 例，即总数从近 8 万例增加到近 9.3 万例，尽管其中相当一部分是在战争期间增加的。此外，似乎还出现了一个重要的结构性变化，即以前主要为未婚母亲服务的妇产科医院在战后越来越受到已婚妇女的欢迎。[57] 可以说，这一发展推动了医疗职业化的进程，但它并没有改善产妇死亡率和死胎率，这两者都没有得到公众的关注。德国的产后死亡率非常之高，人们通常以堕胎犯罪数量的增加解释此尴尬现象，但足月分娩死亡的情况显然不能以这种方式开脱。[58] 医生们自己也认识到产科医疗需要改进，但妇产科临床医师与执业医生之间的职业竞争阻碍了政府的干预。1917年，耶拿的亨克尔（Henkel）教授被指控在其产科病房犯有严重渎职罪[59]，这起著名的案件为执业医生抨击临床医师沉溺于危险行为提供了靶子，但柏林第一大学妇女医院院长沃尔特·斯托克尔（Walter Stoeckel）等顶尖妇科医生又反过来指责执业医生为了"商业利益"而冒险进行不必要的手术。斯托克尔批评过度使用产钳会造成人体内部损伤，往往会导致致命后果。[60] 尽管有令人信服的证据表明大多数分娩死亡都是由产科手术造成的[61]，但政府却没有采取任何措施来改善医学院的产科培训，而是选择加强对助产士的监管，此事在战后就已经被提上了议程。

1922 年的普鲁士助产改革法旨在为德国其他地区树立典范，也被广泛誉为妇女和助产士群体的一大突破。它承诺每个妇女都有权获得助产服务，无论她是生活在历来助产士供不应求的城镇，还是生活在助产士短缺、人口稀少的农村地区。它还承诺为助产士提供经济保障，因为医院接生带来的竞争和出生率的迅速下降威胁着助产士的生计。助产士将获得最低收入保障和足够的养老金。法律还尝试提高助产士的专业水平，规定了更严格的遴选程序、更完善的培训课程以及对助产士操作的更严格控制。但是，这些新规定削弱了助产士作为妇女在分娩和计划生育方面值得信赖的顾问和知己的地位。法律还加速了生育医学化的进程，使助产士更加依赖医生的医嘱，除了最直接的分娩外，其他所有医疗责任都移交给了执业医生。该法严格的就业规则还有效规定了每个地区的助产士配额，但人们最终发现其违反了国家关于人员自由流动的贸易法，导致新法不得不被废除——这让发起该法案的社民党非常尴尬。[62]

三、母性意识形态

魏玛时期对孕产妇的保护不仅反映了国家对弱势公民的新责任，也强化了母性意识形态，这种意识形态与宪法对性别平等的承诺难以共存。威廉政府的政策是不折不扣的强制生育，而魏玛政策似乎更加进步，但同时又（尽管以更加微妙的方式）将妇女限制在她们的"首要"任务上——生育下一代。[63] 保护产妇展现了一种基本信念，即妇女的主要职责是生育，而雇佣劳动妨碍了这一职责的完成，这显然对妇女的工作权构成了潜在威胁。大多数医生都认为，至少已婚妇女不应外出工作，他们的观察和调查对政府的行动产生了至关重要的影响。例如，马克斯·赫希、路德维希·泰勒基（Ludwig

Teleky）和沃尔特·斯托克尔于 1927 年为普鲁士医学委员会制定了指导方针。为了"健康和社会卫生"，他们建议最终禁止所有孕妇外出工作，尤其是在工厂工作。[64] 在这个建议以及其他类似的言论中隐含着对妇女外出工作的惯有敌意，因为人们认为这会影响生育。例如，国家人民卫生教育委员会——一个由政府资助的利益团体——编写的工业卫生指南认为，从医学角度看，越来越多的女性，尤其是青少年女性的就业是不可接受的，因为这会损害女性的健康发育。[65] 马克斯·赫希也赞同这一观点，他的专家意见促使德国批准了《华盛顿公约》。医学证据为性别相关的假设提供了科学可信度，但其依据往往是范围狭窄且不具代表性的样本。例如，赫希使用了莱比锡普通健康保险基金的统计数据，而在这个女性就业率较高的地区，女工患病率高并不奇怪。此外，赫希还忽视了其他社会因素，如贫困和环境，这些因素对母婴健康的影响可能比工厂工作更大。他将女性健康保险的被动受保人（即领工资的女工）的不佳的健康状况与自愿参保的女性（即未就业且经济条件较好的女性）的健康状况进行了比较，这可能也扭曲了他的结论。后一类妇女只占该地区所有未就业妇女中的很小一部分，因此不具有代表性。[66]

赫希和他的同事们之所以反对妇女外出工作，似乎主要是因为他们认为外出工作会降低出生率和导致青少年犯罪，而这正是工业化的代价。然而，赫希在称赞家庭佣工比工厂工人更能生育这一点上可能混淆了因果关系。他还将妇女外出工作与儿童健康状况不良、青少年犯罪联系在一起。[67] 在魏玛共和国时期，人们一直认为生育率下降与所谓的妇女就业率上升有关，尤其战争被认为促进了女性劳动力的壮大。更重要的是，持有这种观点的不仅有政治右派，还有大部分左派。[68]1925 年第一次魏玛人口普查显示有 1148 万妇女就业，比 1907 年增加了近 200 万，即 20.8%，几乎是女性人口增长比

例的两倍，这使得人们普遍感到担忧。其他欧洲国家的女性就业率
则要低得多。比如，1921 年德国女性就业人口占 35.6%，而丹麦仅
为 24%，英格兰和威尔士为 25.6%。[69] 然而，最近的研究表明，女性
劳动力的明显增加更多是由于人口普查中定义的变化，而非市场真
正发生了变化，因为 1925 年对家庭帮工类别的统计更为准确。[70] 如
果不包括这类妇女，就业妇女人数的增长幅度仅与女性适龄劳动人
口的增长幅度大致相同。

　　但是，正如在上文所看到的，当时的人对妇女就业的结构性变
化的认识足够准确。尽管妇女仍然主要从事传统职业，如家庭帮工
和农业工人，但妇女，尤其是已婚妇女在工业和服务业的就业增长
极为迅速，这使得妇女的经济活动更加显著。1907 年，有近 250 万
（或 25.8%）的已婚妇女在工业部门就业，但到 1925 年，这一数字
已高达 360 万（或 28.7%）。20—30 岁年龄组的已婚妇女就业人数增
幅最大，这表明妇女在婚后仍在工作，并推迟了生儿育女的时间 [71]，
难怪人们会谴责女性从事有偿工作是导致出生率下降的关键因素。
33.1% 的已婚妇女在家庭以外就业，其中大多数人的年龄在 30—50
岁之间，这表明妇女在生育后又重返工作岗位。因此，妇女的工作
也被认为是儿童受到忽视的原因。[72] 然而，统计数字的不准确再次混
淆了事实。在婚后继续工作的妇女中，有很大一部分（36%）是家庭
帮工，这部分人不会出现在过往的统计数据中。此外，战前的统计
数据也遗漏了许多已婚妇女所做的工作。被迫挣钱的中产阶级妻子
往往因"与其地位不符"而隐瞒其所做工作，而下层妇女所做的工
作往往因其微不足道、不规律和频繁变动而无法统计。[73]

　　这其中有很多细节是当时的人无法了解的。无论如何，他们更
担心的是妇女就业的结构性变化而不是数量变化。社会卫生学家反
对的不是妇女工作，而是她们在工业领域内的工作。在他们看来，

这象征着现代化的一切弊端："理性化"的生活方式、小型化家庭和明显的性别角色混乱。这也解释了为什么人们如此关注工厂工作的有害影响，却对传统职业的影响兴趣不大。正如我们所看到的，家庭佣工和农业工人都没有受到 1927 年劳动法的保护，政府未能通过最初于 1922 年提交的、改善家庭佣人的就业条件的法案。这些家庭佣人仍然面临着一旦被发现怀孕就会立即被解雇、工作时间长（每天工作 13 小时或以上）和工作艰苦等问题。因此，她们的产妇死亡率非常高。[74] 对从事农业工作的妇女的忽略是一个更为严重的问题，因为尽管她们的人数在减少，但到 1925 年，她们仍大约占女性劳动力的一半。更重要的是，她们在所有工作的已婚妇女中占大多数：到 1929 年仍占近 70%，而体力劳动者只占 20%，独立工作者占 8.5%，白领雇员或公务员占 2.3%，家庭佣人占 1.2%。只有女性社会改革者才会指出农业领域恶劣的工作条件及其对母婴健康的影响。[75] 尽管存在这些不满，但农业劳动既不受劳动法的约束，也不受工商业监察局（Gewerbeaufsicht）的监管。农村妇女的困境之所以在很大程度上被政府忽视，主要原因可能是她们平均有 3.2 个孩子，而城市无产阶级只有 2.4 个。此外，虽然农村出生率在迅速下降，但农村家庭对德国的人口数量并不构成威胁。[76]

许多社会民主党女政治家，如工会成员格特鲁德·汉娜（Gertrud Hanna）和议员托妮·普菲尔夫（Toni Pfülff），对已婚妇女工作受到的攻击作出了强烈回应。尽管她们承认，有偿劳动和家务劳动的结合往往会给妇女带来难以承受的压力，但她们坚定地捍卫妇女的工作权利，不仅将其视为额外收入的来源，而且作为妇女从无产阶级家庭的单调乏味和丈夫的控制中解放出来的喘息之机。她们认为，不应限制女性就业，而应改善工资和工作条件。此外，家庭和工厂的环境条件都应得到改善：可以通过建立公共厨房和夫妻

56

分担家务来减少家务劳动。[77]

　　平等主义女权主义者，如国际女权运动"开放之门"（Open Door）的支持者，则走得更远，她们拒绝将所有保护性立法作为借口，将妇女排除在劳动力市场之外。1929年，"开放之门"运动的德国主席利达·古斯塔瓦·海曼（Lida Gustava Heymann）警告说，这些法律"意味着不仅在工业部门，而且在白领工作和公务员部门妇女的工资降低和自由减少"。她主张同工同酬，整体改善生儿育女的社会条件，并提供足以维持母子生活的产妇抚恤金。海曼警告说，《华盛顿公约》关于新生儿母亲不应工作的建议只是冰山一角。[78]到20世纪30年代初，她的预言似乎成真了。毫不奇怪，经济萧条导致政府采取了不受欢迎的措施来控制失业率的上升。反对赚取第二份收入的已婚妇女（Doppelverdiener）的运动旨在保护那些以此谋生之人的工作，但却激怒了许多女权主义者。1932年5月，由中央党发起并得到社民党支持的一项法律允许解雇"未来在经济上有保障"的已婚妇女，这似乎表明社民党放弃了其在宪法中作出的性别平等承诺。这与1919年和1920年的复员法令一样，激起了社会民主党男女党员之间的激辩。女权主义者认为，经济危机只是限制女性就业的一个借口，掩盖了对女性劳动普遍且根深蒂固的敌意，这种敌意与女性在家庭中角色的预设是紧密联系在一起的。[79]

　　然而，大多数杰出的女性社会民主党人士也提出了一种母性意识形态，这种意识形态表面上看起来与政治右派的意识形态没有什么区别。例如，接替克拉拉·蔡特金担任该党妇女刊物《平等报》（Die Gleichheit）编辑的克拉拉·博姆-舒赫（Clara Bohm-Schuch）认为，妇女有责任"保护和养育人类"，教育应向年轻一代灌输"母性意志"。安娜·玛格丽特·施特格曼是女权主义者和激进的堕胎改革者，她认为母性是"女性天性的圆满和最高成就"，赋予女性"最美的体态和最鲜活的内心世界"。[80] 为妇女更好地获得避孕和堕胎服务而无畏战斗的女医生群体也表达了这样的观点（见第四章）。然而，她们对母性的赞美不应与许多男性在私下和公开场合宣扬的生物决定论相混淆。总的来说，这些女权主义者真正相信生育自由，只支持自愿做母亲。但是，她们往往没有明确区分自己的策略和保守派的策略，而且这些言论往往出自为了事业而放弃生育的中年女性之口，且带有命令意味，令人有些不适。她们呼吁妇女接受更好的教育，以胜任家庭主妇和母亲的角色，加之老牌论战杂志《平等报》走向女性化，其新名称为《女性世界》(Frauenwelt)，并配有图案页和名为《儿童天地》(Kinderland) 的增刊，这都引起了人们的困惑。她们的观点开始与资产阶级妇女领袖的观点无异，后者在战后明显右倾，主张传统主义政策。[81]

而男性社会民主党人士坚信，生育是女性的社会任务。党内人士经常宣称，照顾家庭是妇女的天职。正如一位评论家所说，每个女人都应该"围绕着壁炉建造一座神殿"，为丈夫提供一个庇护所，使他不至于"在生活的暗礁中迷失方向"。[82] 格罗特雅恩的继任者、社民党人口政策发言人尤里乌斯·莫西斯倡导"人口经济"(Menschenökonomie) 原则，认为"一个国家最大的资本是人口的保护、维持和力量"，因此，妇女的生育工作比她们的生产工作更具社会意义。[83]

社民党还鼓励个人为社会利益作出牺牲，这反过来又鼓励国家介入妇女获取福利的相关事务（这一理念后来被纳粹利用）。正如魏玛时期针对其他目标群体（如工人阶级青少年）的社会政策是物质和道德要素的结合，孕产妇福利政策同样包含了物质利益、教育和监管。[84] 尽管不是一直如此，但产前诊所也经常为贫困妇女提供物质援助，不过其主要工作是提供建议并确保建议得到遵守。这项政策之所以受欢迎，不仅因为它符合一个运作更加合理之社会的愿景，还因为它很便宜。除了柏林门诊这种非典型的产前诊所外，其他产前诊所从不提供医疗服务，而是仅限于做医疗检查。如果出现严重问题，产妇会被转诊到医院或全科医生那里，除非她们有保险，否则医疗费用将由她们自己承担。医生对产妇的影响也大大增加，因为妇女必须获得医生出具的预产期证明，才有资格领取产期补助。大多数诊所的医生和社工都试图将他们以中产阶级为主导的价值观灌输给大部分无产者。诊所专门为"需要救济"（fürsorgebedürftig）的妇女提供服务，这些妇女可能会成为问题母亲，因为"由于贫穷或无知，他们迟迟不寻求医生或者助产士的帮助"。诊所告诫孕妇，为了下一代，要养成健康的生活方式，注意身体和道德卫生，严格控制饮食，一旦怀疑怀孕，应立即到产前诊所就诊，安排分娩，并准备好婴儿床。这些有关如何负责任地怀孕的详细说明必定经常与工人阶级的现实生活相冲突。[85]

　　家访的目的是"加强"诊所的教育工作，或者如一位当时的人所说，是"嗅出并追踪那些粗心大意的母亲，以便向她们灌输一些对孩子负责的意识"[86]。在某些情况下，社工看起来就像"社会警察"，负责监督卫生和家务标准。他们的干预很可能导致家庭破裂，柏林的一个案例就是如此：

　　一号女性，36 岁，怀孕 6 个月；丈夫 35 岁，工人。两个孩子分别为 5 岁和 3 岁。

　　调查结果：丈夫酗酒，每周挣 60 马克，其中 50 马克用来喝酒。醉酒后，他对妻子和孩子很粗暴。清醒时则脾气很好。出于自身的性需求，他不尊重妻子怀孕的事实。

　　诊所安排丈夫接受酗酒治疗，并写信警告他要节制性行为。在一次家访中，社工发现这个家庭"无人照管，孩子们不懂礼貌，无人照顾"，丈夫的行为再次受到谴责。经过酗酒者治疗中心的多次探访，他终于同意接受治疗。福利诊所建议一号女性在领取国家福利后立即对其丈夫提起禁制令诉讼。[87] 在没有进一步证据的情况下，显然很难对这些材料进行评估。社工的做法很可能是正确的，但这个案例也确实展现了福利教育隐含着一定的社会控制。[88]

　　尽管如此，这些计划还是得到了包括社民党在内的各党派的热情支持，社民党以前曾反对福利工作，因为它带有济贫的意味。但在革命之后，社民党的"格尔利茨计划"（Görlitz programme）致力于支持社会福利。社会民主党人也越来越多地参与到社会关怀的理论和实践中来。正如玛丽·尤夏茨所说，工人阶级"不再满足于只做社会政策帮扶的客体，他们现在希望成为参与社会政策的主体"。特别是来自社民党和资产阶级妇女运动的妇女，将社会工作视为她们进入公共生活的重要开端。事实上，社会工作是增长最快的公共服务之一，并很快成为妇女的固定领地，就像战前的济贫工作属于男性一样。到 1928 年，仅普鲁士就雇用了近 3000 名社会工作者，几乎全部是女性。因此，我们可以说，从国家提供的福利中获益最多的不是福利的接受者，而是这些管理福利服务的新职业女性。但最近一项关于妇女社会工作的研究表明，这一新职业并没有极大地促进妇女的解放。对男性上司的持续依赖、低薪和工作的不稳定性往往会延续妇女的边缘和从属地位。此外，关于女性的特殊能力和她们"与生俱来的"谦逊、无私和远离物质主义的传统预设与新的女性社会工作者形象融为一体，福利工作者被视为"人民的母亲"（Volksmütter），而不是一个新的职业群体，这助长了延续下来的母性意识形态的强化。[89]

　　家庭和学校在态度上支持将女孩统一塑造成未来的母亲和家庭主妇。家庭仍然主要把女孩当成家庭主妇来培养，而期望男孩能有一番事业。青年事务局开设了烹饪、制衣、营养学、体育和婴儿护理等课程，以"使工人阶级女孩成为优秀的家庭主妇和母亲"。这些课程成为许多小学女生的必修课，在许多地区，家政学是三年制职业学校教育的一部分。即使是单一性别的中学，对男生和女生的培养也不尽相同，女生的课程侧重于艺术和手工艺，而男生则被鼓励学习科学和古典学。[90]

　　婴儿护理和卫生知识对于健康的家庭来说显然是必要的，但这往往会强化对于性别的刻板印象。社会福利十分依赖教育宣传，然而这有可能使"孕产妇的无知"成为贫困、住房过度拥挤和缺乏产科护理等健康问题的替罪羊。教育当然比新住房和社会保障便宜，也比宪法中承诺的法律改革更容易组织。然而，左派仍继续为更激进的社会和经济改革而奋斗，以使孕产成为一种更积极的体验。

　　住房问题尤其被视为社会健康和人口政策方面最尖锐的问题之一。在社民党占主导地位的城市中，模范工业村（Arbeiterkolonien）和大规模市政计划取得了空前的成功，但岌岌可危的经济形势意味着魏玛的住房永远无法满足战争带来的巨大需求。尽管 1926 年和 1927 年颁布了重要的住房法，国家向各州和地方政府提供贷款，但 1927 年的住房普查显示，估计仍有 100 万个家庭无家可归。如此严重的住房短缺势必会影响打算组建家庭的人。此外，据说破旧的住房和过度拥挤还造成了慢性疾病、性暴力和虐待。[91]

　　社民党和民主党还共同努力消除对未婚母亲及其子女的极为严重的法律和公民歧视，但因天主教会和中央党的坚决反对以及右派的消极抵制而失败。1922 年，《帝国青年福利法》（Reich Youth Welfare Law）在立法上有所突破，为所有非婚生子女规定了法定监护权，但宪法中设想的法律平等从未实现。[92] 这个问题在国民议会宪法特别委员会内部引起了激烈的讨论，这也是未来各种政治意识形态之间冲突的前奏。社民党发言人马克斯·夸克（Max Quark）从人口政策的角度出发，要求非婚生子女享有平等权利，这遭到了中央党发言人的阻挠，他认为这是对家庭的贬低，并宣称他所在的政党不会降低道德标准，而始终鼓励单身母亲自我完善：

> 使她们能够像睡莲一样出淤泥而不染，在纯净的阳光下绽放光彩。然而，这并不妨碍我们在那些纯洁地走完一生的处女面前敬畏地低下头，在她们的坟墓前，我们将种植的不是睡莲，而是真正的百合花。[93]

这场旷日持久的争论最终达成了难得的妥协："平等"一词为"平等条件"所取代，"非婚生子"条款被尽可能地从婚姻条款中移除。但是，各政党在家庭和性意识形态上的根本分歧在整个共和国期间都持续存在，并阻碍了重大的法律改革。

（一）德国母亲节运动

政治右派和道德联盟（Sittlichkeitsvereine）也认为必须重振母性意识形态，以应对战争带来的社会动荡，因为在他们看来，战争冲击了家庭价值观。这种意识形态有三个功能：其一，它旨在通过刺激出生率和促进社会融合来治疗病态的政治体；其二，它为物质主义和性改革（右派称之为"性布尔什维克主义"）提供了一种"解毒剂"；其三，教派妇女运动将颂扬母性价值观视为赋予妇女公共角色的一种方式。母性意识形态旨在为基督教妇女提供一种工具，以摆脱经济和新社会秩序对她们的要求。

1922 年开始的全国母亲节运动是一项纯粹的商业活动，发起者是德国花艺师协会，该协会正在寻找新的销售机会。它也大力支持右派为唤起大众对妇女生理责任的关注所做的努力。但很快，这场运动就被道德游说团体接管，他们要阻止出生率的下降、家庭的解体以及"新女性"的性自由主义。

德国母亲节的首位倡议者是花艺师协会的业务主管鲁道夫·克瑙尔博士（Dr. Rudolf Knauer），他将国家利益与商业思维结合在一起。克瑙尔在 1922 年就试图发起一个全国性的节日，但没有成功。1923 年，在福音派和天主教妇女组织的支持下，在法国占领鲁尔区和恶性通货膨胀的背景下，德国的几个城镇庆祝了第一个母亲节。

在随后的岁月里，这场运动越来越受到教会的青睐，他们希望在这场运动中注入"基督教的母性理想"。但是，当道德联盟（见第二章）加入进来后，生育主义开始扮演更重要的角色。1925 年，"内在使命"和民族复兴特别工作组的汉斯·哈姆森接替克瑙尔担任运动负责人，此举旨在掩盖这场运动与商业的联系。[94] 从那时起，五月的公共假日不再仅仅是为了庆祝妇女的节日，而是为了提高所有妇女对其母性责任和义务的认识。工作组呼吁妇女更加专注于"我们民族生存的重大问题"，并为此提出了"相应的限制妇女就业"的建议。[95] 这项运动越来越重视未来一代的数量和遗传质量，这确保了它在纳粹党内部广受欢迎。事实上，在希特勒上台后，母亲节被宣布为官方节日，而支持这场运动的各种团体欣然接受纳粹的官方意识形态——"儿童、厨房、教堂"（Kinder, Küche, Kirche）。汉斯·哈姆森虽然不是纳粹党员，但他"怀着感激和愉悦的心情"欢迎民族社会主义，以及随之而来新的优生学绝育政策。[96]

（二）基督教妇女运动

除了克瑙尔和哈姆森的运动，基督教妇女组织也呼吁颂扬母性美德。德国福音派妇女联合会（Deutsch-Evangelischer Frauenbund,

DEV）的玛格丽特·冯·蒂灵（Margarete von Tiling）是典型的杰出新教女性，她将母性与民族主义联系在一起，希望创造一种更具民族主义色彩的女性理想形象，并呼吁"慈母般的女性"不要"对垂死的民族的命运无动于衷"。天主教会也敦促妇女履行社会责任，确保健康的家庭生活，从而"为人民和整个民族注入活力"。教会呼吁妇女"谨慎管理家庭预算"，这样她们就没有必要外出工作，教会还组织了课程，教授更好的家务管理技巧并提供基本的婚姻建议。福音派妇女组织则与家庭主妇协会中央办公室保持着密切联系，后者组织了各种展览和课程。[97]

64

宗教组织强调性别特征的两极性，这一概念是在 19 世纪形成的。[98] 根据这一观点，女性天生更有灵性和感性，而男性则是理性和智慧的。教会人士通常称男性为家庭的"大脑"或"头部"，而称女性为"心脏"或"灵魂"。虽然在公共领域女性被认为不如男性，但在人际关系这一私人领域，女性却被认为更胜一筹。据说，女性在"奉献和无私"方面表现出色，从而对男性的工作、政治和文化领域产生了积极的影响。因此，人们把母亲比作"国家文明的晴雨表"，把母亲的教育职能比作"将天主教的神圣教义……植入子女心中的神父"。人们也希望母亲们能够通过坚守"性纪律"——对婚姻忠诚且节制，而非关注"性满足"——来抵制妇女解放，将丈夫的性需求文明化。[99]

母性和母爱的天赋不仅有恢复社会健康的作用，基督教组织中的妇女还试图将其作为维护妇女利益、在新共和国中争取特殊地位的手段。例如，冯·蒂灵就强调了妇女是"男性知识世界与私人领域之间的调和者"，能够"使科学技术以及整个男性文明人性化"。她敦促妇女积极参与公共事务："妇女不仅要为家庭而活，还要将女性的价值观带到人类生活的各个领域，尽管她们最重要的发挥创造

力的领域始终是家庭。"[100] 但新教妇女领袖并没有像"开放之门"运
动的女权主义者所倡导的那样，努力实现劳动力市场的平等，而是
为妇女预先选择了适合她们"特殊"性质的职业：教育、医疗保健、
文化活动和社会工作。她们认为最后一种职业尤为理想："与家庭中
的妻子和母亲一样，社会工作机构同样是社会这个大家庭中女性原
则的一个活生生的例子，人们称之为福利或保健监督。"[101] 根据这些
观点，福音派妇女运动为"需要救济"的母亲和年轻妇女发起了大
规模的福利计划。如前所述，社会工作这一新兴职业的女性化产生
了双重影响，一方面削弱了其专业地位，另一方面也使其成为最受
妇女欢迎的就业形式之一。

　　与新教有所不同，天主教会提倡严格生物学意义上的理想的母
性，并将其作为已婚妇女唯一可接受的职业。天主教在这方面的
教义非常明确。教皇利奥十三世在 1891 年的《新教通谕》（*Rerum
Novarum*）中宣布：

　　妇女还是不适合从事某些行业，因为妇女天生适合从事家务劳
动，而家务劳动最能保持妇女的端庄，也最能促进子女的良好成长
和家庭的幸福。

　　本笃十五世在 1919 年的《妇女的使命》（*A Woman's Mission*）中
重申了这一点，尽管他承认"时代条件的变化扩大了妇女的活动领
域"，庇护十一世在 1931 年再次反对妇女从事家庭以外的工作。[102]
　　而天主教的妇女领袖主张妇女个人需要成为"一个在智力和情
感上都完整的女性"，并获得"真正的空间来创建女性共同体"，这
展现了她们的独立思考能力。[103] 她们甚至鼓励妇女走出家门积极
工作，因此并没有像新教妇女通常所表现的那样反对有偿工作。在

著名的天主教杂志《高地》（*Hochland*）上，德国天主教妇女联合会（Katholischer Deutscher Frauenbund，KDF）的知名人士玛丽亚·施吕特-赫姆克斯（Maria Schlüter-Hermkes）发表了一篇长文，阐述了她对母性价值和女性的新机遇的看法。[104] 她主张，妇女不仅有必要在传统领域，而且有必要在所有通常被视为男性"根据地"的领域开展经济活动。妇女应努力成为医生、大学讲师和科研人员，即使这会激起男性对其霸权的维护。但是，在这种观点中，女性特有的母性价值是至关重要的。职业挑战将唤醒女性的判断力，而这正是改变男性文化的先决条件。施吕特-赫姆克斯呼吁妇女运动要从争取与男性完全平等的"论战阶段"进入第二个"本质"阶段。在这一阶段，妇女可以发扬真正的女性价值。尽管她认为生育是女性的特殊成就，但施吕特-赫姆克斯拒绝接受生物决定论或回归 19 世纪的家庭理想。所谓"妇女为生命服役"，即她所说的慈母心，既包括物质层面，也包括精神层面，其含义不过是"妇女忠于自我的权利"。具有母性的女性也是"新女性"，她们获得了足够的解放，可以与男性共享"同样的自由、法律和教育"，将有助于推翻以"知识主义、物质主义和自私的权力政治"为特征的纯男性文化。施吕特-赫姆克斯认为，一旦妇女实现了运动的第一和第二阶段，她们就应该进入第三阶段，即"创造性"的妇女运动，这将实现"新天主教妇女"的发展。在这一阶段，妇女的生产性工作将不分性别地得到支持，她们可以"为民族文化作出适当的贡献"。男人和女人将作为"共同创造者"生活在一个新的国家中，新国家"既不是母权制，也不是父权制"，而是一个建立在女性价值观基础上的"精神王国"，它取代了"新实际主义"（Neue Sachlichkeit）、"金钱帝国主义"、"战争和政治专制主义"等男性观念，简而言之，就是"自然主义、势利的和技术官僚主义的时代精神"。[105]

66

正如我们所看到的，基督教妇女运动和道德右派并不是唯一颂扬母性美德的群体，社会主义妇女领袖也赞同母性是妇女幸福的内在要素。尽管德国妇女组织联合会持续支持妇女的职业发展，但对母性意识形态给予了无条件的支持，就像它在第一次世界大战期间所做的那样。保护母亲联盟的激进女权主义者认为，孕产是女性的最高成就，尽管与她们社民党的姐妹们一样，她们始终强调自愿育儿和生育自决的原则。[106] 福利主义也保持了母性观念活力，其固有的倾向是引导妇女在"炉灶"边尽责。

对母性的歌颂出现于女性开始从公共生活、政治、就业或者工作场所的职业联系与陪伴中感到满足与愉悦，尽管这种体验存在的时间还不长。妇女生育和养育子女的时间也比以往少得多。例如，在世纪之交，平均每位妇女一生中有三分之一的时间用于怀孕或照顾学龄前儿童，而在 20 世纪 20 年代，妇女一生中只有六分之一（或更长）的时间花在这方面。[107]

左派政党认为推行有利于母亲的政策是合理的，他们也已经公开承认了这种政策的风险和艰辛。通过增加物质支持和福利，他们可以声称已经使孕产变得更加健康和快乐。同时，我们将在第三章中看到，福利主义和对母性意识形态的支持也为左派政党提供了一个完美的借口，使他们可以推行节育政策，承诺支持妇女的生育选择，满足她们"少生优生"的愿景。

但是，对于那些因贫穷和疾病而将生育子女视为生存威胁的妇女来说，母性崇拜也是一种残酷的讽刺。特别是在共和国末期，物质条件越是不利于生儿育女，母性就越是受到歌颂，卡琳·豪森（Karin Hausen）尖锐地指出了这一点。[108] 官方歌颂做母亲的快乐，实际上是为了掩盖经济危机以及社会保障和生育保护的削减所带来的影响。不断加强的国民健康宣传（见第三章）也有类似的目的：

通过将责任转嫁给个人减少国民经济衰弱时的医疗开支。[109] 为了达到社会卫生学家、教育学家和儿童心理学家为母亲们设定的更高标准，生产与生育这两项工作对女性的矛盾要求进一步加剧了妇女的负担。摆脱这种困境的唯一办法似乎是越来越多地使用家庭节育。

正如我们所看到的，魏玛的人口政策既是对威廉政府政策的背离，也是对它的延续。战后对人口质量而非数量的重视促进了社会福利的扩大，并催生出以民主和平等主义的宪法承诺为基础的社会政策改革。在这一点上，它极大地打破了通常将人视为手段的旧观念，因为在魏玛的社会政策中，人被视为目的。考虑到其不得不面对的经济和政治限制，共和国在这一领域取得的成就尤其引人瞩目，尽管通货膨胀和经济萧条侵蚀了这些成就。

68

但是，家庭福利加强了国家对家庭生活进行干预的趋势，而这一趋势始于德意志帝国更加专制的政策。借由国家管理下的社会工作、助产和产科制度，公共医疗保健的扩展和分娩专业化得以实现，为官方进一步监督个人健康开辟了道路。官方对生育和抚养子女的规范，预示着优生学政策对生育选择的干预将越来越多。

魏玛与德意志帝国的联系还表现在，即使在左派内部，关于妇女在社会中的角色和性别分工的旧观念依然存在，这也是宪法和福利立法存在诸多矛盾的原因。生育和儿童保护是魏玛人口政策最引以为豪的成就，但它对妇女和家庭的影响却模糊不清。一方面，它表明国家愿意奖励妇女的生育劳动，另一方面，它对妇女从事有偿工作的固有偏见促进了旧的母性意识形态的延续，这种意识形态主要从生物学的角度将妇女定义为照顾和支持他人的角色。魏玛的生育津贴采取了雇员保险计划这一形式，这对于从事经济活动的妇女有利，却忽视了"全职"母亲（除非她们通过丈夫投保或非常贫穷）。但它也是反女性就业的，因为它的目的是鼓励妇女离开劳动力市场而留在家中养育子女。

激进的法律与民事权利改革的未能实现，如单亲母亲及其子女的、男女在工作场所和婚姻中的平等权利，表明各派别在对家庭的需求感上达成了令人惊讶的共识，并且信奉关于性的传统道德价值观，这种价值观得到了中央党和右派的公开维护，也得到了左派的默许。这将是下一章的主题。

第二章　性

打击不道德性行为

右派对人口问题的回应

一、战后道德恐慌

尽管所有党派都出乎意料地一致认为，父权家庭是一个重要的机制，但维护父权家庭的运动却成为魏玛社会中保守派的专属阵地。他们认为这首先是一个道德问题。反对不道德是右派对左派福利政策的回应，也是保守主义版本的人口政策，在生育主义声名狼藉而无法得到公开支持的时候，它成为对扭转人口衰退趋势的隐晦尝试。保守派和宗教团体笃信民族退化的医学范式，但他们越来越多地将其应用于性道德领域。卖淫、性病、色情制品和私生子，就像生育率下降一样，似乎都表明了民族已经病入膏肓。政治右派担心，1918 年的革命也带来了一场礼仪和风俗的革命。德特勒夫·佩克特（Detlef Peukert）将德国的现代化进程描述为"古典现代性的危机年代"，对道德滑坡的焦虑包含着对德国现代化进程所引发的总体社会文化变化的更深层次的担忧。[1]

虽然德国工业社会在 19 世纪 90 年代已成为一股经济力量，并在世纪之交成为一股文化力量，但战后的现代化几乎影响到日常生活的方方面面，"加深了社会的矛盾，使其陷入最深重的危机"[2]。革命本身并没有创造什么，但它解放并强化了现有的力量，由此产生的政治、经济方面的严重不确定性使得许多人对不断发展的现代生活方式产生了消极的情感。人们通常歌颂魏玛时期为"黄金二十年代"，称赞其对新艺术形式和新生活方式作了大胆尝试，但当时许多老一辈人感受到的只有过激行为、肮脏和不道德的性行为。对许多人来说，对性行为的规范是文明的试金石，这也成为公众讨论的热门话题之一。在战前和战争期间，保守派只是在隐隐暗示性别关系和性别角色模式的潜在危机。但在魏玛时期，他们公开表达了对父权制社会秩序受到挑战的担忧以及对性自由的恐惧，与英国的情况相比，这种公开的程度令人震惊。[3]基于人们所接受的意识形态的不同，性体现了现代社会可能沉沦或崛起的深度或高度：社会对性禁忌的明显漠视增加了右派的绝望感，但对社会改革者来说，这预示着启蒙，对性进行"科学"控制的可能性甚至让他们联想到人类的救赎。

社会主义者试图通过广泛的福利来弥补战争时期的损失并提高工人阶级的生活水平。他们的世俗观念认为，生育应适应经济形势，这是从经济预测到计划生育和性愉悦等各个方面都趋于理性化的典型表现。正如可以说社会主义者使家庭生活理性化一样，他们的国家福利制度也可以说是用社会经济规范取代了伦理道德，从而使道德"理性化"。八小时工作制和社会政策的扩展等社会主义者达成的成就为工人阶级，尤其是工人阶级青年带来了新的休闲生活方式，这催生出魏玛大众文化，这种文化通常被称为"美国主义"（Americanism）。许多保守派认为这种文化具有破坏性且"非德国"，由此加剧了两代人之间的冲突。

（一）道德右派的反应

道德右派，即保守的政治团体、教会和关注社会纯洁性的相关团体，则继续从道德角度看待人口变化。他们以"有关心灵的社会政策"（Sozialpolitik der Seele）这一概念来对抗左派福利主义。[4]反对不道德的性行为和家庭解体是他们社会和人口政策的核心，因为在性关系这一私人领域，宗教和传统受到了最猛烈的冲击。关于性的讨论引发了教会和政治左派之间的一场大战。教会将自己视为绝对道德标准的最后堡垒。在大量道德联盟的支持下，他们继续与生育率下降，新的性规范以及他们所认为的社民党的无原则实用主义、德国共产党的反家庭立场作斗争。

71

教会担心德国共产党已经放弃了家庭，而社会民主党人以及通常支持他们的民主党则试图改革家庭法：他们建议放宽对离婚、私生子、卖淫、避孕和堕胎的管理，以便为战后深刻的社会变革提供法律支持。但是，如果说在性和家庭意识形态问题上存在着明显的左右派之分，那就大错特错了。诚然，保守势力主导着道德话语，但许多左派代表也对家庭的未来和性自由的"过度"感到焦虑。他们还从战争和革命的混乱中寻找新的秩序，并经常采用基督教的话语。

道德右派捍卫传统性道德的运动从两个方面展开：一方面控制公共场所的不雅行为和色情制品，另一方面支持基督教的婚姻制度和父权制家庭。

尽管教会及其附属的利益团体对魏玛社会至关重要，但在许多历史学家的著作中却没有提及他们在人口论辩中的作用。[5]虽然一个庞大的工业社会的出现削弱了宗教的影响力，但就其传统、财富体量和成员人数而言，教会仍然是魏玛共和国指导和制约社会政策的最强大组织之一，这一点我们在第一章中已经提到。它们与右派政党、道德联盟和基督教妇女组织等隶属于教会的团体关系密切，并得到了群众的支持，从而大大加强了他们的影响力。关于人口政策和妇女运动的报道通常会将宗教团体视为压制性的和反动的力量[6]，但是，正如本书此前所详细论证的[7]，教会不仅有能力适应不断变化的社会经济和政治环境，而且为左派倡导的新的理性化生活方式提供了真正的替代方案，作为克服战后"危机心态"的一种方式。这种情况在关于生育问题的讨论中已经出现过（见第一章）。即使1918年的革命使得德国教会与国家之间的关系出现严重裂痕，但关于人口变化的道德层面的讨论还是揭示了政治左派（及其他持不同政见的团体）与道德右派之间的共识程度。革命后明显反教会的国家政策激起了教会领导层对新左派政权的敌意。《魏玛宪法》没有废除教会的特殊法人地位，但取消了这一主体的其他重要特权，并宣布政教分离。这意味着福音派教会和天主教会[8]都急于在新的民主政体中重新确立其在公共事务中的影响力。他们选择性和家庭作为最重要的领域公开声明教义。教会人士直接向当时的政府发出呼吁，或采取更有利的做法——向同情他们的政党或道德联盟发出呼吁。

　　德国唯一真正的教派政党是与天主教会关系密切的中央党，其在1920—1932年间多次更迭的联合政府中保持了权力的连续性，其成员九次担任总理职务，因此在政治上发挥了重要的作用。相比之下，福音派教会历来不愿参与政治，但战后由保守派、民族自由主义者和其他右派分子组成的德国国家人民党代表了他们的观点。[9]正如我们将看到的，德国国家人民党与德国人民党、中央党一起，有效地制约着家庭政策中一些最进步的法律改革。

　　教会还通过自己的福利组织对公众舆论施加影响。1848年成立的福音派组织"内在使命"和1897年成立的天主教"博爱协会"都有关于人口和性道德的工作组。但是，由于教会对人口变化的关注主要针对妇女，并从道德角度表达，因此基督教妇女组织和道德联盟是沟通的重要渠道。德国福音派妇女联合会成立于1899年，是所有非教会国家妇女组织中历史最悠久、最精英化的组织。在其20万名成员中有许多贵族和高级公务员的妻子。该组织的保守主义立场

72

导致其在 1918 年与德国妇女组织联合会因"妇女选举权"问题而决 73
裂，因为福音派妇女联合会认为这与妇女的天性相悖。[10] 从人数上看，
更有分量的是福音派妇女援助组织（Evangelische Frauenhilfe），截至
1929 年，该组织已拥有 60 万名成员，而且还在不断增加。1918 年 6
月，福音派妇女协会联盟（Vereinigung Evangelischer Frauenverbände）
成立，目的是在战后"重塑国家共同体、教会和女性气质"。妇女一
获得选举权，联盟就动员妇女在选举中支持国家人民党，以抵制社
会主义、理性主义和"不道德性行为"。其成员总数从未低于 80 万
人。它巧妙地将捍卫福音派教会的民族-道德利益与倡导某些妇女权
利（如单身母亲的法律地位平等）结合起来。[11]

1925 年，德国天主教妇女联合会的会员人数约为 25 万，1928 年
下降到约 19.8 万。天主教妇女联合会是天主教会的最佳代言人，因
为 1904 年成立该组织的倡议来自教会本身，而非妇女群体。该组织
的期刊《基督教女性》（Die Christliche Frau）由"博爱协会"发行，
为男性和女性神学家提供了一个发声平台。1918 年之前，联合会从
未专门讨论过妇女问题，它有意识地保持其非政治性；但矛盾的是，
女性选举权被引入组织内时没有遇到任何阻碍。1918 年的组织政策
声明承诺保护母亲们的特殊家庭任务，并促进基督教婚姻和人口政
策推行，这意味着要为社会的纯洁性而战。[12] 天主教妇女联合会主席
赫德维格·德兰斯菲尔德（Hedwig Dransfeld）在国会中有力地宣传
了这些理念，她与联合会的其他四名成员一起，在国会中代表了中
央党或其在巴伐利亚的对应党派——巴伐利亚人民党（BVP）。

尽管研究德国女权主义的历史学家倾向于关注左派、激进派和
资产阶级女权主义者，但教派妇女组织凭借其人数优势及其与教会
的密切联系，影响力甚至超过了非基督教团体。后者的成员加在一
起不足 100 万，而基督教妇女组织的成员则接近 200 万[13]，这是政

治左派在试图改革有关节育和其他妇女权利的法律时遇到困难的重要原因。

74 　　最后一个传播基督教价值观的重要渠道是道德联盟，它瞄准的是人口问题的道德层面。他们提出了基于生育主义、民族主义和社会纯洁性的纲领，这使他们成为政治右派和教会的天然盟友。该联盟主要起源于1918年革命之后，旨在打击"性布尔什维克主义"，因为他们认为这是旧政治秩序瓦解的结果。早在1919年4月，由妇女、教师、节制和社会纯洁运动倡导者组成的63个组织就联合起来扭转"道德松懈"的局面。[14]1924年11月成立的民族复兴特别工作组是魏玛共和国所有道德联盟中最强大的一个，到1927年，其团体成员有349位，其委员会由著名的教会人士和政治家组成，日常事务由似乎无处不在的汉斯·哈姆森医生管理，他是"内在使命"的医学顾问，也是人口和道德问题方面的多产作家。特别工作组从教会、国家和各州政府那里获得了财政和道义上的支持，宣扬的目标是"从道德上加强和复兴德国民族，恢复德国的精神和身体健康"[15]，并且向国会请愿，要求对各种形式的不道德行为进行更严格的监督。

　　所有这些组织都在广泛的战线上开展了德国的道德复兴运动，包括特别工作组的独立法人成员，他们本身也很有影响力。例如，全国大家庭联盟（National League of Large Families）到1922年已拥有超过6万个会员家庭，致力于为国家对大家庭的支持和社会纯洁性而斗争。与特别工作组一样，它也与许多高官建立了友好关系，如库诺总理（Chancellor Wilhelm Cuno）及其夫人（他们自己也生育了多个子女）、马克斯总理（Chancellor Wilhelm Marx）和许多国家部长。甚至社会民主党派的总统埃伯特（Friedrich Ebert）也在1922年捐了款。1933年后，特别工作组的目标成为官方政策。[16]

　　政治左派和道德右派对战后几年"道德沦丧"的原因的观点存

在很大分歧。左派指责战争本身及其对军人和平民的残酷影响和对家庭生活的破坏，而右派则认为受"苏维埃"启发的 1918 年革命应为传统道德规范的崩溃负责。[17] 但人们普遍认为，某种形式的"道德败坏"已经发生。政府关于未成年人卖淫和地下卖淫的报告，以及官方关于性病在平民中传播的统计，确实描绘了一幅惨淡的画面：一个在战争中战败的国家，现在正面临内部"敌人"的挫败。正如下一章将讨论的那样，从来没有任何确凿证据证明卖淫或性病确实增加了，但各方都继续利用这些指控来达到自己的目的：道德右派旨在证明恢复旧社会秩序的重要性，而左派旨在实现社会政策改革。尽管他们采取的补救措施不同，但两派都将性风俗的明显变化诠释为一种警告，意味着政治体正在生病，亟须治疗。

当然，问题主要出在城市。首都以及汉堡和慕尼黑等城市率先报道了在经历了四年的战时匮乏后，出现的追求享乐的恐怖的"集体精神错乱"。战后在夜总会和歌舞厅跳舞的热潮——"舞蹈狂热"（Tanzwut）、"色情浪潮"以及对不正当性刺激的嗜好充斥着报纸，并激怒了饱受严重粮食短缺、失业和通货膨胀之苦的公众。柏林因其"疯狂"和"变态"的夜生活而成为颓废和放纵的代名词，被称为"世界的巴比伦"。[18] 慕尼黑因上演歌颂自由恋爱和同性恋的表现主义戏剧而闻名于世。慕尼黑的"狂欢节"（Fasching）和科隆的"嘉年华"（Carneval）都被认为导致了"越轨行为"的屡禁不止。这种情况和裸体主义的传播导致官方对"公开的不道德行为和淫秽行为"进行遏制。[19]

当然，柏林、慕尼黑和科隆等城市并不是德国其他城市的典型代表，在其他城市，同性恋、裸体主义和"娱乐狂热"很少被讨论。然而，这些报道却一直被视为国家陷入危机的标志，为警方加强监控和对新成立的共和国的普遍攻击提供了理由，也解释了现代城市文化的形成，这种文化被广泛诋毁为一种钢筋丛林式的文化（Asphaltdschungel）和崇美主义（Amerikanismus）。

（二）反对"污秽和糟粕"（Schund und Schmutz）运动

这场运动很好地展示了左右派之间的不稳定联盟，它们试图将德国从色情制品的"狂欢"中拯救出来，因为认为色情制品会对青少年产生腐蚀性影响。同时，该运动也是在印刷品、舞台和电影领域与"污秽和糟粕"作斗争的一个绝佳例子。在更深层次上，这场运动涉及青少年犯罪和社会无纪律，这两种现象也是代沟和误解的一种表现形式。[20] 这场道德讨伐的第一个目标是电影这一大众娱乐的最新形式。电影是老一代人特别担心的问题，因为它深受年轻人的欢迎——20年代初，仅柏林就有300多家电影院——而且革命废除了电影审查制度。从1918年10月到1920年5月重新实行审查制度的这一短暂时期内，德国各地放映了约150部"性启蒙"电影。[21] 虽然自由派和左派人士赞扬了其中一些较为严肃的影片，如理查德·奥斯瓦尔德（Richard Oswald）的《与众不同》（*Anders als die Anderen*），该片描述了同性恋者在社会中遭受的不公正待遇，但道德右派却决心取缔所有露骨的色情电影，认为它们是"德国人民的毒瘤"。[22]

重新实行审查制度后，人们的注意力转向了《刑法典》第184条规定的廉价、大众传播杂志中的色情内容。[23] 虽然1919年《宪法》保障言论自由（第118条），但它明确规定未来的法律要对色情制品进行管制。这一承诺助长了道德游说团体的活动，他们认为反对"糟粕"的运动可以有效"拯救"年轻一代免于堕落，也有利于为自己的组织争取支持。这个问题在议会中一直争论不休，中央党、德国人民党和德国国家人民党都要求实行更严格的管理，直到1925年，中央党-右派联合政府提出了一项"保护年轻人免受污秽和糟粕之害"的法案。该法案启动了教会和宗教团体的联合力量，并显示出重建一个强大且充满活力国家的民族主义梦想。基督教教长作为中央党的成员，用生动的语言呼吁终结污秽制品，以叫停德国的懈怠状态（Erschlaffung），而福音派妇女援助组织则要求建立一道屏障，"抵御可能摧毁我们的青年，进而摧毁未来的黑暗洪流"[24]。尽管左派人士、出版商和艺术家纷纷反对，认为该法案是对文化自由的攻击，但它还是于 1926 年 12 月 18 日成为正式法律，这提醒人们保守势力在"咆哮的二十年代"社会革命中的重要性。此后，各州政府和青年办公室可以申请禁止向青少年出售出版物，其申请由隶属于柏林和慕尼黑警察局长的审查小组审议。

77

道德联盟习惯于指责左派宣传的性无政府主义，或者如一位柏林的牧师所说，指责左派"想在道德的废墟上建立一个纵欲帝国"[25]。但社会民主党人与右派分子一样有一种道德恐慌感，并采取了相应的行动。正是由社民党和独立社民党成员组成的人民代表委员会匆忙通过了一项防治性病的紧急法令，旨在阻止民族的身体和道德受到"污染"。同样，1919 年 12 月，鲍尔（Bauer）领导的社民党内阁提出了一项法案，该法案授权警方取缔娱乐酒吧①中的不正当行为。该法案在提交的当天就迅速获得通过，这反映出左右两派的强烈共识，即必须坚决打击"堕落、野蛮和不道德"行为。[26] 社民党还协助执行了其他一些"道德法律"。1919年 11 月，社民党派的国防部长诺斯克（Gustav Noske）发布《治安法》（Polizeistunde），规定所有公共娱乐场所的最晚关门时间为午夜，后来甚至更早，并对违法者处以重罚。一年后，社民党派的总统埃伯特亲自煽动采取行动，以遏制"过度的公共和私人娱

---

① Animierkneipen，有女招待的酒吧，这些女招待经常充作妓女。——译者注

乐"。这使总理费伦巴赫（Constantin Fehrenbach）敦促普鲁士首相让柏林的生活正常化，他认为柏林正变得像巴尔干半岛的首都，"到处都是黑市商人和妓女"，而当地人却在贫困中煎熬。1923 年 2 月鲁尔区被占领之初，德国通货膨胀严重，政府对公众的恶习忧心忡忡，于是颁布一项紧急法令打击"公共生活中的道德败坏"。这导致了后来对酒吧和歌舞厅的禁令，以及警察在德国各地的大规模搜捕。[27]

78
　　尽管存在这些共同关注的问题，但左派和右派在"不道德"的定义上始终存在着重大分歧。左派更关注的是性病、酗酒和卖淫对公众健康和下一代基因构成的影响，而右派则认为"不道德"是一个宽泛的概念，它象征着民族的整体衰落以及阶级和性别差异的不必要削弱。对于问题的原因和解决方法的观点也存在根本分歧。道德右派认为"不道德"行为是社会主义革命注入民族有机体的病菌，左派则归咎于战争、失业和住房严重短缺。右派主张限制和管控性行为；左派则赞成性教育和早婚，认为这是对不健康性行为最好的预防。左派人士抵制反对"污秽和糟粕"的法案，因为他们认为该法案没有指向问题的根源，而仅仅针对其症状。尽管如此，他们对"大部分无产阶级青年在道德上受到摧残和剥削"这一关键预设并无异议，而且他们同意法案的基本内容，因为该法案所基于的观点实际上是由社会民主党领袖们首先提出的。[28]1920 年 5 月，电影审查制度得到迅速恢复，这标志着政治派别之间的又一次成功合作。1920 年，柏林和慕尼黑成立了电影审查办公室，不仅负责审查和净化德国电影业，还审查戏剧、表演和插图。阿瑟·施尼茨勒（Arthur Schnitzler）和乔治·格罗兹（George Grosz）就是其中被当局处罚的人。[29]

　　战后的道德恐慌还导致了一场全国范围内的镇压避孕宣传运动。反色情制品法（《刑法典》第 184 条第 3 款）对此作了规定，因为截至当时，避孕主要是在婚外性行为中进行的，因此被视为"淫秽"行为。[30]1918 年 10 月取消的审查制度是否对避孕产生了影响还有待商榷，但这一不确定因素被制药业充分利用，因为他们看到了直接面向公众的商业潜力，而此时有关节育的医学建议又少之又少。严格的战时管控一结束，报刊上就充斥着"卫生辅助工具"和"橡胶制品"的广告，以"确保每个妻子的幸福"，这让道德游说团体和当局感到不安。甚至在广受推崇的狩猎杂志《野兽与猎犬》（*Wild und Hund*）以及天主教社区的农村报纸上也出现了伪装不严密的阴道隔膜和堕胎药广告。[31]挨家挨户推销避孕药具也为妇女提供了新的职业前景，因为复员法令减少了她们的工作机会。20 世纪 20 年代初，有许多女性销售员在工厂门口或通过家庭电话收集"女性防护用品"订单。在萨克森，纺织业的女性就业率很高，但内政部焦虑地看到越来越多的妇女申请小贩执照，她们到工厂和偏远村庄传播避孕技术的"福音"。贩卖避孕药具也吸引了许多新近复员的男性，他们四处寻找本金少、来钱快的商机。[32]

治疗"月经紊乱"的广告，即堕胎药的广告使道德右派极其愤怒。例如，1920 年，天主教神学家帕特·穆克曼（Pater Muckermann）在一份家禽饲养者杂志上发现了一则粗体字的广告：

女士和先生们!

如何保护自己免受家庭规模快速扩大的影响?

要治好月经紊乱，请使用我久经考验的药方。[33]

福音派牧师、德国国家人民党议员莱因哈特·穆姆（Reinhard Mumm）出于公共道德和对人口减少的担忧，不得不在新成立的国民议会人口政策特别委员会上提出第一项动议，建议取缔此类广告

（见附录 3）。穆姆在此表达了宗教和道德组织的集体观点。柏林的福音派牧师霍普（Hoppe）甚至根据刑法第 184 条第 3 款将一名支持新马尔萨斯主义的医生告上法庭，因为他在柏林的学童中进行"下流"（即避孕和堕胎）的宣传。而社民党的党刊《前进报》（*Vorwärts*）也控诉了一名小贩，他经常前往柏林一家附近中学的男生们经常光顾的小咖啡馆。他表面上是在卖火柴，实际上却是在提供避孕套，并"低声细语"进行免费的性教育。[34]

当局与道德右派一样热衷于"净化"新闻界和商店橱窗。本来是政治对手的巴伐利亚和普鲁士官方联合发起了这场运动。巴伐利亚内政部长和普鲁士公共福利部长颁布法令，要求警察和医务人员加强监督。1921 年 9 月，国家一级也采取了行动。国家内政部长，社民党的格拉德瑙尔（Georg Israel Gradnauer）恢复了战时对登记处的限制。同年，帝国卫生局成立了一个特别监视小组，柏林和慕尼黑警察总部的色情管制局的职权范围也扩大到了节育广告上。[35]

对店主、流动销售人员和助产士、避孕药生产商和批发商的大量起诉证明了官方打击"色情制品"过度商业化的决心。巴伐利亚和莱茵兰等天主教州尤为积极，警察有时也会越俎代庖。到 1922 年底，莱茵地区的大多数医务人员都认为他们的城镇已经没有了"不雅"橱窗，而巴伐利亚的检举行动还持续了几年。[36]

虽然严格来说，《刑法典》第 184 条第 3 款并不涉及堕胎药[37]，但它经常被用来起诉那些为"促进月经来潮"的药剂和器具做广告的商人。这些广告鼓励自行堕胎，而这种行为是非法和危险的。广告也被视为不道德，因为它们暗示性交带来的意外后果可以轻松消除。在巴伐利亚，由于对报纸和药店的严格监管，堕胎药商人利用邮政信箱开展邮购业务。他们不提供地址，而是使用匿名邮筒号码。因此，巴伐利亚内政部长于 1922 年 7 月下令禁止这种做法，并赋予警察新的权力，使其可以在有怀疑的情况下强行打开邮政信箱，而这也破坏了邮政保密制度。[38]

为了公共卫生的利益，母管①的销售受到了严格限制。1924年12月，在妇科协会的压力下，这些被称为"杀人工具"的器械被限制在药房销售，同时还出现了禁止生产和销售堕胎药的动议。[39]

尽管到了20世纪20年代中期，正如我们会在第三章中看到的，人们对避孕的态度发生了显著的转变，但避孕信息的传播继续受到审查，尤其针对向工人阶级低价提供避孕用品的情况。早在1929年，根据反淫秽法的规定，社会主义医生和性改革家马克斯·霍丹被禁止在中学开设性教育课。在整个20年代，他和他的一些同事的出版物经常被检察官以"淫秽"为由没收。[40]

节育措施的商业化之所以受到如此广泛的谴责，是因为大多数人都对这种利用大众无知的想法深恶痛绝，而且许多产品被证明不是无效就是有害的。但是，避孕药具在商业上的成功，最终使得避孕药具得到官方许可并且逐步医学化，这让许多同时代的人感到痛心，因为它证明了自愿节育的广泛实践，也表明人们对生育的态度发生了变化，对家庭和整体生命有了新的看法。这种看法激怒了教会，也让社会改革者、性学家和女权主义者感到担忧。人们都为各种道德规范的崩溃感到焦虑，尽管这些道德规范往往定义宽泛，而这种焦虑被简单地压缩为一幅"家庭危机"的社会画像。

二、"家庭危机"

无论是左派还是右派，是进步主义者还是传统主义者，他们都

---

① 一种带有可连接的长玻璃导管的注射器，供妇女本人或第三方用于堕胎。——译者注

希望按照自己的理想来改善社会状况，而"家庭危机"这一概念为他们提供了便利。危机的概念既反映实际的社会变化，也反映这些变化所引起的道德恐慌，它尤其关注妇女在公共和私人生活中的角色。德国的工业化和官僚化改变了妇女的就业结构，扩大了她们的教育和职业机会。此外，革命赋予了妇女重要的公民权利，人们恐怕这会使她们的人生预期不再仅仅局限于家庭责任，从而模糊了性别角色。

当时的人特别担心战争对人口金字塔的影响。男性人口的伤亡大大加剧了两性之间的不平衡。战前，女性人口比男性人口多出约100万，而战后则多出了200万，当时的人不怀好意地称她们为"剩女"。[41]魏玛的单身女性开始被视为社会和道德问题。她们无法参与人口重建；作为劳动力市场的竞争者，她们对男性构成了潜在威胁，而作为争夺男性注意力的对手，她们也对已婚妇女构成了威胁。这个群体还包括60万左右的战争遗孀，总计280万人，她们微薄的抚恤金只能勉强糊口，但却被视为公共资金的流失。[42]虽然战争极大地改变了人口构成，但单身妇女仍被视为不正常的群体，因为她们与1270万已婚妇女（1925年的总数）不同，缺乏丈夫提供的"道德"和经济支持。教派团体尤其将未婚女性视为对德国家庭和国家道德结构的威胁。

私生子比例从1913年的9.7%上升到1918年的13.8%，更重要的是，整个魏玛时期的平均私生子比例高达11.4%，这似乎证实了人们对性道德恶化的担忧。天主教会特别发起了一场声势浩大的运动，反对社会接纳单身母亲。著名天主教神学家约瑟夫·毛斯巴赫（Joseph Mausbach）将非婚生子描述为"私通"的结果。[43]尽管福音派教会在公开场合表现出明显的沉默，但这两个教会在中央党和德国国家人民党的帮助下，成功地阻止了社会主义者和自由主义

82

者改革非婚生子女法的行动。他们还反对在公务员制度中消除对单
身母亲歧视的尝试，并认为纵容这样一个精英群体的非婚生育是非
常危险的，因为正如国家人民党的保拉·穆勒·奥特弗里德（Paula
Müller Otfried）所说："如果未婚母亲的地位得到改善，那么模仿她
们的妇女会比坚持老一套坚定原则的妇女多得多。"[44] 基督教游说团
体不仅抵制政治左派和民主党以实现宪法承诺为目标的平等主义改
革方案，还抵制保护母亲联盟的性改革者提出的改革方案。保护母
亲联盟之所以让道德右派感到震惊，与其说是因为它提出了帮助单
身母亲及其后代的实际计划，不如说是因为它的目标是推翻整个性
道德体系。正如我们所看到的，斯托克及其支持者赞美所有的母性，
无论合法与否，并在尼采的影响下认为性不仅仅是繁衍后代的手段，
也是一种积极的生命力，如果加以培养，会带来"更高级的进化
和……更高尚、更有修养的生活乐趣"[45]。

对家庭未来的悲观也因战后卖淫和性传播疾病的增加而加剧，
人们认为这必然导致家庭的崩溃。1919 年的一项全国性调查显示，
至少有 60 万例性病病例，而且这些病例已不再局限于大城市。[46] 尽
管统计数据极不可靠，也从未有任何确凿证据表明性病因战争而增
加，但"被污染"的民族的印象在各政党中持续存在。教会和国家
机关也对年轻人越来越不道德的行为提出了警告，他们声称这导致
许多城镇出现了未成年人卖淫现象。据官方估计，柏林登记在册的
妓女人数为 6000 人，而暗娼人数则是这一数字的 10 倍。战后不久
在莱茵地区进行的大规模搜捕似乎证实了人们最担心的事情：许多
16 岁以下的少女在从事"色情交易"，其中大多数都设法躲过了官方
的健康检查。[47]

卖淫与性传播疾病的伦理问题是基督教讨论的一个重要议题。
例如，1924 年，在哥尼斯堡举行的第二届福音派妇女节上，卖淫

83

成为中心议题。教会呈现出典型的军国主义形象，以"向不道德和罪恶宣战"的决议结束议程。天主教领袖赫德维格·德兰斯菲尔德（Hedwig Dransfeld）敦促妇女努力实现道德复兴，"保护女性身体，防止其被用作性诱惑的工具"[48]。事实上，这两种恶习带来的所谓的威胁使得左派和右派暂时结盟，尽管其目的各不相同：道德右派与现行的反卖淫和性病法规作斗争，以"证明"性行为商业化的危险性，并防止任何人轻视它；左派则是为了放宽反卖淫条款，使卫生监督更加有效。《刑法典》第 361 条第 6 款规定卖淫为非法行为，但只要通过警方监控、健康检查和划分红灯区对卖淫加以控制，就可以卖淫行为得到豁免。对该条款的反对使基督教妇女、社会主义和资产阶级女权主义者联合起来，为结束国家监管下的卖淫活动而斗争。她们反对卖淫是"必要之恶"的说法，这种说法认为男性的性欲是无法控制的。她们还反对法律中的性别歧视，即"为了满足男性的性欲"而"偏袒男性并让一部分女性中沦为贱民"。[49] 但是，当左派提出将卖淫非罪化，仅将其视为社会卫生问题，而不提及其道德影响时，不和就出现了。基督教游说团体的反对使得包括反卖淫条款在内的性病防治法案的通过困难重重。该法案于 1919 年和 1923 年两次提交国会审议，由于巴伐利亚人民党的顽固立场，该法案几乎完全失败。参议院中的天主教巴伐利亚代表团采取了不同寻常的举措，否决了一项已在国会通过的法案。尽管左派和德国民主党联合施压，该法案也直到 1927 年才成为法律。[50]

　　尽管对妓院和红灯区的废除消除了旧制度留下的最令人反感的痕迹，但 1871 年《刑法典》中规定的双重标准依然存在于法律和官方的态度中。与其他地方一样，德国的双重标准也最终被打破，与其说是因为法律改革或琳达·戈登所说的"男人皈依于纯洁"，不如说是由于"女人皈依于'放纵'"。性道德标准的下降在魏玛社会引起了如此大的冲突，但实际上却很少与男性行为有关，因为男性在性方面历来有一定的自由。对不道德性行为的恐惧实际上指的是人们认为妇女在性方面的行为发生了变化，特别是男性和女性的非婚性行为比例，以及中产阶级和工人阶级道德准则的趋同，造成了出现"性革命"的表象。[51]

对民族社会主义者来说，性恐慌为他们的反共产主义和反犹主义运动提供了可喜的素材。该党制作了传单，将少女的堕落归咎于"马克思主义对家庭的系统性破坏"。早在1924年3月，弗兰肯地区的地方长官、该党用于造谣中伤的刊物《先锋报》(Der Stürmer) 的编辑尤利乌斯·施特莱歇尔 (Julius Streicher) 就组织了公开会议，警告德国妇女"犹太诱奸者正在污染（种族）"。当警察以有伤风化为由禁止此类集会时，施特莱歇尔就把抨击转移到了他的刊物上。该刊物将犹太男子描绘成"离奇性犯罪的实施者"，他们拥有巨大的生殖器和贪得无厌的欲望，通过侵犯无辜的非犹太女来放纵自己。[52]

但温和派和道德右派认为，魏玛年轻女性不负责任的性行为是她们自愿的。在许多人看来，"新女性"现象似乎反映甚至助长了新共和国社会和经济的不稳定。尽管并非事实，但它是一个强有力的宣传形象，可以证明对性的道德恐慌是正当的，并浓缩着更广泛的社会和政治焦虑。

（一）魏玛的"新女性"

"新女性"这一备受争议的形象既与妇女的新社会地位有关，也与人们非理性地担忧这会导致不负责任的性行为有关。我们已经看到，妇女的政治解放使德国立法机构中女性成员的比例高于其他欧洲国家。[53]事实证明，地方政治尤其成为女性公共工作的重要舞台。新共和国还为妇女提供了担任高级行政职务的机会：妇女被任命担任国家层面第十四级和州层面第十五级的中高级公务员职务，

85

这是一项重大成就，因为这些妇女无法从常规的公务员职业结构中受益。[54]

战后，女性高等教育也获得了新的发展。在学生人数普遍上升的同时，女学生人数也翻了一番，从 1914 年夏季的 4000 人增加到 1919 年夏季的 8000 多人（占学生总数的 9.2%）。在 1924 年暂时下降后，1933 年夏季又上升到 1.9 万人（占学生总数的 18.9%）。女性也首次成为大学教师，她们在德国享有特别高的地位。到 1933 年，在获得博士学位的 10595 名女性中，有 54 人成为讲师，24 人成为教授，两人甚至被授予正教授（Ordinarius）头衔。[55]

然而，最受女性欢迎的职业仍然是教师，因为女性所受的教育为此种职业提供了最佳的入门资格。1925 年，女教师人数接近 9.8 万人，占教师总数的 31.6%，尽管 1923 年至 1929 年期间实行的婚姻禁令使这一数字在 1931—1932 年间降至 6.4 万人。医学是第二受女性欢迎的职业，女医生的人数从 1909 年的 82 人增加到 1933 年的 4367 人。[56] 我们将会看到，这对有关节育的论辩产生了重要影响。

当然，在国家层面上，妇女的影响力仍然是微不足道的，但这些新的开端极大地改变了公众对妇女地位的看法。这激起了拥护 19 世纪性别分工者的不满，他们指责高等教育鼓励妇女忽视其作为妻子和母亲的"首要"社会责任。许多职业女性和女权主义者都是单身似乎证实了这一观点。例如，1930 年德国国会的 40 名女议员中，只有 13 人已婚，而大多数德国妇女组织联合会的领导人仍是单身。婚姻禁令迫使许多女教师和其他公务员保持单身。当然，许多妇女保持单身的原因还是适婚年龄的男性不足，但也有一些妇女，如社会主义医生兼政治家凯特·弗兰肯塔尔（Käte Frankenthal），主动选择了一份好职业而不是婚姻。她认为，单身女性往往比她们已婚的姐妹更幸福，因为她们"更自由，没有太多牵绊"，因此"乐于摘取她触手可及的生命果实，而且对她来说是一种享受"。[57]

正如我们看到的，在一战后的几年里，女性就业率与战前相比几乎没有增长，但却出现了从第一产业到第三产业的结构性转变。妇女的白领工作尤其引人关注，这是女性就业增长最快的领域，但就绝对数量而言，却是最不重要的领域。到1925年，受薪女雇员人数接近150万，是1907年的3倍，尽管德国全国商业职员工会（以男性为主）联合反对，但这一数字仍在快速增长。由于1925年后德国工业的理性化以及公共生活和工业的官僚化，服装、化工、电气和轻工业等行业越来越需要女性担任文员或销售。中下层或工人阶级的年轻女性以前不得不面对家政服务的束缚或工业劳动的艰辛，因此她们认为白领工作是一种解放。据当时的职业介绍所称，白领工作是最受这一社会阶层欢迎的工作，因为工作内容干净，相对轻松，而且收入丰厚。[58]与其他职业相比，办公室文员和店员这些新工作更容易塑造"新女性"在性方面解放和轻率的形象。由于文职工作吸引的主要是非常年轻的单身女性，她们往往因容貌而被选中，并被鼓励利用自身的性魅力来获得职业优势或社会的青睐。这些女性吸引了社会改革者和道德游说者的特别关注。她们梳着波波头，穿着短裙、丝袜，化着妆，叼着烟，在舞厅或电影院等新的大众娱乐场所寻欢作乐。她们还成为流行小说和电影的主题。[59]但是，年轻女打字员（Tippfräulein）的"妖妇"形象更多的是迷思而非现实。正如乌特·弗莱弗特（Ute Frevert）所指出的，在现实中，白领的工作往往是枯燥乏味、收入微薄的。许多年轻文职工作者对休闲和挑逗性着装的热衷往往只是为了弥补这些不足。[60]女性白领工作对提高妇女工作的地位和报酬几乎毫无帮助。具有讽刺意味的是，它还肯定了家庭生活的意识形态，因为这些雇员中的大多数人认为她们的工作只是在结婚生子之前填补空缺。

然而，基督教组织和社会改革者却怀着恐惧和担忧的心情关注着这些"轻浮而不负责任"的年轻女性，生怕他们破坏了国家的道德重建。针对这些"新女性"，富尔达的天主教统治集团发布了反对"异教徒过分强调身体"的指导方针，反对现代舞蹈风格和当代女性时尚。《先锋报》也不甘示弱，谴责办公室工作是一种陷阱，年轻女性落入了"犹太雇主诱惑"的圈套，他们一心要和非犹太女孩上床。它还谴责"艳舞女郎"的造型是犹太人将德国女性男性化的阴谋。[61]

在某种程度上，道德恐慌也是对社会研究，特别是对年轻人生活方式的研究产生新的兴趣的结果。魏玛时期的年轻人引起了人们的关注，因为他们在人口中所占的比例很高，而且是对传统道德规范最明显的反叛者。对于青少年犯罪率的上升，一般的解释是许多青少年在成长过程中没有父亲，但这当然与他们所面临的困难也有关系，作为一个特别庞大的年龄群体，他们不得不努力在本已紧张的劳动力市场上找工作。

越来越多的年轻女工出现在工厂或办公室，与男性有了密切接触，这自然引起了道德恐慌。年轻女性的行为越来越多地成为专业调查关注的对象。此外，由于中产阶级社会科学家和福利工作者经常采访工人阶级女孩，无知和阶级偏见可能会影响他们的客观性。一些采访者对年轻女工活跃的性生活表示"惊恐和不理解"，而另一些采访者则认为无产阶级女孩无拘无束的性活力是一种积极的"生命力"，是她们在社会中拥有的"唯一真正的力量"。[62] 无产阶级对性所展现的无所谓态度往往被归咎于许多工人阶级家庭拥挤的生活条件，因为在这些家庭中，孩子从小就目睹了性交。但是，社会学家报告称，受过教育的中产阶级年轻女性也倾向于放纵性欲。例如，1932 年，法兰克福社会学研究所在对皮肤科医生、妇科医生和神经科医生进行的一项调查中发现，大多数受访者认为，所有阶层的女性都倾向于性自由主义。1930 年移居柏林的精神分析学家威尔海姆·赖希（Wilhelm Reich）也证实了这一结论。[63]

即使是经验丰富的女权主义者和性改革者也对德国年轻女性对待性的"功能性"态度感到震惊。老一代女权活动家常常为了女性解放事业而牺牲稳定的性关系，但她们并没有赢得年轻一代的钦佩，年轻一代往往将她们视为守旧的老处女。资产阶级和无产阶级的妇女运动实际上都面临着代际危机，这一点尤其体现在它们无法吸引年轻女性成员上。致力于政治和女权理想的老一代活动家似乎与年轻女性没有什么共同之处，她们认为年轻女性没有政治头脑，反而易受消费主义和媒体狂热的影响。20 世纪 20 年代的"新女性"倡导自由恋爱，这与其说是对过时观念的反叛，倒不如说是对新的大众杂志和乌发电影 ① 所描绘的时尚生活方式的效仿。[64] 这与保护母亲联盟内的老一代激进分子大相径庭，她们在具有严格定义的"新道德"体系内宣扬自己的思想，并寻求改善两性关系、避免身体和精神痛苦以及提高后代的素质。例如，格雷特·梅塞尔-赫斯（Grete Meisel-Hess）强调了对自我和"人类未来"负责的重要性，她敦促妇女追求自由的结合，而不是进入婚姻的束缚中。[65] 但是，据说年轻的白领和蓝领女工将性视为一种时尚，就像丝袜和吸烟一样。

当时忧心忡忡的人们在寻找这一社会弊病的原因和治疗方法时，提出了不同的理论。巴登民主党的领袖、心理学家威利·赫尔帕赫（Willi Hellpach）在其关于"性危机"的演讲中，指责性在舞台、小说和报纸连载中被过度呈现。诚然，有关魏玛所谓的新式性自由的文章经常出现在全国性和省级报纸上，表现主义艺术家将"新女性"的双重形象大众化，她们既是阳刚的职业女性，又是充满情色意味

89

---

① Universum-Film AG, UFA，德国最大的电影公司。——译者注

的冒险家。[66] 然而，问题仍然在于，女性性放纵这一概念是否既是媒体和大众道德恐慌的产物，又是广大民众的现实写照。

教会的反应自然十分强烈。他们大谈"性的无政府主义"，声称这对基督教的家庭观念构成了威胁。早在 1920 年 1 月，天主教妇女联合会和"博爱协会"就组织了一次联合会议，商讨"拯救家庭免遭可怕的道德败坏"的措施。天主教性道德专家穆克曼创立了家庭援助组织（Familienhilfe）。该组织为妇女领袖举办培训课程，并在德国各地巡回演讲，以加强天主教妇女对家庭和男女婚前守贞的承诺。穆克曼不顾性改革者关于禁欲有害的警告，称赞禁欲是"无与伦比的能量之源"，可以"保持美丽和青春"。[67]1924 年的第一届福音派教会大会也呼吁，鉴于"婚姻正在被公开和间接地诋毁，一种无拘无束的情色生活正在被提倡"，家庭生活需要重新焕发生机。[68]

魏玛时期的"性危机"概念成为了一种强有力的隐喻，用来动员人们抵制变革。尽管教会对婚外性行为的谴责过于狭隘，无法为其他文化悲观主义者所接受，但他们的反放纵宣传不仅在保守派中，而且在左派和改革团体中都引起了强烈反响，所有这些人都在为德国的政治和社会不稳定寻找替罪羊。事实上，这一隐喻掩盖了许多令人关切的问题，这些关切因政治和性别立场的不同而各异。

（二）共和国的婚姻

如果像同时代的人所说的那样，妇女对性表现出了新的、更宽松的态度，那么这既没有推迟结婚，也没有降低结婚率。相反，在战后的几年里，结婚的绝对数量和相对数量都急剧增加，这种现象在其他欧洲国家也普遍存在。1920 年的结婚率为 14.5%，几乎是1913 年（7.7%）的两倍。1919—1924 年间，结婚人数达到了 365 万，而人口学家预测的结婚人数仅为 230 万。因此，同时代的人们开始谈论"婚姻泛滥"（Heiratsflut）。[69]虽然通货膨胀暂时阻止了这一发展，但到 1928 年，结婚率又大大高于战前（9.2%）。婚姻显然已成为一种固定的社会规范，已婚成年人的比例比以往任何时候都高：1925年为 40.8%，而 1910 年为 36.1%。不过，尽管 1925 年顺利结婚的男性人数大大增加（占成年人口的 42.2%，而 1910 年为 36.6%），但女性的比例仍然不尽如人意（39.4%）。1926 年，20—25 岁年龄段的已婚女性比 1910—1911 年少了 1/3。[70] 这在一定程度上解释了当代人们对未婚年轻女性潜在性放纵的担忧。

但是，正如我们所看到的，社会学这门新兴科学的产生和福利主义的扩张所推动的社会调查趋势提高了人们对工人阶级文化的认识，正是这种认识，而不是任何真正的变化，加剧了道德焦虑。海迪·罗森鲍姆（Heidi Rosenbaum）认为，在无产阶级圈子里，只要未来结婚的意图明确，婚前性关系一直是可以接受的。这让人回想起农村的风俗习惯，当时的经济条件限制了婚姻，人们认为稳定的关系可以提供安全的性渠道，并保证孩子的安全。[71] 但有证据表明，随着经济环境的变化，资产阶级的态度确实发生了转变，传统上一些区分中产阶级和工人阶级的求偶禁忌已不再被认可。中产阶级的婚姻制度建立在这样一个原则之上，即新娘的贞洁和嫁妆是用来交换新郎稳固的经济和社会地位的。但是，由于通货膨胀使许多中产阶级的财富化为乌有，很少有男人能保证始终有一个稳定的地位，嫁妆的习俗也变得不再可行。因此，一些当时的评论家断言，许多出身名门望族的女孩不再觉得自己有义务在婚前过严格的独身生活，而且"这并没有减少他们未来找到丈夫的机会"[72]。这种中产阶级和下层阶级道德的明显趋同是保守派的眼中钉、肉中刺。

社会主义者也对普遍存在的婚前滥交现象感到不安，但认为这是年轻人因工作不稳定而无法结婚所导致的必然结果。他们制定了一系列计划，旨在将"不负责任的性行为"引导到更稳定的婚姻

91

中。保罗·克利谢（Paul Krische）和马克斯·霍丹等人设想了"试婚"制度，这种婚姻可以随意缔结和解除，而且可以免费获得避孕药具。人们希望，这样的机构可以避免"性压抑"，并鼓励没有能力结婚的年轻人建立稳定的关系。这一想法受到了的性改革者和女权主义者的欢迎。1928 年，美国法官本·林赛（Ben Lindsey）和温赖特·埃文斯（Wainwright Evans）在德国出版了一本名为《伴侣婚姻》（*Kameradschaftsehe*）的书，对这一观点进行了宣传，导致其在政界和宗教界声名狼藉。[73]

即便婚前性行为并不影响婚姻，但基督教游说团体仍对婚姻的明显不稳定性非常担忧。德国战后的离婚率（1921 年为万分之 33）与其他国家相比确实很不乐观，尤其是英格兰和威尔士（仅为万分之 6.8）。柏林的离婚率最高（1925 年为万分之 79.9），其次是与社民党关系密切的其他城市。[74] 这使人们相信，城市化、世俗主义和社会主义的兴起破坏了家庭。对于道德右派来说，左派和妇女运动联合发起的放宽离婚法运动加剧了这种状况。一段时间以来，德国妇女联合会和社会主义妇女运动一直主张在破裂不可挽回的情况下，通过双方同意的方式离婚可以降低离婚成本，方便妇女离婚并赋予她们平等的权利。在左派政治势力和民主党的施压下，1929 年出台了一项政府改革法案，但由于国家人民党和中央党的反对，该法案未能成为法律。事实上，直到 1939 年，民族社会主义党人出于人口问题的考虑扩大了离婚理由的范围，法律才发生了变化。[75]

宗教界尤其抵制家庭法的任何变革，因为他们担心这会导致布尔什维克政策的全面推广。1918 年，苏维埃俄国废除了登记婚姻和自由结合之间的任何区别，也废除了婚内和婚外怀孕之间的区别，并建立了即时离婚制度。教会也利用苏维埃的家庭试验作为恐吓策略，从而希望使他们对婚姻神圣性的信仰更容易被接受。在 1924 年的大会上，福音派领导人谴责了"缔结和解除婚约的轻率行为"。天主教发言人重申他们坚持"终身一夫一妻制"（unlösliche Einehe）的观念，1931 年，教皇不得不重申"上帝所结合的，任何人不得拆散"的官方教义。[76]

与宗教游说团体的描述相反，女权主义者和社会主义者与其他人一样捍卫婚姻和家庭制度，但他们愿意做出让步。为了减轻被解放的妇女进入婚姻的负担，使婚姻比"自由恋爱"更有吸引力，德国妇女联合会的女权主义者不仅支持离婚，还支持婚姻改革。战后德国妇女联合会的第一任主席、社会学家马克斯·韦伯（Max Weber）的遗孀玛丽安·韦伯是所有与女性性行为有关的问题的"最高女祭司"。[77] 与其他德国妇女联合会的活动家一样，她希望表现出进步的一面，但对新的性自由的看法仍然模棱两可。一方面，资产阶级领导人似乎纵容"暂时的或不以生育为目的的性关系"，认为这是摆脱"现代婚姻危机"的合理途径。有些人甚至认为，自由的性关系可以给妇女带来个人和精神上的满足。[78] 另一方面，他们仍主要坚持保守的观念，认为婚姻应该是女性性生活的唯一场所，强调"自由恋爱"或"自由结合"往往使女性沦为"更强烈、更残酷的性欲的对象"。尽管妇女联合会的领导人认同韦伯的"完满的性爱关系"（total erotic relationship）的理想，不管这种关系是否合法，但她们仍坚定地支持"爱情、婚姻和母性不可分割的三位一体"，只有这样才能保证妇女的自我实现、保护其子女和维护民族文化。妇女联合会在妇女的生育权利方面表现出与在性自由议题上同样的谨小慎微，既不主张也不反对避孕。[79] 总的来说，妇女联合会试图避开性这一棘手的领域；相反，它集中精力改善已婚妇女的法律地位，为她们争取控制财产和收入的权利，努力捍卫她们的职业前景，并扩大她们的亲权。在共和国末期，对妇女个人幸福的关注明显的转向

93

对她们"在维护和改善民族的生物物质方面的责任"的关注。当时，人们认为共同利益应高于对"个人主义的情欲体验"的追求。[80]

左派试图对婚姻制度进行更有力的批判。但社民党天真地认为，所有的社会问题都可以通过加强国家干预来解决，这使得该党坚持认为，充足的社会福利可以确保婚姻幸福。至少从20世纪20年代中期开始，物质支持和家庭关怀，包括避孕（见第三章），都旨在改善工人阶级的匮乏的家庭生活并使之变成一种积极的体验。与妇女联合会一样，女性社会民主党人士也要求妇女在离婚和婚姻中享受法律上的平等，并且她们认为这一要求是配偶之间形成真正伙伴关系的体现。她们寻求运用社会主义原则彻底改变婚姻关系，要求男同志们不要在家里充当"暴君"，使妻子沦为"奴隶"，而是要"为一个新的、更美好的世界而奋斗"。在这个世界里，妻子与丈夫是平等的。妇女应该有更多的工作机会，这样她们就可以在经济上独立，而不再需要把婚姻作为饭票。在无法就业的情况下，国家提供的产假将使妇女不再需要"乞求丈夫提供必要的帮助"[81]。

社会民主党妇女在其政党的支持下，也寻求比妇女联合会设想的更激进的办法来解决非婚生子女问题。她们无视婚姻和自由结合之间的传统界限，要求结束对非婚生子女的一切歧视，为单身母亲提供适当的生活保障，并要求她们有权保留国家公务员的职位。令天主教新闻界感到震惊的是，克拉拉·博姆–舒赫等著名政治家主张所有妇女，无论已婚与否，都应有权成为母亲。这不是为了国家利益，而是因为"生育动力"是"人类最强烈的欲望"，即使没有足够的男性让所有妇女结婚，也需要满足这种欲望。魏玛人口状况的这一特点蕴含着新道德秩序的种子，在新道德秩序中，所有孕产，而不仅仅是"法律认可的生育"，都将得到尊重。同属社民党的托妮·普菲尔夫甚至更进一步。1928年，她在德国国会大厦发表了一次演讲，捍卫每个女性的性权利。她挑衅地问道："你们真的相信，这200万（多余的）妇女应该因为她们的信仰或其他原因而感到有义务过完全禁欲的生活吗？"她宣称，积极地进行性活动是女性的"天命"，并鼓励所有女性帮助摧毁现有的"资产阶级的虚伪和自私"，确保"新的性道德在尽可能少的分娩阵痛中诞生"。[82]

社民党的报纸《前进报》也对婚姻进行了批判。1927年，该报抨击"旧式家庭"是"专制国家的胚胎细胞"，也是资产阶级价值观，尤其是妇女从属地位的延续。它认为，"正如国家组织的改变是为了确保个人的政治自由一样，家庭生活也必须改变，以最终确保妇女的平等权利——而不仅仅是纸面上的平等权利"。保罗·克利谢和玛丽亚·克利谢（Maria Krische）在1932年重复了马克思主义的标准论点，即资产阶级家庭制度通过继承法、一心维护家庭集团的狭隘利益的教育以及对父权制的信仰来巩固阶级社会，从而剥夺了妇女和年轻人对抗家长的权利。但是，他们也认为，随着家庭从生产单位转变为消费单位，家庭的重要性也在自然消减，许多原有的功能也被福利国家所取代。[83]

德国共产党没有形成自己的家庭意识形态，而是参考了苏维埃俄国20年代初的激进政策。该党的中央委员会认为，"经济剥削和政治奴役"是导致当前"性危机"的罪魁祸首。与社民党不同，德国共产党避免长篇大论，而是专注于实际问题，如母婴福利和免费节育。它还提倡集体形式的家务劳动和儿童保育，通过减轻无产阶级妇女家务劳动和有薪工作的双重负担，将她们解放出来从事政治活动。[84]

性改革者旨在使性欲理性化并加以规范，不是为了将其从婚姻和家庭等传统结构中解放出来，而是为了巩固这些制度。对他们来说，使婚姻成为一种更令人满足的体验"是挽救……（社会于）婚

95

姻危机的最有效手段"[85]。1926 年，荷兰妇科医生范·德·维尔德
(Van de Velde) 出版了婚姻指导手册《完美婚姻》(*Die vollkommene
Ehe*)，刺激了一系列强调性爱技巧在婚姻关系中重要性的德国书
籍的出版。他认为，性冷淡并非与生俱来，而是男性无知和迟钝的
产物，男性可以通过学习前戏技巧来克服性冷淡。德国性学家早已
认识到女性和男性性高潮时机的不同。事实上，1926 年成为埃里
希·冯·鲁登道夫（Erich von Ludendorff）第二任妻子的妇科医生
玛蒂尔德·冯·凯姆尼茨（Mathilde von Kemnitz）早在 1919 年就强
调了女性性解放对男女双方获得性高潮的作用。[86]范·德·维尔德
的成功源于他将建议限定在夫妻关系上，并将自己的理论与传统道
德要求相联系，如妇女婚前守贞等。相比之下，社会主义医生马克
斯·霍丹则致力于传授完善性高潮的技巧，其适用于任何伴侣关系，
无论是永久性的还是临时性的。他的书比范·德·维尔德的书更露
骨、更激进，有时甚至触犯了反淫秽法。[87]

从 1926 年起，出现了大量将婚姻色情化的手册，这些手册通常
表达了对优生学的关注，有时还带有半色情制品性质，并且找到了
现成的市场。从销售数字来看，这些婚姻手册显然促进了商业成功
和个人宣传。[88]尽管有经济上的动机，这些手册的作者与广大公众一
样，都认为促进性快感，尤其是女性的性快感，是拯救文化的良方。
但是，如果不将交媾与生育分开，妇女就不可能获得性满足，因此
这些手册也吹响了避孕的号角。

自然，道德家们对此十分沮丧。他们奋起捍卫父权制婚姻，并
且大多将"婚姻危机"归咎于妇女解放，因为妇女解放质疑了婚姻
中"自然"和"上帝赋予"的男性霸权。穆克曼援引圣保罗的话，
要求"妇女服从丈夫，如同服从主，因为丈夫是妻子的头，正如基
督是教会的头一样"。1931 年的教皇通谕也突出了这一观点。保守派

人口学家也表示赞同，他们主张男性在公共领域和家庭中都应掌握"决策权"，而家庭不过是"一个小国家"。[89]

宗教团体同样很关注如何控制女性的性行为，使其用于"合法"生育。他们不仅对新近强调的女性婚外性自由感到担忧，也对将婚姻色情化的趋势感到不安。天主教会不厌其烦地警告"无节制的性冲动具有恶魔般的力量"，婚姻是为了调节这些冲动，而不是鼓励它们。天主教徒与性改革者相反，敦促妇女"教化"丈夫的肉欲本能。妻子们不应该采取避孕措施，把婚姻变成"欲望的花园"，而是应该在受孕出现困难时禁欲。[90]福音派神学家虽然较为温和，但也谴责一位牧师所说的"仅从情欲的角度来定义人类"的趋势，因为他们认为仔细观察就会发现这样的人"不过是动物"。[91]为了抵消 20 世纪 20 年代中期如雨后春笋般出现的性诊所和节育诊所的影响（见第三章），德国天主教会在红衣主教伯特伦（Cardinal Bertram）的推动下，建立了自己的婚姻指导中心网络以"抵制对家庭生活道德结构的污染"，即堕胎和避孕宣传，并宣传基督教的大家庭理想。这一努力结合了教会和人口学家的关切以及维护传统性别角色的愿望，这也是道德游说团体拯救德国家庭运动的核心所在。性改革者似乎主张解放女性的性欲，魏玛的"新女性"似乎也在践行这一主张，但在教会人士和男性保守派看来，这却是通往地狱的必经之路：父权制家庭的终结将削弱父权制国家和教会的影响力。人们认为，维持现状有赖于妇女继续屈从于孕产和家务。

（三）新式家庭

正如我们所看到的，婚姻仍然是大多数德国情侣的理想。但战后离婚率几乎翻了一番，这导致另一个"危机"概念的产生，而这一概念同样更多的是迷思而非现实。诚然，德国的离婚率与其他一些主要工业国家相比并不乐观，但绝对数字仍然很低，而且被总体上增长的结婚人数所抵消。例如，从 1913 年到 1925 年，结婚数量

97

增加了近 250 万，而离婚数量只增加了 2 万。[92]

显然，当时的人是被其他因素所困扰，其中最明显的是家庭规模逐渐变小的趋势，而家庭关系也在发生变化——不仅是配偶之间的关系，还有父母与子女之间的关系——这也被认为预示着"家庭的解体"。在很大程度上，这一见解是由对家庭等社会结构作调查的新趋势所造成的。不断扩大的福利诊所网络（见第一章）在这方面发挥了重要作用，它收集了有关家庭关系的变化或特定模式的信息，统计学家对出生率下降和健康指数变化的调查也发挥了同样的作用。[93]

正如我们所看到的（见表 2），自威廉二世时代以来，平均家庭规模急剧下降，到 20 世纪 20 年代末，"二孩制"已成为常态。令天主教徒们感到欣慰的是，他们的教派似乎最为成功地抵制了这种新趋势。根据普鲁士的统计数字，天主教徒每 100 次婚姻中生育的子女数最多，有 273 个，而新教徒为 195 个，犹太教徒为 169 个，新教-天主教婚姻为 121 个，犹太教-基督教婚姻仅为 58 个。[94] 尽管如此，天主教神学家们已经意识到，他们的道德教导与天主教环境中家庭节育的实践之间存在着令人痛心的差距。因此，1921 年保护和促进自然家庭规范的家庭援助协会（Association for Family Aid to Protect and Promote the Natural Family Norm）成立，为天主教理想中的自然家庭（naturtreue Normalfamilie），即作为"自然规范"和"解决所有道德和民族问题的答案"的大家庭而奔走呼号；1928 年的天主教大会成立了天主教行动组织（Katholische Aktion），希望它能巩固人们心中大家庭的理想。[95]

福音派教会也将小型化家庭现象视为道德和民族问题。在 1924 年第一届大会上，它宣布"公共生活的重建"必须从重建其"原始细胞——家庭"开始。这一主题在 1927 年和 1931 年的第二届和第三届大会上再次出现。宝拉·穆勒-奥特弗里德（Paula Müller-

Otfried）等福音派妇女领袖也大力宣传"多子多福"是"对家庭和
整个民族的祝福"，她们将妇女的生育使命与民族复兴联系在一
起。[96]1931 年为福音派妇女援助组织拍摄并在其集会上放映的电影
《大河》（Der große Strom）最清楚地体现了这种有机论民族主义的愿
景。该片的副标题是"母亲与人民"，意在将生育呈现为"有机的流
动"以反映"一个民族的起源和衰落"。[97]

对于宗教团体来说，"性的理性化"这一概念（也就是 20 世纪
20 年代通常所说的节育）被视为世俗、机械主义和算计在人类亲密
关系领域的胜利，而亲密关系以前被认为是非理性、情感和精神的
专利。阿蒂娜·格罗斯曼（Atina Grossman）描述了对理性化的热情
在多大程度上扩散到工业生产流程之外，渗透入魏玛时代晚期的日
常生活中。[98]妇女不仅受到 1925 年后工业理性化带来的新消费主义
的影响，还受到新的理性人生观的影响。高压锅、洗衣机和吸尘器
等现代家用电器被认为是将进步和吸引力引入家务劳动的一种方式，
并使"新女性"能够将家庭责任与事业结合起来。[99]而对于普通的
无产阶级家庭主妇来说，这些节省劳动力的设备当然是可望而不可
即的，如果能拥有一个炉子，她们就算是幸运的了。但是，颂扬新
理性意识形态的"新实际主义"是魏玛文化的主流，也成为工人阶
级生活方式的一部分。纺织女工工会于 1930 年出版的《纺织女工书
信集》显示了女工们是如何按照工业劳动的"时间与动作研究"① 来
计划家务和家庭责任的。在工人阶级妇女的生活中，钟表式的每日
例行公事可能并不新鲜，但当时的评论家对这种似乎融入了性关系
的生活方式表示担忧。有人认为，生育行为变得像工业生产一样冷

---

① "time-and-notion studies"，指用科学方法对动作的结构和时间进行分析、研究和测定以
获得最佳工作方法的技术。——译者注

酷而流水线化，只不过它不是由流水线控制，而是由新的避孕技术控制。[100]

宗教团体和社会批评家声称，家庭生活的理性化贬低了"生育的奥秘"。他们将过去的家庭浪漫化，认为家庭是"无情世界中的避风港"，他们担心从事经济活动的妇女的繁忙生活使家庭成为市场斗争的延伸，而不是提供保护和娱乐的避难所。天主教神学家拉德马赫（Rademacher）呼吁妇女创造"治愈工业化所带来的创伤"的家庭生活，而不是在家庭中"模仿工业化最糟糕的特征"。天主教妇女联合会的玛丽亚·施吕特-赫姆克斯呼吁妇女抵制"男性新实际主义"的诱惑，从破坏性的"机械化进程"中拯救灵魂。[101] 新教徒和天主教徒都声称，妇女已经失去了女性特质，她们作为养家糊口者的新角色、她们的外表和行为，以及她们对性和生育的态度都变得"男性化"了。

（四）拯救家庭：左右派的共识

正如我们所看到的，教会并不是家庭的唯一捍卫者。尽管妇女运动，尤其是资产阶级的妇女组织联合会声名狼藉，但它却是传统家庭价值观最坚定的支持者之一，试图通过反对性放纵、"污秽和糟粕"、避孕宣传、合法堕胎和抗击性病来加强传统家庭价值观。该组织的领导人认为，年轻一代妇女的"性解放"是导致所谓家庭、社会和国家解体的最重要原因。他们认为，家庭在教化和控制性活动方面，以及在稳定社会和巩固国家方面，都是至关重要的。在这方面，他们是教会的坚定盟友。

家庭问题为诋毁左派政党是"基督教家庭的敌人"提供了便利。道德游说团体将德国共产党政策描绘成与布尔什维克的政策如出一辙，抨击布尔什维克通过大规模"遗弃"儿童造成了"家庭解体"，并以亚历山德拉·科伦泰（Alexandra Kollontai）为榜样，宣扬"新女性"的形象。这位俄国革命家被指责将肉体之爱贬低为纯粹的

"娱乐和运动"[102]。

社会民主党受到诽谤，不仅是因为它参与推翻了帝国秩序，还因为它历来与反家庭的意识形态联系在一起。社民党主张重新制定家庭法就证明了这一点。早在1919年，福音派妇女联合会就警告妇女，如果她们希望维护"婚姻和基督教家庭生活的神圣性和永恒性"，就不要投票给社民党。天主教的《奥格斯堡邮报》(Augsburger Postzeitung) 甚至称社民党是"民族的掘墓人，试图创造一种'既没有家庭也没有婚姻的现代文化'"。在谈到个别社会民主党人对"自由恋爱"和堕胎合法化的支持时，该报描绘了一幅新社会主义德国的黑暗图景，在这样的德国，不道德行为将大行其道，年轻人将受到"身体和情感"上的毒害，"儿童将被堕胎，出生率将下降，家庭将解体"。[103]

实际上，社民党是维护家庭制度的。虽然该党在理论上可能反对资产阶级家庭，但在实践中却很少表现出敌意。[104] 相反，许多主要的社会民主党人和教会人士一样，对妇女从事工业劳动以及战争和道德许可对家庭生活造成的有害影响感到担忧。在日常生活中，许多党员对妇女解放的生活方式表现出与顽固的保守派一样的反感，这也是党内媒体经常抱怨的事实。[105] 阿黛尔·施赖伯等女性社会民主党人主张对家庭法和生育权进行广泛改革，并将这些改革描述为捍卫家庭的措施。面对有人指责她的主张会导致家庭解体，施赖伯表示："恰恰相反，我们希望将女性从对男性的经济依赖中解放出来，这也是希望在真正的、内在的、伦理的原则上重建家庭。"安娜·布洛斯 (Anna Blos) 还驳斥了对社民党方案"倾向于废除婚姻和社会化养育子女"的不实指控。她断言，"社会主义不是要摧毁或解体，而是要重建和促进，不是以强制手段，而是以自由为基础"[106]。在共和国末期，当社会民主党的态度日益受到民族社会主义者的攻击时，保罗和玛丽亚·克利谢等"新式家庭"运动的老牌倡导者试图将社民党的政策与苏联的政策区分开来。他们指出许多社会民主党领袖的家庭生活堪称楷模，不仅强调了其与苏联做法的不同，还揭露了某些著名纳粹分子的不光彩行为，如臭名昭著的同性恋者罗姆（Röhm）。[107]

101   尽管社会主义者、女权主义者和性改革者支持社会改革和性启蒙，但他们也赞同道德右派的观点，也即战争降低了性的道德准则，需要拯救家庭免于解体。具有讽刺意味的是，对家庭价值观和妇女在德国民族复兴中的作用的强调，推动了将节育作为确保正常家庭存续的一种合法手段。这是因为进步人士和左派人士出于不同于右派的原因而捍卫家庭，并着眼于自身的策略性利益。社会主义者和性改革者并不害怕道德沦丧，而是害怕公共卫生水平和国民身体素质的下降。在他们看来，自由恋爱和滥交与性病的风险，以及由此带来的不育症和对下一代的遗传损害密切相关。"性革命"的危险性首先是在医学框架内被认识到的，并且与优生学密切相关。因此，将在下一章中看到，节育成为促进健康和保护民族生物遗传的一个日益重要的工具。

第三章 避孕

一种身体政治学的疗愈

（一）逐渐被大众接受的避孕

到 20 世纪 20 年代中期，官方对避孕及其管理的态度发生了显著的转变，至少对其予以默许。这在一定程度上是由于专利制造商的商业成功和节育组织的发展。随之出现了一种明显的反常现象，即尽管提供避孕信息是非法的，但避孕药具却可以在柜台上按品牌购买。避孕产业[1]的巨大扩张使以前对家庭节育嗤之以鼻的医生们对这个产业真正产生了兴趣，因为他们担心自己可能会把这个有利可图的领域的控制权拱手让给企业家和非专业治疗师。

但这种现象的出现还有更具决定性的因素：一是部分医生和官员越来越相信避孕是预防堕胎的最好方法。据统计，堕胎数字从 1923 年估计的 50 万例急剧上升到 1928 年的近 100 万例，其中包含 4000 例死亡案例。[2] 二是德国战后的经济危机似乎在要求一个更低的出生率。多子女家庭不仅加剧了人们自身的贫穷和糟糕的健康状况，也使福利服务不堪重负。

尽管战后出现了道德恐慌的情绪，但随着德意志帝国以数量为重的人口政策转变为共和国以质量优先的人口政策，官方对避孕的容忍度有所增加。战争对经济的严重影响、住房的极度短缺和公共卫生的恶化，使即便最坚定的生育主义者也不敢试图刺激出生率。

103　　对政策进行重大重新评估的第一个迹象发生在 1920 年 11 月，当时帝国卫生局的主席，天主教派的弗朗茨·布姆（Franz Bumm）建议德国内政部长反对德国国家人民党关于收紧节育用品流通渠道的动议（见附录 3），因为"在目前的经济形势下，避孕措施不再那么令人反感了"，也因为"关于不雅的旧观念"不再适用。这一观点后来得到了他的兄弟、柏林第一大学妇女医院院长恩斯特·布姆（Ernst Bumm）和柏林大学妇科教授施特拉斯曼（Straßmann）的支持。1922 年 11 月，施特拉斯曼在《柏林日报》(Berliner Tageblatt) 上敦促执业医师们出于"人性化考虑"提供避孕建议，因为"我们人口中有很大一部分居住在极端贫困和恶劣的住房中，他们难以忍受的生活迫使我们接纳作为一种社会现象的家庭节育"[3]。就连历来秉持精英主义和保守主义的德国妇科协会在抗击堕胎和与分娩死亡的斗争中也开始讨论避孕问题。尽管直到 1931 年，他们的全国协会还坚持认为，在节育问题上，医生对"民族未来的责任"等同于他们对病人的责任，但他们还是谨慎地支持当时在德国各地如雨后春笋般出现的婚姻和性咨询中心。[4]

　　到 1922 年，政府部门也充分地解放了他们的观点，挫败了保守的巴伐利亚州重提 1918 年反节育法案的动议。例如，萨克森内政部长反对重提反节育法案，理由是"至少在目前，以无害的方式阻碍自愿节育是不可取的，因为经济环境，特别是食物的短缺……使得抚养一个大家庭非常困难"[5]。

　　类似的观点变化也发生在司法界。早在 1922 年，一名公诉人报告称，最高法院对《刑法典》第 184 条第 3 款的解释摇摆不定，并且地方法院在几个案件中推翻了地区裁决。1925 年 4 月，柏林警察局长在写给普鲁士司法部长的一封信中表明，最高法院在战前的判决认为"所有避孕方法……都应被视为淫秽,因为它们也可以用于婚外性行为。这可能曾经是合适的,但我确信这不再适用于我们现在的情况"。但最明确的声明是在 1929 年发表的,开姆尼茨的地方法院宣布,没有理由将避孕归为"淫秽",因为正如法官所说,"将婚外性行为等同于淫秽不再符合大众对道德和规矩的信仰"。他断言,现在大多数人认为避孕是无害的,因为它已在"社会各阶层,包括已婚和未婚夫妻中广泛实践"。这一判决没有受到质疑,并被所有主张免费获取避孕信息的人视为常识的胜利。[6]

　　在道德联盟中,对避孕的抵制也在减弱,因为他们将注意力转向了堕胎的"恶行"。例如,民族复兴特别工作组采纳了格罗特雅恩的立场,即家庭节育太过普遍因而无法被压制,尽管它强调了需要"负责任地"实行节育,即不仅符合个人的最佳利益,还要符合整个共同体的最佳利益。甚至宗教界也适应了情况的变化。[7] 在教会教义中,婚姻之爱的唯一目的是繁衍后代,阻止它被认为是"非法和可耻的",这一观点在战后不久获得两大教会的支持。但到了 20 世纪 20 年代中期,福音派教会不再对避孕发表官方谴责。这种沉默被许多人视为默认的赞同。许多新教牧师和信徒制定了自己的行为准则,并有时主张在经济困难和患病的情况下明确支持家庭节育。甚至保守的德国福音派妇女协会联合会(Vereinigung Evangelischer Frauenverbände Deutschlands)在 1928 年也推荐基于医疗和社会原因限制家庭规模,甚至反对"毫无自觉和个人责任的不受限制的生育"。这明显是对社会"劣等"人群进行"劣种繁殖"的指责[8],这在当时已成为一个备受关注的议题,正如我们将看到的,这一立场得到了许多著名教会人士的支持。福音派教会没有明确承认,但它撤回了对避孕的反对,因为避孕已经在民众中广泛实践,且被认为在抗击遗传疾病的运动中不可或缺。

　　即使在天主教神学家中,也出现了官方立场有所转变的迹象。

104

在 1913 年的富尔达，避孕被强烈谴责为"非常严重的罪恶"，但从 1928 年开始，一些神学家开始探索新的婚姻观念，提出"种族的传承"不是"生理性交"的唯一功能。1930 年，一位年轻的天主教神学家马修斯·拉罗斯（Mathias Laros）更进一步，呼吁改变这种"无论出于何种原因，反对在没有生育意图的情况下完成性交"的教义。有人不无道理地认为，拉罗斯的文章在一定程度上导致了庇护十一世于 1930 年发布教宗通谕《纯洁的婚姻》（*Casti Connubii*）。这份通谕强烈谴责了人工避孕："圣经证明，神圣的威严以最大的憎恶看待这种可怕的罪行，并有时以死亡来惩罚它。"但它也包含了一个模棱两可的段落，暗示接受计算安全期的避孕方法：

> 在婚姻状态下，那些因自然原因（无论是时机还是某种缺陷）无法带来新生命的人，并不被视为违背自然。[9]

这种节育手段基于奥地利妇科医生赫尔曼·科瑙斯（Hermann Knaus）和日本医生荻野（Kyusako Ogino）的独立研究，两者均于 1929 年在德国发表。这封通谕提到避孕的最新科学理论，表明教会对这个问题的强烈兴趣。同样引人注目的是德国的天主教和福音派教士在公开讨论这类敏感问题时的频繁和坦诚，这在德意志帝国时代几乎难以想象，而在当时的英国仍然闻所未闻。[10]

教会还通过他们在国会中的政党政治发言人间接促进了对避孕的接纳。作为在身体和基因上净化民族的运动的一部分，他们与左派政党合作制定了一则抗击性病的法律，其中避孕用品被作为预防措施使用。在魏玛时期，社会卫生运动对于道德右派来说是道德复兴的自然结果，对于左派来说则是弥补战争导致的人口损失的最有效方式。社会卫生运动的两个分支——社会卫生和种族卫生（或称优生学）——

都符合一种广泛的观点，即人口再生只能通过"少生优生"而不是"多生"的政策来实现。由于两派的目标都依赖于有效的避孕，它们比任何其他势力都更加主张将避孕和堕胎非罪化，这一点也能在第四章"堕胎"中看到。

民族复兴政策实际上是三管齐下：社会福利旨在改善人们的物质条件（见第一章）；社会卫生旨在促进公共健康；种族卫生旨在确保未来一代的健康。正如我们将看到的那样，社会卫生和种族卫生不仅相互关联，且常常是可相互替换的。

节育逐渐成为社会卫生的工具，这一过程表明，避孕在官方观念中发生了从个人机制向社会机制的重要转变。但是，社会关切显然不一定与个体愿景相兼容。正如我们所见，战前的节育趋势与官方对于人口即实力的信念发生冲突，并催生出扼制避孕药具获取渠道的系列措施。战后，情况发生了变化，不管是否与个人利益相冲突，政府自身就追求一种强制性的生育控制政策。这种转变是社会医疗在政界影响力不断增加，以及在优生学和民族主义思想相结合的信仰框架内，不断强调"选择性育种"（selective breeding）的结果。在这样的意识形态下，民族的命运狭窄地被生物学术语所定义。对民族性遗传健康的过分迷恋甚至影响了那些最初坚持生育自决原则的激进和自由派团体。这样的观念亦是避孕医疗化的结果，这一趋势的推动方已经从民间运动转变为那些关注社会健康的医生。随着魏玛德国经济财富的进一步衰颓，在个体与"共同"利益的冲突中，最终的决策往往有利于后者。日益得到提倡的消极优生学取代了昂贵的福利计划，由此，某种实质上损害妇女权益的民族主义意识形态潜移默化地在德国官方渗透。

（二）节育变得实用

尽管第一次世界大战前 [11] 社会卫生理论已经有所发展，但在魏玛时期，它才获得了官方地位，因为它似乎提供了一个解决普遍的社会经济问题的基本框架，尤其是针对战后即刻出现的住房危机。从战场上归来的士兵、随之而来的结婚率的上升、从沦陷区逃亡的难民以及适得其反的房租管制都加剧了此危机。尽管德国社会民主党主导的城市，如法兰克福，在 1926—1927 年间出台了大量住房法，工人村和市政计划也获得显著成功，但 1927 年住房监管部门仍披露大约有 100 万家庭仍旧无家可归。人口过载被认为会导致肺结核、性侵害以及暴力的增加。[12] 战后，在校孩童中尤其显著的营养不良，以及愈加严重的酗酒问题所导致的失业率增加，这些现象似乎都像性病一样在威胁下一代的基因健康。[13] 对于民族生理健康和遗传健康的忧虑促使政府加大对社会卫生的投入，并导致州立诊所和福利机构网络在战后的显著扩张。

阿尔弗雷德·格罗特雅恩、伊格纳茨·考普（Ignaz Kaup）和阿方斯·菲舍尔（Alfons Fischer）[14] 等先驱奠定了社会卫生系统的基础。他们开创了一种新的医疗范式，扩大了生理卫生的范畴，将社会环境对人体健康的影响纳入其中。他们认为，如果社会卫生条件导致诸如肺结核等疾病的传播，公共教育和福利政策可以有助于预防这些疾病。这也是为什么如此多的社会卫生人士致力于公共卫生，并帮助弱势群体。人们对医学统计数据的兴趣与日俱增，因为这些数据对了解和治疗疾病至关重要。我们将看到这对节育政策有着重要意义。

战后，社会卫生学在许多地区，特别是在普鲁士得到了重视。1920 年，在布雷斯劳、杜塞尔多夫和夏洛特堡成立了三所社会卫生学院，为所有地区卫生医疗官员开设了有关食品卫生、公共医疗保健、福利立法和保险计划的必修课程。这一倡议来自普鲁士医疗管理局局长阿尔弗雷德·戈特施泰因（Alfred Gottstein）。普鲁士议会还违背医学院的意愿，强行通过了格罗特雅恩的大学教职任命。[15] 社会主义党派的医生尤其致力于将社会卫生学应用于他们的实践工作中，其中一些在政治上极为活跃，如尤利乌斯·莫西斯接替格罗特雅恩担任社会民主党在国会的卫生发言人。1926 年 4 月，莫西斯发起了"全国健康周"活动，旨在向公众宣传健康的重要性。活动通过巡回展览、电影、幻灯片、手册和明信片提醒人们，尤其是年轻一代注意性病、酗酒、结核病和遗传病的危害。同年，在杜塞尔多夫举办的另一项活动"格索莱"（GeSoLei）展览 ① 传播了医疗保健、社会福利和体育教育的信条。[16]

108

这些公共卫生教育项目有望以相对较低的成本普及"预防胜于治疗"的理念。各州和国家当局设立中央办公室协调各种运动。1921 年，普鲁士成立了公共卫生信息局。尽管 1923—1924 年间公共开支普遍削减，但到 1924 年，德国 18 个州中仍有 10 个州设立了公共卫生信息局。此外，国家公共卫生信息委员会和一些私营组织也享受公共补贴。[17]

这些组织与地方当局一起，确保了社会卫生思想的传播：与社会福利相结合，旨在促进个人健康和社会福祉。但是，由于个人健康是民族健康的必要前提，许多卫生学家强调的是个体义务而不是权利，这一发展对后来的优生学计划产生了重要影响。例如，阿道夫·戈特施泰因的手册坚持认为"个人本身不是目的，而是实现人类整体生存的手段"，而弗里德里希·普林津（Friedrich Prinzing）则欣喜地表示，医疗诊所的存在是为了提醒人们，保持健康对他们而言并不只是一种"权利"，也是一种"义务"。[18]

———————

① "GeSoLei"为德语"公共卫生、社会福利和体育锻炼"（Gesundheitspflege, Soziale Fürsorge und Leibesübung）的缩写，是杜塞尔多夫 1926 年关于上述主题的大型展览。——译者注

　　这种对个人健康的社会价值的强调解释了为什么人口政策，特别是针对避孕的政策，是整个魏玛共和国卫生学家关注的核心问题。在战后人口规划从数量型向质量型转变的过程中，避孕成为预防医学的关键，也是保持后代身心健康的最佳方法之一。例如，格罗特雅恩为避孕的医学和优生学意义辩护称，避孕可以保证适当的生育间隔，并将子女数量限制在与母亲的体力和家庭预算相称的范围内，从而保护产妇健康；在有遗传缺陷的情况下，也可以防止"不健康"的孩子出生，从而维护公共健康。格罗特雅恩对避孕的支持与激进女权主义者对妇女生育权的主张毫无关系。相反，格罗特雅恩热切地认为，生育不应再是一个私人问题，而应根据整个国家的需要进行管理。他希望用"理性型生育"取代"无知型繁殖"，将"理性和体系化"引入迄今为止一直由"冲动、偶然、传统或过时的准则"统治的生育领域。他辩护道，倘若"权威规则"要使个人行为遵从国家和社会利益，那么就应当增加而不是减少个人对预防方法的了解。他坚称自己主张每个健康家庭应至少有三个子女是为确保民族生存，但为了保护后代免受性病和其他遗传疾病的侵害，仍应该采取避孕措施。

　　格罗特雅恩认为，现有的避孕技术水平"非常高，几乎没有改进的余地"。由于认为男性是性生活中负有责任的一方，他特别指出，避孕套是最重要的工具，最好用羊肠制成，而且要双层佩戴。他认为，"从医学、卫生和优生学的角度来看，这是唯一能满足所有要求的避孕工具，因此值得推荐"。由于避孕套也是预防性传播疾病的最佳方法，因此格罗特雅恩建议，"每个年轻人都应在初次性交前了解避孕套的知识"。至于女性避孕用品，格罗特雅恩推荐使用门辛格阴道隔膜（Scheidenokklusivpessar）。他甚至主张由医生对少女进行"人工破坏"，这样她们就能在第一次性交时使用阴道隔膜。

格罗特雅恩的理论虽然在某些方面比较极端，但与其他有影响力的卫生学家的理论一样，在左派和政府官员中引起了共鸣，因此值得关注。[19]

（三）抗击性病过程中的节育

相较于其他"社会"疾病，性病成为了战后社会卫生关切的焦点。尽管其发病率在统计学上难以捉摸，这种公共灾难却成为魏玛德国一切错事的方便的替罪羊：对于左派而言，它象征着帝国主义战争的遗存和布尔乔亚阶级对待性的虚伪态度；对于右派而言，它则象征着新共和国的道德败坏。这种损害无辜受害者和未出生儿童的传染病促使存在广泛分歧且普遍对立的各团体结成联盟，还推动了帝国时期遗留下来的对于避孕药具的官方和法律偏见的消除。避孕套连同女性物理避孕工具都因其预防功能而基本受到社会认可。[20]激进女权主义者与那些与其性观念完全不一致的皮肤病学家一道奋斗。教会利益集团开始包容社会主义者的倡议，尽管社会主义者通常被他们视为最大的敌人。性病让所有阵营联合起来，因为它对公共卫生和人口增长构成双重威胁，并且在道德游说团体看来，它还危及公共道德。对它的恐惧来自传播可能在携带者被检测出之前发生。淋病对女性特别危险，因为它通常难以治愈，并会导致她们不孕不育。政治家们谈论着被从前线归来的丈夫感染的数以千计的女人们，以及更多因此无法出生的儿童。[21]梅毒之所以令人恐惧，是因为它导致早夭，并引起下一代的身体和精神残疾。根据一些地方统计数据，患梅毒儿童的婴儿死亡率在67%—74%之间。[22]人们普遍认为战争增加了性病的发病率，这也反映在1918年的紧急法令和抗击性病的法案中。[23]由于没有可靠的全国统计数据，官方使用颇带感情色彩的数字来动员民众支持更严格的措施。例如，在1919年，一项全国性调查在医疗从业人员和医院医师中进行，但所选择的月份不具代表性，参与率也不足 50%，这项调查却被用作官方声明的基础，声称那一年有"大约新增 50 万例性病"。甚至在 1923 年，格罗特雅恩声称有 100 万例性病需要治疗，而德国性病防治协会的格奥尔格·勒文斯坦（Georg Loewenstein）更宣称德国一半的人口受到感染。1927 年开展了一项新的国家调查，这次响应较多，证明每年新发病例为 30 万例（即每 1 万人中有 6.9 例男性和 3.0 例女性新病例）。[24] 尽管 1919 年和 1927 年的调查不能互相比较，但仍被认为是性病发病率在减弱的迹象。据医学统计学家普林津所言，这得益于军队在战时进行的宣传活动以及战后性病诊所的工作。性病诊所提供的数据支持了性病传播在 1919 年和 1920 年达到高峰后递减的观点。[25] 但是，在整个魏玛时期，性病仍然困扰着公共卫生专家和人口统计学家。性病还主导了 1919 年至 1927 年间的人口政策，至 1927 年抗击性病的法案最终成为法律。对于性病的恐惧使右派道德家屈服于左派社会卫生学家的要求，并接受了曾是难以想象的，且在战间期的英国仍然难以想象的观点：只要避孕工具起到预防作用，就有必要推广使用。他们甚至容许展示描绘性病血腥细节的教育电影。[26]

　　尽管在性病的诊断和治疗方面取得了许多重要进展，尤其在德国医生的努力下，但大多数卫生专家更喜欢预防而非治疗。尽管砷凡纳明（salvarsan）被誉为治疗梅毒的神奇药物，其发明者保罗·埃尔利希（Paul Ehrlich）在国会中被描述为"现代人类的救星"，但有大量证据表明，砷凡纳明像老式的汞治疗一样会引起严重的副作用，如失明、失聪、瘫痪，甚至偶发死亡。此外，它价格昂贵。左派尤其指责该药物的生产商——化学公司霍西斯特（Hoechst）——以牺牲患者个体和健康保险基金为代价而垄断市场。[27] 与 1923 年性病法案规定的强制用药治疗不同，左派主张采取预防手段。德国共产党和社会民主党都呼吁在学校进行广泛的性教育，并免费提供避孕工具，认为这是"对抗这一流行病的唯一有效手段"。格罗特雅恩要求避孕工具在所有药房自由陈列，就像所有其他卫生用品一样。德国性病防治协会主席阿尔弗雷德·布拉什科在普鲁士内政部组织的一次会议上声称，避孕套阻止了"数百万的感染"，"如果没有它们，欧洲可能会完全被梅毒污染"。[28]

尽管在国会中进行了激烈的辩论，中央党、德国国家人民党和巴伐利亚人民党长期抵制公开展示避孕工具合法化的提案，但对于性病的恐慌最终克服了这种道德顾虑。在中央党和德国国家人民党的支持下，法案于1927年2月18日通过，允许"无害"的避孕工具宣传。这明确代表了医学界游说团体的胜利，尤其是德国性病防治协会，因为该法案是根据其提案制定的。新法案还有效消除了避孕宣传的最后障碍。由于许多避孕工具也具有预防性病的效果，因此在1927年之后，法院不愿将任何为其进行广告宣传的人定罪。[29] 但即便在1927年之前，对性病的恐惧也有助于使避孕不再是不体面的个人行为，而被赋予重要的社会卫生功能。根据1919年2月内政部长的倡议，为加强对年轻人的预防教育，帝国卫生局发行官方传单，由性工作者和性病诊所分发，宣扬性节制，但也推荐有保护功能的避孕套。1914年后，性病诊所网络的迅速发展大大增加了避孕套的使用，其中大部分由卫生保险基金提供资金，大多以成本价甚至免费提供避孕用具。在大城市，避孕套在"急救站"（Rettungsstationen）中也以低价或免费提供，这些站点在市区设有广告牌进行广泛宣传。[30]1927年之后，公共场所的男性洗手间甚至设有避孕套自动售货机。这些售货机上标有"避孕用具"字样和一个红十字，可以以30芬尼的价格买到一个包装整齐的避孕套和肥皂或化学防护霜。尽管受到一些官员的厌恶，但到了1930年，大多数

112

除天主教城市之外的主要城市已经设有这类售货机，并得到内政部长、地方卫生当局和警察局长的支持。这类避孕用具的易得性，及其在广告牌上明显不受限制的展示和在商店橱窗中的陈列（只要它是包装好的）导致了价格的下降，并为避孕用具的普及铺平了道路。[31] 同时，它也促进了销售。到 1928 年，柏林的一家制造商弗洛姆（Fromm）据说每天销售 14.4 万个避孕套，或每年 2400 万个，主要面向国内市场，并且拥有 80 多种关于女性避孕方法的专利。[32]

（四）避孕与左派

左派政治家不仅致力于通过预防手段来对抗性病，而且还成为家庭节育的倡导者。他们将其视为改善不那么富裕人群的公共卫生和社会条件的重要武器。战争已经扭转了社会民主党和德国共产党长期以来对新马尔萨斯主义的反对，转而采用一种有所修正的接受态度。其部分原因是对人口的质量而不是数量的重视，也有部分原因是德国许多最杰出的社会卫生学家隶属于左派政党。格罗特雅恩和莫西斯只是致力于社会医学和政治社会主义的医生中较为著名的两位[33]，其他包括社会民主党派医生格奥尔格·勒文斯坦、安娜·玛格丽特·施特格曼、凯特·弗兰肯塔尔、伊格纳兹·扎德克（Ignaz Zadek）、赫尔曼·韦尔（Hermann Weyl）和朱利安·马尔库塞（Julian Marcuse），以及共产党人明娜·弗莱克（Minna Flake）、利奥·克劳伯（Leo Klauber）和鲁道夫·施明克（Rudolf Schminke）。他们经常将政治职务与医疗工作结合起来，在市政卫生服务中，他们有时能够将自己的想法付诸实践。[34]

即便在战争之前，社会民主党已经鼓励传播避孕信息。例如，《前进报》在其"工人健康图书馆"栏目中刊登了伊格纳兹·扎德克关于个人卫生和节育的小册子。[35] 但是，正如我们在引言中看到的，该党不能容忍正统的新马尔萨斯主义，后者将家庭节育视为缓解社会苦难的主要方法。战后，新马尔萨斯主义迅速失去了阵地。人们开始相信，控制生育只是减轻贫困人群困境的众多手段之一，等到社会主义引入，才将真正改善每个人的生活条件。[36] 正如我们在 1912 年看到的，尤利乌斯·莫西斯和他的同僚曾发起一次"生育罢工"以争取结束帝国主义。战后，他们支持生育调控（Geburtenregelung），但认为避孕和终止妊娠纯粹只是一种临时措施，"只要经济困境和社会苦难仍然存在，就应当使人口增长适应无产阶级的现状"。这一观点得到了其他左派社会卫生学家和政治家的支持，反映了当时普遍的经济悲观情绪。[37] 但在战后的几年里，避孕议题被更加紧迫的堕胎和性病问题所掩盖。估得的不断增加的堕胎率意味着，大多数关心社会卫生的社会主义党派医生将精力集中在堕胎法案的改革上，通过将堕胎手术医疗化来挽救生命（见第四章）。在 1920 年提议堕胎合法化的左派政治家最初忽略了避孕议题。这不是因为他们不相信避孕对于家庭节育的重要性——事实上，社会民主党人经常指出，相比堕胎，他们更倾向于避孕——而是因为他们认为避孕权利是理所当然的；相反，终止妊娠的权利需要通过更有力的运动才能实现，因为它既更紧迫又更有争议。虽然在德国独立社会民主党中较早就有了对避孕作为适应经济状况的手段的零星支持，但德国共产党在 1924 年之前都对此议题保持沉默。[38]

　　在社会民主党内部，两位著名的社会政策专家，马克斯·夸克和安德烈亚斯·克纳克（Andreas Knack），试图将节育的条款列入一份卫生政策文件，旨在修正 1921 年的格尔利茨计划，并打算提交给 1922 年的政党大会。尽管计划并未成功，但这次尝试为未来发展提供了很多启示。在 1922 年 5 月的社会民主党卫生委员会会议上，来自法兰克福的律师夸克，也是该党抗击性病运动的领导者之一，提议在人口条款中加入对堕胎、同性恋和卖淫合法化的要求，以及在

114

所有公共卫生机构和产妇保健诊所提供关于避孕和预防措施的免费
医学建议，以"促进未来世代的生理和心理健康"。汉堡市议会成员
兼后来的汉堡大学医学教授克纳克完全基于优生学理由支持这一建
议。但是格罗特雅恩拒绝了这一动议，因为他认为这可能引起分歧，
而且不是"特别的社会主义"。在一份机密备忘录中，格罗特雅恩表
达了对这种"有争议的决定"的政治影响的担忧，特别是在"仍然
受教会影响"的农村和矿业地区。他敦促党派推迟对此类敏感问题
的处理，直到其他党派解决了"紧迫"的出生率下降问题。[39]

这个案例表明，在魏玛共和国初期，该党领导层在新马尔萨斯
主义问题上仍然存在分歧和怀疑。除了这个孤立的例子外，避孕议
题最初只由女性党员提出，也恰是一个由社会民主党妇女和资产阶
级女权主义者组成的代表团对 1918 年政府颁布的禁止避孕法案进行
了最强烈的抗议。战后，阿黛尔·施赖伯首次在 1919 年社会民主
党妇女代表大会上发言，呼吁设立由国家资助的节育诊所。施赖伯
自 1907 年以来一直支持生育自主权，当时她是保护母亲联盟的知名
成员之一。战后，她成为社会民主党的成员，并于 1920 年成为国会
及其人口政策委员会的议员。在这个职位上，她是节育最坚定的捍
卫者之一，不仅仅是出于经济或卫生原因，更是作为一项基本人权：
"我要求妇女有权自主决定是否成为母亲，我要求妇女在所有这些问
题上的全面启蒙；多年来我一直要求……建立社会卫生妇女咨询中
心……"[40]

尽管堕胎议题在战后在所有其他人口议题中占据主导地位，但
在战后初期的三次社会民主党妇女代表大会上，避孕议题是议程中
相对重要的内容。从 1921 年起，《平等报》允许避孕广告出现在其
版面上，显示了它对这一议题的默许，与战前该党领导人原则上拒
绝避孕广告的做法相比，这是一种重要的政策转变。[41]

从 1924 年开始，社民党官方政策发生了变化，这几乎可以肯定与堕胎数字急剧增加以及相应的受伤和死亡案例的报告有关，避孕开始被更正面地描绘为预防堕胎的最佳手段。在 1924 年 4 月《前进报》的妇女副刊中，"尤斯图斯"（Justus）——很可能是尤利乌斯·莫西斯的化名——首次将支持避孕用作选举宣传的手段。正如我们将在第四章中看到的，在左派政党对妇女选民的争夺中，倡导节育成为他们最强大的工具。尤斯图斯呼吁他的女性读者在即将举行的选举中投票给社会民主党，以便社会主义阵营的国会多数派可以支持一项新法律，即允许"在全体民众中开展有关安全可靠的避孕手段的广泛宣传"。也许是被德国共产党发起的堕胎合法化运动所激励，社会民主党试图通过提供一项对女性友好又不太引起一般选民争议的安抚性生育权利政策，来赢得女选民的支持。同年 10 月，此前在这个问题上一直保持缄默的《前进报》开始公开支持全国性避孕宣传运动，以协助赢得"反堕胎斗争"。[42] 此后，很多社会民主党人在国会和党报中纷纷表达对系统化和公开推广避孕措施的支持。从 1925 年起，社会民主党的报纸开始通过邮购甚至连载的方式推广布鲁帕赫尔（Fritz Brupbacher）的著作《生育祈愿无穷尽》(Kindersegen und kein Ende)。此运动还在 1926 年 9 月社会民主党的福利组织——工人福利组织的一次特殊人口会议上得到关注，会议的八场演讲中有两场以避孕为主题。维也纳婚姻咨询诊所负责人小卡尔·考茨基（Karl Kautsky Jr.）提倡"不惜任何代价向广大群众推广避孕知识，这不是因为某些错误的新马尔萨斯人口理论，而是单单出于卫生的考量"。他认为避孕技术是对抗性病和堕胎的最佳武器，并敦促医生积极参与这一领域。然而，考茨基和他在工人福利组织的联合发言人伊丽莎白·基希曼-勒尔（Elisabeth Kirschmann-Röhl）也显示出一种左派的惯有倾向，即将节育视为私人问题而非政

116

党政治议题。可见，节育这一议题仍然需要来自基层的发声者，尤其是女性社会民主派人士，去指出其中含有的阶级维度。[43]

直到 20 世纪 20 年代末，一场直接面向公众分发避孕工具的大众运动崛起，绕过了医生并忽略其中的法律或政治问题，左派政党这才将避孕视为一个独立的议题。从 1928 年开始，它在社会民主党妇女会议和《女同志》(*Die Genossin*，社民党女性积极分子的新宣传册) 中成为常规和核心议题。但与堕胎不同的是，避孕仍然主要被视为是"妇女的问题"而居次要地位。当工人福利组织决定支持建立更多节育诊所的运动时，这可能与其说是社民党官方立场的表达，不如说是其主席玛丽·尤夏茨的个人信念的展现。[44] 但 1928 年之后，这个组织和其他左派福利组织 [如工人善行联盟 (Arbeiter-Samariter-Bund) 和柏林健康保险基金] 的确建立了几家这样的诊所，这构成了官方政策的切实转变，旨在超越民间性改革者的贡献。

德国共产党在战后初期几乎未提及避孕，这可能是因为他们继续将其视为"非政治性"的议题，类似于"爱情、宗教或文学品位"。同时，对于共产主义者来说，避孕也尴尬地与资产阶级价值观中个人主义式的自救密切相关，他们努力使自己与"二孩制"的理念割席。[45] 相比之下，堕胎中女性可被视为受害者，为共产主义者提供了比避孕更能体现资本主义社会不公的例子，而在避孕中，女性能够主动地掌控自己的命运。因此，该党在 1922 年的第一份有关节育的正式政策声明中承认了这一事实："在这个经济困苦的时代，劳动阶级无法自给自足地繁衍后代"，但它未能提出如何阻止生育。[46]1923 年，玛莎·阿伦德塞在普鲁士议会发言，要求助产士应该被授权提供避孕工具，因为无产阶级妇女负担不起向医生咨询的费用。她还建议地方当局应当设立诊所。但只有当德国共产党明白堕胎是一个长期问题，而预防比终止妊娠更为明智时，该党才采纳

了这一建议。直到 1928 年，埃米尔·赫莱因（Emil Höllein）出版了
他的手册《反对强制生育》(Gegen den Gebärzwang)，一位共产党国
会成员才推荐避孕作为抗击性病和堕胎最有效的预防手段。赫莱因
敦促将共产党医生利奥·克劳伯的口号"一点预防胜过百斤药物"[47]
刻在装饰性牌匾上，并应该挂在全国每对已婚夫妇的卧室里。正是
由于赫莱因在 1929 年春季的倡议，共产主义社会政治组织工作组
（Communist Arbeitsgemeinschaft sozialpolitischer Organisationen）组织
了第一次有关人口政策的会议，会上由国家提供避孕用品的运动成
为重要主题。也是在赫莱茵的著作出版之后，德国共产党确立了堕
胎或产妇权利与避孕之间的关键联系。1928 年，德国共产党首次增
加了堕胎合法化与产妇保护的要求，并要求建立性咨询中心，以及
关于禁止避孕药具广告的《刑法典》第 184 条第 3 款应予废除。这
使得德国共产党成为唯一为国家提供节育用品而斗争的政党。实际
上，个别的社会民主党人也主张这一点，但从未体现在政党官方政
策中。尽管德国共产党 1928 年 6 月的提案在委员会阶段被拒绝，他
们仍然又重新提交了三次（见附录 2）。

　　然而，这种国会活动不应该被过分强调。它可能是对生育自决
权的真心追求，但也有可能只是一种战略决策，因为 1927 年 4 月的
性病法已经有效地削弱了《刑法典》第 184 条第 3 款。几乎可以肯
定德国共产党的真正动机是在广大劳动人口中获取影响力，这些群
体在生育问题上求助于自治的民间组织，挑战了政党的控制力。对
于双方之间的冲突，一方面，党内以务实的决心赢得民间性改革团
体的支持甚至控制权，到 20 世纪 20 年代末，这些性改革团体拥有
大约 40 万名成员，另一方面，历来对于新马尔萨斯主义的鄙视以及
对社会民主党所谓非社会主义倾向的不满，足以解释德国共产党在
节育问题上时常矛盾的态度。一边，该党中央委员会谴责新马尔萨

斯主义为一套：

> 懦弱、庸俗和反动的理论，其目的是指责无产阶级的性放纵，而不是资本主义统治造成的现有大规模苦难，并引导被剥削的群众远离革命性的阶级斗争之路，陷入个体自救的陷阱……

另一边，它批评了战前的社会民主党反对节育的狭隘态度，并将节育描述为：

> 工人妇女掌控自己身体的无可争议的权利。无产阶级为健康的子女而战，也反对资产阶级下层"维持小型化家庭"的观念，但绝对反对将妇女贬抑为生育机器。[48]

但是，争取节育支持者的大规模选票可能才是德国共产党突然转变政策的主要原因。1931 年中央委员会发布的指导方针敦促德国共产党员"渗透性改革组织，只要它们拥有大众的支持"，以引导工人阶级"走上无产阶级的阶级斗争之路，摆脱资产阶级和社会民主改革者的枷锁"。[49]

正如我们所见，出于不同的原因，避孕对于不同的群体都成为一种有用的手段：对于卫生学家来说，它是控制性病和堕胎的方法；对于左派政党来说，是一项重要的政策承诺，这项承诺用于政党间彼此竞争，尤其是针对女性党员和选民的竞争，也用于与不断壮大的民间性改革运动相竞争，这个运动的受欢迎程度不免令医生和政治家们胆怯。

（五）节育与民间性改革运动

战后新增的对避孕药具的需求，并未由专业医生，而是由那些

成功建立大众机构的医学爱好者所满足，他们致力于在劳动人口间 119
传播节育的方法与工具。他们对于避孕的兴趣混合着商业的、民族
主义优生学的和偶尔会出现的理想主义的关切。直到他们成功地绕
过官方医疗渠道并创建了完整体系，左派政客和医生们才因害怕失
去大众支持而开始行动起来。

　　性改革组织当然并非新生事物，它的出现早于魏玛时期。最早
的组织是由德国最著名的性学家马格努斯·希尔施费尔德（Magnus
Hirschfeld）于 1897 年成立的科学人道委员会（Scientific Humanitarian
Committee）旨在推动同性恋合法化。[50] 然而，海伦纳·斯托克的保护
母亲联盟是第一个倡导生育权利的组织。1911 年，斯托克设立了节育
委员会（Committee for Birth Control），主要用于传播避孕信息。1913
年，柏林医生菲力克斯·泰尔哈伯（Felix Theilhaber）创立了性改革
协会（Gesellschaft für Sexualreform, Gesex）。所有这些组织都由自
由主义知识分子和医生组成，他们对性改革的兴趣主要是理论性的，
面向知识分子阶层宣讲他们的科学哲学出版物。[51]

　　然而，在第一次世界大战后，当公共卫生和一般生活水平严重
恶化时，这些组织开始更加实际地应用他们的理念。他们开设咨询
中心，帮助防止意外怀孕，并与左派结盟以获取政治支持。希尔施
费尔德的兴趣涵盖有关性和生殖的所有问题，于 1919 年 7 月 6 日在
柏林的蒂尔加滕区的一座优雅别墅中开设了他的性学研究所。它是
世界上第一个此类别的研究所，将科学研究与实际工作结合起来。
它还下设德国第一个性健康咨询诊所，以避孕为核心关切。克里斯
蒂娜·冯·索顿（Kristine von Soden）的研究表明，该研究所下设
诊所的所有病例中，大约有 90% 涉及避孕和堕胎的咨询。该诊所最
初由性病学家路德维希·列维-伦茨（Ludwig Levy-Lenz）经营，自
1927 年由马克斯·霍丹接手，开始根据个体需求提供避孕建议。仅

在第一年，来自医生和医学生的访问可能就有 1000 多次，而来自公众的访问则有 3000 多次。[52] 这标志着普鲁士战后自由的氛围，政府不仅对建立这样一个坐落在外国领事馆中间的研究所表示欢迎，在 1924 年 2 月，还同意承担性学研究所的资金和管理权。这无疑进一步提升了该研究所已经相当显赫的声望，并促成了社会最终对避孕的接纳。[53]

德国性改革者在国际会议上的热情组织和支持推广了对于生育权利的信念。1921 年，希尔施费尔德召集了第一届国际性科学大会。为此，他聚集了来自东京、北京、莫斯科和旧金山等地的近 300 名著名专家，考虑到当时德国在国际事务中相对孤立，这是一个相当庞大的组织性的、金融的和外交性的壮举。代表们讨论了关于性的各个方面，包括避孕，并签署了一份联合宣言，要求为社会和法律层面的性改革而斗争。[54] 第二次大会于 1928 年在哥本哈根举行，但仍然由德国改革者主导，如海伦纳·斯托克、奥古斯特·基希霍夫（Auguste Kirchhoff）、赫尔塔·里瑟（Hertha Riese）、弗兰茨·罗森塔伊（Franz Rosenthal）（他们都属于保护母亲联盟）、马克斯·霍丹和保罗·克利谢。避孕显然是其主要关切的问题，大会决议承诺在经济、生理、情感和优生学方面支持避孕。它还呼吁建立由健康保险基金资助，并向所有人开放的避孕咨询和研究诊所。此外，大会还要求医学生应详细学习避孕技术。[55]

这次大会还见证了性改革世界联盟（WLSR）的成立，其执行委员会中德方代表占据主导。性改革世界联盟的主要目标包括避孕、预防卖淫和婚前性关系，以及系统的性教育。在民族社会主义出现之前还举行了三次大会，分别在伦敦（1929 年）、维也纳（1930 年）和布尔诺（1932 年），但随后的民族社会主义事实上终结了在莫斯科、巴黎和芝加哥进一步举行会议的计划。[56] 与阿尔伯特·莫尔

（Albert Moll）[57]于 1926 年在柏林组织的纯粹科学性质的会议形成鲜明对比，性改革世界联盟的会议在全德国和地方媒体上有着相当大的吸引力，并得到广泛的报道。

德国生育权活动家积极参与国际计划生育大会（原名新马尔萨斯主义大会）也推动了性改革事业，该大会首次于 1922 年在伦敦召开，第二届于 1925 年在纽约举行，最后一届于 1930 年在苏黎世举行，德国代表团成员占所有代表的一半。1930 年的大会以一项决议结束，宣告避孕在"所有国家的社会卫生中是必不可少的"，并且是"防止堕胎的最有效的手段"。它呼吁废除各地"禁止医生提供避孕信息的法律"。[58]

所有性改革组织在战后都扩大了有关性和节育的公共教育运动。泰尔哈伯为性改革协会撰写了《性问题论文》（*Beiträge zum Sexualproblem*），斯托克继续为保护母亲联盟编辑《新一代》（*Die neue Generation*）期刊并在其他地方广泛发表，而希尔施费尔德成为节育和性学方面多产的畅销书作者和编辑。此外，他们所属的三个组织都召开了关于避孕和堕胎改革的公共会议和集会。性改革协会还制作了关于节育的第一部电影，以揭示"强制成为母亲"（Mutterschaftszwang）观念的不公正。[59]

1924 年 1 月，保护母亲联盟效仿希尔施费尔德的做法，在汉堡成立了自己的节育和性健康诊所，实现了先前因通货膨胀而受挫的计划。尽管经济形势不稳，幸得官方和个人的支持，诊所得以运作。劳动局提供了免费场地，所有在诊所工作的人都是志愿者。由于诊所的无偿性质，它在《刑法典》第 184 条第 3 款的规定下得以免受起诉，该规定仅适用于以商业牟利为目的的避孕宣传。[60]有两名医生负责管理诊所：曼恩斯医生（Dr. Manes）是保护母亲联盟在汉堡分部的成员，克纳克医生（Dr. Knack）是社会民主党的成员。由五名

121

社工进行初步面谈，并将患者转介给适当的医疗、法律或教育顾问。诊所每周开放一次，每次收取极低的费用（30 芬尼），在来访者困难的情况下可以免费提供服务。在同年四月，新闻界的支持态度和公众的感激之情促使第二家由曼恩斯医生主持的诊所在汉堡开业，由当地健康保险基金提供廉价场地。[61] 仅仅七个月后，1924 年 11 月，保护母亲联盟在法兰克福开设了第三个诊所；12 月，第四个诊所在曼海姆开业；1926 年迎来了下一波诊所：在不来梅开设一个，在柏林开设两个。[62]

当然，德国不是第一个这样做的国家。荷兰早在 1890 年就开设了这样的诊所。荷兰女医生阿莱塔·雅各布斯（Aletta Jacobs）在荷兰马尔萨斯协会的帮助下于 1890 年开设了第一家诊所。1916 年，玛格丽特·桑格（Margeret Sanger）在纽约开设了自己的诊所，1921年，玛丽·斯托普斯（Marie Stopes）在伦敦创办了英国的第一家节育和性健康诊所。1924 年，斯堪的纳维亚、日本、墨西哥，以及 1926 年的列宁格勒都效仿这一做法。[63] 但是德国的诊所提供了比这些国家更全面的服务，并且较之而言区别对待的情况更少。除了提供避孕建议外，它们还提供堕胎、不孕症、法律和社会保障等方面的帮助，乃至提供与斯托克和希尔施费尔德二人对人类性爱的潜在美感和情感表现力的笃信相一致的性健康咨询业务。德国诊所的服务重心并不限于已婚妇女，而是不分性别、婚姻状况或阶级地对待患者。实际上，它们服务于各种社会群体，从蓝领工人（占多数）到国家官员，当时详细的社会背景记录显示了这一点。覆盖范围因地点而异。例如，位于柏林主要的无产阶级地区克罗伊茨贝格的诊所主要吸引的是穷人，而希尔施费尔德的诊所以及法兰克福和不来梅的诊所吸引的患者既有中产阶级也有工人阶级。然而，到了 1926年，法兰克福诊所的赫尔塔·里瑟声称她的大多数患者都是"非常贫困的"。尽管工人阶级的访问率稳步增长，但仍然相对较低，这表明这些先驱们努力覆盖到的工人阶级人口比例仍然很小，这一点并未被运动中的工作者忽视。例如，根据对柏林弗里德里希斯海因区的诊所进行的两项调查，该区是一个工人阶级区，1926 年开始运营的头六个月接诊了 103 例病例，到 1927 年新病例增加到 313 例，是最受欢迎的诊所之一。[64] 但与希尔施费尔德的诊所相比，这只算是表现平平。在没有确凿证据的情况下，只能推测这种普遍较低的就诊率可能是由于联盟缺乏资金，完全依赖于捐款，而希尔施费尔德诊所的运营获得了国家资金，还动用了他个人的财产和他提供专业咨询所得到的费用。[65]

尽管诊所对男女都开放，但大多数诊所主要吸引寻求避孕或堕胎的妇女。1927 年在弗里德里希斯海因进行的第三次调查表明，在386 名患者中，有 317 名是妇女；其中 180 人前来寻求节育建议（其中 25 人是为了堕胎建议），51 人寻求性健康咨询，39 人寻求婚姻建议，其中包括避孕建议，27 人前来获取社会保障信息，23 人寻求不孕症的治疗建议，其他人则寻求别的各种各样的建议。在法兰克福，寻求避孕建议的妇女甚至比例更高。[66] 这些数字不包括那些可能陪同妻子或女友前来并一同获得咨询的男性，尽管这显然常常发生。但是，诊所显然首先是为妇女节育而设立，后来正是这一特点使之与政府倡议显著区分开来。

尽管这些妇女诊所吸引大众的最主要原因是，一种最有效的女性避孕方法，即阴道隔膜，需要私人定制，而且大多数诊所都雇用了医生，但由保护母亲联盟经营的诊所中实际上没有一家提供这项服务。桑格的纽约诊所和斯托普斯的伦敦诊所都是由没有医学资质的员工经营的，女性患者虽然可以获得建议和演示，但通常会被推荐给妇科医生或医疗从业者进行隔膜的置入。这一政策可能是为了规避法律问题的明智之举，但对妇女来说并不方便，很可能会阻碍她们前来。这也促使职业医疗逐渐接管性改革运动，这一趋势，正如我们后面将看到的，伴随着向以优生学为导向的管理的转变。[67] 即便如此，这些诊所为其女性客户提供了重要的社会支持，特别是来自下层社会的女性。女性发现在等候室与其他女性交流婚姻和分娩的经历，以及从许多同是女性的医生那里获得充满同情的帮助和定期的医疗检查，于她们是一种相当大的安慰。[68]

1929 年，得益于两位年轻医生汉斯·莱菲尔德和弗朗茨·赫希（Franz Hirsch）的倡议，性保护协会还在柏林开设了一家诊所。诊所每年为大约 700 名患者提供服务，主要针对工人阶级妇女，她们由工会或其他劳工组织介绍给诊所，通常可以获得免费咨询。莱菲尔德、赫希和负责性咨询的菲力克斯·泰尔哈伯一直留在这家诊所，直到 1933 年关闭。[69]

（六）工人阶级性改革联盟

与保护母亲联盟和希尔施费尔德研究所的活动并行的是，德国涌现出一场针对节育的大众运动，其规模很快超过了前者，尽管在资产阶级媒体的关注度上未必如此。就规模、成员的工人阶级身份和民间性质而言，这场运动在全球范围内都是独一无二的。大多数新马尔萨斯主义或倡导节育的团体在欧洲和美国都是由中产阶级专业人士、医生或知识分子发起的，但在战后的德国出现了真正源自民间、面向大众的性改革团体，吸引了比其他德国团体甚至外国团体更多的成员。这些民间团体之所以具有群众吸引力，是因为它们巧妙地利用了有限的法律和医学实践，并因能够提供一个无产阶级的自助网络，得以成为学术性医学的真正替代品。通过采用可以暗指相当多社会问题的组织名，它们还吸引了大量中下层阶级的支持。[70] 这些团体实际工作的重要性不应当过于夸大：它们只是提供信息、联络手段并以合理价格提供避孕服务，使工人阶级中的大部分人能够掌控自己的生育，并将性体验与生育分离。当时的评论家，尤其是莱菲尔德，以及后来的历史学家往往将这些团体视为纯粹的商业企业，但这并不是故事的全貌。[71] 这些团体在金钱方面的动机无疑与参与避孕药具营销的医生并无本质不同。医生将不同的化学和物理避孕方法申请专利的长清单表明他们追求的是有利可图的额外收入来源。[72] 希尔施费尔德本人也被多次指责接受制药厂商的贿赂，推荐某种品牌的杀精乳膏（spermicidal cream）。我们应当谨慎对待莱菲尔德的批评，因为作为医学专业人士，他可能对民间运动日益壮大的影响力持有怀疑态度。

必然地，民间节育团体的历史被他们试图地下运作、避免警方监视等企图所遮蔽，并经常表现出一些令人迷惑的行为，如更改名称并与其他团体合并以提高组织力量。这种组织中最早的可能是性卫生与生活改革协会（Verein für Sexualhygiene und Lebensreform），它可能在 1923 年或之前在萨克森的开姆尼茨成立。它声称在政治和宗教上中立，通过每月的会议和公开讲座寻求"科学、心理、卫生和社会的改良"，对任何十八岁以上的人都开放。然而在实践中，创始成员似乎主要是属于德国自由工人联盟（Freie Arbeiter-Union Deutschlands）的无政府主义者，该组织是为了方便其成员获得避孕药具而专门成立的，这是一种避免根据刑法第184条第3款受到起诉的巧妙方式。至少在理论上，这一法条不适用于在所谓的"闭门"会议上进行的避孕宣传。不过就其领导人主张废除反淫秽条款和堕胎法而言，该组织也称得上具有性改革运动的性质。[73]

截至 1924 年 11 月，该协会宣称在 150 个区（Gaue）拥有 17 万成员，主要分布在萨克森和巴伐利亚。尽管领导层多为中产阶级下层，但成员主要来自工人阶级，且费用相对合理：会费 80 芬尼，月

125

费 40 芬尼。[74] 从一开始，该协会就将功利的机会主义与对于性启蒙的信仰相结合。例如，在 1924 年初，巴伐利亚北部霍夫市的一位药剂师、该协会的区域主席爱德华·霍夫鲍尔（Eduard Hofbauer）在工人的午休时间巡游工厂区，就"公共福祉和健康"等一般主题向他们发表演讲。在这些演讲中，他提供有关防治性病和堕胎的建议，并传播新马尔萨斯主义和优生学理论。这些会议还用作会员招募活动，并接收在霍夫鲍尔的药房销售的避孕注射器和冲洗器的订单。在 1924 年，经历了几次与警方的冲突后，霍夫鲍尔被禁止在公开场合演讲有关避孕的内容。因此，他调整了演讲技巧，在小酒馆围绕严肃的无争议主题进行演讲，然后邀请听众加入协会。一旦集会对非成员关闭，就会进行有关节育的讨论并接收订单。这些集会事先在工厂中宣传，并得到工会和工团主义者的支持，吸引了 1000 名或更多的男女听众。在 1925 年 3 月的年度大会上，协会决定在纽伦堡设立一个性与节育诊所，并任命一名成员——医学博士洛伊（Dr. med. Loew）作为领头人。这项任命与从外界邀请男性医务人员作为发言人主持大众科学演讲的决议，共同标志着该协会医疗化的进程，这一进程也成为 1927 年性改革运动的普遍特征。[75]

然而，各地的组织仍然是民间非专业团体。这并没有阻止它们进行广泛的市场研究，并持续拓展它们为会员提供的避孕用品的品牌范围。到 1926 年，这些产品已包括大多数种类的杀精乳膏、阴道栓剂（pessaries）和敷抹器（applicators）、避孕套，甚至是阴道隔膜，这一系列的选择足以让一般医疗机构相形见绌。这些产品以相对较低的价格提供给成员，并保留了较小的利润率以支持组织运作。当然，这种体系的缺点在于，公开集会排除了一对一咨询和定制的可能性，而这是保证大多数女性的物理屏障类避孕方法有效的先决条件。

尽管协会的主席屡次涉嫌不正当交易，该组织仍然以提供对工人群体友好的、合理价格的最新型避孕药具而闻名。由于要争夺分销权和利润，以及主席经常面临法律起诉的情况，该组织的结构和名称经常发生变动。1929 年，它与其他联盟合并成立了帝国性卫生联合会（Reichsverband für Sexualhygiene）。[76]

在巴伐利亚、萨克森和西里西亚运营的积极者联盟（Bund der Tätigen），由药剂师埃米尔·克罗尼希（Emil Krönig）和他的妻子海德维格（Hedwig Krönig）创立，他们发明了一种广受欢迎的避孕装置，即粉末注射器（Pulverbläser）。其他组织包括由前理发师博泽（Böse）创建的博泽联盟（Böse-Bund），他曾多次与国际反对强制成为母亲联盟（International Bund gegen den Mutterschaftszwang）以及由维也纳新马尔萨斯主义者约翰·菲奇（Johann Ferch）创建的德国生育调控联盟（Bund der Geburtenregelung Deutschlands）联合。这些组织一直受到当局的密切监视，成员数量在 5000—20000 名之间波动，各组织之间存在较大的重叠。它们还合作创办了期刊《唤醒号刊》（*Weckruf*）和《性卫生》（*Sexualhygiene*）。[77]

（七）节育的医疗化

127

到了 20 世纪 30 年代初，这些民间团体发生了根本性的变化。经济危机导致失业率不断上升，尤其是在社会最贫困的群体中最为显著，这极大地推动了成员人数的增长，尽管加入需要支付会费。经过数次合并和重组，一些庞大的组织声称拥有 2 万名会员 [帝国生育调控与性卫生联合会（Reichsverband für Geburtenregelung und Sexualhygiene）] 和 2.68 万名会员 [母亲保护和社会家庭卫生协会（Liga für Mutterschutz und soziale Familienhygiene）]。1932 年，莱菲尔德估计民间团体的总会员人数为 11.3 万，而德国共产党估计人数高达 30 万。[78]

　　除了会员数量激增与总体的团体整合趋势之外，大约在 1928
年，医生开始加入民间团体，使之出现了重要的医学化和政治化转
变。我们可以看到，许多医生长期以来都十分看重避孕对社会卫生
的作用。当他们意识到民间团体已变得如此强大时，他们也开始对
避孕工具在"个体卫生"，即节育中的作用产生兴趣。这至少在一定
程度上源于医生的敏锐嗅觉，察觉到自然理疗师和外行人篡夺了医
学的一部分专业领土。起初，像马克斯·霍丹、朱利安·马尔库塞
和尤利乌斯·莫西斯这样的医生只面向民间组织进行客座讲座，但
他们很快就更加深入地参与到这些组织的运作中。例如，在 1929
年，泰尔哈伯在创办帝国生育调控与性卫生联合会方面起到了关键
作用，该组织吸引了许多医生，包括霍丹和莱菲尔德。西格弗里
德·列维-伦茨（Siegfried Levy-Lenz）曾负责管理希尔施费尔德的
性咨询诊所，加入了母亲保护和社会家庭卫生协会，这是截至当时
最大的一个协会，是博泽联盟和其他团体解散后的合并产物。大量
医务人员的到来令这些民间团体更加权威和有效，也可能造成或者
说至少加速了融合和集中化的过程。这也改变了性改革运动的性质，
即从工人阶级的自助团体转变为结构严密、层级分明的组织，由专
业人士提供建议，而非专业人员提供协助。由此，医学界在性和节
育问题上对社会下层的影响力必然增加，并减弱了民间性改革者
的影响力。

128　　虽然母亲保护协会中有医生，但首批认真对待节育的专业医生
协会是社会主义医生协会（Verein Sozialistischer Ärzte，VSÄ）和社
会民主医生工作组（Arbeitsgemeinschaft Sozialdemokratischer Ärzte），
它们都成立于 1924 年。[79] 但后者纯粹是一个政党组织，其主要成员
如尤利乌斯·莫西斯和阿尔弗雷德·格罗特雅恩也是社会民主党的
发言人，而社会主义医生协会吸引了与德国社会民主党或共产党有

关的医生，或者独立的左派医生。最著名的医学界节育倡导者都属于社会主义医生协会，其中包括马克斯·霍丹、菲力克斯·泰尔哈伯、朱利安·马尔库塞和马格努斯·希尔施费尔德以及一些女医生中最活跃的倡导者，如洛特·芬克（Lotte Fink）、赫尔塔·里瑟和凯特·弗兰肯塔尔。从一开始，社会主义医生协会就倡导堕胎改革，但很快认识到这需要足够的获取避孕药具的渠道。因此，从 1928 年开始，它倡导建立避孕诊所并废除刑法第 184 条第 3 款的反淫秽条款，该法令妨碍了性教育和避孕信息的传播。他们认为，性教育不仅应该合法，而且应该在所有学校教授。而为了造福成年人，社会主义的医生们发布了大量廉价、易于理解的小册子。[80]

　　社会主义医生协会还实现了成立节育诊所的主张。1927 年在柏林开设了三家诊所，还在开姆尼茨开设了一家，由左派社会福利组织工人善行纵队（Arbeiter-Samariter Kolonne）运营。这些诊所加上保护母亲联盟旗下的诊所和几个独立咨询中心的诊所，将德国的咨询中心的数量提高到了 18 个。[81] 同年，玛格丽特·桑格在柏林的访问促使海伦娜·斯托克和一些女性医生以及社会主义医生协会的成员成立德国生育调控委员会（Deutsches Komitee für Geburtenregelung）。这是决心扩大节育服务供给的一个重要表征。[82] 1927 年秋季，萨克森政府可能是在萨克森卫生委员会和优生学游说团体的压力下发布了一份备忘录，正式鼓励成立婚姻和性健康咨询中心，以传播避孕知识。这在萨克森尤为紧急，因为"女性的显著过剩已经降低了结婚的可能性，寻求建立这种永久关系的意愿同样已经减退"[83]。这一步举措之所以引人注目，是因为它不是由社会主义政府发起的，而是由资产阶级党派联盟实施的。

　　一年后，左派倾向的柏林健康保险基金协会（Association of Berlin Health-Insurance Funds）在首都建立了五个咨询中心，向基金会成员免费提供避孕药具。这一决策反映了避孕药能够作为预防性药物的共识，并利用了《帝国保险宪章》第363条的规定，即赋予健康保险基金提供疾病的预防性治疗的权利。[84] 许多影响力巨大的民间组织，如今受专业医学影响，也纷纷效仿并建立了自己的诊所。左派福利组织也采取行动，在不来梅、弗莱堡、汉诺威、基尔、曼海姆和什切青建立了诊所，自由工会（Free Trade Union）在图宾根的艾森贝格建立了诊所，在汉诺威的诊所则由工人善行联盟建立。到了1932年，生育调控委员会列出了大约60个诊所，除其中两个（都属于保护母亲联盟）之外，其他都由医生经营。但由于这份名单省略了保护母亲联盟的一些诊所和许多民间组织的诊所——而后者至少建立了20个常设诊所，并运营有更多的移动诊所——因此，可以合理地假设，至魏玛共和国终结时，有100多个提供有关节育和性健康问题咨询的诊所，其中大多数还分发避孕药物。[85]

经济大萧条极大地推动了社会对节育政策的接纳。到了20世纪20年代末，甚至许多最保守的医学团体，如巴伐利亚医学协会，也接受了避孕不仅在医学上，而且在社会意义上也是必要的观点。在一些受尊敬的医学期刊中，医生们的热烈讨论折射出对限制家庭规模的积极态度。普遍认为，德国的医学生和全科医生应该在避孕技术方面接受更好的指导，也需要进行更多的研究和政府试行计划。1928年，左派的生育调控委员会组织了第一次关于节育的医学研讨会，而后从1930年起，更为保守的医生也开始举办医学课程。[86]

但是，民间节育联合会的专业化不仅仅意味着为会员提供更多医学专业知识，医生们还在现有运动中彰显了自己的态度。由于该行业的先驱主要是左派人士，他们与两个社会主义党派的联系很是紧密。从1928年起，社会民主党在庞大的帝国生育调控联合会（Reichsverband für Geburtenregelung）中占据了牢固的立足点。1931

年，共产党也试图通过成立自己的组织——无产阶级性改革统一协会（Einheitsverband für proletarische Sexualreform）——致力于无产阶级性改革，并努力将大多数现有的联合会统一为一个庞大的组织，以此影响民间节育联合会。该尝试之所以失败，主要在于其拒绝妥协的态度，例如统一协会在 1931 年 6 月呼吁进行"所有性改革组织的革命性融合"并致力于推行"社会主义原则下的社会革命"。[87]

此外，医生们试图彻底改变避孕习惯，并以"进步"的名义引入更复杂的技术。这增加了人们对他们专业知识的依赖，但是否符合消费者的利益，往往需要打个问号。这还与工人阶层对传统避孕方法的明显偏爱相抵触。根据施特拉斯曼教授在他位于柏林的妇科医院于 20 世纪 20 年代晚期进行的一项调查，中断性交 ① 仍然是最受欢迎的避孕方式（在 837 例中有 507 例使用此方法）[88]，避孕套位列第二（168 例）。1932 年，节育和公共卫生联合会（Bund für Geburtenreglung und Volksgesundheit）在对其 2300 名会员进行的调查中发现，成员中有很高比例定期使用避孕工具（85.8%），且对传统品种有显著偏好：约 60% 使用避孕套，20% 使用杀精乳膏，5.8%使用化学避孕栓，这些都不需要寻求医学建议或专业定制。母亲保护协会的柏林诊所的负责人路德维希·列维-伦茨甚至声称前来的夫妇中有 40% 实行中断性交，他表示这是不可取的，因为认为这会导致神经类疾病。尽管这一假设从未有确凿的证据，但医生们普遍认为非物理屏障的避孕方法有害。他们声称正在寻求一种更"科学"和"合理"的技术，以提高避孕的可靠性和安全性，但其中隐藏的打算是将其与科学专业知识联系在一起，提升避孕的重要性，从而为自己赢得更多的地盘和合法性。这解释了避孕的医学方法的一些

---

① coitus interruptus，即体外射精，也是最为古老的避孕方式。——译者注

异常之处。

      医生们经常忽视的是，传统方法之所以受欢迎，是因为它们便
宜且易于使用，并且在文化上被接受，而医生们不满的也是这些方
法不需要专业指导和定期检查。一些医生苦心孤诣地开发设计新颖
的并经过科学验证的避孕工具，这些产品对其发明者来说通常很赚
钱，但对公众的价值实为有限。许多医生参加国际会议，不仅仅是
为科学交流，更是为了炫耀他们的最新创意。例如，维斯马的莱昂
哈德博士（Dr. Leonhard）三次在会议上夸耀他的"赛库拉气垫栓"
（Secura air-cushion pessary），这是门辛格阴道隔膜的一种特殊版本。
其他人则吹嘘他们自创版本的阴道隔膜、宫颈帽（cervical cap）或
杀精乳膏和栓剂，但对其中的成分守口如瓶。[89] 一些知名医生甚至
研发出有潜在危险的避孕工具。例如，宫内节育器（IUD）最早是
在 1910 年由耶拿妇科医院主任普斯特（Pust）发明的。战后，他对
其进行了修改，使用了不易碎的耶拿玻璃和蚕丝线。到 1923 年，他
声称他的宫内节育器已有 2.3 万个投入使用，其中大多数在德国。尽
管有多次对宫内节育器导致体内受伤和感染的指控，但普斯特仅凭
435 例的数据就宣称对其功效感到满意。如今，仅一年半到两年的
试用期显然太短，不足以支撑对这种工具的信心，而在可能毫不知
情的妇女身上测试这样的工具会受到伦理上的批评。[90] 类似的案例
还有柏林的妇科医生恩斯特·格拉芬伯格（Ernst Gräfenberg）。他的
宫内节育器，即所谓的格拉芬伯格环，最初由蚕丝制成，然后是银
制，最后是金制，对消费者和制造商都表现出明显的赚钱意图。格
拉芬伯格声称这个环是安全可靠的，这是基于他接触过 1331 例病
例的经验以及德国和国外许多同行开的处方。格拉芬伯格可以在为
他的发明骄傲的同时承认其可能引起"炎症""感染和出血"，这表
明他对接受其发明测试的女性患者少有关切。他还承认，早期型

号在 8.2% 的病例中因被人体排斥而失败，导致 5.3% 的怀孕概率。后来的型号显然更可靠，但它们仍然显示出相对较高的失败率和风险率。[91]

　　大量医学尝试也投入在开发永久性和临时性绝育方法上，如激素免疫和 X 射线治疗，这些方法的副作用常常被掩盖在科学发现的兴奋之下。[92] 医学界在何为最安全和可靠的避孕方法方面明显缺乏共识，这在 1930 年苏黎世的节育大会上导致了尤为尴尬的结果：与会者未能就最佳方法达成一致，迫使他们在致力于推广避孕的八点提案中，在第六点留下了空白。推荐避孕的医生往往会开具自己偏好品牌的药具，声称对其绝对了解，而在未经仔细测试的情况下，这几乎等同于科学上的傲慢。[93]

　　医学对民间组织的影响还改变了公共集会、会员制会议以及各种期刊的作风和内容，导致一种从新马尔萨斯主义到优生学的明显转变[94]，即从一心关注避孕到关切如何维持避孕的医学专业水准。尽管大多数参与其中的医生声称自己关注性改革和穷人的困境，但他们的学术训练、中产阶级背景和专业经验意味着，他们的关切往往与他们的患者不同。医生们之所以倡导避孕，是因为避孕可以有选择地应用于那些后代不被认为有很大"价值"的人。[95]

　　诚然，存在一些杰出的医生，他们遵循海伦娜·斯托克和阿黛尔·施赖伯等伟大的女性性改革者的道路，要求将避孕视为基本的妇女权利。[96] 但绝大多数医生坚持认为，避孕药应该只分发给由医生确定为"值得避孕的"病例。像柏林第一妇女医院的瓦尔特·斯托克尔这样保守的医生仅支持在明确指征下向患者提供医学避孕建议是不足为奇的。他警告同行们不要屈从于女性的"单纯愿望"，而是要检查是否在严格的医学、社会或优生学基础上正当地采取预防手段。而更令人惊讶的是，大多数社会主义医生协会的医生并不支持

132

纯粹应需求提供避孕服务。对医学指标的坚持当然意味着对生育的基本控制权从承受后果的女性转移到了医生手中，从而剥夺了女性的生育自主权。尽管没有记录证明这一点，但在医学界，有关生育决策应由医生控制的普遍主张强烈表明，他们确实拒绝给一些女性提供节育的必要信息，并以优生学的理由劝说另一些女性避孕。一位社会主义派医生这样说道："对于在节育方面提供公共关怀而言最重要的是，只有在普遍利益的要求下才应该给予医疗帮助。"[97] 因此，民间组织的医学化使得生育话语权从工人阶级民众转移到了专业精英手中，避孕药的分发取决于他们的善意和判断。但与此同时，这可能有助于使避孕更普遍地被接受。

二、种族卫生

魏玛共和国日益强调共同利益而非个体权利，既印证也强化了对优生学的广泛接纳，即通过优化基因遗传繁衍高质量儿童的生育原则。这将生育决策权交到了那些能够"科学地"进行判断的专家手中，由他们评判一个即将出生的孩童是否对共同体有价值。对优生学的采纳还提高了对避孕的认可度，因为从永久绝育到临时措施等各种避孕形式都被视为预防遗传疾病的关键。魏玛时期的优生学直到最近才受到历史学家的关注，他们通常将其描绘为纳粹种族政策的先兆。[98] 然而，在 20 世纪 20 年代，优生学成为一种流行的运动，得到越来越多的官方支持。与社会政策相配合的优生学论调似乎对于那些遭受战争创伤，以及后来的世界经济危机折磨的民族是不可缺少的。尽管它催生出一种有利于法西斯主义思想及其暴行的舆论氛围，但魏玛时期的运动仍应根据其自身的标准独立评判，而不是根据 1933 年以后的时代发展。魏玛时期的种族卫生在其多元性上与纳粹运动不同。的确，种族卫生主义者包括了那些社会达尔文主义者，他们反对"不加鉴别"的医疗措施与社会福利，认为其干扰了"自然选择"并使"弱者"得以繁衍，但同时也包含了理想主义者，他们相信优生学理论为人口问题提供了进步、科学和人道主义的解决方案。积极的优生学通过医疗、福利和教育鼓励"适者"繁衍，消极的优生学则阻止"不适者"繁衍。对于他们来说，优生学只是一种预防性的医疗手段和精心制定的社会福利。在一定程度上，社会达尔文主义者与左派社会改革者之间的意识形态分歧在使用的术语上显而易见。后一群体更倾向于使用"优生学"(Eugenik)，而不是"种族卫生"(Rassenhygiene)，一些社会达尔文主义者将后者定义为保持特定人类群体种族纯洁性的尝试。热心支持优生学的格罗特雅恩则更倾向于使用"生殖卫生"(Fortpflanzungshygiene) 来表示其与社会卫生的联系。然而，一般来说，相比其他群体通常将"种族卫生"和"优生学"交替使用，左派人士因其固有的种族主义色彩而避免使用"种族卫生"这一术语。[99]

正如我们在引言中提到的，战前和战争期间，优生学游说团体在政界基本被忽视，但在 1918 年，随着战败危机和社会混乱的爆发，积压已久的诉求被释放出来。政治家和政府当局感到他们不能再将优生学排除在官方政策之外。选择性繁育和通过教育避免遗传疾病提供了生育主义之外的替代方案，后者在当时的经济和社会环境中已丧失信誉，也被视为是不切实际和不可取的。1923 年，"莱茵兰杂种"(Rheinlandbastarde) 的案例使极右派对种族退化的担忧更加具体化，这些儿童的母亲是德国人，但父亲是法国占领军，且其中许多是黑人。[100] 此外，人们认为，昂贵的社会政策只有通过预防"劣等"后代的措施来平衡才有意义。"少生优生"的子女政策将减轻新的福利国家因照顾"弱者"而增加的负担，毕竟为此付账的"适者"

的数量正在减少。

　　第一次世界大战后，一些原本不太可能的联盟因支持优生学应运而生。公共行政人员和卫生官员、天主教和福音派教会、社会民主党人、共产主义者、性改革者以及右派和极右派的成员都加入其中，推动"有价值"生命的诞生并劝阻"无价值"生命的出现。尽管他们在如何定义人类价值，以及如何精确提高基因质量方面存在分歧，但所有支持者都同意存在一种"人类价值的等级"，而且可以通过客观科学手段来确定。他们还一致认为，德国的战后重建要求个体服从共同体或民族（右派更喜欢这样称呼）的利益。[101] 这一原则从共和国成立伊始就在政界得到了支持，而不是如一些历史学家所认为的那样，仅仅从萧条时期才开始。[102]

　　通过将女性视为民族再生的源泉和政策干预的目标，优生学计划也揭示了生育自决与自上而下强加的生育控制之间的根本矛盾。这样的计划不可避免地偏向后者而牺牲前者。许多既主张个体权利又支持集体权利的社会主义者和性改革者试图通过将共同利益作为道德准则，并将优生学越来越多地应用于社会卫生领域来解决这一困境。[103]

　　对体质健康和遗传疾病的强调并不意味着生育主义的关切完全消失，但却意味着，在魏玛时期，生育主义总是包含显著的优生学要素。当时的利益集团意识到，它们需要适应与新的以质量为重的人口政策，并与以优生学为指导思想的组织合并。一些新成立的团体，如德国民族改良和遗传学联合会（DBfVuE），从一开始就倡导优生学。该联盟于1921年成立，由医疗官员发起，得到了5000名注册会员的支持，该联合会试图引入婚前优生学咨询。[104]

　　优生学游说团体赢得了许多曾坚定主张生育主义的高级政府官员的支持。例如，普鲁士内政部的奥托·克罗内是1912年关于出生率下降的报告的作者，在战后成为德国种族卫生学会主席，同时继续在普鲁士医疗行政机构中担任高职，甚至在 1926 年至 1928 年间担任该部门的主管。他的前任阿道夫·戈特施泰因和继任者海因里希·肖波尔（Heinrich Schophol）都成为了坚定的优生学支持者。1920 年，普鲁士福利部长亚当·斯特格瓦尔德（Adam Stegerwald）新成立了一个种族卫生和人口问题咨询委员会（Beirat für Rassenhygiene und Bevölkerungsfragen），该委员会的主要成员，如主席埃尔温·鲍尔（Erwin Baur）、阿格尼丝·布卢姆（Agnes Bluhm）、马克斯·赫希和尤金·罗斯勒（Eugen Roesle），以及后来的阿尔弗雷德·格罗特雅恩，都是柏林种族卫生学会的成员。该委员会要求建立优生学研究所、进行婚姻咨询和血型研究等。[105]

医疗官员对优生学的兴趣，确保了国家对优生学协会和研究进行大量资助。例如，1924 年，克罗内担任高级政府官员的普鲁士福利部向柏林种族卫生学会（Berlin Society for Racial Hygiene）捐赠了 5 万马克，克罗内作为该协会的主席写了感谢信。德国民族改良和遗传学联合会每年收到 6000 到 10000 马克不等的资助，德国各州的其他同类团体也得到了类似的支持。1923 年，巴伐利亚成立了由恩斯特·吕丁（Ernst Rüdin）主持的犯罪生物学州收集处（Kriminal-biologische Landessamelstelle）用于进行罪犯的优生学登记，以研究遗传和社会环境对罪犯的影响。弗里德里希·赞恩（Friedrich Zahn）领导的巴伐利亚统计局还在"反社会"群体中进行了基因调查。阿方斯·费舍尔（Alfons Fischer）在巴登的社会卫生学会（Society for Social Hygiene）具有浓厚的优生学色彩，与巴登当局有重要的人员联系。萨克森卫生委员会支持优生学绝育法案，并资助雷纳·费切尔（Rainer Fetscher）编制基因数据库（Erbkarteien）。[106]

德国的主要统计学家中也有一些是优生主义者，比如帝国卫生局的尤金·罗斯勒及其保守派同事弗里德里希·伯格道夫（Friedrich

136

Burgdörfer），后者自 1925 年起担任帝国统计局局长。尽管弗朗茨·布姆在 1926 年之前一直担任帝国卫生局主席，但他对优生学持怀疑态度，而他的继任者卡尔·哈梅尔（Carl Hamel）确保他的部门正式开始支持优生学措施。

在部长级别的官员中，从 1919 年到 1921 年担任普鲁士公共福利部长的施特格瓦尔德（Stegerwald）和他的继任者希尔茨基弗（1921—1933 年在任）都是优生主义者。两人都是天主教徒，是中央党的成员，很可能深受这一领域最知名的天主教专家赫尔曼·穆克曼（Hermann Muckermann）的著作影响。赛弗林是社会民主党员，1928—1930 年担任普鲁士内政部长，也是优生学的支持者。

这一情况的重要影响是，优生学从一门专业科学上升为一种得到官方支持的学说。新的舆论氛围鼓励了学会的成立和国际遗传学大会等会议的召开。1927 年 9 月的国际遗传学大会在政界引起了极大的关注。德国种族卫生学会扩大了其会员规模和地方分会网络，尽管 1930 年其全国会员估计仅有 1300 人（主要是医生和其他专业人士），这表明它的重要性更多体现在对政府官员的影响而非成员数量上。但它也通过在健康展览会上的展示获得了曝光，比如 1926 年的"格索莱"（GeSoLei）展览和 1930 年在德累斯顿举办的国际卫生展览会。[107]

优生学成为一门备受尊敬的学科，1923 年弗里茨·伦茨（Fritz Lenz）被聘为慕尼黑大学的种族卫生学教授，卡尔·科伦斯（Carl Correns）被聘为柏林大学的人类遗传学（Vererbungsforschung）教授。1927 年，德国最重要的学术和研究基金会——凯撒·威廉学会（Kaiser Wilhelm Society）——在柏林成立了凯撒·威廉人类学、人类遗传学和优生学研究所。赫尔曼·穆克曼（Hermann Muckermann）成为该研究所的优生学部门主任，同时负责筹款。新研究所所需的

60万马克中，国家拨款一半，普鲁士拨款10万马克；其余资金来自健康保险基金和私人慈善机构。[108] 这些捐款的数额反映了当时对优生学的重视。

穆克曼的部门进行了一系列调查，研究特定社会和职业群体的出生率差异，如大学讲师、教师和警察。1928年，柏林大学的新校长威廉·希斯（Wilhelm His）选择"人类天生的不平等"作为他就职演讲的主题。优生学家们称赞他的演讲是一种"官方认可"他们信条的表现。[109]

穆克曼是最显眼的，但并非天主教会内唯一的优生学家。约瑟夫·迈耶（Joseph Mayer），弗莱堡的一位神学家，曾任慈善组织"博爱协会"的期刊编辑，是优生学绝育的明确支持者，还有其他一些神学家赞成授予国家和教会"广泛权利以保护自己免受退化的侵害"[110]。马丁·法斯本德（Martin Fassbender）在帝国时期曾是中央党在人口问题上的发言人，战后他创办并主编了优生学杂志《未来的一代》（Das kommende Geschlecht）。富尔达的德国罗马天主教主教团的领导伯特伦主教支持成立天主教婚姻咨询中心，以对抗由性改革者设立的节育诊所。这些中心旨在推广基督教道德法则，警告人们不要使用人工避孕，以及为夫妇提供"遗传健康"（Erbgesundheit）的建议。天主教会以"公共灾难日益侵蚀公共健康以及家庭和个人的幸福和健康"为由，为优生学咨询提供了正当理由，但规定优生学建议不应包括绝育或人工避孕方法，但科瑙斯和荻野久作发现的安全期被允许用于避孕。1924年，教会帮助成立了图宾根种族卫生学会分会。

福音派教会借由民族复兴特别工作组等组织和"内在使命"的医学顾问汉斯·哈姆森等个人支持优生学。"内在使命"的中央委员会于1931年1月组织了一场关于优生学的会议，提出对"不适者"进行绝育和"基于优生原则制定公共和个人福利新政策"的建议，

至此教会对基因科学的拥护更加明显。[111] 在政治光谱的左右两端都
有种族卫生的支持者。在战争期间，左派批评了许多优生学家的民
族主义和种族主义言论，但在 1918 年后，许多社会主义者同意格罗
特雅恩的观点，认为优生学是社会医疗的一种特殊形式，可以使福
利主义更加高效。他们称赞了 20 世纪 20 年代优生学项目中社会改
革的努力。正如洛伦·格雷厄姆（Loren Graham）所指出的，"大多
数马克思主义者以其科学的观点为傲"[112]，并对基因研究的进展表
示欢迎。在 1921 年的社会民主党妇女大会上，托妮·普菲尔夫和阿
黛尔·施赖伯作为长期支持优生学的社会党人，提出了防止智障者
生育的想法，该话题在 1924 年的社民党年度会议上再次提起。1926
年，奥达·奥尔伯格（Oda Olberg）在定期介绍优生学的社会民主派
刊物《社会》（*Die Gesellschaft*）中呼吁"社会主义者和其他社会民主
派人士对种族卫生予以更加仔细的考虑"。同年，由社会民主党的工
人福利组织主办的人口政策大会称赞了格罗特雅恩将优生学观点纳
入社会主义人口规划的努力，一位杰出的社会民主党工会领袖出版
了一本关于劳工和人口政策的书，支持积极和消极的优生学。[113] 在
1928 年 8 月，由社会主义派医生组织的人口政策大会上，工会领袖
保罗·列维（Paul Levy）主张节育主要是为了控制"疯子""癫痫患
者""酗酒者"的人数。1930 年《前进报》妇女副刊的一篇文章甚至
公开支持强制绝育。[114]

德国共产党对优生学的态度并不十分明确。1928 年，马克斯·莱
文（Max Levien）发表了一篇尖锐的攻击文章，批评以伦茨和吕丁
为核心的慕尼黑优生学团体提出的种族卫生理论。莱文谴责它为一
种资产阶级科学，旨在为统治阶级服务。该党的机关报《红旗报》
（*Rote Fahne*）发表了多篇文章，批评格罗特雅恩的立场以及对"劣
等人"（Mindervetige）实施绝育的尝试。然而，该党负责人口事务的

发言人埃米尔·赫莱因（Emil Höllein）在提倡通过实施计划生育取代"盲目的大规模生育"来实现"计划人口经济"时，似乎对优生学表示了赞赏。[115]

大多数社会主义医生和大多数主要的社会卫生学家（他们通常是同一群体）都主张积极优生学的方案。最积极的倡导者阿尔弗雷德·格罗特雅恩启动了他自创的父母保险计划，旨在说服夫妇至少养育三个五岁以上的孩子，他们的生存在这一年龄似乎相对有保证。但为了保证养育的是"有价值"的孩子，该计划将在优生学的基础上进行资格限制（这一点为方便起见被表述得含糊不清）：如果父母的遗传特性"被认为会导致其后代的素质稍显低下"，那他们的子女不应超过三个，而毫无疑问，具有"劣等基因"的夫妇根本不应该生育。相反，应该以额外奖金鼓励那些被认为"合适且具有宝贵遗传素质"的父母生育超过三个孩子。[116]

穆克曼、伦茨和人口统计学家伯格道夫等优生学家也主张通过财政和保险改革来支持"有天赋的大家庭"并资助农村社区，因为根据穆克曼的说法，"城市生活永远无法摆脱退化"。[117] 但另一些人，如吕丁和埃尔温·鲍尔，更倾向于消极优生学。他们担心社会福利的"种族退化效应"，并认为，正如吕丁所说，阻止"劣等人"繁殖比"刺激具有健全和有价值的遗传基因的人（Vollsinnige und Tüchtige）生育更容易，因为至少在今天的文明下，后者意味着巨大的牺牲"。[118]

毫无疑问，经济萧条加速了优生手术合法化和其他预防生命"退化"方案推广。魏玛共和国福利体系的崩溃意味着需要找到处理众多身体和智力残障者的经济有效的替代方案。但也有相当多的证据表明，消极优生学在战后立即得到了官方支持。早在1921年1月，普鲁士种族卫生咨询委员会的成员马克斯·赫希和阿格尼丝·布卢姆提出的控制患有遗传疾病者的生育的建议就得到了积极的反响。普鲁士卫生委员会认为这些想法非常重要，为此在普鲁士的知名医生中组织了一次调查。在 1924 年 9 月的第二次会议上，赫希的提议几乎被全盘采纳。[119] 马克斯·赫希划定的"劣种"特性包括早发性痴呆、癫痫、智力低下、失明、聋哑和血友病。他还认为酗酒、梅毒和结核病对生殖细胞有害。他和布卢姆都强烈主张堕胎、绝育和避孕，甚至支持基于优生学原因"销毁无价值的生命"（见第四章）。他们承认，优生学研究仍处于初级阶段，无法对遗传进行完全准确的预测，但正如赫希所说，"在个别案例中犯错误的勇气是必要的，只要行为的理由和目的符合共同的利益"[120]。

　　赫希的核心论点是经济学范畴的。他认为，对于福利投入已经超出可用资金的国家，消极优生学是必要的，另有很多人也持相同观点。如果精神病院中"完全白痴"（Vollidioten）的数量能够减少，那么对"有价值的生命"将有更多的资金支持，因为那些"对于其存在没有任何意识的、完全反社会的"人对公共财政构成了巨大的负担。赫希声称，甚至在战前，德国就有 25 万人被认定为智力非正常，其中 25% 已婚。因此，除对于他们的照料给社区带来负担外，他们的后代对国家的遗传健康也构成了严重威胁。赫希进一步声称，存在 20 万至 30 万智力低下的人、7.5 万白痴、10 万癫痫患者和 60 万精神病患者（尽管精神病患的定义并不清晰）。在战后，这些"无自理能力者"和"不适者"的人口有所增加，这让优生学家感到恐惧，因为他们认为这些人有旺盛的生育力。赫希避免使用"消极优生学"这个术语，而将他的提议完全描绘为积极的、有助于个体和社会双赢的策略：优生学堕胎将"使个体摆脱先天疾病的孩子"，而优生学绝育和避孕将"使社会摆脱退化者"。[121]

141　　格罗特雅恩对德国有 100 万"弱势群体"（Gebrechliche）的估计相对保守一些，但他的参照范围更广，还包括酗酒者、跛子、盲人、聋哑人以及患有晚期结核病的人。然而，格罗特雅恩早期防止劣等后代出生的提议较赫希的更为温和。他支持避孕、"自愿独身"（voluntary celibacy）、制度化和优生学绝育，但在 1931 年去世前，他仍不同意优生学堕胎。[122]

对"退化人群"不断增加的说法应谨慎看待。这些说法很可能更多是虚构的，是那些认为德国社会问题严重、需要采取激烈措施的人制造恐慌又一个例子。尽管"退化"（degeneracy）概念定义不清晰，却与卖淫或道德沦丧一样，成为魏玛时期困境的象征。残障人士的统计数据经常被引用，但存在极大的不一致性，也几乎没有证据证明它们的准确性。事实上，这些统计数据像性病病例或非法堕胎的数字一样，被不加批判地引用。德国最重要的医学统计学家之一弗里德里希·普林津认为，由于地理和文化上对精神残疾定义的差异，国家统计数据必然不可靠，这些数字往往只反映了医院护理的可得性。[123] 然而，人们普遍接受了这些统计数据，因为他们认为遗传疾病是一个巨大的问题，而战争加剧了其严重性，更需要尽快解决。分歧仅仅在于解决方案以及是否应该采取强制手段。我们应当看到，早期对强制性节育的支持，随着经济形势恶化在共和国末期有所增加。然而，正如杰曼·格里尔（Germaine Greer）所说，当时人积极强调的自愿和强制措施之间的区别在许多方面都是"纯粹的诡辩"[124]。那些声称拥护自愿主义的人实则设想的是强制，而实际上接受了优生学"治疗"的患者由于其严重的"残疾"，是否真的能够自由选择是值得怀疑的。节育措施的一个目标群体是智力低下者，而如果他们真的智力低下，就很容易被说服同意。另一群体是罪犯，他们通常以绝育作为避免监禁的替代方案。

（一）优生学结婚资格证

德国消极优生学的第一步是引入"优生资格证"（eugenic

certificate）作为结婚的条件。优生资格证也被委婉地称为结婚资格证（Heiratszeugnisse），它实际上证明对象已经过医学检查，只有在这项检查中没有问题的情况下才能注册结婚。1920 年 2 月，帝国卫生委员会敦促对准备结婚的夫妻进行强制性的医学检查，然后要求他们在预约结婚仪式时在登记处递交自己和伴侣的证书。这反映了委员会对战时损失的"大量健康男性的严重关切，这些男性对生育是有价值的，而性病和结核病的增加威胁着夫妻及其后代的健康"。委员会表示，"通过说服那些'身体或精神不适合生育健康儿童'的人保持单身，可以防止'种族的恶化'"。尽管委员会同意医生在个别情况下可以"为了其后代或伴侣的利益"宣布婚姻"无效"，但它排除了一般性的婚姻禁令，除非是由于精神障碍或酗酒而被法律禁止结婚的人。[125]

    结婚资格证的主意并不新鲜。一些医生早在 1886 年就提出了这个想法，在第一次世界大战前的几年里，这个想法逐渐得到了推动。1907 年，保护母亲联盟提出了这个建议，1908 年和 1910 年，一元论联盟（Monist League）向国会进行了游说。在战争期间，道德、生育主义和医学团体中对这一提议的支持逐渐增长。[126] 但直到战后，这些要求才得到官方支持。1920 年 1 月帝国卫生委员会的提议是第一个迹象。同年 6 月，消极优生学在新选举的国民议会中有足够的支持者，允许对管理出生和婚姻登记的法律进行修正。这项修正规定，登记员应该向准备结婚的夫妻发放一份传单，提醒他们在婚前进行医学咨询的重要性。帝国卫生局于 1920 年 8 月发行了一份传单，警告结核病，性病，精神疾病以及滥用酒精、吗啡和可卡因的遗传效应。1925 年，普鲁士为准备结婚的夫妻发放一本小册子，名为"德国人，考虑一下你们自己和孩子的健康吧！"其中包含了奥托·克罗内关于遗传法则的文章，并敦促夫妻在最终决定结婚之前考虑是否存在可能危及未来子女的遗传状况，如失明、近视、糖尿病、精神疾病或传染病。[127]

　　发放警告传单显然未能满足卫生委员会的要求，甚至引起了批评。医生一直是强制性医学检查提案背后的推动者，但其遭到了德国知名律师，包括国家检察长路德维希·埃伯迈尔（Ludwig Ebermayer）的反对。他将这个想法视为对"公民个人自由的干预"，并认为这只会导致更多"劣等人的非婚生育"。[128] 但是在 1922 年，普鲁士卫生委员会得出了与帝国卫生委员会相同的结论。国会和公共福利部坚持要求婚前强制交换证书，尽管他们也反对婚姻禁令。为了支撑自己的"温和"主张，他们指出其他国家的优生学立法更激进，尤其是美国、瑞典、挪威和丹麦。[129] 普鲁士公共福利部关于优生学婚姻法规的备忘录是政治模糊性的"楷模"。一方面，它雄辩地主张强制性的医学检查以及婚姻限制。另一方面，它声称捍卫公民自由免受国家干预，并重申了普遍认同的观点，即优生学作为一门科学尚未足够先进，无法准确预测父母的疾病会如何影响子女。然而，对这份矛盾文件的仔细审查揭示了，如果"为了共同利益需要采取如此严厉的措施"，当局完全愿意牺牲"个体的利益"。[130]

　　当局的主张后来发生调整并非由于意识形态的变化，而是实际考虑起到了作用。首先，禁止结婚将导致非婚生育，因此不能阻止"退化"的儿童出生。其次，德国性病防治协会已指出通过单次检查难以确定患者是否有性病，因为症状可能是潜在的。再次，也可能是最重要的，当局知道强制措施无法在地方一级引入，并且需要国家政府和国会的批准，这在早期阶段是不太可能的。作为一种妥协，普鲁士医学委员会于 1925 年 7 月 8 日决定继续建立自愿健康检查系统，并为此建立市级优生诊所。[131]

（二）婚姻咨询诊所

　　1926 年 2 月，普鲁士公共福利部长希尔茨基弗颁布法令鼓励地方当局设立婚姻咨询中心（Eheberatungsstellen），但坚决反对这些中心提供节育建议或分发避孕用品。中心应专注于"从优生学角度出发，开设对婚姻和生育适宜性的医学检查"[132]。1926 年的法令确立了普鲁士自由州作为优生学立法的领头州地位。然而，普鲁士并不是这种中心的开创者，只是效仿德国几个城镇的组织和个人经验，以及在 1922 年维也纳由"红色"城市委员会（"red"city council）建立的咨询中心。[133] 尽管如此，1926 年的法令极大地推动了优生学咨询运动，到 1929 年 1 月，已有 150 多个市立诊所投入运营。一个典型的婚育诊所由一名社会工作者和一名医生组成，社会工作者负责收集社会背景信息和遗传数据，医生对夫妻双方进行医学检查，包括性病检测。而后，医生将发放证书，宣布夫妇"适宜"结婚，或在患性病或结核病的情况下认定其为"暂时不适宜"，或在有严重的精神障碍、酗酒、先天性聋哑、患糖尿病等情况下认定其为"永久不适宜"。[134]

优生学运动对这些诊所寄予厚望，将其视为一项重要突破，但至少在最初阶段，它们的政治价值大于实际价值。据其自己承认，这些诊所很难吸引患者。例如，一家在柏林普伦茨劳贝格区的典型婚育诊所，每周两次的晚间诊疗中平均只有五到七次就诊，大致相当于柏林一个类似的工人阶级区的节育诊所就诊数的一半。[135] 尽管在报纸、电影院和公开讲座中做了些广告，婚姻咨询的受欢迎程度并没有显著提高。同时还存在如何吸引合适人群的问题。前去诊所咨询访问的人往往并不是出于优生学原因，而出于私人目的。一些男性甚至试图通过指责他们的伴侣患有遗传病来摆脱婚姻。伴侣拒绝参加或拒绝接受检查也是常有的事，这破坏了该计划的原本目的。

这些诊所出发点是要在"生育力旺盛的"工人阶级中宣讲优生责任的重要意义，但似乎主要吸引了下层中产阶级，而工人阶级更愿意去节育诊所。为了制定统一政策并集中力量，1927年6月12日，作为市立婚姻咨询诊所负责人的医生成立了公共婚姻诊所协会（Association of Public Marriage Clinics），由柏林的社会主义派地区医疗主管阿尔弗雷德·科拉奇（Alfred Korach）担任主席。[136] 许多性解放运动者并不反对提供优生学建议，事实上，他们在自己的诊所中也强调其重要性，但他们批评市立诊所没有提供公众最感兴趣的节育建议。霍丹指责天主教福利部长禁止提供这样的建议是狭隘的表现。1928年，海伦纳·斯托克向普鲁士财政部长抗议，并要求向每一个寻求避孕信息的人提供这些信息，无论他们是否打算结婚。[137] 性解放运动者还嘲笑这些诊所对性行为的老旧看法。霍丹认为它们武断地忽视了大多数年轻人有婚前性行为的事实，不宜结婚的劝告可能对于防止劣生后代来说而太迟。为了证明自己的观点，他表示，在德累斯顿的诊所只有2%的就诊者尚未发生过性关系。同样的信息在1926年6月《柏林日报》的一幅漫画中传达出来。漫画中一名妇女推着一辆婴儿车，两个患有佝偻病的孩子站在她身边。在一个邻居询问他们要去哪里时，大孩子回答道："去婚姻诊所，克吕格夫人，问我们的爸爸是否应该结婚。"[138]

　　尽管普鲁士医疗管理机构付出了相当大的努力，以保持市立咨询诊所的纯粹优生学特性，从而对抗所谓的"野蛮的性诊所"，但似乎到了20世纪30年代初，除了由天主教"博爱协会"运营的诊所外，大多数诊所都屈服于公众对避孕建议的需求，而柏林市政府决定在所有地区设立"婚姻和性健康咨询诊所"。[139] 这发生在对"婚姻咨询危机"广泛讨论之后，也是在萨克森劳工和福利部于1927年12月发布了一份要求市立诊所提供避孕服务的备忘录之后。这份备忘录是对社会民主党在国会中提出的一项动议的回应，该动议呼吁萨克森设立性健康和节育诊所。提出这项动议的人解释道，他们支持提供优生学建议，但认为"最紧迫的问题"即节育问题也应得到妥善关注。然而，更进一步来看，社会民主党的目标不是扩大个体生育选择的自由，而是基于社会和优生学原因强化计划生育的效果。[140]

总体而言，婚前咨询系统是各方的完美妥协。它安抚了那些希望加强优生学控制的人，也安抚了那些像检察长埃伯迈尔这样抵制对个体自由的任何侵犯的人。优生学婚姻咨询的自愿性质与新的民主宪法是兼容的。它的预防和教育意义还引起了对公共健康的遗传维度的关注，这取悦了社会卫生学家。优生学婚姻咨询也吸引了性改革者，因为它在婚姻行为中应用了"理性"原则，其走向类似于"性行为的理性化"。他们相信这将以"反向选择效应"遏止某位医生所说的轻率地"匆忙结婚"的现象。[141]

婚姻咨询系统甚至迎合了那些内心支持强制性消极优生学的人。他们被这些"折衷措施"所安抚，因为他们相信这只是一个开始。此外，正如雷纳·费切尔所指出的，这些诊所是遗传预测所必需的统计数据的宝贵来源，而遗传预测本身是更多强制性措施的前提。费切尔对自己诊所的就诊率感到满意，从1927年的572人稳步增加到1929年的825人，为他的遗传学家庭研究提供了宝贵的数据。到1927年，他已经积累了萨克森州4万名罪犯和酗酒者的病史，这些病史被用于他的"婚姻咨询"。[142] 这类研究的范围似乎证实了强制性婚姻资格证的反对者的担忧：早在1916年，柏林性健康改革者阿尔伯特·莫尔就预测，这种做法将打开"对家庭事务的窥探之门"[143]。

在一些情况下，婚姻咨询系统以不那么明显的方式施加强迫，尽管这些安排表面上是自愿的。例如，费切尔报告了一个并不罕见的案例，一对已经怀孕的夫妇被宣布"不适合"生育。当他们无视父母和医生劝阻他们结婚的建议时，医生通过让女方被认定为法律上的无行为能力者来达到目的。另外，1922年7月法兰克福青年办公室要求未来在其监护下的年轻人，在获得结婚许可前必须接受强制性的医学检查，也表现出强制的特征。[144]

优生学诊所的方针显著增强了专业医学在优生健康和家庭决策中作为仲裁者的权威。显而易见，医生构成了优生学运动中最有影响力的派别，这与优生学实践可能提高他们的职业地位密切相关。优生学似乎为德国的社会和民族问题提供了一个"科学"的解决方案。医生在这方面发挥着核心作用，要求在判定人们的遗传价值、生育选择和治疗方面掌握权威。话语权问题对医疗行业来说如此重要，以至于有时抑制了有关优生学政策本身以及消极或积极、强制或自愿措施的辩论。医生担心神学家、哲学家或教师会取代他们自认为应有的生育决策者的地位，有时这似乎构成医生支持一项本就值得怀疑的事业的动机。正如耶拿的一位医生在德国最重要的医学期刊上所说："这些诊所是否必要或合理已经不再重要。对于医疗行业来说，问题仅仅是我们是否想要领导权，或是否像以前经常发生的那样，我们将失去机会。"在格罗特雅恩的愿景中，"德国的4万名医生"将成为优生学和性行为的专家。作为"未来夫妻们的可靠朋友"，医生将帮助他们解决生育问题，作为国家人口政策的代理人，医生将敦促其健康的来访者组建大家庭，但对于那些"有严重生殖缺陷"的人，他们将建议采取生育限制。[145]医学控制优生学计划的议题引发了类似于堕胎辩论中的激烈跨行业竞争。妇科医生略娜（Lönne）认为家庭医生是最适合提供优生学建议的人，因为他们的职责一直包括婚姻咨询。其他人为遗传学专家或医疗官员辩护。[146]从这场辩论中可以清楚地看到，对职业晋升的追求往往掩盖了背后的道德和政治议题。

（三）隔离与绝育

在开展婚前咨询运动的同时，还展开了一项运动，将精神"缺陷者"和"反社会者"关进精神病院，并允许以优生学为由对其进行堕胎，这是医学和社会发展迹象的必然结果。[147] 但这两项措施都有明显的缺点。在对哈赫曼（Haarmann）的审判中，永久监禁在官方和医疗界被广泛讨论，但因为精神病患者众多，这被认为是一项非常昂贵的政策。1931 年，普鲁士每年大约花费 12—50 马克在一个孩子的初等教育上，但照顾一个智障人士则需要 900 马克。针对有缺陷的胎儿进行堕胎也让许多具有优生学观念的医生感到担忧，因为这涉及对未出生的生命的毁灭。[148]

相较于其他形式的消极优生学，绝育似乎是确保民族基因健康更经济、实际和有效的方法。它被描述为一种有益于"身体政治学"的预防性手术，可以清除"异物"(Fremdkörper)，也即无价值的元素。即便是最热衷于消极优生学的支持者，也经常承认遗传预测仍然非常不可靠，但绝育一再作为实现定性人口政策的理想方式被提起。毫无疑问，与对"次等人"进行的婚姻限制相比，它更为有效，因为婚姻限制并不能保证不孕。此外，它为应对不断困扰政治家、人口统计学家和医生的出生率下降问题提供了一项重要武器。通过将生育率降低的现象更狭义地解释为"有价值"新生儿的减少，人口规划者弃用了不加分辨的生育主义政策，转而支持"生育选择而非生育控制"的政策。[149]

从我们当代人的角度来看，优生学和令人不可避免地联想到纳粹暴行的绝育，使我们很难共情那些 20 世纪 20 年代将绝育手术视为一项廉价措施，并借此获得巨大社会利益的群体。这种手术对于社会改革者富有吸引力，他们必须在对全面福利体系的需求和长期资金匮乏之间取得平衡。同时也尤为吸引医生，因为这是一种相对较小且安全的手术，可以进一步使医疗干预合法化。绝育手术的程序确实因其在德国医生中的广泛应用而得到改进，已有大量的工作和研究投入到完善手术技术中。一位医学评论家估计，到了20世纪30年代初，已经有100种不同的女性绝育方法得到成功应用。[150]

这些先进方法经常在医学和性改革会议上被讨论。由于通过X射线治疗和输卵管结扎（包括开腹和腹腔镜两种形式）进行的女性绝育相对安全，因此它已被广泛用作一种避孕方法。柏林妇产科教授艾伯特·迪尔森（Albert Dührssen）是输卵管结扎技术的先驱，他声称自1895年以来已将其常规应用于工人阶级妇女，以避免堕胎。妇科医生似乎可以相对轻松地操作这项手术，这确实促使威廉二世政府于1918年制定法案，以收紧这方面的法律规定。[151] 尽管战后的医生仍坚持对符合绝育条件作出严格定义的必要性，但有证据表明在20世纪20年代，这项手术会相对自由地应用于寻求长期避孕的妇女。在保护母亲联盟的法兰克福诊所，赫尔塔·里瑟安排了至少50名妇女的绝育手术，洛特·芬克安排了超过400名妇女的绝育手术。不来梅大学医院的主任弗雷德里希·弗兰克尔（Ludwig Fraenkel）估计，大约在20世纪30年代初，德国的4000名妇产科医生每月每人至少进行一到两次这项手术，这意味着每年会进行5万—10万次绝育手术。他的说法是，会做这项手术的女性是"智力出众"的，这表明她们是会寻求家庭节育的、有教养阶层的成员。但同样有证据表明，在1933年之前进行了数千次优生学绝育手术。[152]

尽管绝育手术的程序与医学终止妊娠一样复杂，但具有优生学观念的医生们称赞绝育手术是一种常规的且几乎没有风险的手术。他们努力将其与流行的全子宫切除手术的形象分割开来，并强调输精管结扎或输卵管结扎对患者的性格或性能力没有负面影响。曼弗雷德·弗兰克尔（Manfred Fraenkel）大力推广他发明的X射线绝育，因为这将消除所有那些憎恶任何形式的外科手术的人的疑虑。而且，那些做过大量绝育手术的医生标榜这个手术术后有恢复活力的效果。

150

事实上，维也纳的尤金·斯泰纳赫（Eugen Steinach）教授专门为了这个目的为男性做绝育手术。[153]

提倡绝育手术的人从不错过任何提及美国的实践案例的机会。格罗特雅恩报告称，到 1925 年，已有 3000—4000 名"有缺陷"者被绝育。但根据吉塞拉·博克（Gisela Bock）的说法，关键的区别在于，在美国该手术至少在 1925 年之前主要针对的是男性罪犯，而在德国主要针对被认为是"劣等"的女性。格罗特雅恩认为，德国的舆论在当时对支持这种宽松立法"尚未准备充分"。但他表达了对于优生学日益普及的信心，认为"在不久的将来，我们国家也将确立对那些几乎肯定会生育不受欢迎的和劣等的后代的个体实行绝育的做法"[154]。

尽管如此，相关法律条款并不清晰。绝育手术属于刑法第 224—225 条的范围，规定对这类"人身侵害"的最低刑期为两年监禁。但对此也有开放的解释空间，特别是由于在 1871 年颁布该法典时，该手术几乎不为人知。1918 年，政府试图专门禁止在有明确的医学指征以外的情况下实施绝育，使相关法律变得更加严格。当这项法律提案被永久搁置时，仍然存在舆论压力要求宣布所谓的"自愿绝育"（Gefälligkeitssterilisation）——健康妇女自愿进行绝育作为一种便利的避孕手段——是非法的。前国家检察长埃伯迈尔认为，只要医生是出于医学或优生学的原因并得到患者同意，手术就是允许的，否则就是非法的。但 1928 年的刑法草案也允许出于其他理由进行绝育，前提是不"违背公共道德"。然而，经过第一次审议后，该条款被删除。尽管埃伯迈尔欢迎在医学或优生学的基础上合法化"自愿绝育"，但他坚持认为强制绝育既不合法也不可取，是对"自决权粗鲁的否定"。[155] 对此，部分医学界成员持不同意见。

（四）强制优生学绝育运动

最著名且最具争议的强制优生学绝育倡导者是萨克森州茨维考

市的区卫生官员古斯塔夫·伯特斯（Gustav Boeters），他自 1922 年以来一直在地区报纸上宣传自己的观点。1923 年 5 月，伯特斯向萨克森卫生委员会提交了一份法案草案，即所谓的"茨维考法案"（Lex Zwickau），建议对天生盲、聋、哑或低能的儿童、癫痫病患者和智力残障者进行强制绝育；对性犯罪者和一个新的群体类别，即有两个"非婚生"子女且其亲生父亲身份存疑的母亲也进行绝育。绝育手术不收取费用，罪犯若能自愿接受，即可获得刑期减免。为了防止滥交，对"低能"女孩的绝育将保密。[156] 在 1924 年，伯特斯在德国医学协会的官方期刊上发表文章，向德国医生呼吁通过大规模的优生学绝育来防止"种族的平庸化"。根据伯特斯的说法，这项提议没有理由拖延，因为在法定代表人同意的情况下，对智障者进行绝育是允许的。他竭力主张："让我们即刻开始，以便公众逐渐习惯这种手术……那么我们就不必等待太久来寻找法律解决方案。"尽管他提到了"同意"，但伯特斯强调他寻求的是强制性的绝育，因为会出现"有缺陷者"不同意的情况。[157]

在支持这场运动的过程中，伯特斯的同事、妇科学教授汉斯·布劳恩（Hans Braun）宣布，在伯特斯的怂恿下，他在征得其父母同意的前提下成功为四名智障儿童进行了绝育手术并免于惩罚。在他承认后，更多案例被披露：尤根·菲舍尔（Eugen Fischer）教授自 1919 年以来进行了 11 例这样的手术，弗莱堡的医生在 1913 年至 1925 年间以优生学为由进行了多达 1500 例女性绝育手术。[158]

伯特斯倡导的这项运动并非无人反对。许多医生对此表示愤怒，一些州的卫生委员会，比如 1921 年的普鲁士和吕贝克，以及 1922 年初的巴伐利亚，都持保留意见。1923 年 10 月，帝国卫生局也在一封由黑森州政府官员起草而由帝国卫生局主席布姆签署的致国家内政部长的信中，对强制绝育提出了强烈反对。该信承认手术在医学上无可

152　　指摘，但认为这种"对个人和家庭的个人权利产生了如此严重的侵犯"的提案尚未成熟。[159]1925 年 4 月，国家内政部长以及同年 10 月的国会也否决了"茨维考法案"，且伯特斯被免去职务。[160]

　　但是，伯特斯还是得到了来自医学和政府方面的支持。图宾根大学的罗伯特·高普（Robert Gaupp）教授在 1925 年出版的一本备受好评的书中支持了伯特斯的立场，同样，萨克森许多久负盛名的医生也支持了他，如开姆尼茨的韦伯（Weber）教授、耶拿的斯特罗梅耶（Strohmeyer）教授以及莱比锡的新马尔萨斯主义者罗勒德尔（Rohleder）医生，他自 1914 年以来一直倡导强制优生学绝育。此外，伯特斯也在萨克森和其他地方的医疗和政府官员中得到了有影响力的支持。1924 年，萨克森卫生委员会正式决定采纳"茨维考法案"。由于理事会还支持更严格的堕胎法规（见第四章），这是官方关注点从个体生育权利转向人口政策的又一个例子。"茨维考法案"还得到了萨克森内政和司法部的批准。后者在给国家司法部长的建议中"热情而坚决"地支持该法案，因为"国家必须保护全体公民的健康，而不仅仅是每个个体的健康"。黑森州议会和图宾根经济部也支持该法案，巴登州议会则提供了有条件的支持。[161]

　　值得注意的是，许多反对者更多地认为该法案过于极端而不是原则上有错误，他们采用的优生学术语明确揭示了这一点。例如，布姆同意"对智力低下者进行绝育对于公众来说可能是有益的"，因为它可以减少"无用的要素"，从而减少照顾"无价值的人"的成本。尽管他被优生学绝育的观点所打动，但他宁愿不急于立法，因为"即使在优生学家中，遗传学诊断仍然持续存在不确定性"，同时也考虑到"一些战略性和政治因素……在这一动荡且对于德国人民来说非同寻常的敏感时期"（布姆在德国遭受严重通货膨胀时如此写道）。[162]此外，伯特斯的运动取得了非常广泛的宣传，不仅仅局限于医学期刊，而且在地方和全国性的日报中也成为一个热门话题。到 1925 年，优生学绝育的概念已经变得司空见惯，因此较少产生争议。[163]

153

在接下来的几年里，公众舆论的焦点从对优生学绝育本身的根本怀疑转向了一个棘手的问题，即是否应该在未经同意的情况下进行绝育手术。到 1929 年，对"退化者"进行绝育的想法已经被充分认可，甚至天主教的《科隆报》（*Kölnische Zeitung*）也提出了强制与自愿的议题，并以一个意味深长的问题引入：优生学绝育是应该合法且强制执行，还是"这一重要的医学进步至少在现阶段应保持自由裁量"？这篇文章以及许多类似的文章是对奥地利格拉茨市外科医生施默茨博士（Dr. Schmerz）的审判的回应。他被指控基于许多人眼中的优生学原因对男性进行了结扎手术。大多数患者是铁路工人，据称他们并未充分了解手术的不可逆性。施默茨后来被无罪释放。[164] 值得注意的是，在德国，对"退化者"进行手术的医生从未受到过任何指控，伯特斯得意地宣扬了这一事实，并在 1931 年吹嘘自己在茨维考市实施了 300 例绝育手术，其中一些手术"在萨克森司法部官员的全程监视下操作"。相反，在同一年的一场备受关注的审判中，奥芬堡的三名医生被指控出于社会原因，在健康的妇女身上进行了 41 例"非法"的自愿绝育手术（和 24 例终止妊娠手术）。尽管有证据表明这些医生——一位深受爱戴的 60 岁的地区卫生官员及其两名同事——并非为了赚钱而是想帮助陷入经济困境的妇女，并有利普曼（Wilhelm Liepmann）教授的坚决辩护和专业意见，但他们依然受到了严酷判决。[165] 这是第一次医生因对健康妇女进行自愿绝育而受到起诉和定罪，尽管出于社会原因进行的终止妊娠手术已经经常导致起诉。

这个案例预示了在纳粹统治下何为常规的做法——当时除了基于优生学原因之外的任何绝育都会受到严惩，只有在患者为"劣等人"的情况下才得到鼓励。根据吉塞拉·博克的说法，在希特勒的德国进行了约 40 万次这样的手术，其中一半是在女性身上进行的。对于"成千上万的妇女来说，这不仅是对她们身体的干预，还是对她们生活的干预"[166]。

154   彰明较著的是，关于强制与自愿绝育的问题在魏玛共和国时期并没有达成一致。普鲁士于 1932 年 7 月通过的法案与纳粹法最为接近，但也没有允许进行强制手术。[167] 这个事实被历史学家所强调，他们将魏玛时期的政策与纳粹时期的政策进行了偏向于前者的比较。[168] 但在魏玛德国是否存在对于强制性绝育的强烈的民主性抵制至少是值得质疑的。首先，所谓的"自愿"和"强制"之间以及社会和优生学指征之间的区别，在公共话语中被极力强调，但在实践中可能经常模糊不清。[169] 许多当时的记录都描述了基于社会原因的自愿绝育，它们同样可以被称为基于优生学原因的半强制绝育，因为这涉及那些被视为"社会问题"并且被暗示"需要专业建议"的女性。

以赫尔塔·里瑟和洛特·芬克为例，两位医生负责对将近 500 名妇女以"避孕原因"进行绝育，强调她们患者的"贫困""懒惰"和"无知"，暗示了其反社会行为和偏低的智力，是遗传学中"劣等"的典型类别。她们都承认在决定中考虑了优生学的因素。而且，当她们明确指出案例的医学指征时，将被视为先天性的疾病也包括了进去：梅毒、神经疾病、癫痫、酗酒和"道德缺陷"。因此，这两位医生至少可能施加了道德压力，并被一种与遵循妇女自身意愿一样强烈的保护共同体免受"劣等"后代威胁的热情所激励。就我们今天的理解而言，因为她们的患者存在明显不情愿或无法可靠地使用避孕方法的情况，这表明她们很可能在没有试图获取患者知情同意的情况下，说服患者接受绝育手术。[170] 我们获得的罕见的工人阶级妇女基于"社会"原因接受绝育手术的声明，例如慕尼黑的亚当斯-莱曼医生的案例，确实证实了这种怀疑。亚当斯-莱曼被指控在 27 起案例中进行了堕胎并随后实施了绝育手术。她在公众面前是一位伟大的理想主义者，力图帮助她的患者，其中大多数人非常贫困。但是那些本来是想要堕胎的妇女，只有在回到亚当斯-莱曼处寻求避孕方法时才了解到她们已被实施绝育手术。因此，她们在手术前既没有知情同意，也没有在事后被立刻告知。[171] 伯特斯强调他的患者都同意甚至"恳求他"进行绝育，但他实际上使用了间接的强制手段：例如，对于性犯罪者，如果他们同意绝育，就可以免于监禁；而对于被认定患有精神病的患者，"同意"是虚假的。[172]

因此，强制性优生绝育被最终采纳的基础在经济衰退之前就已经准备就绪。这种做法被视为在减轻社会福利负担并"满足采取一些激烈和不同寻常的举措的冲动，同时保持社会和经济制度完好无损"，因此，优生学绝育在大范围的医学、政治、社会和宗教团体中成为了一种必不可少的人口质量优化政策。[173] 在经济衰退期间，面对庞大的社会和经济问题，"同意"问题在现实面前已经显得不再重要。1930 年，雷纳·费切尔向 95 个德国城镇发出的一份问卷调查显示，相当一部分城镇实施了优生学绝育手术，其他城镇也希望这样做。尽管教皇在 1930 年的教皇通谕中谴责了这一做法，很多教会成员，甚至包括曾经反对这一想法的杰出天主教徒穆克曼等在内，却承认这在"公共利益"上是必要的。约瑟夫·迈耶（Joseph Mayer）在 1927 年出版的一本经常被引用的专著在"博爱协会"的批准下支持了这一概念。1932 年 7 月，普鲁士卫生委员会的人口政策和种族卫生委员会向普鲁士政府提出了合法化"自愿"优生绝育的建议。符腾堡、德国医生协会和普鲁士医生协会也提出了类似的建议。[174] 然而，在国会能够审议这些提案之前，希特勒已经掌权，仅仅六个月后，强制对"遗传病患后代"实施绝育的纳粹法令就获得通过。

155

对于民族社会主义者而言，这项法律反映了"国家在婚姻、家庭和生命领域的首要地位"，特别是自 1935 年起，该法首次将基于医学和优生学原因的堕胎合法化纳入德国历史。[175] 生育控制权从个体——特别是个体女性——转移到国家代理人手中的趋势在此时达到了顶峰。国家代理人以集体人民为名义，但其实际身份是医生、律师和政治家群体。这一趋势始于第一次世界大战前，并贯穿整个魏玛时期。正如下一章将要揭示的，在左派政党为堕胎合法化而战时，这一趋势甚至有所巩固。

第四章　堕胎

政治学与医学

一、政治场域中的堕胎

在魏玛共和国时期，堕胎不仅成为最具争议性的健康议题之一，还成为政治上的火药桶。对于右派政党而言，这是魏玛共和国道德腐败和身体堕落的最切实证据；对于左派政党而言，这是一个有望动员女性支持政党从而能够获得丰厚回报的议题。本章节试图证明，20世纪20年代的堕胎改革是在党派政治和行业利益的名义下进行的。改革取得的成功使妇女受益，但也使左派政党受益，他们获得了更广泛的公众影响力；医学界也从中受益，他们在曾经由业余治疗师和精英妇女统治的领域获得了控制权；最后，在为女性健康考虑的名义下，国家干预女性对身体的自我决定的行为变得正当。

左派的堕胎改革运动在最近出版的女性主义和历史文献中获得了巨大关注。这是联邦德国女性主义在20世纪70年代复兴的结果，这场运动源于对《刑法典》第218条的抗议，该条款禁止堕胎，自1926年以来几乎没有改变。[1]70年代群众示威和集会的激情激发了对50年前堕胎合法化运动的兴趣。对此最早的记录几乎都来自女性主义者，而其之所以有价值，是因为它们引起了对魏玛共和国堕胎改革运动的关注，这对于当代的社会活动家们来说既是启示也是警告。但是他们对于资料的选择性使用可能会导致一种不平衡的视角。

例如，在社会和法律改革领域，德国社会民主党在那段动荡的岁月中所面临的困难经常被低估，而德国共产党的作用则被称颂。不幸的是，许多后来的出版物都依赖于这些早期的记述。[2]

157　　本章节的目标是公正地评价社会民主党和左派运动的成就，尽管其成果远未达到原初的目标；还旨在展示，这种失败不仅是因为左派政党自身的缺陷，更因为反对力量的强大以及社会对人口数量和质量控制的持续关切。本章将论证，尽管有时方法不当，左派政党确实在尝试着改善工薪阶层妇女的地位。这场运动不仅在 1926 年带来了重大的法律变革，还提升了公众意识。它受益于避孕方法被更广泛地接受，也反过来为此作出了贡献，并提升了对孕产妇福利的关注。

　　左派运动将反对 1871 年《刑法典》第 218 条（见附录 1）作为"战略组织手段"[3]的观点在某种程度上是正确的，但这不应掩盖社会民主党和德国共产党直到 20 世纪 30 年代初一直致力于堕胎改革的事实。他们在国会中多次尝试废除或至少放宽现行法律就证明了这一点（见附录 2）。显然，这场运动不是在真空中进行的，而是始于对民众所给压力的回应。1920 年 7 月德国独立社会民主党和社会民主党提出的第一批国会提案应该被理解为对非法堕胎行为的反应和关切，特别是对工人阶级妇女的堕胎行为，以及医生报告的与之相关的孕妇发病率和死亡率的增加。民众反对现行法律的运动不仅表现为对第 218 条和相关的第 219 条（见附录 1）的大规模违反，使它们几乎不可能执行[4]，而且还表现在全德国工人妇女的自发抗议活动中。

　　尤其当媒体对此只有零星报道之时，民众的哀怨无路可诉，无处可记。但是一些由司法部提交的请愿书，比如 1919 年 6 月提交的来自埃尔福特的一份请愿书，远在国会运动之前就已存在。[5]这份请愿书由"许多妇女"签署，要求法律改革，以使每个女性，而不仅仅是富人，都能"随心所欲地对待自己的身体"。从这些请愿书和党派政治报告来看，可以肯定地说，在共和国成立的最初几年，存在着一场声势浩大的抗议运动，政治左派对此作出回应，然后试图加以利用。对此的解释只能是纯粹推测：抗议可能表达了对于堕胎手术被持续给予严厉惩罚的失望，许多女性还将其视为应对经济衰退和战后社会混乱的一种生存措施。但抗议可能也标志着妇女在公共领域崭新的自信态度以及由于参加战时劳动和民防而产生的新的性别团结意识。妇女选举权的引入自然而然地将妇女的群众抗议转变为政治事业，尽管参与抗议的妇女与左派党派的关联并不明显。相反，反堕胎法运动似乎在很大程度上是由妇女在工作场所的讨论中积蓄的不满自然催生的，或者是对地方审判的回应，这些审判对协助或经历过堕胎的妇女加以严厉判决。

抗议活动涉及妇女工会成员以及匿名的妇女团体，它们发生在柏林等新教区域以及像巴伐利亚和符腾堡这样的天主教州。[6]一些集会可能是由与社会民主党有联系的新马尔萨斯主义者组织的。其中至少有一个 1925 年在汉诺威举行的集会据说吸引了 2000 人。抗议者要求废除第 218 条，理由是"只要无法喂养孩子，劳动妇女就不想生育"[7]。

代表工人阶级的政党热切地抓住了推动堕胎改革的民众运动，以提高他们在妇女中的支持率。堕胎改革已成为国民普遍的关切，1919 年 1 月女性首次参与选举的结果证明，妇女对右派和中央党的支持是压倒性的。对社会主义者来说，这是一种残酷的讽刺，因为自 1891 年以来，他们一直是女性选举权的倡导者，却输给了德国国家人民党、德国人民党和中央党的政治家，这些政治家不仅不支持，而且通常反对女性选举权。[8]此外，社会主义党派在战后初期女性党员的数量严重不足，并直到 1931 年才有所上升。妇女的冷淡态度也是社会民主党参与战后复员计划的结果，许多女性党员认为这是对"平等就业权"原则的背叛。德国独立社会民主党在 1920 年也遭受了分裂。德国共产党在成立时女性党员的比例较低，增长也很缓慢，到 1933 年约为 15%。[9] 因此，所有社会主义政党都把鼓动妇女参政视为紧急任务。这些社会主义者认识到，生育政策是最有可能吸引女性听众的话题，因此积极支持堕胎改革运动自然成为将工人阶级妇女政治化的策略。社会民主党妇女领袖玛丽·尤夏茨承认堕胎是一个能吸引大量听众的议题，但同时忧虑其当下的实际效果：

当讨论第 218 和 219 条时，在一场庞大的集会上说服 100 名左右的妇女加入政党是相对容易的，但要让这些妇女坚持抗议运动并使她们成为有意识的社会主义斗士则完全是另一码事。[10]

1922 年，德国共产党发布了一份政策文件，敦促活动家利用"堕胎的具体问题来动员妇女，并说服她们参与阶级斗争"，这一举措似乎取得了成效。根据 1924 年的党代会报告记录，多次集会中对第 218 条的讨论颇受欢迎：这些集会吸引了"成千上万的妇女"并吸纳了"很多新党员"。[11] 在此我们清楚地看到，德国共产党试图对来自底层的压力作出回应，并利用它来巩固社会主义。

但是，过分强调堕胎运动中党派政治的机会主义是错误的。对社会主义者来说，这绝不仅仅是一次纯功利的拉票行为或让"女性问题"升级的尝试，尽管这一直是女性活动家与她们的男性同志的自满情绪作斗争时所担忧的。[12] 在战后动荡的年代，对大多数劳动人口来说，抚养子女变得十分困难。考虑到这一点，左派不能忽视对堕胎的需求，特别是当避孕药具通常无法得到或经济上对民众而言难以承担时。作为期望代表德国无产阶级利益的政党，社会民主党、独立社会民主党和德国共产党不得不承认堕胎对工人阶级政治至关重要。尽管经济衰退与堕胎率之间的关联从未得到令人信服的证实，所有社会主义者都将堕胎理解为一种因贫困而造成的社会问题。[13]1924 年，德国共产党的国会议员弗里茨·海德曼（Fritz Heydemann）在为废除第 218 和 219 条的动议辩护时提出了这一观点：

> 要知道有数十万人缺乏住所、衣服和食物，而这些法规旨在通过劳役刑罚的威胁，强迫低收入人口继续生育他们无法养活的子女。低收入家庭要求这柄总是悬挂在穷人头上而从不威胁富有女性的达摩克利斯之剑，应该从他们身上挪开。[14]

社会民主党的克拉拉·博姆-舒赫和作为独立社会民主党代表人的尤利乌斯·莫西斯，主张将堕胎合法化视作一种降低婴儿死亡率的武器。这一主张在经济衰退期间变得尤为紧要，当时鼓吹堕胎改革的素材来源通常包括关于失业、住房和社会保障削减的数据。[15]

这种对堕胎的经济分析，对于主张生育选择权的女性主义者来说固然是成问题的，但对左派来说却很重要。它使得节育在社会主义者中变得可接受，这是战前新马尔萨斯主义的观点下无法做到的。如果说堕胎在原则上不被接受，在当时它也作为一种短期举措而被容忍，正如一本德国共产党的宣传册里提到，它在"当前情况下……作为一种因资本主义体系内矛盾引起的大规模困境而成为普遍现象的个人自救手段"是可以接受的。[16]尽管社会主义者仍然相信，只有通过建立社会主义社会问题才能得到圆满的解决，但他们承认，当医生估算每年的堕胎数量处于 40 万（在 20 世纪 20 年代初）至

160

100 万（到 1930 年）之间时，就迫切需要采取临时措施。法律作为一种威慑手段已被证明无效，并被认为存在阶级歧视之嫌，富人可以负担得起谨慎求医的代价而只有穷人受到了惩罚。它也被视为对妇女健康的威胁，因为取缔了安全的终止妊娠手术，妇女就不得不求助于危险的私人堕胎者。[17]

正如我们在第一章中所看到的，左派运动常常与对更多的社会保障、更好的住房以及对女性工人提供充分的劳动保护等要求联系在一起，但最引人注目的始终是堕胎话题。例如，1922 年《平等报》声称，社会民主党在东萨克森，即传统的社会民主派大本营，组织了 5000 场面向"成功"女性的堕胎和性教育主题集会。1924 年，许多反对长工作日的示威和罢工也要求废除第 218 条，几乎就好像没有这个话题，其诉求就不会被重视一样。1927 年，在一场社会民主党举行的抗议产妇保护缺失的活动中，堕胎合法化为其中一项诉求，1928—1929 年的堕胎合法化集会还反对了过低工资。[18]

这些社会主义党派还组织了抗议 1922 年德国南部的"怪物"堕胎审判的集会。在慕尼黑，仅一场审判就有 100 多名女性被告。三个党派都在慕尼黑的各个啤酒馆组织了集会，吸引了大批男女听众。据说有超过 4000 人参加了德国共产党在哈克啤酒馆（Hackerkeller）的集会。由于人数超过啤酒馆的容纳能力，人们涌入了旁边的特蕾西娅草坪（Theresienwiese），那是一年一度啤酒节的场地。直到党派承诺会举行第二次集会时，人群才散去。主讲人温德林·托马斯（Wendlin Thomas）是德国共产党的一位国会代表，他大胆地指责了在巴伐利亚占统治地位的天主教会，抨击其在反对堕胎方面的虚伪，后者眼睁睁地看着在贫困中出生的孩子"缓慢地死去"。三场集会都最终以激动人心的宣言结束，承诺反对第 218 条，并支持在国会和州议会提交的相关动议。[19]

从 1919 年到 1928 年，德国社会民主党取消了它在 3 月 8 日庆祝国际妇女节的传统，但最晚从 1921 年起，德国共产党利用这个机会每年组织集会反对第 218 条。在 1922 年的庆祝活动中，该党制作了 2.5 万份传单分发给"不想成为母亲的女性"，鼓励她们支持德国共产党的堕胎改革运动。然而，极为警惕的慕尼黑警方设法没收了 2 万份传单。[20] 但在 1923 年，该党取得了更大的成功。其妇女事务局声称在声势浩大的集会上分发了 1.4 万份传单，据说吸引了数千名妇女。传单刊印了共产主义者斯捷特纳（Stettner）在斯图加特市议会上发表的一篇演讲，抗议对 2000 名涉嫌堕胎的妇女的逮捕，尽管其中大多数后来被无罪释放。[21] 但 1923 年的经济政治危机似乎暂时阻止了反对第 218 条的运动。在 1923 年夏天，由社会民主党和工会组织的一次联合集会，要求警方停止对涉嫌违反这一条款的妇女进行"威慑"，但这项活动因紧迫的政治问题而被取消。同样的命运也降临在一场计划好的秋季游行上，为此德国共产党准备了一本小册子；而凯绥·珂勒惠支（Käthe Kollwitz）创作的著名海报"废除反堕胎条款！"的发布也被推迟到了 1924 年。[22]

而恶性通货膨胀也为共产主义者提供了理想的现实背景，他们希望将堕胎改革包含在对于物价上涨和工人阶级经济苦难的普遍抗议中。1923 年见证了一系列特别的"妇女周"的举办，由德国共产党的妇女部门组织，通常以要求废除第 218 条的决议结束。同一年该党创作了至少一部基于这个主题的戏剧，由汉堡的妇女们合作编写和制作，后经由党媒发行。1924 年 3 月，该党组织了一场妇女示威活动，支持当前反对第 218 条的动议。[23]

这场运动不仅有助于吸引妇女参与社会主义事业，对女性政治家的职业发展也颇有帮助，但她们的活动在那些排斥独立的妇女运动的政党中很容易被边缘化。女性政治家们发起了堕胎改革的斗

162

争，并让这场斗争持续存在于政党大会和国会中。[24]1920 年 7 月，四位女性签署了第一份堕胎合法化的国会提案，她们是：安娜·涅密茨（Anna Nemitz）、路易丝·齐茨（Luise Zietz）、托妮·森德（Toni Sender）和洛尔·阿格尼丝（Lore Agnes），她们在国会外始终是该动议最积极的支持者。她们的同志玛丽·库纳特（Marie Kunert）、索菲·克里斯特曼（Sophie Christmann）和安娜·奥文特罗普（Anna Oventrop）在 1921 年的普鲁士议会提出了类似的动议。

妇女在德国社会民主党内也是推动堕胎法改革的先锋。1920 年 7 月的动议几乎可以肯定是柏林共产党支部的女性成员在 1920 年 7 月 9 日的会议上施压的结果。[25] 她们敦促国会党团提交废除第 218 条和 219 条以及赦免过去所有被定罪的人的动议。这项动议被提交时，尽管表达上不那么激进，克拉拉·博姆-舒赫和古斯塔夫·拉德布鲁赫仍位居提案人名单的前列（见附录 2）。

在德国共产党内，玛莎·阿伦德塞最为强烈地倡导放宽堕胎限制。她是德国共产党在 1924 年普鲁士议会提案的主要签署人之一。作为国会议员，她发起了 1925 年的法案，将堕胎改革与产妇福利联系在一起，以及 1925 年和 1926 年的两次质询议案和 1928 年的法案。1930 年，海伦纳·奥弗拉赫接替了她的职务。毫无疑问，正是由于这些女政治家施压，德国共产党才支持了对堕胎的非罪化。毕竟，这个主张违背了社会主义革命需要大众的原则，正如仅仅几年前该党在 1913 年的"生育罢工"事件中明确表述的那样。这也解释了为什么早在 1922 年，发给所有德国共产党积极分子的政策文件中就出现了一种令人惊讶的女性主义抑或个人主义的论调：

德国共产党在与这项面向无产阶级妇女的阶级法律斗争中，旨在赋予妇女自决的权利，让她们自己判断是否有能力抚养一个新的人类，只要社会尚未准备好照顾母亲和她们的孩子。[26]

这一观念后来被压缩成一句口号"你的身体属于你！"（"Dein Körper gehört Dir!"）。德国社会民主党的积极分子，如阿黛尔·施赖伯，也使用了此类妇女生育自主的概念。

这场运动使得许多女性政治家在国会委员会、议员席以及普鲁士和巴伐利亚州议会上崭露头角[27]，也为她们在国会之外赢得了一个表达平台。通过在大规模集会上的激昂演讲，她们中的许多人在更广泛的公众中变得知名且受人敬佩。例如，罗莎·艾森布伦纳（Rosa Aschenbrenner）在慕尼黑的哈克啤酒馆举行的拥挤的集会上发言，考虑到她反对的是强大的巴伐利亚天主教会的教义，这需要特别的勇气。玛莎·阿伦德塞和她的三位德国共产党同僚在全国各地的抗议集会上向成千上万的妇女授课，而在 1931 年，海伦纳·奥弗拉赫在柏林的一次集会上发表了演讲，吸引了 1 万—1.5 万人。[28] 社会民主党的妇女还通过在党刊上撰写有关堕胎的文章与大众沟通。

堕胎这个话题当然不是女性政治家的专属。德国共产党党报和其他持左派立场的报纸逐渐开始关注这个问题，尽管《前进报》明显比《红旗报》更晚意识到它在鼓动妇女方面的潜力。[29]《红旗报》利用有关这个主题的每篇文章赞扬苏联在生育政策上的人道主义立场，该立场将免费获得节育手段与慷慨的母婴福利结合在一起。[30] 苏联共产主义愈发影响着德国共产党，而这种宣传旨在使苏联的政策对德国公众更具吸引力。

从 20 世纪 20 年代中期开始，左派作家和剧作家为党派政治斗争提供了丰富的文化作品。社会民主党医生卡尔·克雷德（Carl Crede）的戏剧《第 218 条》（*Paragraph 218*）和他的共产党同僚弗里德里希·沃尔夫（Friedrich Wolf）的戏剧《氰化钾》（*Cyankali*）引起

164

了几乎一样的轰动。这两部戏剧由厄温·皮斯卡托（Erwin Piscator）执导，并在德国各地巡回演出。这是最著名的例子，但还有其他更多由左派支持者创作的戏剧、小说和诗歌，激发了公众对堕胎话题的讨论。[31]

德国社会民主党和德国共产党无可避免地出于自身目的将这些贡献归功于自己。然而，毋庸置疑的是，左派运动中存在的机会主义因素不应掩盖其在整个魏玛时期追求堕胎改革的顽强努力。这就足以证明在工人阶级政治中节育议题的核心地位和对此的决心。只需将德国社会主义者的运动与他们的英国同盟相比较，就能够体会到这一点。英国的工党和共产党从未致力于推广避孕，更不用说堕胎了。两者都将这场斗争交给了独立的利益集团或勇敢的个人。在1926 年的英国工党大会上，避孕这个议题确实出现过，当时的妇女部门提出支持在儿童福利诊所提供避孕建议的动议，但工党领袖拉姆齐·麦克唐纳（Ramsey MacDonald）拒绝了这一动议。在他的演讲中，他甚至设法避免提到"节育"这个术语，显然他对此非常反感。[32]

相比之下，德国社会主义者的激情和决心令人敬畏。堕胎改革经常出现在这些政党会议的议程中，激进的决议会被一致通过。像克拉拉·蔡特金这样坚决反对"生育罢工"的人，也在 1920 年的德国共产党大会上支持了堕胎改革。[33] 在 1920 年至 1932 年的德国国会中，关于这个议题的左派动议不少于 19 个，在地方议会中还有更多。[34] 仅仅因为这些努力最终没有达到期望的结果而轻视它们是不正确的：直到 1972 年，德意志民主共和国才对第 218 条进行了根本性的改革，而在联邦共和国则是在 1976 年。

魏玛时期堕胎改革运动的目的和成果并不仅限于法律变革。参与者对他们将会遇到的问题心知肚明，并始终地承认以国会的席位构成他们无法取得胜利。[35] 但是他们仍在寻求其他方面的收获。例如，1927 年，玛莎·阿伦德塞在国会为她的"保护母亲和儿童"法案辩护（其中包括要求国家提供免费堕胎服务）时，解释了她的动机："我们从一开始就没有指望这个国会会答应我们的要求，但我们想要迫使你们宣布你们的立场。"[36]

古斯塔夫·拉德布鲁赫对他和博姆-舒赫于 1920 年提出的动议的效果感到很满意，尽管在国会中未被审议。他在 1921 年写道，这项动议"达成了其当下目标，引发了对堕胎问题的讨论"[37]。这一评价看似轻描淡写，但事实上，1920 年的两项动议引发了一场明显令提出者们感到意外的抗议浪潮。博姆-舒赫感到有必要在《平等报》上为她的提案辩护："很可能从来没有议案像改革《刑法典》第 218 条和第 219 条的提案那样，引起如此多公众的愤慨。"[38] 尤利乌斯·莫西斯在德国独立社会民主党妇女大会上也报告了同样的情况。[39] 到 1921 年春季，国会已经收到了来自福音教会领导层、许多地方福音教会执行委员会以及福音派和天主教妇女协会的请愿书，这些协会共有数百万成员反对社会主义者的提案。还有来自德国医学协会、莱比锡医学协会、巴伐利亚医疗官员协会、德累斯顿自然疗法和妇科学会以及维护道德和公序良俗民族共同体的正式抗议。最后这个组织包含大量的宗教、道德、教育和社会工作机构，总会员达 500 万名。除此之外，还有一系列来自知名医生、生物学家、优生学家、律师和普通公民的个人请愿书。到了 20 世纪 20 年代中期，这一声势浩大的抗议名单还包括德国天主教主教团主席伯特伦、巴伐利亚医学协会和大多数其他地区医学协会。[40] 然而，有趣的是，除了在巴伐利亚州议会中时不时就"犹太堕胎者"进行的恶意演讲外，纳粹党的抗议声量相对较低。据丹尼斯·肖沃尔特（Dennis Showalter）称，《先锋报》在刊登一则虚假的堕胎故事后自食其果，变得更愿意将犹太人抨击为性犯罪者。[41]

　　倘若左派政党只是想测试公众意见，那么它们圆满达到了目的。但是它们发起的运动超越了宣传活动的范畴，尽管共产党的活动，特别是在国会中，经常被认为只是一种旨在破坏"资产阶级制度"的战术。这显然是一"叛变"到德国社会民主党的前德国共产党女性政客的观点。在一篇致社民党女性活动家的文章中，她将德国共产党的国会活动形容为"（与国会制度）根本上的对立"。她认为，该党的代表完全是按照中央委员会的指示提交法案，纯粹是为了挑衅和激怒资产阶级多数派，并滋养该党的"组织、宣传和煽动"。[42]这一观点受到广泛认同。例如，德国民主党议员格特鲁德·鲍默指责德国共产党已经将国会变成了"党派政治的战场"。毫无疑问，德国共产党指示其成员参加国会选举是出于煽动性的目的。一旦当选为议员，他们会被鼓励努力揭示国会制度是"最巧妙的资产阶级独裁形式"。[43]但是，尽管最初目的可能只是为了政治宣传，德国共产党人像社会民主党人一样，都致力于争取堕胎改革。1920年7月的两项动议是在新的、经过民主选举的国会首次会议的几周内提出的。鉴于国会的构成，尽管可能很显然它们不会成功，这些动议也应被视为对新共和国精神的表达，该精神试图在旧的专制秩序的废墟上创造一个勇敢的新世界。[44]

（一）1920—1926年堕胎改革

　　这一时期，世界上除了苏联之外的其他国家，对于进行堕胎的妇女都设置了严厉的刑罚，而法国和比利时实际上加强了对堕胎的限制，德国社会主义者此时提出允许随时堕胎的提案是相当需要勇气的。[45]在1920年7月2日，独立社会民主党呼吁彻底废除堕胎法（见附录2），这即使在苏联也没有实现：在那里，只有在医院进行的堕胎才被允许，并且从1923年开始，堕胎受到严格的医学、社会或优生学的指示。46 然而，独立社会民主党的动议存在缺陷，因为它暗示堕胎可以在妊娠的任何阶段进行，包括分娩，那时它将与杀婴无异。它还允许未经同意进行堕胎。47

　　四周后，即 7 月 31 日，德国社会民主党提出了一项关于按需堕胎的动议，但要求堕胎仅可基于自愿或由医生在怀孕的前三个月内进行。根据其共同提案人拉德布鲁赫的说法，规定时间限制并非出于有关胎儿存活能力的法律或"伪科学"的原因，而仅仅是因为"即使是一个经验不足的女性也可以在最迟在第三个月识别出怀孕，而且早期堕胎所带来的危险较少"。医学界拒绝接受任何自愿堕胎，认为这是完全不负责任的。但拉德布鲁赫辩护说，这是一项保护"无助的、无知的、没有经济能力、永远不会找医生的人，尤其是那些未成年、经验不足和未婚者"免受严厉惩罚的措施。由于社会民主党的动议并非完全旨在使堕胎合法化，因此受到了独立社会民主党和共产党的攻击。然而，它非常激进地要求在提供堕胎服务时无需考虑社会或医学原因。在这方面它代表了当代女性主义的理想，即女性随时有权选择是否生育，而这甚至未被编写进现代的德意志联邦共和国或英国的法律之中，尽管它在德意志民主共和国已经实现。两项社会主义动议都避免将堕胎视为国家授予某些应当堕胎或"问题"妇女的特权，并且也取消了医生的仲裁角色。这种把医生排除在外的做法是这些动议遭到医学界反对的主要原因之一。拉德布鲁赫明确表示，妇女是他法案的核心。他宣称：

　　堕胎是一个关乎良心的问题，这当然不能由任何人决定，而只能由母亲决定。让医生，甚至更糟糕的是，如过去曾建议过的那样，由医疗委员会来决定妇女生活中最私密的问题是无法忍受的。48

167

1922 年 1 月，与独立社会民主党部分合并的德国共产党重新提交了之前独立社会民主党的提案，但有两个关键的不同之处：这次它只要求废除第 218 和 219 条，保留了涉及未经同意进行堕胎和导致死亡情况的第 220 条。该党还将其动议与苏联模式的全面母婴福利计划联系起来。由此，这样的观点第一次被表达出来，即如果妇女要真正拥有生育选择权，那么对堕胎的要求必须与国家育儿支持的措施相结合。因此，堕胎服务被视为国家对其公民的一种责任。但与要求获得堕胎的基本权利的女性主义者不同，社会主义者，正如我们看到的那样，将其视为一种应急措施。《红旗报》评论道：

> 只要国家不照顾怀孕的妇女和母亲，不能使她们免受有偿劳动之苦，并不能为她们提供在明亮、通风的房间里毫无后顾之忧地抚养子女的机会……那么国家就没有阻止堕胎的权利。[49]

同样地，一位普鲁士议会的社会民主党成员将该党关于堕胎改革的动议称为"一个临时的尝试"，是"摆脱严重困境的一种方式"。[50]

即使社会民主党在 1921 年 5 月至 1923 年 9 月间加入了联合政府，早期的这些动议也没有得到国会讨论。这一事实没能逃脱德国共产党人的注意。他们指责社会民主党在街头集会上"向全部妇女作出了承诺"，却在国会中辜负了她们。最尖锐的批评指向了拉德布鲁赫，即当时的国家司法部长，指责其未能推进社会民主党或德国共产党的动议。在一次惯常的冲突中，国会代表科南（Könen）称他为"反动分子"，社会民主党为"反社会主义者"，因为他们没有废除"可耻的法规"。[51]

这一观点影响了历史学家，他们通常责备社会民主党未能在堕胎改革上取得进展，拉德布鲁赫则因为辜负了自己的使命而备受指责。有学者认为：

> 社会民主党可以依靠自由主义者和共产党人的支持。但社会民
> 主党一加入政府，就忘记了它的承诺：没有国家大赦……事实上，
> 在巴伐利亚和符腾堡存在根据第 218 条进行的大规模的起诉。[52]

然而，这些看法基于一个错误的假设，即拉德布鲁赫承诺要赦免第 218 条的受害者，并且在德国民主党与社会民主党和德国共产党结盟的情况下（正如后来的事件所示，这是极不可能的），堕胎改革本可以成功。实际上，这三个党派的选票加在一起为 229 票，仍然比反对派能够动员的 230 票略少。[53]

为 1920 年的这些动议未能在国会中争取到讨论机会而感到惊讶也是一种天真的想法。当时的国会正忙于其他紧急事务：第一个国会会期内经历了 6 次政府更迭；对赔款的强制执行对政府产生了严重的心理影响，并导致了 1922—1923 年的恶性通货膨胀；货币稳定、食品短缺和普遍营养不良。此外，鲁尔爆发了内战，图宾根和萨克森发生了一次共产主义起义，莱茵兰爆发了分离主义运动。而在巴伐利亚，民族主义者的威胁导致社会民主党在 1923 年 11 月辞去政府职务。

（二）拉德布鲁赫的角色与 1926 年之前的堕胎改革运动

拉德布鲁赫在其任职司法部长的短短 15 个月中，选择合理地将他所在部门的精力投入对 1871 年刑法的彻底修订，而不是几乎没有成功机会的零散改革中。1871 年的刑法改革推迟了很久。早在 1902 年，就已经开始了这方面的工作，在被战争中断之前，1909 年和 1913 年有了两次初步草案（见附录 1）。1919 年刑法委员会的一份更新草案在拉德布鲁赫个人倡议下才公开发表。在上任不到一年的时

间里，拉德布鲁赫成功地于 1922 年 9 月向内阁提交了由国家司法部
提出的第一份官方草案，这一点并未得到他的批评者的赞赏。该草
案基于与奥地利司法部长的密切合作，希望未来能够合并这两个德
语国家的法律体系。拉德布鲁赫的草案包含了许多引人注目的提案，
如废除死刑和劳役刑。[54] 但是，与他 1920 年的动议一样，草案并未
包含要求随意堕胎的提案，也没有包含根据医学或社会原因合法化
堕胎的提案。新的证据明确证明，这一遗漏并不是由于其态度的改
变，而是因为内阁将会否决堕胎合法化，正如拉德布鲁赫在 1925 年
回归学术界时在一份罕见的声明中解释的那样。[55] 他的内阁同僚包
括三位中央党的高级成员，其中之一是总理约瑟夫·维尔特（Josef
Wirth）。其他证据证实了拉德布鲁赫的担忧是有道理的。即使没有更
具争议性的要素，他的草案也被中央党劳工部长海因里希·布劳恩
斯（Heinrich Brauns）否决，直到拉德布鲁赫的继任者将其中的每一
点激进改革都删除为止。[56]

　　比起 1871 年的刑法，拉德布鲁赫的草案尽管未包括合法堕胎，
却主张对堕胎进行更宽松的判决。它建议将妇女及其"共犯"的刑
罚从劳役刑减轻为监禁，并建议完全取消对未遂企图（Versuch mit
untauglichen Mitteln am untauglichen Objekt）的刑罚。在怀孕检测出
现之前，有时妇女在事后才发现自己并非真的怀孕，或者有时会使
用无效的药剂或方法试图流产。1871 年刑法在理论上规定了对这
两种行为的劳役刑。拉德布鲁赫的修订草案构成了 1926 年改革成
功的基础。

　　1924 年 4 月国会结束时，上述三项国会动议均未被讨论。在
1924 年 5 月重新召开的国会中，社会民主党和共产党都重新提出了
早期的动议，内容几乎没有变化（见附录 2）。他们将堕胎法改革与
无产阶级的困境以及右派联盟政府在当年 2 月引入的社会福利削减

相联系。德国共产党声称这个"可耻的济贫院法令"对工人家庭产生了灾难性的影响：据称，产妇死亡人数增加了"数千人"，而中产阶级和工人阶层儿童死亡率之间本已严重的差距更是进一步扩大，这正如官方统计所证实的那样。[57]

1924 年 11 月国会的提前解散意味着这些动议也未得到讨论。但是在 1925 年 1 月，阿伦德塞和 45 名共产党国会议员中的 32 名成功提出了一项质询。它主张由于工人阶级生活条件的普遍恶化以及他们婴儿健康状况的恶化，导致由江湖郎中进行的非法堕胎增加，因此迫切需要修改法律。在回应这个质询时，司法部长弗伦肯（Z. Frenken）表示，第 218 条只能作为更广泛的刑法改革的一部分而进行修改。由于刚刚发布的官方草案已经设想对堕胎罪犯采取更温和的刑罚，因此并不存在紧急情况。[58]

几天前，阿伦德塞和她的同僚还提出了一项"保护母亲和儿童"的法案。它基于 1922 年对全面母婴福利计划的建议，但提出了新的要求，如临产母亲每天只需工作六小时。而最重要的是，该法案将堕胎合法化的要求纳入福利提案之下。这表达了一种信念，即只有通过同时改善堕胎条件以及生活和工作条件，即短期和长期措施相结合，堕胎率才能得到遏制。它还建立了生产劳动和生育劳动作为妇女压迫形式之间的关键联系。这一套措施的战术优势在于会引发一场不可避免的辩论。每一个国会党派都对出生率的持续下降和公共卫生状况表示关切，因此似乎没有人能够忽视一项表面上能解决这些问题的法案。阿伦德塞的法案于 1925 年 6 月在人口政策委员会上得到了讨论。尽管全体会议最终将其视为"不切实际"，但它成功地迫使保守派承认应该为工人阶级母亲做更多事。辩论以一项正式请求结束，要求政府制定自己的母亲保护法案，并提交一份关于德国母亲保护状况的备忘录。阿伦德塞的法案无疑为德国于 1927 年批准关于母亲保护的《华盛顿公约》（见第一章）铺平了道路。

　　1925 年 2 月，曾任总理的社会民主党人赫尔曼·穆勒（Hermann Müller）提出了一项新的动议。与以前的提案不同，这项提案建议只有由医生进行的堕胎才合法。这个变化要归因于尤利乌斯·莫西斯，他接替了格罗特雅恩成为国会的议员，并且与格罗特雅恩不同，他支持合法的堕胎。这一点很重要，因为该党对堕胎改革的主要论点基于这样一种说法，即通过安全的手术堕胎将改善母亲的健康。这项提案于 1925 年 12 月在法律委员会进行了辩论。它得到莫西斯、普菲尔夫和施特格曼的激烈捍卫，德国共产党在自己的提案被彻底否决后不情愿地支持了它。但是这项提案以 14 票对 12 票的微弱差距被否决。莫西斯迅速提交了一项替代提案（见附录 2），这是一个安全的选择，因为它与刑法官方草案一致，该草案已经在国会中通过了重要的关卡：它相当于将对堕胎的女性及其"共犯"的劳役刑改为普通监禁。

　　社会民主党的战略并未如一些当时的批评家和历史学家所暗示的，表明该党对激进改革失去兴趣。[59] 相反，应该将其视为一种在艰难情况下作出的务实和巧妙的尝试，而这正是德国共产党从未做到的。法律委员会的投票显示，党派之间存在深刻的分歧，似乎无法弥合。任何动议获得通过都不仅需要德国共产党的支持，还需要德国民主党和中右派，即德国人民党的支持。与中央党和德国国家人民党不同，只要改革是温和的，人民党就不反对。德国民主党也支持改革，但拒绝了有条件的堕胎合法化。替代提案在 1926 年 1 月由参议院迅速讨论。[60] 即使对于这个不具争议的版本，参议院对其的冷淡回应也表明更激进的要求将被否决。当在 1926 年 3 月在国会的法律委员会讨论时，该提案得到了民主党和人民党议员有条件的赞同，以及共产党议员的支持，他们支持全面废除堕胎条款，但也"支持任何小的改善"。[61]

社会民主党的预测是正确的。该提案在参议院以 15 票对 13 票通过。在 1926 年 5 月 5 日和 7 日的下院大会上进行辩论时，它以 213 票对 173 票的多数通过，得到了民主党、人民党和小型经济党的支持。[62] 辩论清楚地显示了反对合法堕胎的强烈情绪。人民党的卡尔博士（Dr. Kahl），也是法律委员会主席，反对在情节较轻的情况下不对堕胎追究刑事责任的提案，但支持莫西斯的提案，因为正如他所说，现行法律"难以言喻地严厉"，也因为法官应该对刑罚有更大的决定权。民主党的玛丽-伊丽莎白·吕德斯博士，作为德国妇女协会的主要成员，表示她的党派支持这项动议，因为"严格的法律"未能"拯救哪怕一个婴儿的生命"。但是，与该党在这个问题上的保守态度一致的是，她警告说，她无法再支持更激进的动议。中央党发言人表示，出于"意识形态和民族利益"的原因，该党永远不能接受合法的堕胎，"因为这将对我们的人民和信仰的基础构成严重威胁"。他的党派也反对这项改革，因为"减轻刑罚是废除堕胎条款的第一步"。

德国国家人民党的代表也拒绝了这项动议，但基本上是出于人口原因，也因为医生和基督教团体的反对请愿书。[63] 这反映了该党一贯反堕胎的态度。该党不仅阻止改革的尝试，还积极争取强化相关法律。该党在国民议会人口政策委员会的第一项动议（也是委员会有史以来的第一项动议）中，提出了一项"保护人口力量的法案"（见附录 3），要求采取强有力的措施抗击性病，打击卖淫、绝育、堕胎以及堕胎和避孕药品的交易。1920 年 3 月，国家人民党提出了一项加大对节育广告的处罚力度的法案。在与社会民主党提出支持堕胎动议的同一天，人口政策委员会对此进行了讨论。

鉴于国会的席位分布和资产阶级政党的态度，彰明较著的是，在魏玛共和国的前半期，堕胎合法化的实现还非常遥远。

173

（三）1926 年之后的堕胎改革

1926 年 5 月 18 日修订的法律是一种妥协，远非共产党人和社会民主党人长期争取的改革。尽管如此，它仍然构成了一项重要的改进。这也是性政治范畴内少数几项成为法律的改革之一。新法将第 218—220 条合并为了新的第 218 条。对于接受堕胎手术的妇女及其"共犯"，将原先的劳役刑改为简单的监禁刑罚，但企图进行堕胎的行为仍然是犯罪。对商业堕胎或未经同意进行的堕胎继续实施劳役刑，此外，最高刑期从十年增加到十五年。售卖流产药物的行为也处以同样的刑罚（见附录 1）。格拉斯（D. V. Glass）认为这种变化"显然不是根本性的"，大多数历史学家似乎都同意他的看法。[64]然而，对于女性"犯罪者"及其"共犯"来说，其好处是相当可观的。她们不再面临劳役处罚，这是一种严重的社会耻辱，意味着失去所有公民权利。此外，嫌疑人不会再被例行拘留，而这有时可能长达一年之久。此前，在情有可原的情况下，判决可以减至六个月的监禁，而 1926 年的法律规定了新的最低刑罚，即一天的监禁或三马克的罚款，约为三磅黄油的价格。[65]新法规同样具有重大的象征意义：使将妊娠各个阶段的胎儿都视为生命的教派政党惊惧的是，在1926 年之后，堕胎不再被视为必须由陪审团审判的谋杀罪。现在，它只是一种由大众陪审法庭审理的轻罪，而大众陪审团通常对被告持同情态度。

1926 年的法案使得德国具有全西欧最宽松的堕胎法，这一事实激怒了保守派政治家。他们抗议说，法官已经进行了"非常温和的判决"，不需要进行如此根本性的改变。[66]的确，多数被判有罪的妇女确实被判监禁而不是劳役。此外，1923 年图宾根州和萨克森州宣布对所有堕胎罪犯实行大赦。然而，随着左派政府被推翻，这一情况被迫终结，到处都在对大量的妇女判处劳役和长时间监禁，这也是左派一再警示的现象。例如，在 1922 年，根据第 218 条（涉及怀孕妇女及其"共犯"），有 5047 人被判有罪；111 名犯罪分子被判劳役刑，318 人被判监禁超过一年，刑罚可谓相当之重。

新法的益处几乎立即显现。仅仅六个月之后，被判服劳役的年度总人数下降至 63 人，被判监禁一年以上的人数降至 160 人。[67] 然而，修订后的法律远远没有达到左派最初的要求，追求更令人满意的解决方案的压力仍在持续。有关堕胎运动的最新报道声称，从 1926 年开始，堕胎运动的场所发生了明显转变，即从国会变为公众集会和街头集会，反映出在堕胎率逐步升高的同时，民众对于刑法改革不足的挫败感。正如上文所示，自魏玛共和国成立以来，就一直存在国会外的抗议活动，但是从宪政改革向街头示威的转变直到 1931 年 1 月才发生。就在那时，共产党派医生弗里德里希·沃尔夫及其同僚埃尔泽·基恩勒（Else Kienle）因涉嫌非法堕胎而被捕，引发了一场大规模的抗议活动。其由德国共产党推动，并发展成为一场前所未有的庞大的人民运动。[68] 1926 年之后，德国社会民主党和共产党继续在国会中推进他们的运动。

1926 年改革后不久，共产党要求政府对所有在旧法下被判刑的人宣布大赦。国家司法部长威廉·马克斯（Wilhelm Marx）暧昧地回应说，这是由各州政府各自决定的事务。[69] 在 1927 年，刑法官方草案提交给了国会。其中的堕胎相关动议与 1926 年的堕胎法完全相同，但也允许医生基于医学原因终止妊娠。作为回应，在 1928 年 6 月，共产党提交了一项新法案，要求提供国家资助的堕胎服务作为产妇和家庭福利的组成部分，该法案比以往所有法案都更详细地阐述了这一点（见附录 2）。正如我们在第三章中看到的，这项法案还首次呼吁允许大众免费获得避孕用品，并要求国家资助性健康咨询中心。该法案在 1929 年人口政策委员会得到了广泛听证。尽管其最

175

终被驳回，理由是其在财政上"不负责任"，但在此之前，委员会通过了一项决议，要求政府研究共产党的大家庭福利计划，并据此拟定一项法案。[70] 这对德国共产党来说是一次相当大的胜利，因为他们由此被视为家庭的保卫者，这触动了社会民主党的敏感神经，因为他们认为这本该是由他们扮演的角色。对于右派议员来说，这也是令人烦恼的，因为他们喜欢将自己描绘为家庭道德的捍卫者。

1926 年后，社会民主党并没有放弃与第 218 条的斗争，尽管一些历史学家的说法可能暗示了相反的情况[71]；事实上，他们加大了抗争的力度，并在 1929 年 6 月迈出了迄今为止最大胆的一步：在法律委员会中要求彻底废除这一条款。社民党提出了激进的提案，另附有一个替代提案，要求在怀孕三个月内可以合法堕胎，以及由医生根据医学、社会或优生学原因实施流产。委员会内为期三天的激烈辩论很大程度上受到了司法部长冯·格拉德（von Guerard）的影响，他作为政府代表发表了反对社民党各种动议的长篇演讲。天主教"博爱协会"成立的特别法律委员会为他的演讲做了准备。[72] 可想而知，辩论以 14 票对 12 票的结果拒绝了社会民主党所有提案，但是委员会认可了基于医学原因的堕胎（在中央党的请求下受到了严格限制）和规定起诉期限为两年的条款。[73] 这一令人失望的结果终结了社会民主党争取对堕胎法规进行任何根本性改变的努力。社会党在 1929 年、1931 年和 1933 年提出了另外三项动议，继续其不妥协但无法成功的运动，它不情愿地接受了激进提案可能适得其反的事实，即会危及刑法改革在国会通过的可能性。

那时的情况越来越令人生疑，因为国会正在变得越来越不稳定，右派反对势力也在增长。事实上，在 1930 年 3 月，民族社会主义工人党甚至自信地提交了一项法案（但没有得到听证），要求对应用、管理或宣传节育的人处以劳役刑（见附录 3）。社会民主党在莱比锡举行的党派年度会议以及 1931 年 3 月的"妇女宣传周"重申了民众对废除第 218 条的支持。1931 年在卡尔斯巴德举行的社会主义医生国际会议也表明了对堕胎改革的支持，曾在 1930 年之前担任国会议员的安娜·玛格丽特·施特格曼在会上强烈倡议堕胎改革。但是，在 1931 年讨论刑法草案（魏玛共和国期间最后一次相关讨论）时，社民党国会党团决定只要求适度的改变：进一步减轻刑罚并延长起诉时效。[74]

但是，即使是这样的保守态度也不能确保刑法改革方案的通过。在 1925—1928 年间，新的刑法条文似乎会被采纳，但从 1929 年开始，这种可能性越来越小。反对自由主义法律的力量在那时变得太过强大。1930 年 8 月，德国天主教主教团在富尔达召开的会议上再次向其国会中的代表施压，指使其反对违背天主教教义的立法。他们拒绝接纳人工流产，将其视为违背"永恒不变的第五诫"的罪孽。天主教的行动得到了教皇 1930 年 12 月通谕的支持，通谕坚决反对任何试图改变家庭法或节育合法化的尝试。[75] 也许最重要的是，民族社会主义者已经成为一个重要的政治力量，他们的思想已经渗透到有影响力的法律圈子。根据拉德布鲁赫的说法，1932 年 9 月在法兰克福举行的国际犯罪学协会大会上，许多所谓的"年轻保守派"批准了一个厚颜无耻的法西斯纲领，他们渴望引入更为威权主义的法律。[76]

如果说在 1931 年，堕胎改革的推动力从国会转移到了街头集会，那么早在 1927 年，与避孕合法化运动类似，它的推动方也已经从立法者转移为司法者（见第三章）。莱比锡的最高法院以其独立于国家当局的态度而闻名，于 1927 年 3 月 11 日裁定医生应被允许出于医学原因终止妊娠。这一决定此前从未有明文规定，却在一夜之间结束了医疗界多年的不确定性。虽然医学和社会原因（后者仍然不被视为合法堕胎的理由）并不总是能够清楚地区分，但这一裁决在很大程度上保护了治疗性堕胎免受起诉。它还使得德国在这方面远远领先于其他欧洲国家。例如在英国，此事直到 1938 年才被允许。[77]

如果要评判政党的政治运动是否成功，不仅要考虑其期望但最终未能实现的根本变革，还要认识到左派持续施加的压力加强了公众对堕胎议题的关注，迫使当局认真对待这个议题。从最早的提案开始，无论是国家政府还是各州政府都感到有必要发表官方声明，并在此之前进行了漫长而详细的事实调查。有时，对激进解决方案的支持来自意想不到的地方。例如，在 1921 年夏天，德国内政部长就堕胎法改革征询了各州政府的意见。遗憾的是，笔者只找到两份回复：巴伐利亚支持加强法律的收紧；不来梅则欢迎随需应变的改革，因为正如其所言，经济形势尚不稳定。普鲁士福利部在 1921 年、1922 年和 1924 年启动了有关这一议题的重要会议。[78] 帝国卫生局也举行了类似的会议。1925 年，它发表了一份关于堕胎法改革利弊的详细文件，表面上是对德国及国际上相关法律和各种改革尝试的客观评估，但实际上非常片面并且坚决反对堕胎，甚至将左派运动与企图破坏德国人口和经济复苏的法国特工联系在一起。[79]

阿伦德塞的 1925 年法案及其在国会中的听证迫使当局更加关注非法和医学堕胎的潜在危险，这是先前仅在年度卫生报告和个别医院提供的数据中略有涉及的问题。阿伦德塞公布了一份统计报告，其中比较了列宁格勒在堕胎方面看似良好的记录（1924 年因产后败血症导致的死亡人数仅为 86 例，或每诞下千名活产婴儿就有 2.63‰ 的产妇因此去世）与柏林的情况（因产后败血症死亡的人数为 475 例，或每诞下千名活产婴儿就有 11.05‰ 的产妇因此去世，其中大多数归因于非法堕胎）。左派声称，只有通过合法化医学堕胎，这些问题才能得到缓解。这些数据是由帝国卫生局的首席统计学家厄温·罗斯勒（Erwin Roesle）编制的，他曾多次访问苏联，尽管不是社会主义者，但以支持苏联而闻名。[80] 作为回应，1927 年德国政府向所有妇产科教学医院发送调查问卷，要求提供有关"治疗过的流产病例数量"的信息。政府还发布了一份有关医学终止妊娠安全性的详细报告。该报告由帝国卫生局的保守派成员海瑟博士（Dr. Hesse）编写，他可能也是 1925 年反堕胎改革备忘录的作者，试图贬低罗斯勒对俄罗斯的统计数据。海瑟的报告曲解了几位知名医生的观点，宣称即使由最有经验和技术娴熟的妇科医生执行，终止妊娠也是危险的。卫生部的高级官员之间产生了公开的分歧，双方拒绝签署对方的报告。罗斯勒准备了一份反对报告，声称"德国产后败血症的死亡率和育龄妇女的自杀率均居高不下"，并支持医生进行苏联模式的合法堕胎。[81]

左派运动增加了人们对工人阶级母亲困境的认识，这些母亲承受着有偿劳动和无偿家务的双重负担。它迫使各种政党以及政府承认，生育福利是不足的。关于孕产妇死亡率和发病率上升，以及婴儿持续的高死亡率的报告——这是左派主张堕胎合法化的核心立足点——促成了对大家庭和在职母亲给予支持的社会政策。[82] 正如第三章所示，堕胎改革运动也发挥了决定性作用，使人们可以接受避孕，将其作为避免孩子意外出生的首选和长期的解决办法。

然而，反对第 218 条的旷日持久的斗争确实暴露出这场改革运动严重的组织弱点和概念缺陷，最终使左派没能建构一种家庭意识形态，以替代右派的民族主义优生学范式。左派内部的分裂无疑破坏了这场运动。共产主义者谴责社会民主党人士的事例屡见不鲜。社会民主党被公开指责狡诈和不作为，破坏了德国共产党的倡议。[83] 众所周知，在共和国的最后几年，德国共产党视社会民主党为头号敌人，尽管在国会，共产主义者通常出于现实原因支持社会民主党的堕胎合法化动议。对运动进展而言，可能更为严重的是党内的分歧。德国共产党在对待第218条的态度上似乎是团结的，即使在苏联不再提供按需堕胎的服务时，该党仍然坚定要求废除该条款。但并非所有党员，甚至可能不是大多数党员，都支持改革提案。[84] 社会民主党则从未自诩在这个问题上达成共识。它公开承认，1920年的动议仅代表其55名签署人的个人观点——大致是该党国会代表的一半。强烈反对该动议的格罗特雅恩发表了一篇与拉德布鲁赫的观点论战的文章，该文于1921年发表在一本党派宣传册中。社会民主党的许多其他领导人士也公开反对合法堕胎。实际上，党内存在广泛的意见分歧。一些成员只想废除第218条，一些成员要求的是仅限于在严格的医学指征下实施堕胎，而另一些则只关注减轻刑罚（如格罗特雅恩）。更令人迷惑的是，在辩论过程中许多人会改变他们的立场。[85]

左派运动背后的女性主义动机也值得质疑。尽管该运动最初是对女性所给压力的回应，一些女性政治家相信女性有权控制自己的生育，而且两党经常使用女性主义的措辞，但两方都没有认真对待这个问题。拉德布鲁赫关于改革法律的最有力、可能也是最有效的论据并非出于人道主义，而是基于一个法律上的技术性问题：他认为，第218条的假定比例是一例起诉对应十起犯罪，而第218条的阶级歧视性质已经使堕胎法，甚至是整个法律体系失去了威信。第218条并不具有威慑力量，它只是助长了"江湖医生"和勒索的猖獗。拉德布鲁赫强调，他的动议"不是为了确立一项权利，而仅仅是废除一项刑罚"。在1921年的党派宣传册中，他解释说，之所以拒绝采用许多社会主义活动家的个人主义口号"你的身体属于你自己！"，是因为他相信集体主义：

> 我们完全不支持资产阶级女性主义者提出的个人主义观念……即每个人都应该是自己身体的主人，拥有自主权利。社会主义思想要求的是，即便在涉及我们的身体时，人也要对社会负责。[86]

1932 年，拉德布鲁赫对社会的关切使他不再支持自愿堕胎："我现在相信，即使只在怀孕前三个月内，在没有具体理由的情况下完全废除对堕胎的处罚也更像是一种个人主义而不是社会主义的观念。"[87]

在国际刑事学协会的会议上，拉德布鲁赫表现出他甚至愿意牺牲个人权利以维护集体主义。他提议以优生学和社会理由为依据将堕胎合法化时，也是秉持着有关"共同利益"的优生学观念，而不是仅遵循孕妇的要求。该动议还呼吁在征得同意的情况下进行优生学绝育。因此，拉德布鲁赫和他的前对手格罗特雅恩的意见在某种程度上彼此交汇，在他去世前不久，格罗特雅恩从优生学和社会的角度都认可了堕胎的必要性。然而，在 1921 年，拉德布鲁赫曾反对任何理由下的堕胎合法化，理由是社会主义需要广大群众。这是蔡特金在"生育罢工"事件中使用的经典论点（见引言）。20 世纪 20 年代，即使在许多激进的堕胎改革的倡导者中——其中包括托妮·普菲尔夫和玛丽·库纳特等许多杰出女性——这一论点仍然存在。[88]

德国共产党也更多地将口号"你的身体属于你！"视为一种策略，而非对妇女生育权的承认。与社会民主党类似，德国共产党未能将妇女个人控制自己身体的需求与整体工人阶级的需求通过理论联系起来。正如琳达·戈登所说的那样，"对堕胎和避孕的需求及由此引发的问题构成了一种女性的共同经历……这源于一种甚至比阶级更本质的女性生理状况"，这一根本的认识从未被政治左派所理解，他们继续将生育主要视为一个阶级问题。生育权问题与其他妇女问题，如妇女的无偿家庭劳动一样，被假定会在社会主义到来时自动解决。[89]

德国社会民主党和德国共产党均未尝试重新定义社会中男女之间在节育、繁衍和抚养子女方面的共同责任关系。正如在第二章中所见，左派女性政治家经常敦促她们的男性同僚在家中成为真正的社会主义者，分担家务。有关改革离婚和非婚生子法规以及推广"习惯婚姻"的各种左派提案据说旨在结束父权制家庭，但两个政党都没有真正挑战社会和家庭内现有的性别分工。有偿工作，即生产，仍然被看作是男性的领域，而生育和家庭仍然是妇女的领域。德国纺织工人联合会于 1929 年出版的论文集揭示了职业妇女遭受"双重负担"压迫的程度之深，这也很好地表明了劳工运动中传统性别角色的持续存在。[90] 两个政党都没有质疑母亲身份对于妇女的首要性，并认为提供堕胎服务只是一种纯粹的临时手段，直到社会主义社会能够为蓬勃的生育提供适宜的条件。[91] 如果说"不惜一切代价生孩子"(Kinder um jeden Preis) 的粗糙观念已被生育"少而精"的孩子的实际策略所取代的话，那也并不是出于对个体的关心，而是考虑到更广泛的共同体的利益，在对优生学的关注日益上升的前提下，堕胎不啻为有效的手段。

二、医学界的言论[92]

这些对生育控制的"微妙而谨慎的尝试"，或者借用福柯的说法，"根据当时的目标和需求，在支持或抑制不断增长的出生率间摇摆"[93]，在很大程度上依赖于医学研究和意见。正如医生在避孕的定罪和官方的生育主义政策建构中发挥了核心作用，在第一次世界大战前不久，他们也将堕胎视为一个人口学问题。堕胎恐慌正是由医生公布对全国每年堕胎数的估计所引起，这一估计从战后不久的20万—30万，一直增加到1930年的100万。到1931年，普遍认为堕胎率已经超过出生率。如果与1935年英格兰和威尔士估计的堕胎数量相比较（当时估计在6.8万—10万之间），就可以体会到这一数据的庞大。[94]

医学报告之所以引起轰动，不仅是因为其中定量的判定，也因为其中定性的断言。1871年的法律几乎专门针对未婚或丧偶且在婚外怀孕的女性。但到了第一次世界大战结束时，绝大多数堕胎案例涉及的都是希望控制家庭规模的已婚女性。[95] 医疗机构以及在它们影响下的政界皆对堕胎进入家庭领域感到震惊。从医生们所属的中产阶级上层的角度看，他们愤怒于受教育阶层的女性也会堕胎；许多已婚妇女选择这一手术并非迫不得已，而是作为一种有意识的策略来推迟第一个孩子的出生，从而扼杀了"优质"儿童。这种"性行为的理性化"似乎证实了人们对"冷酷算计、贪图享乐、自私自利、企图颠覆社会秩序的'新女性'"的广泛偏见（见第二章）。正如罗莎琳德·佩切斯基（Rosalind Petchesky）所指出的，专业精英对堕胎尤为反感，因为它往往将"将生育的性的这一面及对此的控制带到公开场合"，并显示妇女是主动的而不是顺从的。[96]

在战争之前，大多数医生因支持生育主义而反对堕胎，但战后，医学界的言论表明，这个行业并不像有时候所认为的那样团结。[97] 相反，它像魏玛社会一样存在深刻的分裂。分歧主要集中在政治左派试图使堕胎法律自由化的尝试上。占据大多数的保守派都强烈反对这些计划，但作为少数派的社会主义派别的医生积极支持改革。这个行业不仅在政治上存在分歧，而且在性别上也存在分歧，女医生提出的论点与她们的男同行截然不同。因此，下面这一部分将对三个群体进行比较：反堕胎的男医生、支持堕胎的男医生和女医生。

　　然而，这涉及一些方法论上的问题。首先，讨论堕胎实践与堕胎相关言论之间的差异有多大，超出了本书的研究范围。在公共场合反对堕胎的医生在私下可能会满足妇女的请求，有证据表明，那些经常施行堕胎的医生相当机智，会避免引起公众注意。[98] 其次，个别医生的观点可能过于独特，尤其是在成员重叠的情况下，不容易归入清晰的分类。再次，这些群体在规模上存在很大差异：反对改革者被德国医生联盟（Deutscher Ärztevereinsbund，DÄVB）组织起来，20 世纪 20 年代有大约 3 万名成员。多数改革的支持者属于社会主义医生协会，到 1931 年有 1500 名成员。女医生则多利用德国女性医生联合会（Bund Deutscher Ärztinnen，BDÄ）的平台，这是三者中规模最小的组织，到 1931 年有 875 名成员。尽管存在数量上的不平衡，但这三个群体的态度都是有价值的，因为就医生群体既塑造又反映公共舆论而言，它们阐明了魏玛时期德国的普遍社会政治争论。

（一）保守派医生

　　作为医学组织的德国医生联盟立刻对 1920 年试图自由化堕胎的提案进行谴责。在 1921 年 1 月，它向国会提交请愿书反对这些提案，到 1925 年，大多数地区医学协会和妇科学会也拒绝了这些提案。1925 年，德国医生联盟在莱比锡召开的年度大会专门讨论这个问题。它作出了堕胎应当继续被看作刑事犯罪的决议。然而，如果由一位获得另一位医生支持的医生出于严格的医学原因实施终止妊娠，则是被允许的。对于那些已经接受堕胎的女性，刑罚也应当更为宽松。[99]

　　但这些动议既无自由主义色彩也非原创，它们只是重申了 1925 年《刑法典》草案的内容，并支持了现有的司法实践，是出于政治原因而提出的。医生们不想比多年来一直倡导减轻刑罚的知名律师显得更加不近人情。更重要的是，德国医生联盟要求明确的法律裁决，以区分医学治疗与"江湖郎中"，对于1925年《刑法典》草案中提出的在引产时对医生实施更严格管控的建议，其成员感到不满。联盟支持对出于商业目的进行堕胎的医生进行更密切的监督，并认为那些"将崇高的职业贬低为纯粹的交易"的医生应该受到监管，但他们认为这一权力应该由行业自身来规范，而不是像《刑法典》草案所提出的那样让渡给国家医疗官员。[100]

莱比锡会议的决议一致反对基于社会原因的终止妊娠，并对治疗性堕胎有条件地接受，但需要遵循一个复杂的程序，这在实践中会对病例形成严格限制。尽管如此，这些保守的决定还是在德国医生联盟的极端保守派成员中引起了爆发性的愤怒。他们指责西格蒙德·沃尔曼（Sigmund Vollmann），这位受官方委托的研究者和代表德国医生联盟主持会议的主席，背叛了医学的道德规范，是一位"医学庸人"。而社会主义和自由派的医生又谴责这些决议的保守，谴责会议充满"偏见和歧视"。然而，尽管联盟内部有激烈的抗议，这些准则还是在1930年得到了重申，并一直都是官方医疗政策，直到1933年被纳粹法律所取代（见附录1）。德国医生联盟的保守民族主义倾向的标志是，它在1926年在艾森纳赫召开的会议上引入了新的职业操守准则。准则第一条规定医生应从"人口数量和力量"的利益出发，"保护胎儿生命和民族生育能力，除非有危及母亲生命的情况"。[101]

医学界反对堕胎改革的最主要权威是德国顶尖的妇产科医生。作为医院顾问和教授，他们被认为在自己的专业领域几乎是不会出错的，作为国家雇员，他们被期望遵守法律并捍卫国家利益。他们认为堕胎极不正规，因为他们大多数人是在19世纪接受的医疗培训，当时很少教授堕胎，也很少实施这项手术，堕胎总是被认为是危险的。[102] 此外，他们不关心常规的人口问题，仅将堕胎视为医学问题，而不考虑患者所处的社会环境。柏林第一大学妇女医院的沃尔特·斯托克尔认为这种"与世隔绝"是一种优势。与他著名的导师恩斯特·布姆一样，斯托克尔对临床和私人实践作了"最严格的保守主义"指示："我们大学教师……绝不能轻易受到时下的态度和风尚的影响……我们应该试图遏制这股趋势，而不是助长它。"[103]

　　医疗体系的上层在医学、政治和道德层面上都反对堕胎合法化。即使由专家执行，他们也认为这个手术是有风险的。但随着无菌法与抗菌法的发现，外加外科技术的改进以及现代堕胎工具的发明，如刮匙，终止妊娠变得相对安全。麻醉的发明也使堕胎对患者而言更容易接受。[104] 从政治角度看，医学界认为堕胎合法化对人口存在威胁。从道德上看，医学界也由于认为它是对"家庭生活"和社会秩序的破坏而拒绝接纳。

　　有关每年堕胎数量的估算通常不准确，但反堕胎者和改革者都非常重视它们，不仅不加批判地使用，而且还作为一种操纵手段。保守派医生倾向于主张堕胎的频率已经高到不可容忍的地步，但宽松的立法将使其进一步升高。因此，他们的估算往往比改革者低一些，改革者则认为合法化对堕胎数量影响不大，但会使堕胎更加安全。

　　估算要么基于一般犯罪记录，通过假设的因子乘以一个倍数来估计未查出的案例，要么基于一些小镇的地方统计数据，这些小镇为正常分娩和败血性堕胎的死亡数字分别保留了独立的记录，要么基于住院急诊的情况。这三种方法都存在很大问题。第一种方法不可靠，因为没有人知道多少比例的堕胎案例未被发现。尽管起诉案件有所增加，但不清楚这反映了更严格的监视还是堕胎案例的增加。

第二种方法同样可疑，因为从未确定败血性死亡是由分娩、流产还是非法堕胎引起的。此外，地区间的差异使得这些数据对于国家统计毫无用处。例如，在基尔，据称所有怀孕中有25%以流产结束，但在柏林，这一估算高达40%。[105] 尽管存在这些差异，官方声明总是会使用最高的一组数据——也就是柏林的数据，而忽略了首都并不代表德国其他地区。

第三种方法是最常用来推算全国堕胎数字的方法，但同样容易受到批评。对自己患者进行了调查的医生，如马克斯·赫希，声称因为人工流产而需要住院治疗的妇女数量是不具有代表性的，因为大多数堕胎是顺利的，并且基本上都未被察觉，这在司法档案中的证据中得到了证实。此外，像慕尼黑、柏林、汉堡和科隆等城市提供的数据是不典型且有误导性的，因为它们包括了来自周围乡村的妇女的病例。除此之外，入院人数取决于医院院长在堕胎问题上属于"自由主义"还是"保守主义"派别，以及他选择记录疑似的非法堕胎案例还是为其遮掩。在新教城市汉堡，大多数病例都被登记为非法手术，而在堕胎被视为禁忌的天主教城市科隆，大多数入院病例被登记为流产，这并非巧合。[106]

此外，没有人能够说有多少"流产"实际上是非法堕胎。对非法堕胎与自然流产比例的估计差异巨大。柏林的马克斯·赫希在1918年宣称，已婚妇女的所有流产中有78%是非法引产。柏林第一大学妇女医院的恩斯特·布姆将这一数字提高到89%，但弗莱堡的西格尔（P. W. Siegel）却将其降至仅7%，而哥尼斯堡的温特（Georg Winter）所估数字更低，仅为6.4%。[107]

所有这些差异的结果是堕胎总数的极大变更。沃尔曼主张在1921年是40万例，柏林妇产科教授利普曼在1924年估计为87.575万例。在1925年的国会上，尤利乌斯·莫西斯把年度堕胎数估计为

70万—80万，而同年，像莫西斯一样支持改革的柏林的妇产科教授迪尔森将其估计为100万。[108]

187　　医学机构努力揭露堕胎伴随的发病率和死亡率，在这方面他们并不忌讳使用点统计学上的花招。例如，在由德国医生联盟赞助的出版物中，沃尔曼比较了分娩的"相对安全性"与堕胎的"可怕"后果。他引用了1919年至1921年在哈勒市进行的一项调查，而没有具体说明其中的"流产"指的是非法、合法引产还是自然流产，这项调查记录了2527起流产，导致了50人死亡，而分娩（未提供具体数字）则导致了105人死亡。其中流产占所有怀孕数量的15.5%。沃尔曼得出结论，这证明在哈勒，"流产的致死案例几乎与产妇死亡案例一样多"，这当然与事实相矛盾。他还声称，"每100次流产的死亡率几乎是每100次分娩的死亡率的七倍"。由于他未提供完整的数据，这很难核实。但我们只需推算怀孕的总数（如果以流产占怀孕总数的15.5%计，则2527次流产意味着怀孕总数为16303）以及分娩的数量（16303–2527=13776），就能看出沃尔曼并没有说实话：

2527次流产中有50例死亡 =1.98%

13776次分娩中有105例死亡 =0.76%

这表明流产或堕胎的死亡率不到分娩死亡率的三倍——这是一个远没有那么引人注目的统计数据。然而，沃尔曼对事实的歪曲并非例外。[109]

这些证明堕胎的医学风险的尝试可能更多关乎医疗政治，而不是真正地关心妇女健康。妇科学进步已使医学终止妊娠成为一种更安全的手术，但保守派医生只一味试图限制所有堕胎实践，而不是集中精力传授最新的技能和进一步改进技术。他们使用有关堕胎死亡率的统计数据是为了说服立法者，只有经过学术训练的医生才有资格执行堕胎手术。同时，这些统计数据旨在表明即使是医学终止妊娠也存在风险，以劝退医生进行这种手术。这种手段的矛盾性导致了激烈的行业竞争，更关键的是，也迫使医学界承认其产科知识的不足。恩斯特·布姆要求未来这类手术应该限制在医院的专科医生中，因为对执业医生"医术不精和疏忽"的起诉已从四面八方向法院涌来。但执业医生为自己辩护，指出最有经验的妇科专家也会犯同样严重的错误。这场辩论导致对所有医生的产科知识进行了摸底评估。政界意识到，医生不仅在堕胎时而且在分娩过程中也造成了数千人死亡，而这主要归咎于医学培训的匮乏。这导致人们呼吁改进和扩大对所有医学生的临床产科培训，这一建议得到了许多医学教授和普鲁士公共福利部的支持。[110]

但是妇科医生没有意识到教授堕胎技术的必要性，尽管因医学终止妊娠造成的伤害屡见不鲜。相反，他们相信普遍的医学进步会使治疗性堕胎变得完全不必要，因此忽视了终止妊娠的任何社会或个人原因。关于这个问题的权威医学报告的作者乔治·温特宣称，在过去6年里，5500个产科病例中只有31个需要终止妊娠，这是他自己所在的哥尼斯堡医院成功的一个指标。但是，1921年发布的一组来自几所著名教学医院的病例史，包括温特的病例史，证明有数百名妇女不必要的死去。堕胎手术要么时机太迟，要么做得不充分。该研究以颇具煽动性的《现代中世纪》(*Modernes Mittelalter*) 为题，包含160名妇女的案例，引起了轰动，因为它涵盖德国一流妇科医生在结核病、妊娠剧吐、肾炎和冠心病等严峻病例中存在严重疏忽的证据，这些病通常被认为是堕胎的医学理由。[111]

有其他证据表明，医疗体系最关心的不是女性的身体，而是政治的身体，即"民族身体"。妇科医生自豪地称自己为"人口力量的守护者"，需要培养他们的学生"不仅对患者负责，而且对民族未来

189 负责的意识"。对于他们来说，堕胎是作为社会有机体的民族需要首先避免的灾祸。每年约有 5 万名妇女遭受堕胎并发症的折磨，但这一数字却被哀叹为"国家失去了一支强大的军队"。[112]

德国医生联盟内的医生也感到有必要充当道德仲裁者，这使得民族衰退的范式继续作为一个医学道德问题而存在。他们批评了"堕落的助产士"和"唯利是图的堕胎者"，以及寻求堕胎的"不负责任"和"放荡"的妇女。例如，基尔的医疗官员恩格尔斯曼（Engelsmann）宣称，寻求堕胎的妇女将导致"所有社会关系的松动"和"家庭生活的破坏"。[113] 通过将堕胎视为超越党派政治和社会阶层的人口和道德问题，这些医生得以获得教会和众多宗教及道德组织的支持，他们团结一致，共同努力重申基督教价值观和民族自豪感。

国家层面的考量在关于是否以优生学为理由允许堕胎的辩论中也发挥了重要作用。尽管普鲁士卫生委员会在 1924 年原则上批准了在遗传疾病案例中进行绝育和堕胎，但 1925 年的莱比锡会议并没有特别要求为此制定法律。这并不是因为与会的医生反对优生学，而是因为他们发现"科学成果……目前仍然太少，不足以支撑实际结果"，宁愿等到这种"科学"能够形成"明确""可靠"的规则。[114]

（二）社会主义派别的医生

堕胎合法化的医学运动发生在社会主义医生协会内部，该协会成立于 1924 年。尽管与德国医生联盟相比规模较小，但其活动的影响远远超出了其规模。这场运动既剧烈又不拘一格。它在医学界和政界的媒体中传播，也呈现在街头巷尾、小说中和舞台上。[115] 作为一个运动性组织，社会主义医生协会得益于与社会民主党和德国共产党的密切联系，尽管它以其形式上的独立为傲。

尽管社会主义医生协会在如何更好地改革堕胎法律方面意见不一致，一些医生支持完全废除该法，而另一些医生则要求每次手术

都有明确的理由，但所有协会成员都支持基于医学和社会经济理由
的堕胎合法化。他们中的大多数人都是面向健康保险基金覆盖的病
人的医生，因此与工人阶级有密切联系。像左派政治家一样，他们
将堕胎视为社会不平等问题，可以通过提供安全的外科堕胎手术来
解决。但是，这些医生又与左派政治家不同，他们谴责所有非医学
手术都具有危险性，而后者最初试图合法化所有的堕胎，无论是由
医生还是其他人执行。

社会主义医生协会发布了每年非法堕胎导致死亡的统计数据，
以揭发"江湖郎中"。但社会主义派医生像他们保守派的同行一样
不加批判地使用统计数据，未能提供有效证据或对非医学堕胎和医
学堕胎进行合理区分。有关死亡人数的估算相差大得可疑，在每年
4000—20000 之间。对于非法手术导致严重疾病的估算同样不稳定，
从 2.5 万至 10 万不等。与医学体系上层人士形成鲜明对比的是，社
会主义派医生断言，如果"以最高超的技术"在怀孕的前三个月进
行手术终止妊娠，那么这种手术仅存在"非常小的风险"。一些医生
认为，与女性长期避孕相比，这种堕胎手术即便经常进行，风险也
要小得多。[116]

与德国共产党一样，社会主义医生协会把对宽松法规的要求与
适当的产妇福利联系起来。用莫西斯的话说，国家不能强加生育的
义务而不承担养育的义务。协会主张，堕胎不是保守派阵营所说的
"道德堕落"或女性"轻浮"的标志，而是贫困人群的"必要自助"
和具有责任感的证明。[117]

许多改革者都根据自己的信仰行事，并为此付出了代价。一些为
意外怀孕者进行堕胎的医生受到起诉并遭受审判，这往往使他们失去
健康、名誉和生计。司法档案记载了他们投身改革事业的决心。[118]

在协会内部，基于优生学原因的堕胎也得到了广泛支持，最早

190

由马克斯·赫希在 1913 年提倡。1924 年，赫希向普鲁士医学委员会提交了合法化优生学堕胎的指导方案。这些方案都得到了谨慎的批准，尽管直到 1935 年，作为纳粹优生学计划的一部分，这类堕胎才获得正式法律许可（见附录 1）。[119] 尽管赫希和格罗特雅恩都不属于社会主义医生协会，但他们的优生学信仰在该组织内占有相当大的分量。然而，协会在强调堕胎的社会原因的同时掩盖了堕胎的优生学原因，尽管大多数成员认为后者是前者的自然结果。但协会的一些成员，如尤利乌斯·莫西斯，也明确倡导将基于优生学原因的堕胎合法化。1928 年，由协会主导的柏林医学委员会投票支持了在"精神疾病、癫痫……严重精神病和经证实的强奸"等情况下的优生学堕胎，震惊了帝国卫生局。[120]

（三）女医生

在两次世界大战之间，女医生在德国医学界的比例从未超过6%。因此，她们对堕胎运动的影响有限。然而，她们的态度仍然很重要，因为她们明白自己是，也被社会认为是男性主导的行业中女性的代表。此外，作为高校毕业生和科学家，她们对妇女运动具有特殊的象征意义。经济上独立，职业上有价值感，并与男同行平等工作，她们似乎是现代女性解放的典范。而由于她们主要照顾女性患者，她们不仅代表"新女性"，还代表了普遍的女性群体。

医疗是德国女性就业数目增长最快的行业。女医生的数量从1909 年的仅 82 人上升到 1933 年的 3376 人，超过了女中学教师的数量，后者曾经是最大的职业女性群体。女医学生的数量反映了医学的受欢迎程度。尽管大多数德国大学直到 1908 年才开始招收女性，但到 1911 年，已经有 555 名女学生。到 1929—1930 年冬季，已有近3500 名女性注册医学专业。与英国 1923—1924 年战后女大学生入学高峰期的 1660 名相比，这个数字非常引人注目，尤其是英国大学自

1880 年代以来就开始招收女性。[121]

女医生尤为有资格参与堕胎辩论，因为她们主要在大城市作为家庭医生执业，而大多数堕胎请求都是在这些地方提出的，另有许多女医生专门从事妇科，因为她们几乎没有机会为保险基金工作。到 1931 年，超过三分之一的节育和性健康诊所都由女医生担任工作人员，而这些诊所经常处理堕胎问题。女医生也往往能共情来访者的怀孕和家庭节育问题，因为她们中近一半已婚，有三分之一拥有自己的孩子。由于很少有女医生是国家雇员，她们不受教师和其他在公共部门工作的妇女受到的结婚禁令的约束。作为女性和年轻一代的代表——在 1925 年，40 岁以下的女性占了 80%，而她们的男性同行中只有 51%——她们倾向于将堕胎视为一种挑战而不是威胁，并且她们经常展现出非常激进的观念。[122]

女医生从 20 世纪 20 年代初开始参与公共辩论，但从 20 世纪 20 年代中期开始，她们在报刊、会议和示威中所作的贡献骤增。正如我们所见，德累斯顿的医生安娜·玛格丽特·施特格曼于 1925 年 3 月在国会发表首次演讲时选择了堕胎作为主题。在接下来的几年里，她在法律专业委员会内推动了堕胎改革。与许多其他女医生一样，她也是社会主义医生协会的成员。[123]1924 年德国女性医生联合会成立，为女医生的观点提供了一个重要的发声平台。它的会员在第一年年底迅速增长到 600 人，在 20 世纪 30 年代初几乎达到 900 人，占女性专业人士的近三分之一。堕胎成为联合会的重要关注点，并且是 1930 年联合会年度大会的主要议题。

德国女性医生联合会内部的讨论显示，女医生的态度甚至比男医生更加两极分化。那些支持堕胎改革的女医生比她们的男同行更主张激进的变革；那些反对改革的女医生则通常比男性更加保守。例如，1930 年，在柏林的 476 名女执业医生中，有 356 人签署了一

192

份致国会的请愿书，要求废除堕胎法，实际上是要求可以随时按需堕胎。这比社会主义医生协会的任何提案都更激进，后者仅要求特定理由下的堕胎合法化。这也比后来联邦德国的法律更激进。[124] 事实上，柏林的女医生们质疑了 1916 年首次提出的"必要"和"不必要"堕胎的概念（见引言）。这一要求立即催生出一份反请愿书，由主要来自天主教地区的 400 名女医生签署。这份反请愿书拒绝了德国医生联盟 1925 年莱比锡会议提议之外的宽松立法，并要求对治疗性堕胎进行更严格的控制。[125]

女医生对德国女性医生联合会于 1931 年 1 月向行业中所有约 3000 名女性会员发出的一份关于堕胎的问卷调查的反应也存在分歧。近一半人对问卷作出回应，其中 74% 支持法律改革，20% 支持废除法律，仅有 6% 支持维持现状。因此可以说，女医生比她们的男同行更渴望改革，这一事实在 1930 年对汉堡市医生的一项调查中得到了印证[126]，只有 7.5% 的参与者认为应该废除第 218 条。但是德国女性医生联合会调查的激进结果源于一半的女医生选择了弃权，可能是因为她们对改革不感兴趣。

因此，1930 年的两份请愿书和 1931 年的调查表明，女医生之间和男医生一样存在分歧。这确实是 1925 年德国女性医生联合会期刊上一篇总结联合会内辩论的文章得出的结论。该文章指出，对于女医生来说，意识形态是其主要考虑因素，而"她是医生还是女人"并不重要。[127] 然而，这并不能解释问题的全部。因为如果除了探讨她们支持还是反对改革之外，还探讨为什么支持或反对，就会发现女医生间一个广泛的共识，反映出医学领域的重要性别差异。女医生普遍认为：

（1）她们比男性更有资格判断是否堕胎；

（2）妇女的福祉至关重要；

(3) 生育主义者的担忧与堕胎无关；

(4) 堕胎并不意味着道德败坏。

此外，许多人还要求生育自主权。性别分歧从一开始就显而易见。德国女性医生联合会是为促进"从女性的角度"进行社会卫生立法专门成立的。德国女性医生联合会的第一任主席赫尔米娜·豪斯勒-埃登豪伊森（Hermine Heusler-Edenhuizen）敦促她的女同行们不要"模仿男性行为，而要培养自己的风格"。她和其他像她一样的人将第218条定义为"男性文化的产物……基于父权制的错误的心理和法律假设"。即使那些反对激进改革的医生也更重视性别团结而不是意识形态差异。[128]

持任何政治信仰的女医生都反对男妇科医生习惯于将堕胎视为一个学术议题而不关心女性本身。汉堡的妇科医生、温和的改革者海伦纳·伯纳（Helene Börner）批评了温特关于堕胎的官方教科书，特别是他倾向于"将妇女贬低为物品"，而不考虑她们的心理或社会背景。相比之下，根据19世纪30年代中期的一项调查，女医生似乎更倾向于采用人道主义而非"科学"的方式，并致力于治疗"完整的人"。[129]

与男同行不同，女医生强调怀孕和分娩伴随的严重风险，并为对女性的生育成就的更广泛认可而斗争。埃登豪伊森将怀孕描述为一条"妇女必须走过的艰难而痛苦的道路，而且在这条道路上，她永远不能确定自己不会失去生命"。这就是为什么母性需要社会的保护，而不是"法律的铁则"。布雷斯劳的妇科医生克拉拉·本德尔（Clara Bender）宣称，正常分娩的风险是堕胎手术的两倍，尽管根据她在城市综合诊所的经验，堕胎手术通常是由没有经验的医学生进行的。在节育诊所工作的人支持这一观点。洛特·芬克声称，"正确执行的医学堕胎对妇女没有风险"，这是基于对她法兰克福诊所近

8000 名妇女病例的研究得出的结论。[130]

女医生还要求一些男医生似乎没有强调的东西：妇女在生育之外有权过上充实的生活。她们认为母亲的情感幸福在堕胎抉择中应该和她的健康同等重要。芬克在法兰克福节育诊所的同事赫尔塔·里瑟在这方面更进一步。在 1929 年伦敦的世界性改革联盟会议上，她宣称每个妇女，无论是否结婚，都有权拥有"健康而自然的性生活"，而这只能通过提供避孕和堕胎来保证。柏林执业医生、德国社会民主党议员凯特·弗兰肯塔尔是这一理念的支持者，她为了事业选择保持单身。她支持合法堕胎，认为这对那些希望在事业和令人满意的性生活之间取得平衡的女性至关重要。她认为身体之爱不仅令人向往，而且对于实现"完全的情感成熟"是必要的，她鄙视禁欲，认为后者是"神经能量的巨大浪费"。[131]

除了极少数例外，女医生们都否认支撑第 218 条的人口学依据。对激进改革持反对意见的社会主义医生协会成员玛莎·威戈金斯基（Martha Wygodzinski）希望德国已经摆脱了"要求后代当炮灰的军国主义时代"。即使是天主教医生施沃尔-雅科夫斯基（Schwörer-Jalkowski）在 1924 年对天主教妇女联合会的演讲中也承认"时代的社会困境迫使许多家庭限制子女的数量"。同样是天主教徒的施特格曼在当时的艰难条件下也"积极欢迎"低出生率，这一观点也被社会民主派福利医生洛特·兰德（Lotte Lande）在 1930 年德国医生联合会的会议上表达："当前有 370 万失业者，单是普鲁士就有 30 万房屋短缺，任何刑法都无法阻止国际上出生率下降的现象。在这个时候，我们不应该为此感到惋惜。"[132]

出于同样的原因，女性拒绝像许多男人那样认为堕胎是不负责任或不道德的表现，因为女性的经历证明事实完全相反。大多数人在严重困境下才会要求堕胎。芬克在 1930 年的调查显示，在所有寻求堕胎的女性中，有82%是已婚女性，其中大多数的丈夫都没有工作。因此，女医生们将论点颠倒过来：不是堕胎不道德，而是法律不道德，因为它试图"通过惩罚手段强迫所有女性养育非她所愿的孩子"。她们认为这条法律的不道德还在于，往往是男性应当对意外怀孕负责，有时也是男性要求堕胎，但受到惩罚的往往只有女性。[133]

一些女医生提出的想法预示了20世纪70年代和80年代女性主义思潮的出现。她们主张，堕胎不应被视为赐予某些妇女的恩惠，只因为她们是"有问题的"个案，而应被视为所有妇女"主导自己身体"的基本权利。[134]1930年的柏林请愿书包含了一个激进的原则，即在堕胎案例中，医生应该是实现患者愿望的技术专家而不是仲裁人。因此，这份请愿书要求提高堕胎技术的医学培训水平，并增加对技术研究和开发的资金支持。女医生们都有着与社会卫生学家一样的信仰，相信预防胜过治疗，并要求让妇女能够免费获取避孕用具与方法，尤其是要教育妇女保护自己。然而，与她们的男性社会主义派同僚不同的是，她们批评现有的女性避孕方法，呼吁进行更多研究，并建立国家检测站对所有品牌在上市之前进行测试。[135]

196

有些医生，如埃尔泽·基恩勒，将妇女的生育权利与她们的普遍解放联系在一起。她问道："如果妇女仍然是无助的生育机器，选举权对她们有什么用呢？"[136]安娜·玛格丽特·施特格曼这样说：

在妇女被要求在公共生活中为最困难的问题作决定的时候，理所当然地应该让她们有权决定是否有生育她们所怀的孩子的身体或情感力量。[137]

基恩勒不仅主张废除一切阻碍自由获取避孕措施的法律，还提倡制定一个新的、经过法律认可的道德准则，该准则将保证"在身体、性爱和性别方面实现男女真正的平等"。柏林一家婚姻诊所的负责人安娜玛丽·杜兰-韦弗（Annemarie Durand-Wever）要求改革婚姻法，"赋予妇女对自己身体和子女的广泛控制权"。埃登豪伊森和里瑟尤其认为，妇女"生理上的痛苦"是父权制的自然结果，父权制由"男性在性文化上的匮乏"主导，几千年来向妇女灌输"性别自卑感"。她们嘲笑男性"专家"，如律师、医生和神父，这些人告诫妇女要"随时随地都要满足男性的性需求"。[138]

　　尽管有这些非常解放主义的情绪，女医生们仍然关注着当时的人口政策。在某种程度上，这意味着对她们明确要求赋予每个女性的权利的侵犯。与她们的男同行，特别是在社会主义医生协会中的同行一样，她们支持养育"少而精"的子女，赞成基于优生学原则的堕胎。她们认为这能帮助到有过多孩子的贫苦母亲，这在她们诊所中很常见。这也对一个在福利义务方面负担过重的社会有利。"为了病人"与"为了社会"的优生学堕胎之间只有一线之隔，但她们似乎并不为此担心。许多曾以女性主义者自居的人也赞同根据种族卫生学原则而不是个体自决进行生育选择，她们区分了那些"适合"繁衍后代的女性和"不适合"的女性，因为她们被认为是"劣等"的。正如我们所见，魏玛时期德国的舆论氛围倾向于将社会卫生和种族卫生融合在一起，以至于"女人成为母亲的理想"和"理想的母亲"两种观念并没有分开，而被视为同一硬币的两面。它们是充斥社会的母性崇拜的一部分，包含了实现自我和履行生物责任两种理想。

　　因此，几乎所有女医生都对优生学表示赞赏并不奇怪，但令人惊讶的是她们表现出的热情。例如，支持1930年激进请愿书中的女性主义观点的洛特·兰德也主张基于优生学的堕胎合法化，因为用她的话说，未受控制的、"愚蠢和不负责任的"繁殖会危及种族的遗传质量。与兰德一样，作为社民党成员和单身母亲权利的倡导者的玛莎·威戈金斯基认为，"允许大量身体和情感不健全的个体生育"在经济上是无法维持的，并力劝立即以优生学为基础将堕胎合法化，即使这意味着在这门"科学"发展的早期阶段会犯错误。克拉拉·本德尔是布雷斯劳的一位妇科医生，她在这个观点上更进一步，不仅提倡堕胎，还主张对"虚弱、愚蠢和退化者的清除"，应当用绝育来抵消公共福利对这类人的供养。这一观点也是其他许多人的共识。大多数女医生要么明确支持这类主张，要么通过不提出异议来含蓄地表示赞同。尽管很少有人如此直言不讳，但即使在潜意识中，她们也同意柏林优生学家阿格尼丝·布卢姆 1922 年向普鲁士医学委员会解释她反对基于社会理由而支持基于优生学理由堕胎时的观点："种族的健康需要通过权威把个人利益置于下一代利益之下。"[139] 生育是公共而非私人议题的概念在流行口号"公共福利高于个人福利"（Gemeinwohl geht vor Selbstwohl）中得到了很好的表达。这是社会达尔文主义者和社会主义者的思想，后来演变为纳粹的口号"公共利益高于私人利益"（Gemeinnutz vor Eigennutz）。这些集体主义的观念也为许多女医生的一些极端思想提供了正当理由：对"劣等人"的强制性入院管制和绝育，甚至"对不值得存在的生命进行摧毁"，尽管这些思想违背了她们对个人自由和女性生育自主权的关切。[140]

女性医生联合会的期刊《女医生》（Die Ärztin）中的文章反映了对优生学社会问题"解决方案"日益增加的关注。1933 年 5 月，联合会正式与纳粹政策结盟，尽管其中并非没有胁迫，而且是发生在大多数主要成员被对纳粹政权不那么敌对的人取代之后。[141]

对于大多数男医生来说，女性的健康确实是一个次要问题。保守派医生关心的是国家道德和职业阶层问题。社会主义派医生认为堕胎本质上是一个阶级问题。对于他们来说，帝国法律及其执行反映了资产阶级的伪善，谴责堕胎不道德，却默许富人采取堕胎措施。[142] 这场辩论还揭示出显著的性别差异。男医生主要关注堕胎的社会维度，而女医生往往强调女性个体的需求。在医学界内部存在的这些根本差异意味着它对国会的法律改革进程几乎没有贡献。尽管从 1920 年开始争取合法堕胎的运动充满激情，但直到 1972 年在德意志民主共和国和 1976 年在联邦共和国，相关法律才得到明显的自由化。[143]

但是这些态度上的差异不应该让人忽视这样一个事实，即男女医生和各种政治信仰的医生在很多方面有共同的立场。无论是改革者还是反对改革者，都轻率地利用统计数据服务于自己的利益。尽管在改革问题上存在分歧，医生们基于同一个信仰团结在一起，即堕胎除非在严格的医学控制下，否则会对女性和社会构成严重危险。尽管这有助于医学利益，但它掩盖了堕胎作为一种古老而相对有效的策略，通过这种策略，女性可以避免不想要的孩子。所有医生也将节育定义为重要的民族问题，而不是个人权利问题。实际上，在医生之间的辩论必须在他们为生殖健康领域的医学垄断而进行斗争的背景下看待，作为医学专业化进程的延续，这一进程始于 18 世纪。[144] 自从 1869 年的《自由贸易法案》宣布医疗活动对所有人开放（Kurierfreiheit）以来，医生们一直紧张地捍卫他们的特权，以防止业余从业者的侵蚀。到了两次世界大战之间，医生们已经控制了上层和中产阶级患者，尽管扩大了健康保险的范围，为大多数劳动人民提供了免费医疗待遇，但这并没有减少非专业治疗者的受欢迎程度，如果通过其不断增加的数量来衡量。到 1925 年，医生与自然疗法医生的比例已经缩小到四比一；在一些其他领域，这个比例甚至更小。[145] 堕胎试验揭示了助产士、女性和自然疗法医生是女性在控制生育方面的主要盟友，而不是医生。医生希望在生殖领域获得控制权，这解释了他们何以对堕胎持明显的矛盾态度。[146] 一方面，他们从高尚的原则出发反对堕胎，并利用"江湖医生"的堕胎来抨击1869 年宣布的所有人都可从事医疗活动的制度。另一方面，他们试图将堕胎医学化。医生私下承认，他们不满与业余者共享医疗市场，尤其在承受经济压力时。他们认为这是不公平的，因为医生经过长时间且昂贵的培训，受到严格的国家控制，不能进行广告宣传，并受到由保险基金制定的薪水的约束，而业余治疗师则没有受到这些控制，可以从事利润丰厚的堕胎业务，而医生则会被从注册名单中除名。但在公开场合，医生们将"江湖医生"的行为视为对公共卫生的威胁，并游说国会、参加抵制运动。[147]

200

医学辩论的核心基于这样一个假设，即医生才应该是堕胎决定中的技术管理者和道德裁判者。实际上，医学界没有人质疑应该存在一个关于堕胎的普遍政策，或者说医生应该决定这一政策。这一事实以及职业内的意识形态纷争再次表明，避孕问题——事实上，直到今天仍然如此——既是一个政治问题，也是一个技术问题。各种有效的最新避孕技术发明并不能掩盖这样一个事实，即重要的是谁以及出于什么原因能够决定是否生育。[148]

女医生则不太容易融入上述图景。在 20 世纪 20 年代，她们中的大多数人对国家与职业之间的矛盾几乎没有兴趣，部分原因是她们认为自己是幸运的职业女性，另一部分原因是作为自雇医生，她们相对来说是局外人。但是，一旦她们的未来受到威胁，她们就会为自己的职业利益而斗争，比如在反对赚取第二份收入的已婚妇女的运动中。[149] 但是，正如我们所见，她们也支持集体主义观念，并相信在身体政治中公共利益高于个人利益，因此采取了与大多数男医生相同的立场。

如此，在"共同利益"的名义下，整个医学界不仅旨在从业余治疗师那里夺回医疗领地，还试图从妇女那里夺走生育决策权。这两种策略都取得了相当成功的效果。自第一次世界大战以来，许多州政府颁布了更严格的助产法规，这有助于进一步削弱女助产士在分娩和节育中的作用。理论上，这些措施旨在降低婴儿死亡率，并提升助产士的物质和社会地位。但实际上，这导致了就业岗位减少，并使助产士受到医生和医疗官员更严格、更频繁的羞辱性控制。[150]以公共卫生为名，医生也成功地控制了流产的执行和选择程序。1927年3月最高法院允许根据医学原则进行流产的决定意味着从那时起，终止妊娠成为医学界的专属权利，只有医生才能决定哪些女性"值得"接受流产。这些发展增加了医生的权力，但剥夺了妇女控制自己身体的权力。同年，对抗性病的法律是废除任何人都可从事医疗活动的制度的第一步。它禁止了任何未注册的医生进行性病治疗。到了1939年，民族社会主义者彻底禁止了民间医学。[151]

纳粹的种族"改良"政策也代表民族考量应当凌驾于个人之上的理论已经达到顶峰。1935年，纳粹基于优生学的理由将堕胎合法化，这在实践中常常被证明是强制性的。[152]这是一种对所谓的"生物学"问题的极端回应。在魏玛共和国期间，医生们一直为这个问题而焦虑，并且几乎每个人似乎都准备好牺牲个人的选择自由，特别是将女性的身体置于"政治的身体"之下，以解决这个问题。

结 论

在第一次世界大战期间，对出生率下降的过度关注以及魏玛共和国时期对"民族身体"健康的极大兴趣，使得作为私人问题的节育成为一项高度政治化的议题。人口政策的重要性源于一种信念，即出生率可能对国家实力和国民福利产生至关重要的影响，因此应该进行调控以适应当时的需求。

这一新"身体政治"中的生育干预精神在很大程度上是由医疗行业决定的。随着实证主义鼓励对国家问题进行科学分析，医生在政界的影响力不断增强。正是医生首先引起了人们对人口"危机"的关注，并使性行为成为科学审查和国家监管的正当对象。这种干预程序在魏玛共和国继续推行，社会福利和公共卫生覆盖范围的扩展提供了全新且微妙的生育监测方法。医生似乎是唯一能够对人口问题提供解释和解决方案的人，他们对民族衰退的解释范式很有说服力：如果道德偏差和民族问题被病理化，那么它们就可以在医学上得到治愈。因此，性病和"劣种"生殖被视为导致"民族身体"不健康和道德不健全的疾病，只有医生才能治疗。

第一次世界大战期间，德国形成了一种毫不掩饰的崇尚生育和压制性的民族人口政策，同时对女性主义采取了坚决反对的态度。但战后，人口政策发生了从数量到质量的转变。旧体制下具有粗暴的帝国主义色彩的"强制生育"企图已经失去信誉，相反，左派主张建立一种为母亲提供物质支持的系统，结合对节育措施的恰当使用，使女性能够理性地控制自己的性行为。但人们发现，旧式的干预主义并没有消失，而只是被一种更为微妙的社会控制形式所取代：获得节育措施的途径不再完全受阻，但会根据社会和种族卫生标准进行调整。同样，在发放产妇福利津贴的同时，往往还伴随着教育策略的推行，通过这种策略将官方的生育行为规范巧妙地强加给妇女。

本书质疑了一些历史学家的观点，即在魏玛共和国时期并不存在国家人口政策。[1] 然而，对 1918 年后的国家和各州部长文件的调查显示，国家人口政策确实存在，尽管这种政策是分散、不连贯且经常受到争议的。这反映了共和国时期政治分裂、中央政府不稳定和弱势的特点，权力下放给了利益集团和专业精英。出于同样的原因，两种相互对抗的模式也塑造了魏玛的人口政策：由左派主导的模式构成了对战前政策激进的背离，以及与之对立的右派的模式。右派仍然崇尚生育主义，但由于在战后这一信仰被广泛抨击，因此它通过反对性道德败坏和家庭解体来间接追求其目标。然而，本书已经证明，这两种模式表面上的二元对立掩盖了左右两派之间一种根本的共识，这一共识与割裂它们的分歧同样重要。右派坚决捍卫的在性风俗、家庭结构和女性性别角色方面的集体主义和父权主义观点，也是许多左派成员私下里认同的，对于这些在战后出于策略性原因不能公开表达的话题，他们欢迎对手在公开场合大声疾呼。这证实了在生育政治中，传统的左右派分歧不如性别联盟重要。

魏玛时期的年轻女性持续忽视官方意识形态，但是因为她们普遍缺乏政治兴趣，对女权运动也鲜有热情，使得她们新的生活方式容易受到右派攻击。保守派和社会主义者之间的共识加剧了代际之间的摩擦，这解释了为什么魏玛政治阻碍了性革命的发生，以及为什么在经济衰退为反动思想的回潮提供了一个方便的借口时，民族社会主义者相对容易地挪用了魏玛家庭政策中的保守主义成分，来为他们的反女性主义政策辩护。

204

一、延续与变革

本书认为,人口政策在帝国时期、魏玛时期和纳粹时期之间存在明显的连续性。这在积极的生育主义政策方面尤为明显,例如通过财政改革支持大家庭并在普鲁士政策文件中首次提出农村定居计划,这一计划在 1919 年后部分得以实现,并在 1933 年后得到扩展。其他方案,比如为了支持大家庭而提出的廉价住房、减免学费和交通费用的方案,自 1912 年以来一直得到提倡,但直到纳粹提供专项资金后才真正得以实施。[2] 更重要的是,威廉时代、魏玛时期和纳粹时期的政策制定者都认为,"身体政治"与其他国内政治议题同等重要,即节育和生育应当被医学化,并且在生育中共同利益比个体利益更为重要。

然而,在一些关键方面,魏玛时期的政策也与此前和后续的政策有所不同。20 世纪 20 年代的魏玛政府不仅否决了一些方案,如单身税和婚姻贷款,还反对任何试图推行"强制生育"的尝试。关于加强对卖淫、避孕、绝育和堕胎的管控的三项法案共同构成了战时压制性政策的核心,它们在魏玛时期被弃用,直到希特勒上台才重新启用,同时节育在此时被放开。相比之下,希特勒执政后不久,节育诊所关闭,避孕和堕胎法规收紧,执法也更严格。[3]1943 年恢复了对堕胎妇女的劳役刑,还对被视为重刑犯的堕胎医生实行死刑(见附录 1)。

而威廉时代和纳粹时期的政策存在差异的部分,恰是魏玛时期和纳粹时期存在重要重叠的领域:对消极优生学的信仰。虽然威廉时代的规划者被人口减少的幽灵所缠绕,因而未曾考虑"选择性繁育",但一战后的经济和社会危机使政策制定者逐渐转向性价比更高的消极优生学,以改善公共卫生和下一代的素质。不加选择的生育主义被"少而精"的生育政策所取代。鼓励家庭，特别是工人阶级家庭，减少子女以适应其经济地位，并提高人口的健康状况。本书认为，对"缺陷者"的隔离、优生学婚姻咨询，以及对"不适合生育者"的堕胎和绝育等方案得到官方支持的时间比通常认为的要早。这些方案之所以被接受，是因为它们是自愿的，并且符合社会卫生和个体对民族的生理责任的"进步主义"意识形态。我们已经看到，它们得到了来自不同群体越来越多的支持，从社会主义者到保守派政治家，从社会主义党派医生到教会。

本书认为，"自愿"和"强制"的优生学绝育之间的分别在意图和实践上经常是模糊的。因此，将1933年纳粹法律规定的"遗传病患子女"的强制绝育法视为对1932年普鲁士的自愿优生学绝育法案的自然延伸似乎是合理的。同样，1935年6月允许优生学堕胎的法律的起源也可以追溯到魏玛共和国。[4]1933年以后的优生法正式将魏玛时期提出过尽管通常很含蓄的提案编入法典，即个体生育控制应该服从于人口控制。纳粹的优生学立法以其生育主义和反生育主义的怪异混合，结合了战前专制的定量政策以及魏玛时期更为民主的定性政策的许多特征。

因此，魏玛的社会和优生政策被形容为为第三帝国提供了先例不足为奇。一些人还看到第三帝国和联邦共和国的态度和政策之间存在延续性。[5]但另一些历史学家也正确地指出魏玛和纳粹优生学和社会政策之间也存在重大的不连续性。吉塞拉·博克强调了魏玛的政策更偏向于自愿，而希特勒更偏向于强制措施的区别，还强调了政治局势的差异。她认为，1932年普鲁士关于自愿优生学绝育的法案在魏玛德国的议会民主制度中除非借助紧急法令，否则不可能通过。保罗·温德林（Paul Weindling）认为，1933年前后政策的差异在于许多重要的优生学家被纳粹解雇，并且纳粹的反犹太主义和反社会主义在20年代的优生论述中是缺失的。[6]

二、隐藏的议题

从长远来看，人口政策是否影响国家的出生率仍存在质疑。但威廉时代的生育主义政策也因其固有缺陷和未能考虑到大众对节育的态度和实践而受到影响。人口学家低估了个体和集体生育决策的复杂性。本书意在揭示，这些决策在很大程度上并不受有效、廉价和安全的避孕方法的影响，而更多地取决于复杂社会经济因素的相互作用，以及生育态度的变化，尤其是妇女对自己在家庭和社会中角色的认知的变化。

本研究表明魏玛共和国的政策制定者已意识到了其计划的局限性。帝国时期的官方计划除了旨在取得实际结果外，很可能也是政府利用的战术手段，他们希望借此证明自己能够施加控制。而魏玛时期的政策制定者可能与他们殊途同归。他们提供德国生物医学危机的解决方案，只是为了安抚那些将20世纪20年代一切社会病态归咎于"共和政体实验"的文化悲观主义者。

显然，在公共话语中区分事实和虚构并不总是轻而易举的。对所发生之事的感知并不总是与实际发生的事情相吻合。其原因有两点：（1）生育对广泛的社会潮流反应非常敏感，因此它不可避免地反映了许多其他问题；（2）政策制定者利用"人口危机"的概念来抨击不同的社会问题。帝国时期关于出生率下降的论辩，就像关于魏玛德国民族衰退的论辩一样，其根本原因是一些莫名的焦虑，这些焦虑被转移到了生育议题上。这解释了为什么修辞有时会掩盖事实，统计数据也常常在迎合意识形态目的，而不是提供事实评估。在人口仍在迅速增长的帝国时期，民族灭绝的黑暗前景只有当它被视为表达了人们对世俗化和男女之间权力关系变化的深层恐惧时才说得通。20 世纪 20 年代关于"新女性"、女性经济活动、堕胎和性道德的辩论同样被对现代化的广泛社会关注所强化。对性别和阶级关系变化的恐惧在其中起着核心作用。因此，1918 年之前的政策遏制节育，而魏玛时期对此选择性地放宽，表面上是试图维持民族力量和恢复民族健康，但其潜在含义表明，这也是一种惩罚女性的违抗行为和污名化其生育决策的方式。同样，20 世纪 20 年代的"家庭危机"概念更是普遍焦虑的提炼。关于家庭生活面临内在的瓦解危机的说法并不受结婚和离婚统计数据支持。相反，它指向对父权制家庭存续的担忧和男女性道德的双重标准。它还反映了代际之间的冲突以及战后普遍的迷茫情绪。因此，人口政策旨在解决一系列外显和隐含的复杂问题。

但"身体政治"也有其用处，它转移了对其他国内危机的注意力，这些危机似乎更脱离政府控制。特别是在动荡的魏玛时期，各种经济危机（通货膨胀和失业）、战后立刻出现的持续社会动荡、普遍的政治不稳定和相对的国际孤立，相较于人口重建的问题，似乎都更难解决。而对于人口问题，福利体系、医学研究和优生学似乎提供了应对之策。对于生物医学解决方案的信心似乎将许多政治和文化信仰截然不同的群体团结在一起。

三、节育层面的进步

1968 年，联合国宣布节育是一项基本人权。[7] 本研究表明，魏玛时期的政策提供了更好的节育途径，朝此方向推进了一步。但是，其中显示出的进步理念飘忽不定，因为生育政策涉及个体权利和集体权利之间的紧张关系，而且进步对不同的人来说意味迥然不同。例如，社会卫生学家和社会主义党派医生希望通过使节育医学化来

改善公共卫生，减少性病，改善母婴健康并消除遗传疾病。性改革　208
者希望将性行为与生育分开，以为妇女提供性愉悦，增强人与人的
联结，并提高新一代的素质。社会主义者追求家庭节育的合法化，
以改善工人阶级的经济和社会状况；社会主义女性主义者和女医生
则希求产妇有更幸福的生育体验。这些对生育"进步"的不同看法，
未必符合那些寻求掌控自身命运的个体妇女的愿望。

这个问题的复杂性进一步体现在，参与其中的各方是出于实现
自己利益的目的而接纳节育措施的。有证据表明，在战争期间，普
鲁士内政部长利用出生率恐慌提升自己部门的形象。同样，在魏玛
共和国时期，高级医疗官员利用关于堕胎的辩论彰显他们个人和意
识形态上的特色。堕胎辩论也为医生和妇科学家的相互倾轧找到了
一个合法的出口。更重要的是，所有医生——无论是支持还是反对
节育——都利用公共话语来支持他们对医疗主导权的主张，以对抗
自然疗法师的威胁。社会民主党和共产党利用推动堕胎法改革运动
来实现党派政治的目的，并互相诋毁。同样，教会在性道德问题上
的灵活态度无疑是在新的共和国中重新确立他们的影响力并阻止教
会会员减少的尝试。[8]

对上述不同策略和意识形态的审视，使我们对不同的组织有了
新的认识。例如，教会在性相关事务方面的态度表现出惊人的弹性，
允许在其组织内部采取自由主义的态度。历史学家经常忽视基督教
妇女运动或视其为反动，但其庞大的成员规模和独立于教会体制之
外的地位令人惊叹，其对妇女解放的愿景既包含女性主义又符合基
督教理念。甚至连教会领导人也加入了关于性的公开讨论，其坦率
程度是英语国家难以企及的，并且"进步"到能够支持避孕作为预
防性病的手段，并支持新的优生学科学。

德国政治左派相比其英国的同志，勇于放弃传统上对新马尔萨　209

斯主义的抵制，接受生育不是私人问题而是需要政党坚定地投身
其中的政治问题。尽管他们策略性地利用了这个议题，但德国共
产党和社民党都给出了对改善妇女生活的重大承诺，迫切要求保护
产妇并不断尝试废除惩罚性的节育法律。历史学家经常指责社会民
主党背弃了早期堕胎合法化的承诺。但本研究显示，该党始终忠于
其原则，试图实现一项一直被轻视的法律改革。无法实施更加激进
的改革不是社会民主党意愿不足，而是由于国会和内阁中对立势
力的强大。

有关节育的辩论还引起了对魏玛新出现的女性立法者及女医生的
强大影响力的关注。与近来有关"在魏玛德国缺乏女权意识"的说法
相反，彼时社会主义女性政治家认识到了解放女性免受生物决定论的
重要意义。[9]她们不仅调动了各自政党对节育的兴趣，而且她们的不
懈努力对改善产假福利和母婴保护以及放宽堕胎法起到了关键作用。
这场运动也促进了她们自己的职业发展，并在议会内外保障了她们
的发声平台。同样，女医生参与有关生育自由的讨论有助于她们建立
自己的职业认同感，形成专业的组织并在议会中游说。和女政治家一
样，女医生也勇敢地强调节育的性别维度。当她们的男同行强调节育
的社会维度、民族道德，或是阶级影响时，女医生则倾向于将女性置
于辩论的中心，并有时使用与如今类似的女性主义论点。

四、生育福利和意识形态

魏玛女性主义者的运动反映了人们对待母亲角色态度的变化。
许多女性不再将做母亲视为她们理所当然的命运，而是认为应该由
她们自由选择，不应妨碍她们在家庭之外的活动。这种公共认知的
转变在很大程度上受到了战争对人口和社会的影响，特别是由于所

谓的"剩女"现象，大量女性找不到丈夫。但是，做母亲需要公共认可和鼓励的观念是由于出生率下降而产生的。事实上，生育率恐慌给了女性巨大的战术优势，随后被女性政治家所利用。战前的政策制定者担心国家实力不断减弱，只希望为女性提供物质激励以换取更多婴儿的出生。1918 年普选权的推出使这些承诺具有政治意义，而魏玛时期女性政治家大多对社会政策感兴趣，并致力于使它们成为政治现实。尽管存在相当大的经济限制，广泛实施的母亲福利计划仍是魏玛社会政策的一项显著成就。该立法的确存在重大漏洞和概念缺陷，且其中的好处往往被削弱或因太少而无济于事。然而，这些改革反映了政府支持母亲的承诺，它们也改善了女性选择成为母亲后的生活质量。这些政策包括家庭津贴、几乎完全普及的产假福利以及《华盛顿公约》的实施，该公约延长了孕妇和新生儿母亲的产假并保证了她们的工作稳定。这使得德国成为拥有世界上最为先进的母亲福利计划的国家之一。作为母亲的女性还受益于卫生保健体系的显著改善：全德国范围内的婴儿和产前诊所得到了扩展，而在柏林，健康保险基金首创了一种新型的综合诊所，为孕妇和新生儿母亲提供各个方面的卫生和社会关怀。

当然，这些社会福利措施包含了传统规范的元素，并强化了一种关于母性的意识形态，即将女性塑造为家庭而非公共角色。在宗教团体、政党和妇女运动中确实存在广泛的共识，即做母亲构成了女性对社会的特殊贡献。但是，保护母亲联盟和社会民主党内的女性主义者们总是强调自愿成为母亲的重要性。她们认为，为使女性摆脱生理上受到的强迫，有必要争取官方对女性家务劳动的认可和产妇福利。与当今那些认为母亲角色是女性受压迫的主要原因的女性主义者不同——因为她们认为这将女性困在了"孤立的境地"中 [10]——20 世纪 20 年代的社会主义派女性主义者认为，母亲角色和女性在家庭中的劳动是力量和快乐的潜在来源。事实上，在魏玛时期，大多数支持避孕的女性，就像今天的很多女性一样，是在用避孕来安排生育间隔和限制子女数量，而不是完全放弃做母亲。在社会和经济动荡的时代，家庭生活始终吸引着许多女性。正如布莱登塔尔（Renate Bridenthal）和孔兹（Claudia Koonz）所洞察到的，"这意味着地位、独立、体面和安全。简而言之，这是一个需要捍卫的领地"[11]。

五、生育自决？

正因妇女拥有选择生育的自由是妇女解放的先决条件，魏玛共和国在为妇女提供节育措施方面取得的进步促进了妇女解放运动。正如我们已了解到的，那时的一些女性主义者、社会民主人士、医生和性改革者逐渐意识到了廉价、高效且安全的避孕手段和堕胎的重要意义。在第一次世界大战后，专门的性与节育诊所数量陡然而升。不论妇女的婚姻状况为何，这些诊所要么免费，或是以最低费用来为逐渐增加的来自社会所有阶层的妇女提供咨询建议与避孕药具。与此同时，他们还提供不孕不育咨询与终止妊娠服务。此外，一场大规模民间运动应运而生，即在流动诊所提供避孕药品，这有助于拓宽节育服务网络。防治性病的法律废除了对当时大部分避孕药具广告的限制。社会福利组织与性改革运动也致力于尤其针对青年人的性教育宣传。魏玛共和国的堕胎法案改革运动在减轻对妇女的刑罚、治疗性堕胎的合法化方面取得了重大成果，就此而言，其他大多数国家不得不面临更漫长的等待。

在更广泛的群体中，一种对于性和节育的积极态度同样愈加显著。20世纪20年代，一些社会评论家们发现在性和生育方面，魏玛共和国年轻女性当中普遍存在着这样一种理智态度，即她们相信性愉悦与生育行为相分离，并将目光从母职身份转向更广阔的社会机遇。她们不再视孩童为"上帝赐予"，而是生育选择的结果。这也是为何一些女性如此激进地支持堕胎合法化。堕胎需求的增加不只反映出避孕药具匮乏且品质低劣，更暗示着部分女性逐渐成为了自身生育决定的主体。不过，未婚女性及其子女的权利并没有得到实质性改善，但人们对于非婚生育的态度发生了变化。根据一位经验丰富的行业医生 ① 所言，社会下层开始认为，与其说非婚生子是一种道德瑕疵，倒不如说是一种"愚蠢"的标志，而对于中产阶级来说，这种做法在不能或不愿结婚的女性身上，通常是其积极决策的体现。[12]

众所周知，相比扩大女性的选择机会，节育的支持者们更在意的是集体利益。当时的社会主义者尤为强调家庭节育计划在经济学和优生学上的价值。他们极力提倡要将节育作为一种社会工程的措施，直至社会主义能够为大家庭提供适当的生活条件，而不是将其作为一种个体权利，更遑论作为妇女解放的手段。那些努力扩大节育措施覆盖面的性改革者们既支持节育医疗化，也支持将生育决策置于优生学的考虑之下，这些倡议旨在将对生育的控制权从下层女性转移到中产阶级专家手中。支持节育的医生将自己的职业特权置于一切之上。由于他们共同相信一种人类价值等级的存在，并认为集体优先于个人，故而他们也会将种族的利益置于其女性患者

---

① 本文提到的行业医生（Gewerbeärztin）乃是魏玛共和国关于劳动卫生保障的特殊制度产物。随着 19 世纪德国的工业化，与工作相关的健康危害逐渐增加。20 世纪初，私人执业医生观察到某些职业群体因从事有酬工作而患上特殊疾病，因此要求将医生纳入劳动监察部门。国家当局的报告与住院医生的报告以便更多地汇集在一起，同时也来自行业协会和员工自己。可以观之，行业医生是魏玛共和国职业医学高度活跃的控制中心，促进了临床和实践知识的交汇。由此，一些职业医生作为行业医生观察并积累了大量工人阶级自身对于疾病的观点与态度。文中的采访对象罗森塔尔·道尔森博士（Dr. Rosenthal-Deussen）于 1930 年 12 月 6 日至 7 日就以下主题发表了演讲："从行业医生的角度来看堕胎"，主张工会应当对母婴给予更多保护。——译者注

利益之上。

　　自然而然，这种态度鼓励了国家以牺牲个体权利为代价进行生育干预的观念，抑或以魏玛时期的术语来表述，就是"民族身体"优先于女性的身体。事实上，我们可以说，当时人们普遍认为，为了公共福利有必要对性与生育问题进行管理，而这一共识便抵消了魏玛时代"宽松"风气所带来的生育选择上的进步。那么这是否表明，由于妇女没有获得生育自决权，妇女解放并没有得到推进呢？

　　²¹³这个问题的复杂程度当然远不止于此。在魏玛后期左派使用的口号"你的身体属于你"和20世纪70年代萌芽的联邦德国妇女运动的口号"我的肚子属于我"背后，隐藏着个体自由的理念。就此而言，生育从未是纯粹的个人行为，而是具有社会意义的活动的说法，是具有误导性的。在个体愿望与集体利益、生育的私人与政治维度之间进行二元区分，尽管非常重要，但并不意味着其中没有在一个民主社会中架起桥梁、沟通对立的可能。[13]

　　魏玛共和国为我们今天的女性在生物学意义上的解放夯筑了重要基石。但是，由于当时社会经济的不稳定性和男女身上传统性别角色的黏附性，魏玛德国并没有为女性在社会之中立足提供真正的力量。就近几个世纪以来女性遭受的压迫来看，前述结果并不出乎意料。同时，在抚育儿童的问题上，魏玛德国也没有真正试图给予男性与女性正当的责任分配。更进一步来说，政治右派反对任何左派支持的生育权利的观念，遑论左派对其的主张往往也相当勉强，有时纯粹作为实现目的的手段。因此，只有在社会主义和自由主义政党保护妇女利益的情况下，妇女才能更广泛地获得节育服务。一旦极端保守且独裁的纳粹党接管了魏玛德国政权，节育层面所取得的进步便轻而易举地转化为一种性压抑。

附录 1　堕胎法规和刑法改革

1871 年《刑法典》

第 218 条　孕妇堕胎或破坏子宫内胎儿的，判处五年以下的劳役刑。如果有减轻情节，刑罚可减至最少六个月的监禁。同样的刑罚也适用于经孕妇同意帮助进行堕胎或破坏子宫内胎儿的人。

第 219 条　任何为钱财帮助堕胎的人，判处十年以下的劳役刑。

第 220 条　任何人在妇女不知情或不同意的情况下实施堕胎的，判处两年以上的劳役刑。如果手术导致妇女死亡，则判处十年以上乃至终身的劳役刑。未遂也是可被处罚的。

1909 年新《刑法典》初稿

将对孕妇的最高刑罚减轻至最多三年的劳役刑。

1913 年法律委员会草案

情节严重时，对妇女及其共犯恢复劳役刑；禁止广告宣传堕胎药物和服务。

1918 年 7 月禁止绝育和堕胎的政府法案

只有在为避免对病人生命或健康造成严重危险的情况下，才能由注册医生进行绝育或杀死胎儿的手术。

医生需书面向医疗官员提供病人的姓名、地址、手术日期和理由。未能如实提供者，将面临最长六个月的监禁或 3000 马克的罚款。

经同意但无适当医学指征即进行绝育的，判处三年以下的劳役刑。任何无适当医学指征即接受绝育的人将被监禁。

1919 年《刑法典》草案

与 1913 年的草案非常相似。

1922 年由国家司法部长拉德布鲁赫起草的草案

对堕胎者及其共犯的处罚减轻为监禁；免受惩罚的尝试不可实现；宣传堕胎药物或堕胎服务最高可判处两年监禁。

1925 年《刑法典》官方草案

恢复对堕胎未遂的刑罚，但在情节较轻的情况下可以豁免。

1926 年 5 月 18 日堕胎法修改

将第 218 条至第 220 条替换为新的第 218 条：

通过堕胎杀死胎儿或允许他人堕胎的妇女将被判监禁。

任何人帮助进行堕胎或杀死胎儿将受同样的惩罚。

堕胎未遂是可被处罚的。

任何人为钱财或未经同意而进行堕胎将被判处劳役刑。这一刑罚也适用于任何为钱财提供引产药物的人。在情节较轻的情况下，刑罚将减轻至不少于三个月的监禁。

1927 年 3 月 11 日最高法院决议

允许医生进行治疗性堕胎。

1927 年《刑法典》官方草案

与 1925 年的草案相似，但允许医生进行治疗性堕胎；禁止广告宣传堕胎药物和服务，但为医生提供信息的除外。

民族社会主义者颁布的法律

1933 年 5 月 26 日法律：恢复《刑法典》第 219 条，禁止广告宣传堕胎药物；恢复《刑法典》第 220 条，禁止广告宣传堕胎服务。

1935 年 6 月 26 日防止遗传病后代法：合法化强制优生学绝育；以优生学为由进行的堕胎必须在医务委员会决定后由注册医生在医院进行；必须向卫生医疗官员发送书面通知和医疗细节。

1943 年 3 月 9 日婚姻、家庭和母性保护法令：堕胎的妇女将受到监禁，情节严重时判处劳役刑；堕胎未遂是可被处罚的；他人施行堕胎的，判处劳役刑；在同一行为人持续损害德国民族生命力量的案件下，可判处死刑；广告宣传避孕或堕胎药物将判处最长两年的监禁。（此条重点强调）

1976 年联邦德国颁布新堕胎法

医生可在怀孕的头二十二周内基于医学、优生学、伦理（受到强奸）和社会原因进行堕胎（在基于社会或优生学指征的情况下为头十二周）。进行手术前必须接受专业医生或认可的顾问的咨询。

附录 2　关于堕胎改革的议会动议和法案

国民议会

编号 92，1920 年 3 月 4 日，由施罗德女士等（社会民主党）提出的动议，允许基于社会和优生学原因进行堕胎。由 12 名成员签署，包括 6 名社会民主党女性、5 名社会民主党男性和玛丽-伊丽莎白·吕德斯（德国民主党）。未予讨论。

国会

第一届选举期

编号 90，1920 年 7 月 2 日，由阿德霍尔德（Aderhold）等（德国独立社会民主党）提出的动议，废除《刑法典》第 218—220 条。由 84 名成员中的 81 人签署。未予讨论。

编号 318，1920 年 7 月 31 日，由博姆-舒赫女士、拉德布鲁赫博士等（社会民主党）提出的动议，允许在怀孕的前三个月内由妇女自己或医生进行堕胎。由 102 名成员中的 55 人签署。未予讨论。

编号 3396，1922 年 1 月 21 日，由巴特兹（Bartz）等（德国共

产党）提出的动议，废除第 218 和 219 条。与一份主张产妇保护和
产假的法案关联。未予讨论。

编号 6574，1924 年 3 月 5 日，由巴特兹等（德国共产党）提出
的动议，废除第 218 和 219 条，并对先前判有罪的所有人进行赦免。
由 62 名成员中的 15 人签署。未予讨论。

第二届选举期

编号 435，1924 年 5 月 28 日，由穆勒（Franken Müller）等（社
会民主党）提出的动议。类似于编号 318。由 100 名成员中的 17 人
签署。未予讨论。

编号 99，1924 年 6 月 2 日，由戈尔克（Golke）女士、巴克内克
（Backenecker）女士、莱特雷尔（Reitler）女士、克鲁格（Krüger）
女士等（德国共产党）提出的动议。类似于编号 3396，另附赦免请
求。如果被否决，则主张在国家医院由医疗官员进行免费堕胎的合
法化，其他情况下的堕胎为非法。由 19 名成员签署。未予讨论。

第三届选举期

编号 435，1925 年 1 月 22 日，由阿伦德塞女士等（德国共产
党）提出的保护母婴法案。提倡地方政府提供全面的产前和产后护
理、产科、助产术、全薪产假；限制工作时间并废除第 218 和 219
条；在国家医院免费提供按需堕胎，并对所有已判刑的人进行赦免
以及停止所有未决审判。于 1925 年 6 月 10 日、17 日和 1926 年 1 月
1 日在人口政策委员会上讨论；于 1927 年 1 月 25 日在全体会议上讨
论。被否决。

编号 434，1925 年 1 月 24 日，由阿伦德塞女士等提出的质询，由 33 名成员签署。于 1925 年 2 月 4 日由国家司法部长答复。

编号 474，1925 年 2 月 4 日，由穆勒等（社会民主党）提出的动议，允许在医生的协助下在怀孕的头三个月内按需堕胎。由 30 名成员签署。于 1925 年 12 月 17 日和 18 日在法律委员会上讨论。被否决，但通过了编号 149 替代动议。

编号 149（法律委员会），1925 年 12 月 18 日，由莫西斯博士、普菲尔夫女士、涅密茨女士、阿格尼丝女士、施特格曼博士、克里斯平（Crispien）（社会民主党）提出的动议，将对怀孕妇女及其共犯的劳役刑改为监禁。于 1926 年 1 月 26 日在参议院法律委员会上讨论，于 1926 年 3 月 2 日在国会法律委员会上讨论；于 1926 年 5 月 5 日和 7 日进行二读和三读。通过。

编号 150、151（法律委员会），1925 年 12 月 18 日

编号 150：由科塞赫（Korsch）博士、阿伦德塞女士、舒茨（Schütz）（德国共产党）提出的动议，如果女性未怀孕或所用方法不当而堕胎未遂，则免除处罚。被否决。

编号 151：由科塞赫博士、阿伦德塞女士、普鲁姆（Plum）女士（德国共产党）提出的动议，废除第 218 条和第 219 条，并给予大赦。被否决。

新法律，1926 年 5 月 18 日（*RGBl* 1, 239）见附录 1。

编号 2337，1926 年 6 月 7 日，由斯托克、阿伦德塞女士（德国共产党）提出的质询。于 1926 年 6 月底由国家司法部长答复。

第四届选举期

编号 128，1928 年 6 月 30 日，由斯托克、赫莱茵、阿伦德塞女士、奥弗拉赫女士等（德国共产党）提出的保护母婴法案。类似于 1925 年编号 435，但增加了对免费托儿所、性咨询中心、儿童福利、税收福利、低收入家庭住房和交通补贴以及废除第 184 条第 3 款的要求；避孕信息和帮助由健康保险基金资助。1929 年 2 月 6 日和 20 日在人口政策特别委员会上讨论，1929 年 2 月 28 日在全体会议上讨论。被否决。

编号 1128，1929 年 6 月 13 日，由斯托克等（德国共产党）提出的动议。类似于编号 128。未予讨论。

编号 261（法律委员会），由罗森菲尔德（Rosenfeld）、莫西斯博士、普菲尔夫女士、施特格曼女士、库纳特女士（社会民主党）提出的动议，主张废除 1928 年《刑法典》草案第 253 条（原第 218 条）。如果被否决，则主张另一项动议，即在怀孕头三个月内或基于社会、医疗和优生学原因由医生进行的堕胎合法化，并减少对堕胎的所有处罚。法律委员会在讨论刑法改革时讨论。被否决。

第五届选举期

编号 1201，1931 年 10 月 15 日，托尔格勒（Torgler）等（德国共产党）提出的动议。重复 1928 年编号 128。未予讨论。

1931 年法律委员会动议（具体日期不详），由莫西斯博士等（社会民主党）提出的建议，要求减轻处罚，并免除对未怀孕妇女或方法不当的堕胎未遂的处罚。被否决。

第六届选举期

编号 108，1932 年 8 月 30 日，托尔格勒等（德国共产党）提出的动议。重复 1928 年编号 128。未予讨论。

附录3 关于加强节育监管和刺激生育率的动议

国民议会

编号1（人口政策委员会），1919年12月10日，由莫姆（D. Mumm）（德国国家人民党）提出的保护人口力量法案旨在加强对性病和卖淫的控制，限制避孕和堕胎服务的广告，并禁止绝育。未予讨论。

编号91（人口政策委员会），1920年3月4日，由吉尔克（Gierke）女士、莫姆（德国国家人民党）提出的动议，禁止广告宣传堕胎药和服务。未予讨论。

国会

编号1（人口政策委员会），1920年7月31日，由哈特曼（Hartmann）博士、穆勒女士、莫姆、乌勒（Wulle）（德国国家人民党）提出的动议。类似于国民议会编号91。

编号4037，1928年3月3日，由冯·格拉德（von Guerard）等（德国中央党）提出的质询，表达对出生率下降的担忧，并敦促政府制定支持大家庭的政策声明。

　　编号 4046，1928 年 3 月 7 日，由冯·韦斯塔普（Graf von Westarp）、莫姆等（德国国家人民党）提出的动议，强调出生率的"灾难性"下降，并询问政府是否意识到在这个问题上的责任。

　　编号 4072，1928 年 3 月 13 日，由朔尔茨（Scholz）博士，马茨（Matz）博士，门德女士等（德国人民党）提出的质询，抗议大家庭所经历的困境，并敦促政府提供更多支持。

　　编号 1741，1930 年 3 月 13 日，"保护民族"法（民族社会主义德国工人党）："任何人为地妨碍德国人民的自然生育，损害国家利益或为其宣传，或通过与犹太人或有色人种交往而助长或威胁助长种族恶化和衰退的人，将以对种族的叛国罪判处劳役刑。"未予讨论。

注　释

除了正文中使用的缩写外，下列缩写在以下注释中使用。

ADCV	Archiv des Deutschen Caritas Verbands Freiburg
AfBSuF	Archiv für Bevölkerungspolitik, Sexualethik und Familienkunde
AfFuE	Archiv für Frauenkunde und Eugenik
AfG	Archiv für Gynäkologie
AfsHuD	Archiv für soziale Hygiene und Demographie
AussMin	Ministerium für auswärtige Angelegenheiten
ÄV	Ärztliches Vereinsblatt
BAK	Bundesarchiv Koblenz
BHSAM	Bayerisches Hauptstaatsarchiv München
BHSAM, KA	Bayerisches Hauptstaatsarchiv München, Kriegsarchiv
Bl.	Blatt
BR	Bundesrat
ChFrau	Die Christliche Frau
DÄ	Deutsches Ärzteblatt
DMW	Deutsche Medizinische Wochenschrift
FEStiftgB	Friedrich Ebert Stiftung, Bonn
FUB, Slg Rott	Freie Universität Berlin, Bibliothek, Sammlung Rott
GSABD	Geheimes Staatsarchiv Berlin-Dahlem
HAdStdtK	Historisches Archiv der Stadt Köln
Ifis	Institut für interdisziplinäre Sexualforschung Hamburg
IfsF	Institut für soziale Fragen Berlin
Int. Übers.	Internationale Übersichten

JusMin	Justizministerium
Kultusmin	Kultusministerium
LAB	Landesarchiv Berlin
LHAK	Landeshauptarchiv Koblenz
MbldVSÄ	*Mitteilungsblatt des Vereins Sozialistischer Ärzte*
MdBDÄ	*Monatszeitschrift des Bundes deutscher Ärztinnen*
MdVevFrVD	*Monatsblatt des Vereins evangelischer Frauenverbände Deutschlands*
MfGebhuG	*Monatsschrift für Geburtschilfe und Gynäkologie*
MfHuG	Minister für Handel und Gewerbe
Mindl	Ministerium des Inneren
MittEvFr	*Mitteilungsblatt Evangelischer Frauenverbände*
MMW	*Münchener Medizinische Wochenschrift*
MNN	*Münchener Neueste Nachrichten*
MW	*Medizinische Welt*
NdVevFrVD	*Nachrichtenblatt des Vereins evangelischer Frauenverbände Deutschlands*
NG	*Neue Generation*
NL	Nachlaß
NRWHSA	Nordrhein-Westfälisches Hauptstaatsarchiv Düsseldorf, Schloß Kalkum
PolDir	Polizeidirektion
Preuß. Landesvers.	Preußische Landesversammlung
RGBl	*Reichsgesetzblatt*
RJusMin	Reichsjustizministerium
RMindl	Reichsministerium des Innern
RR	Reichsrat
RT	Reichstag
SA	*Der Sozialistische Arzt*
SAD	Staatsarchiv Dresden
SAH	Staatsarchiv Hamburg
SAM	Staatsarchiv München
Slg	Sammlung
StdDR	*Statistik des Deutschen Reiches*
StdtAK	Stadtarchiv Köln
StdtAM	Stadtarchiv München
StJdDR	*Statistisches Jahrbuch des Deutschen Reiches*
StvGK	Stellvertrendendes Generalkommando
UBH	Universitätsbibliothek Heidelberg

VdBdÄ	*Vierteljahresschrift des Bundes deutscher Ärztinnen*
ZfG	*Zentralblatt für Gynäkologie*
ZfGuG	*Zeitschrift für Gynäkologie und Geburtshilfe*
ZfHuI	*Zeitschrift für Hygiene und Infektionskrankheiten*
ZfSchusH	*Zeitschrift für Schulgesundheitspflege und soziale Hygiene*
ZfSexWiss	*Zeitschrift für Sexualwissenschaften*
ZfVuE	*Zeitschrift für Volksaufartung und Erbkunde*
ZSAM	Zentrales Staatsarchiv, Dienststelle Merseburg
ZSAP	Zentrales Staatsarchiv Potsdam

序　言

1. 这个词的灵感来自米歇尔·福柯（Michel Foucault）在《性史》第一章导言中使用的"身体政治"一词,《性史》(伦敦, 1981 年), 第 114 页。

2. Linda Gordon, *Woman's Body, Woman's Right. A Social History of Birth Control in America* (Harmondsworth, Middx, 1977) p. xiii.

3. 例如, Richard J. Evans, *Sozialdemokratie und Frauenemanzipation im deutschen Kaiserreich* (Berlin and Bonn, 1979); Jean Quataert, *Reluctant Feminists in German Social Democracy 1885-1917* (Princeton, NJ, 1979); Claudia Koonz, *Mothers in the Fatherland: Women, the Family and Nazi Politics* (London, 1988); Jill Stephenson, *The Nazi Organisation of Women* (London, 1981); idem, *Women in Nazi Society* (London, 1975)。

4. 例如, Werner Thönnessen, *The Emancipation of Women: The Rise and Decline of the Women's Movement in German Social Democracy 1863-1933* (London, 1976); Richard J. Evans, *The Feminist Movement in Germany 1894-1933* (London and Beverly Hills, 1976); Doris Kaufmann, *Frauen zwischen Aufbruch und Reaktion. Protestantische Frauenbewegung in der ersten Hälfte des 20. Jahrhunderts* (Munich, 1988); Elisabeth Meyer-Renschhausen, *Weibliche Kultur und soziale Arbeit. Eine Geschichte der Frauenbewegung am Beispiel Bremens 1810-1927* (Cologne, 1989)。

5. 例如, Helen Boak, "The Status of Women in the Weimar Republic" (PhD dissertation, Manchester, 1982); Renate Bridenthal and Claudia Koonz, "Beyond Kinder, Küche, Kirche: Weimar Women in Politics and Work", in Bernice A. Carroll (ed.), *Liberating Women's History* (Chicago, 1976) pp. 301-329; Christl Wickert, *Unsere Erwählten. Sozialde mokratische Frauen im Deutschen Reichstag und im Preußischen Landtag 1919 bis 1933* (Göttingen, 1986)。例外包括: Ute Frevert, *Women in German History* (New York, Oxford and Munich, 1989); Tim Mason, "Women in Germany

1925-1940: Family, Welfare and Work", *History Workshop*, 1 (Spring and Autumn 1976); Renate Bridenthal, Atina Grossmann and Marion Kaplan (eds.), *When Biology Became Destiny: Women in Weimar and Nazi Germany* (New York, 1984); Johanna Geyer-Kordesch and Annette Kuhn (eds.), *Frauenkörper, Medizin, Sexualität* (Düsseldorf, 1986)。

6. 参见 Boak, "The Status of Women in the Weimar Republic"; Koonz, *Mothers in the Fatherland*, p. 49。

7. BAK, NL Adele Schreiber, no. 60, lecture on motherhood, n. d. (1925).

8. Klara Bohm-Schuch in *Vorwärts*, quoted in *Augsburger Postzeitung*, 25 Mar 1922 (ADCV, CA IX, 11); Toni Pfülf, *Die Genossin*, VI. 1 (1929) p. 21; Louise Schröder, ibid., pp. 155-156.

9. 参见 Gisela Bock's review of Koonz, *Mothers in the Fatherland*, in *Bulletin of the German Historical Institute London*, XI. 1 (1989) pp. 16-24。

10. 例 如 Ulrich Linse, "Arbeiterschaft und Geburtenentwicklung im Deutschen Kaiserreich von 1871", *Archiv für Sozialgeschichte*, 12 (1972) pp. 205-271。

11. 例如 Jeremy Noakes, "Nazism and Eugenics: The Background to the Nazi Sterilisation Law of 14 July 1933", in R. J. Bullen, H. Pogge von Strandmann and A. B. Polonsky (eds.), *Ideas into Politics: Aspects of European History 1880-1950* (London and Sydney, 1984) pp. 75-95; Paul Weindling, "The Medical Profession, Social Hygiene and the Birth Rate in Germany, 1914-18", in Richard Wall and Jay Winter (eds.), *The Upheaval of War: Family, Work and Welfare in Europe, 1914-1918* (Cambridge, 1989) pp. 417-438。Weindling, *Health, Race and German Politics between National Unification and Nazism* (Cambridge, 1989) 是一项范围更广的研究，尽管优生学仍是其核心内容。

12. 例如 James Woycke, *Birth Control in Germany 1871-1933* (London, 1988); 参见 Cornelie Usborne, *German History*, VIII. 1 (1990) p.199。

13. 例 如 Gordon, *Woman's Body, Woman's Right*; Rosalind Pollack Petchesky, *Abortion and Woman's Choice: The State, Sexuality and Reproductive Freedom* (New York and London, 1984)。

14. Anna Bergmann, "Die 'Rationalisierung der Fortpflanzung': der Rückgang der Geburten und der Aufstieg der Rassenhygiene/Eugenik im Deutschen Kaiserreich 1871-1914" (PhD dissertation, Free University of Berlin, 1988); Gisela Bock, *Zwangssterilisation im Nationalsozialismus. Studien zur Rassenpolitik und Frauenpolitik* (Opladen, 1986); Gabriele Czarnowski, "Familienpolitik und Geschlechterpolitik", in Geyer-Kordesch and Kuhn, *Frauenkörper, Medizin, Sexualität*, pp. 263-285, "Ehe-und Sexualpolitik im Nationalsozialismus. Medizin und Politik in ihrer Bedeutung für das

Geschlechterverhältnis" (PhD dissertation, Free University of Berlin, 1989).

　　15. Kristine von Soden, *Die Sexualberatungsstellen der Weimarer Republik 1919–1933* (Berlin, 1988); Atina Grossmann, "The New Woman, the New Family and the Rationalization of Sexuality: the Sex Reform Movement in Germany 1928 to 1933" (PhD dissertation, Rutgers University, New Brunswick, NJ, 1984), *Women, Family and the Rationalization of Sexuality: German Sex Reform 1925–1935* (forthcoming)。也可参见格罗斯曼（Anita Grossmann）列入索引的文章及 Karen Hagemann (ed.), *Eine Travensache, Alltagst Leben und Gebusteupolitik 1919–1933* (Pfaffen Weiler, 1991)。

　　16. 参见 Marie-Monique Huss, "Pronatalism and the Popular Ideology of the Child in Wartime France", in Wall and Winter, *Upheaval of War*; Barbara Brookes, *Abortion in England 1900–1967* (London, 1988); Jeffrey Weeks, *Sex, Politics and Society: The Regulation of Sexuality since 1800* (London, 1981) esp. p. 122ff。

　　17. "社会医疗化"一词由米歇尔·福柯在 *Machines à guérir. Aux origines de l'hôpital moderne* (Paris, 1976) pp. 11–21 提出。参见 Ute Frevert, *Krankheit als politisches Problem 1770–1880. Soziale Unterschichten in Preußen zwischen medizinischer Polizei und staatlicher Sozialversicherung* (Göttingen, 1984); Claudia Huerkamp, *Der Aufstieg der Arzte im 19. Jahrhundert* (Göttingen, 1985)。

　　18. 例如，格罗斯曼的《新女性，新家庭》("The New Woman, the New Family")一文就非常聚焦于柏林。

引言　人口问题争论的历史背景

　　1. "Int. Übers.", *StJdDR*, 1933, p. 15.

　　2. 参见 Robert A. Nye, *Crime, Madness and Politics in Modern France* (Princeton, NJ, 1984)。

　　3. John E. Knodel, *The Decline of Fertility in Germany, 1871–1939* (Princeton, NJ, 1974) pp. 70, 87; Peter Marschalck, *Bevölkerungsgeschichte Deutschlands im 19. und 20. Jahrhundert* (Frankfurt a. M., 1984) pp. 54–55.

　　4. D. V. Glass, *Population, Policies and Movements in Europe* (London, 1967) p. 5; "Int. Übers." *StJdDR*, 1933, p. 13.

　　5. 参见 Wolfgang Mommsen (ed.), Introduction to *Friedrich Naumann. Werke, III* (Opladen, 1964) p. 13。

　　6. 参见 Weindling, Health, *Race and German Politics*。

　　7. 参见 Noakes, "Nazism and Eugenics", in Bullen et al. (eds.), *Ideas into Politics*, pp. 75–94。

　　8. Wilhelm Schallmayer, *Vererbung und Auslese. Grundriß der Gesellschafts biologie*

und der Lehre des Rassendienstes (Jena, 1918) p. 331.

9. Noakes, "Nazism and Eugenics", p. 78.

10. H. W. Siemens, "Die Proletarisierung unseres Nachwuchses, eine Gefahr unrassenhygienischer Bevölkerungspolitik", *Archiv für Rassen- und Gesellschaftsbiologie*, 12 (1916-18) pp. 43-55.

11. Alfred Grotjahn, *Die Hygiene der menschlichen Fortpflanzung. Versuch einer praktischen Eugenik* (Berlin, 1926) p. 320.

12. Anneliese Bergmann, "Von der 'unbefleckten Empfängnis' zur 'Rationalisierung Geschlechtslebens'", in Geyer-Kordesch and Kuhn (eds.), *Frauenkörper, Medizin, Sexualität*, pp. 134, 154 n. 25.

13. Henriette Fürth, "Der Neomalthusianismus und die Soziologie", *Sozialistische Monatshefte*, 3 (1911) pp. 1665-1672.

14. 例如 W. P. J. Mensinga [C. Hasse], *Facultative Sterilität. Beleuchtet vom prophylactischen und hygienischen Standpunkte für Arzte und Geburtshelfer*, 6th edn (Berlin and Neuwied, 1892); A. Meyerhof [Hans Ferdy], *Die Mittel zur Verhütung der Conception. Eine Studie für praktische Ärzte und Geburtshelfer* (Leipzig and Neuwied, 1886)。

15. Hope Bridges Adams, *Das Frauenbuch. Ein ärztlicher Ratgeber für die Frau in der Familie und bei Frauenkrankheiten*, 2 vols, 6th edn (Stuttgart, 1897); Olga Zschommler, *Malthusianismus. Verhütung der Empfängnis und ihre gesundheitlichen Folgen* (Berlin, 1891).

16. Bergmann, "Die 'Rationalisierung der Fortpflanzung'", p. 200ff.

17. 著名的创始人包括性学家马格努斯·希尔施费尔德、普洛伊茨（Ploetz）和沙尔迈耶（Schallmeyer）、弗里德里希·瑙曼（Friedrich Naumann），甚至还包括贝特曼 - 霍尔维格。

18. 斯托克不仅是保护母亲联盟的杂志《母亲保护》(*Mutterschutz*) [1908 年后改名为《新生代》(*Die Neue Generation*)] 的编辑，还是德国工会最重要的发言人和管理者，并于 1911 年创建了保护母亲和性改革国际联盟；另见 Amy Hackett, "Helene Stöcker: Left-Wing Intellectual and Sex Reformer", in Bridenthal et al. (eds.), *When Biology Became Destiny*, pp. 109-130。

19. Christl Wickert, Brigitte Hamburger and Marie Wienau, "Helene Stöcker and the Bund für Mutterschutz (League for the Protection of Motherhood)", *Women's Studies International Forum*, V. 6 (1982) p. 611; R. J. Evans, *The Feminist Movement in Germany 1894-1933*, p. 133; Iwan Bloch, "Liebe und Kultur", *Mutterschutz*, 1905, p. 71.

20. Jean Bornträger, "Der Geburtenrückgang in Deutschland, seine Bewertung und Bekämpfung", *Veröffentlichungen auf dem Gebiete der Preußischen Medizinalverwaltung*, 1. 13 (1912), pp. 36ff., 75ff., 124-125, 131.

21. 例如，德国性病防治协会的阿尔弗雷德·布拉什科、慕尼黑医生朱利安·马尔库塞和法兰克福记者亨丽埃特·菲尔特（Henriette Fürth）。

22. Linse, "Arbeiterschaft", p. 244.

23. 参见 Quataert, *Reluctant Feminists*; Linse, "Arbeiterschaft", p. 246; Anneliese Bergmann, "Frauen, Männer, Sexualität und Geburtenkontrolle", in Karin Hausen (ed.), *Frauen suchen ihre Geschichte* (Munich, 1983) p. 94。

24. Julius Wolf, *Der Gebürtenrückgang. Die Rationalisierung des Sexuallebens in unserer Zeit* (Jena, 1912) p.101ff; 研究表明，在社民党得票率高的地区，出生率明显低于选民为保守派的地区。沃尔夫将此归因于该党不可知论的传统。

25. 例如 A. Meyerhof, "Abnehmende Geburtenfrequenz und Präventivverkehr", *DMW*, 25 (1899); Max Hirsch, *Fruchtabtreibung und Präventivverkehr im Zusammenhang mit dem Geburtenrückgang* (Würzburg, 1914)。

26. 例如 Josef Graßl, "Das zeitliche Geburtsoptimum", *Soziale Medizin und Hygiene*, 1907; Alfred Grotjahn, *Soziale Pathologie. Versuch einer Lehre vom den sozialen Beziehungen der Krankheiten als Grundlage der sozialen Medizin und der sozialen Hygiene* (Berlin, 1912) p. 674。

27. Josef Graßl, *Der Geburtenrückgang in Deutschland, seine Ursachen und seine Bedeutung* (Kempten and Munich, 1914) pp. 112, 124.

28. 该法规定，任何人公开展示、宣传或提供有关不雅物品的信息，将被处以最高一年的监禁和／或最高 1000 马克的罚款。在最高法院 1901 年的一项判决中，此项法律覆盖到避孕药具，无论它们是用于婚内还是婚外（不雅）性行为。

29. *Entwurf eines Gesetzes gegen Mißstände im Heilgewerbe*, 18 Nov 1910, RT Printed Matter no. 535; RT Proceedings, 30 Nov and 1 Dec 1910, pp. 3275ff and 3309ff.

30. ZSAM, MfHuG, BB. XV. 65, vol. 1, Bl. 1, 6, circular by Ministers of Culture, of the Interior, and Commerce and Trade, 29 Dec 1909. ZSAM, MfHuG, BB. XV. 65, vol. 1, Bl. 1, 6.

31. ZSAM, MfHuG, BB. XV. 65, vol. 1, Bl. 11; ZSAP, RMindl 9342, Bl. 11v.; 参见 Weindling, *Health, Race and German Politics*, p. 263ff。

32. ZSAP, RMindl 9342, Bl. 7: *Denkschrift über die Ursachen des Geburtenrückganges und die dagegen vorgeschlagenen Maßnahmen* (1915); Bornträger, "Der Geburtenrückgang".

33. Linse, "Arbeiterschaft", p. 261.

34. ZSAP, RMindl 9342, Bl. 27, *Erlaß des Ministers des Innern*, 10 Sep 1913.

35. Ibid., Bl. 28; SAM, Staatsanwaltschaft Mü 1, 1834; 亚当斯－莱曼医生被指控在 1914 年 1 月至 6 月间"为金钱利益"堕胎 27 例，但在 1915 年 9 月被无罪释放，理由是

她 "不知道自己的行为违反了法律"。见 BAK, R 86, 2379, vol. 1, Reich Health Council, protocol, 21 Dec 1917, p. 15。

36. ZSAP, RMindI 9342, *Denkschrift über die Ursachen des Geburtenrückgangs*, 1915, BI. 25; *Gesetzentwurf betr. Änderung des Paragraphen 56, 56e der Gewerbeordnung*, RT Printed Matter no. 1179; GSABD, Rep. 84a, 865, BI. 1, proposal to outlaw sale of contraceptives door to door; ZSAP, RMindI 9342, BI. 50v, *Gesetzentwurf betr. den Verkehr mit Mitteln zur Verhinderung von Geburten*, 1914, RT Printed Matter no. 1380.

37. Alfred Grotjahn, *Geburten-Rückgang und Geburten-Regelung im Lichte der individuellen Hygiene* (Berlin, 1914) pp. 103-130; ZSAM, MfHuG, BB. XV. 65, vol. 1, BI. 1-5; NRWHSA, Regierung Düsseldorf, Kreisarzt Düsseldorf, Geburtenrückgang no. 15, BI. 35, 64; ibid., no. 16, BI. 72.

38. 参见 Weeks, *Sex, Politics and Society*, p. 123。

39. 本节的扩展版本已作为 Cornelie Usborne, "'Pregnancy is the Woman's Active Service': Pronatalism in Germany during the First World War", in Wall and Winter, *The Upheaval of War*, pp. 389-416 出版。

40. 例如 Franz Hitze, *Geburtenrückgang und Sozialreform* (Mönchen-Gladbach, 1917), p. 9; ZSAP, RMindI 9342, B1. 195; ZSAP, Reichskanzlei 2073, vol. 4, *Denkschrift des Ministers des Innern über die Ergebnisse der Beratungen der Ministerialkommission für die Geburtenrückgangsfrage*, June 1917, p. 8。

41. 参见 Jane Lewis, *The Politics of Motherhood. Child and Maternal Welfare in England, 1900-1939* (London, 1980)。

42. ZSAP, RMindI 9342, vol. 1, *Denkschrift über die Ursachen des Geburtenrückgangs*, pp. 32, 36.

43. ZSAP, Reichskanzlei 2073, vol. 4, *Denkschrift des Ministers des Innern*, 1917.

44. ZSAP, RMindI 9345, BI. 141; GSABD, Rep. 84a, 866, HdAbg, no. 904; ZSAP, RMindI 9346, *Sächsische Denkschrift über Bevölkerungspolitik*; SAD, MindI 15251, BI. 115; ZSAP, RMindI 9346, BI. 358; FUB, Sgl Rott, Bev. Pol. 6, *Neue Badische Landeszeitung*, 21 Sep 1917; BHSAM, MindI 15496.

45. 例如，德国人口政策协会、家庭福利协会、维护和促进德国人口实力联盟。

46. 例如 ZSAP, RMindI 9343, "Die Kriegsbraut", *Berliner Tageblatt*, 31 Aug 1916; ibid., 9342, vol. 1, "Kinderzahl und Vaterrechte", *Konservative Monatsschrift*, June 1916, and *Kölnsche Zeitung*, 30 July 1916。

47. 例如 RT Proceedings, 22 May 1916, pp. 1190-1194。

48. Decree 3 Dec 1914, *RGBI.*, 1914, p. 332, and 1915, pp. 49, 257.

49. *StJdDR*, 1919, p. 47, and "Int. Übers.", p. 7: 1913 年，德国的婴儿死亡率为

15.1%，法国为 11.3%，英格兰和威尔士为 10.8%，挪威为 6.4%。ZSAP, Reichskanzlei 2073, vol. 4, *Denkschrift des Ministers des Innern*, 1917, pp. 16, 17。婴儿诊所于 1905 年首次建立；参见 Weindling, *Health, Race and German Politics*, p. 206ff。

50. Decrees of 28 Jan and 23 Apr 1915, *RGBl.*, 1914, p. 492, and 1915, pp. 49, 257; *StJdDR*, 1928, p. 5; GSABD, Rep. 84a, 866, Bl. 57, RT Printed Matter no. 1087, 5 Oct 1917, p. 16ff。

51. GSABD, Rep. 84a, 866, Prussian Finance Minister to Prussian Justice Minister, 5 Jan 1918, and Bl. 68, 31.

52. 例如 BHSAM, KA, StvGK 1771, MKr 967; ZSAM, Kultusmin 2017, Bl. 84。关于战时分发避孕套参见 RT Proceedings, 21 Jan 1927, p. 8677。

53. BAK, R 86, 2379, vol. 1, *Niederschrift*, Reich Health Council, 21 Dec 1917, p. 15.

54. SAD, AussMin 8644, "Gesetzentwurf zur Bekämpfung der Geschlechtskrankheiten"; "Gesetzentwurf betr. den Verkehr mit Mitteln zur Verhinderung von Geburten", BR Printed Matter no. 322, 8 Nov 1917, RT Printed Matter no. 1287; "Gesetzentwurf gegen Unfruchtbarmachung und Schwangerschaftsunterbrechung", BR Printed Matter no. 148, 22 June 1918, RT Printed Matter no. 1717, 4 July 1918.

55. ZSAP, RT 441, Bl. 27, 29 Nov 1916。还可参见 GSABD, Rep. 84a, 866, Bl. 31; ZSAP, RMindI 9350, Bl. 5。

56. GSABD, Rep. 84a, 865, Bl. 71a, Prussian Diet, 3 Mar 1916, p. 1328.

57. BAK, R 86, 2379, vol. 1, RMindI to president of the RGA about Prof. Henkel of Jena, 8 Nov 1917, and president of the RGA to RMindI, 13 Nov 1917.

58. GSABD, Rep. 84a, 866, Bl. 142; 参见 Linse, "Arbeiterschaft", pp. 267–268; SAD, AussMin 8644, preamble to the bill against abortion and sterilisation, no. 148, Bl. 132。

59. ZSAM, MfHuG, BB. XV. 65, vol. 1, Bl. 291.

60. 例如 Hitze, *Geburtenrückgang und Sozialreform*, p. 11; 参见 Bergmann, "Frauen, Männer", p. 97。

61. 例如 ZSAP, RMindI 9342, Bl. 49ff, *Memorandum*, 1917。

62. BHSAM, KA, StvGK 980, Munich Stadtmagistrat 18 Dec 1916, *Schwäbische Volkszeitung* 3 Apr 1917, and War Ministry circular 10 Nov 1916.

63. GSABD, Rep. 84a, 866, RT Printed Matter no. 1087, p. 13; Marie-Elisabeth Lüders, "Die Entwicklung der gewerblichen Frauenarbeit im Kriege", *Schmollers Jahrbuch*, 44 (1920) p. 264; 参见 Ute Daniel, "Women's Work in Industry and Family: Germany, 1914–1918", in Wall and Winter, *The Upheaval of War*, pp. 267–296。

64. GSABD, Rep. 84a, 866, Bl. 57; NRWHSA, Düsseldorf, Regierung Düsseldorf 43053, "Mitteilungen der Wohlfahrtszentrale der Stadt Barmen", 15 Feb 1918.

65. Friedrich Prinzing, *Handbuch der medizinischen Statistik*, 2nd edn (Jena, 1931) p. 106；产妇死亡率（不包括产褥热）从 1901—1910 年的每万名新生儿中有 17.8 例上升到 1916—1920 年的 21.6 例，但同期产褥热导致的死亡从每万名新生儿中有 15.0 例上升到 25.1 例。

66. GSABD, Rep. 84a, 866, RT Printed Matter no. 1087, 5 Oct 1917.

67. Gertrud Bäumer, *Weit hinter dem Schützengraben* (Jena, 1916) p. 188; Helene Stöcker, "Moderne Bevölkerungspolitik", *Kriegshefte des Bund für Mutterschutz* (1916) p. 7.

68. ZSAM, Kultusmin 2013, Bl. 45, *Vorwärts*, 18 Apr 1918; ibid., 2017, *Münchener Post*, 9 July 1918.

69. Henriette Fürth, "Die Frauen und die Bevölkerungs-und Schutzmittelfrage", *AfsHuD*, IX. 1 (1915) p. 10; Martha Martius, "Der Wille zum Kinde", *Die Frau*, XXIV. 4 (1917) pp. 193-204.

70. Rosa Kempf, "Das weibliche Dienstjahr", *Archiv für Sozialwissenschaft und Sozialpolitik*, 41 (1916) p. 424; Bäumer, "Staat und Familie", *Frauenberufsfrage und Bevölkerungspolitik. Verhandlungen der Kriegstagung des BDF, 1916* (Leipzig, 1917) p. 83; Martius, "Der Wille zum Kinde".

71. Max Marcuse, *Der eheliche Präventivverkehr. Seine Verbreitung, Verursachung und Methodik. Dargestellt und beleuchtet an 300 Ehen. Ein Beitrag zur Symptomatik und Ätiologie der Geburtenbeschränkung* (Stuttgart, 1917).

72. Max Marcuse, "Zur Frage der Verbreitung und Methodik willkürlicher Geburtenbeschränkung in Berliner Proletarierkreisen", *Sexualprobleme*, 9 (1913) pp. 752-780; Oscar Polano, "Beitrag zur Frage der Geburtenbeschränkung", *ZfGuG*, 79 (1917) pp. 567-578。参见 R. P. Neumann, "Working-Class Birth Control in Wilhelmine Germany", *Comparative Studies in Society and History*, 20 (1978) 408-428。

73. Marcuse, "Zur Frage", cases 18, 71, 78.

74. 在所有实行家庭节育的人中，在波拉诺的调查中，84% 的人使用了该方法，而根据马尔库塞的统计，46% 的柏林妇女和 64% 的士兵使用了该方法，有时还结合了其他方法。

75. 例如 Max Marcuse, *Die Gefahren der sexuellen Abstinenz für die Gesundheit* (Leipzig, 1910); Grotjahn, *Geburten-Rückgang*, pp. 47-49。

76. Marcuse, *Der eheliche Präventivverkehr*, nos 26, 86, 194; Grotjahn, *Geburten-Rückgang*, p. 99; 关于工资参见 *StJdDR*, 1921/2, p. 307。

77. NRWHSA, *Regierung Düsseldorf 43053*, advertisement Mar 1920; StdtAK,

424, no. 502, report by health commission, 5 July 1912.

78. Dr med. Hanssen, "Die Abnahme der Geburtenzahlen", *AfsHuD*, VII. 4 (1912) 393; ZSAP, RMindI 9344, Bl. 76v; ZSAP, RMindI 9351, Prussian Health Council, 27 Oct 1923.

79. 例如亚当斯－莱曼和亨克尔（Henkel）的案例，见上文及注释 35、57。

80. 例如 NRWHSA, Regierung Düsseldorf 38892, 1. Staatsanwaltschaft Düsseldorf, 10 Dec 1914, 工人 K、铁路工人 T 和瓦工 E 的妻子因堕胎而被起诉，她们都住在同一栋公寓楼里。

81. 例如 Hirsch, *Fruchtabtreibung und Präventivverkehr*; LAB, Rep. 58, no. 2138。

82. 例如 Max Hirsch, "Die Statistik des Aborts", *ZfG*, 42. 3, 43 (1918)。

83. 引自 Magnus Hirschfeld, *Geschlechtskunde auf Grund dreißigjähriger Forschung und Erfahrung*, II, (Stuttgart, 1928) p. 428。

84. GSABD, Rep. 84a, 8232, Bl. 89: 1913 年，1809 名。妇女和她们的同谋受到审判，1467 人被定罪；其中 570 人被判处 3 至 12 个月监禁，83 人被判处 9 年以上监禁，45 人被判处长期劳役。

85. 如韦尔克（James Woycke）在《德国的计划生育》(*Birth Control in Germany*) 中所说的那样。

86. 引自 Fürth, "Die Frauen und die Bevölkerungs-und Schutzmittelfrage", pp. 11–12。

第一章　孕产　生产与生育：左派对人口问题的回应

1. Fritz Burgdörfer, "Der Geburtenrückgang und seine Bekämpfung, die Lebensfrage des deutschen Volkes", *Veröffentlichungen auf dem Gebiete der Medizinalverwaltung*, 28 (1929) pp. 13–15.

2. Georg Wolff, "Der Menschenverlust im Weltkrieg", *Sozialistische Monatshefte*, 56. 1 (1921) pp. 13–21.

3. 参见 Linse, "Arbeiterschaft", p. 260; Richard Lewinsohn, "Die Stellung der deutschen Sozialdemokratie zur Bevölkerungsfrage", *Schmollers Jahrbuch*, 46. 3/4 (1922) p. 224。

4. *StJdDR*, 1930, p. 32; Fritz Burgdörfer, *Völker am Abgrund* (Berlin, 1937) p. 33.

5. 例如，*Der Tag*, 30 Oct 1924，引用了 1923 年的统计数据：巴黎和维也纳的出生率为 16.1，而伦敦为 20.2，莫斯科为 27.9。

6. Weeks, Sex, *Politics and Society*, p. 202; Prinzing, *Handbuch der medizinisches Statistik*, p. 30; Roderick von Ungern-Sternberg, "Die Ursachen des Geburtenrückganges im europäischen Kulturkreis", *Veröffentlichungen aus dem Gebiete der Medizinalverwaltung*, 36. 7 (1932) p. 184.

7. ZSAP RMindI 26233, vol. 1, Bl. 80, *Denkschrift über den Geburtenrückgang und*

seine Bekämpfung, Feb 1927, and vol. 2, Bl. 9, Prussian Minister of Public Welfare, *Der Geburtenrückgang in Deutschland, seine Folgen und seine Bekämpfung*, Oct 1928; Manfred Stürzbecher, "Zur Geschichte von Mutterschutz und Frühsterblichkeit", *Gesundheitspolitik*, VIII. 4 (1966) pp. 238-239.

8. 参见 ZSAM, MfHuG, BB. XV. 65, vol. 4, "Maßnahmen gegen den Geburtenrückgang und Säuglingssterblichkeit 12. 12. 1918-31. 12. 1926"。这些措施继续由旧的贸易和商业部管理，尽管新的公共福利部才是当时负责人口政策的部门。

9. Günter Wagner, "Die Reformbestrebungen zur Neugestaltung des Nichtehelichenrechts. Eine analytische Dokumentation" (JurD dissertation, University of Giessen, 1971) p. 56; *Die Verfassung des Deutschen Reichs vom 11. August 1919*.

10. 例如 Dick Geary, "Labour Law, Welfare Legislation and Working Class Radicalism in the Weimar Republic", in D. Hay and F. Snyder (eds), *Labour, Law and Crime* (London, 1987); Bridenthal and Koonz, "Beyond Kinder, Küche, Kirche", p. 47; *Verfassung*, introduction, p. 6.

11. Geary, "Labour Law"; Ludwig Preller, *Sozialpolitik in der Weimarer Republik* (1949; repr. Kronberg im Taunus and Düsseldorf, 1987) pp. 282-285, 418-495.

12. BAK, R 86, 2369, Dr Hesse to RMindI, 23 Mar 1928; *Die Bewegung der Bevölkerung 1922 und 1923* (Berlin, 1926) pp. 37-50; StdDR, 401. II (1930) p. 641ff。关于人口协会参见第二章，关于新闻界参见例如 "Das sterile Berlin", *Berliner Volkszeitung*, 22 Nov 1924。

13. 例如 Alfred Grotjahn and Gustav Radbruch, *Die Abtreibung der Leibesfrucht. Zwei Gutachten* (Berlin, 1921) p. 5ff。

14. Max Quarck, in Hauptausschuß für Arbeiterwohlfahrt (ed.), *Sozialismus und Bevölkerungspolitik* (Berlin, 1927) pp. 5-13.

15. Alfred Grotjahn, *Erlebtes und Erstrebtes* (Berlin, 1932) p. 249, and "Zur bevölkerungspolitischen Lage Deutschlands", *DMW*, 47 (6 Jan 1921) pp. 1-2.

16. Erich Unselm, *Geburtenbeschränkung und Sozialismus* (Leipzig, 1924) p. 71; ZSAP, RMindI 9403, Bl. 287, *Denkschrift über die gesundheitlichen Verhältnisse 1920/21*; Dr Hermann Weyl (USPD) in the Prussian Assembly, 19 Sep 1919; Adele Schreiber at the SPD women's conference of 16 June 1919, *Protokolle der Verhandlungen des Parteitags der SPD* (Berlin, 1920) p. 208.

17. Gertrud Bäumer, *Die Frau im deutschen Staat* (Berlin, 1932) pp. 39, 50.

18. *Die Gleichheit*, 30. 21 (1920) p. 163.

19. SPD women's conference of 1919, *Protokolle* (Berlin, 1920) p. 491; BAK, NL Schreiber 142, "Gemeindewahl und Bevölkerungspolitik", *Vorwärts,* 12 Feb 1919.

20. Maiden speech 18 Mar 1925, quoted in Wickert, *Unsere Erwählten*, II, 51.

21. 例如，德国民主党妇女委员会政策的转变 (BAK, R 45/III, DDP no. 43, Bl. 52–54, *Die Hilfe* 19 Apr 1920); GSABD, Rep. 84a, 869, RT Proceedings, 25 Jan 1927, p. 8742, and 28 Feb 1929, p. 1331。

22. Else Wirminghaus, "Rückblick auf den bevölkerungspolitischen Kongreß der Stadt Köln, 17–21. Mai 1921", *Die Frau*, 28 (1921) pp. 309–311.

23. SAM, Preuß. Landesvers., I, 1, Bl. 8, 10. *Ausschuß*, 1st session, p. 2; "Verordnung über versicherungsrechtliche Wirkungen der Aufhebung des Hilfsdienstgesetzes", 14 Dec 1918, *RGBl*, no. 184, p. 1434.

24. GSABD, Rep. 84a, 866, Bl. 182.

25. ZSAP, RMindI 26233, vol. 1, Bl. 80ff.

26. Ibid., vol. 2, Bl. 9ff.

27. Stürzbecher, "Zur Geschichte von Mutterschutz".

28. Marie Juchacz and Johanna Heymann, *Die Arbeiterwohlfahrt: Voraussetzungen und Entwicklung* (Berlin, 1926): 社民党女性在执行中也占主导地位：玛丽·尤夏茨担任主席，约翰娜·海曼（Johanna Haymann）担任副主席，爱尔芙丽德·里内克（Elfriede Ryneck）等担任委员会成员。

29. Alfred Grotjahn, *Hygiene der menschlichen Fortpflanzung* (Berlin, 1926) pp. 114–115.

30. Dietmar Petzina, Werner Abelshauser and Anselm Faust (eds.), *Sozialgeschichtliches Arbeitsbuch: Materialien zur Statistik des Deutschen Reiches 1914–1945* (Munich, 1978) p. 101; Hans Harmsen, *Praktische Bevölkerungspolitik* (Berlin, 1931) p. 55.

31. Harmsen, *Praktische Bevölkerungspolitik*, p. 49; 参见 Gerald D. Feldmann et al. (eds.), *The German Inflation Reconsidered: A Preliminary Balance* (New York, 1982)。

32. Harmsen, *Praktische Bevölkerungspolitik*, p. 49.

33. *Arbeiterwohlfahrt*, Oct 1928, p. 79; ZSAP, RJusMin, *ORA Druckschriften*, B 761, p. 770.

34. 仅在 1925 年的前六个月，共产党和社民党就提出了六项正式动议（1925 年 1 月 5 日第 97 号和第 100 号、1925 年 1 月 21 日第 435 号、1925 年 2 月 3 日第 456 号和 1925 年 6 月 15 日第 1004 号）。

35. *Wirtschaft und Statistik*, 1929, pp. 120, 276; Olga Essig, "Die Frau in der Industrie", *Quellenhefte zum Frauenleben in der Geschichte*, 18 (1933) pp. 93–94.

36. 例如 Max Hirsch, "Die Gefahren der Frauenerwerbsarbeit für Schwangerschaft, Geburt, Wochenbett und Kindesaufzucht", *AfFuE*, IX. 4 (1925) pp. 318–348, 321; Ludwig Teleky, in A. Beyer and H. Gerbis (eds.), *Veröffentlichungen aus dem Gebiete der Medizinalverwaltung*, 37. 7 (1927) pp. 45–49。

37. 摘自 ZSAP, RMindl 25233, vol. 2, Bl. 97, memorandum of the Prussian Minister of Public Welfare 1927; "Int. Übers.", *StJdDR*, 1926, pp. 20–21, and 1930, p. 44。

38. Sigismund Vollmann, *Die Fruchtabtreibung als Volkskrankheit: Gefahren, Ursachen, Bekämpfung* (Leipzig, 1925), commissioned by the DÄVB.

39. ZSAP, RT 444, no. 9, Bl. 32, motion 833 (SPD), National Assembly, 12 Aug 1919, third reading in the plenum on 19 Sep 1919; "Gesetz über Wochenhilfe und Wochenfürsorge", 26 Sep 1919, *RGBl*, 1919, p. 1757.

40. motion 419 by Martha Arendsee (KPD) of 31 May 1921 in the Prussian Diet; her motion no. 381 in RT Committee of Finance, 28 May 1925; her articles in *Die Kommunistin*, 1 Feb 1923, 1 Mar 1923, 15 June 1925; SPD motion 456 of 3 Feb 1925; RT Select Committee on Population, motion 4, 20 June 1925; questions in the Prussian Diet, no. 399, 16 Mar 1925, etc. (ZSAP, MfHuG, BB. xv. 65, vol. 4, Bl. 312).

41. ZSAP, RJusMin, *ORA Druckschriften, Referentenmaterial für die Volksaktion gegen Paragraph 218 and für die Verteidigung von Dr. Wolf*, Bl. 12.

42. 1926 年 7 月 9 日的法律，引自 Charlotte Wolff, "Die Fürsorge für die Familie im Rahmen der Schwangerenberatung der Ambulatorien des Verbandes der Berliner Krankenkassen", (MD dissertation, Berlin, 1928) pp. 12–13; *Die Genossin*, Aug 1929, p. 338。

43. Dr Schweers, *VdBdÄ*, July 1925, pp. 119–122; 1930 年 7 月 26 日的法令涉及疾病和产妇津贴；1935 年 5 月 5 日废除了母乳喂养津贴；儿童津贴和孤儿抚恤金也在 1931—1932 年废除。参见 F. Syrup, *Hundert Jahre staatliche Sozialpolitik 1839–1939* (Stuttgart, 1957) pp. 376–385。

44. "Schwangerenschutz", *Arbeiterwohlfahrt*, 1927, p. 177.

45. RT Printed Matter no. 601, 3 Mar 1925; Deutscher Textilarbeiterverband, *Erwerbsarbeit, Schwangerschaft, Frauenleid*, I (Berlin, 1925), II (Berlin, 1926).

46. Arbeitgeberverband der deutschen Textilindustrie, *Die Frauenerwerbsarbeit in der Textilindustrie mit bes. Berücksichtigung der Beschäftigung schwangerer Frauen* (Berlin, 1926) pp. 26, 28.

47. Gertrud Hanna, "Schutz der schwangeren Arbeiterin im Betriebe"；ZSAM, MfHuG, BB. VII. 2, vol. 1, Bl. 13.

48. ZSAM; MfHuG, BB. VII. 2a, vol. 1, Bl. 22, RT Printed Matter no. 16, 18 Feb 1927; Jane Lewis, *The Politics of Motherhood: Child and Maternal Welfare in England, 1900–1939* (London, 1980) p. 167.

49. 例如 *Vorwärts*, 2 Jan 1926; Rosa Kempf, *Die deutsche Frau nach der Volks-, Berufs- und Betriebszählung von 1925* (Mannheim, Berlin and Leipzig, 1931) pp. 69–92。

50. 参见 Renate Bridenthal, "'Professional' Housewives: Stepsisters of the Women's

Movement", in Bridenthal et al., *When Biology Became Destiny*, pp. 153-173。

51. ZSAM, MfHuG, BB. VII. 2a, vol. 1, Bl. 256, *Der Abend* 1 Apr 1930, report by Dr Teleky and Dr Ilse Weickert; ibid., "Schwangerschaft und Entlassung", Vorwärts 2 May 1926; ibid., Bl. 266, "Schwangere verschenken Geld", *Vorwärts*, 23 July 1931.

52. Maria Silberkuhl-Schulte, "Die Frau in der deutschen Landwirtschaft", *ChFrau*, 1933, pp. 115-123.

53. Dr. med Alice Vollnhals, "Mutterschutz", *Die Genossin*, 1929, pp. 166-174; 参见 Weindling, *Health, Race and German Politics*, p. 369。

54. "Säuglingsfürsorgestelle", in Oskar Karstedt (ed.), *Handwörterbuch der Wohlfahrtspflege* (Berlin, 1924); ZSAP, RMindI 9403, Bl. 287.

55. Paul Weindling, "Eugenics and the Welfare State during the Weimar Republic", in W. R. Lee and Eve Rosenhaft (eds.), *State and Social Change in Germany 1880-1960* (New York, Oxford and Munich, 1990).

56. *Jahrbuch der Ambulatorien des Verbandes der Krankenkassen Berlins* (Berlin, 1926-1927) pp. 76-77; Wolff, "Die Fürsorge für die Familie".

57. *StJdDR*, 1926, p. 387; Manfred Stürzbecher, "Anstalts-und Hausentbindungen in Berlin (1903-1970)", *Bundesgesundheitsblatt*, 15. 19 (1972) pp. 273-280。在所有"婚生子"分娩中,住院分娩的比例从 1913 年的 13. 5% 增加到 1933 年的 61. 8%,但"非婚生子"分娩的比例仅从 56. 2% 增加到 70. 5%。

58. 1921 年至 1924 年间,产褥热死亡率平均为万分之 27. 8,1924 年至 1928 年间仍有万分之 26. 2;分娩后死亡率实际上从 1921—1924 年的万分之 21. 8 增加到 1924—1928 年的万分之 23. 9(根据 *StJdDR* 计算,1930 年,第 32 页)。

59. 参见引言注释 57。

60. Albert Niedermeyer, *Sozialhygienische Probleme in der Gynäkologie und Geburtshilfe* (Berlin, 1927) p. 99.

61. Prinzing, *Handbuch der medizinischen Statistik*, p. 102.

62. Lina Ege, "Das Preußische Hebammengesetz", *Die Gleichheit*, 32 (15 Aug 1922) p. 147; BAK, NL Schreiber 59, Bl. 93, declaration 7 Jan 1926.

63. 参见 Anna Davin, "Imperialism and Motherhood", *History Workshop*, no. 5 (Spring 1978) pp. 9-67。

64. ZSAM, MfHuG, BB. VII. 2, vol. 1, Bl. 323-364.

65. Julius Moses, in Arbeiterwohlfahrt, *Sozialismus und Bevölkerungspolitik*, p. 32.

66. Hirsch, "Die Gefahren der Frauenerwerbsarbeit", pp. 324-325.

67. Ibid., pp. 341-344,引用了中央青年福利局的一项调查。

68. 例如 Ungern-Sternberg, "Die Ursachen des Geburtenrückgangs"; Moses, in Arbeiterwohlfahrt, *Sozialismus und Bevölkerungspolitik*, p. 29; *Der Kassenarzt*, 10 Feb

1927, pp. 2–4。

69. Kempf, *Die deutsche Frau*, p. 34; *Wirtschaft und Statistik*, 9 (1929) p. 274ff.; Ungern-Sternberg, "Die Ursachen des Geburtenrückgangs", pp. 69–70.

70. 例如 Renate Bridenthal, "Beyond Kinder, Küche, Kirche: Weimar Women at Work", *Central European History*, June 1973, pp. 148–166; Ulla Knapp, *Frauenarbeit in Deutschland*, 2 vols (Munich, 1984)。

71. *Wirtschaft und Statistik*, 9 (1929) 276; Kempf, *Die deutsche Frau*, p. 45.

72. 参见 *ZfSexWiss*, XIV (1927–8) 中的讨论。

73. Ulla Knapp, "Frauenarbeit in Deutschland zwischen 1850 und 1933", *Historical Social Research*, 28 (1983) p. 49.

74. Adler-Rehm, "Die Gesunderhaltung der Frau im Beruf", *Schriftenreihe der Akademie für soziale und pädagogische Frauenarbeit in Berlin*, 3 (1927); 参见 Dorothee Wierling, *Mädchen für alles: Arbeitsalltag und Lebensgeschichte städtischer Dienstmädchen um die Jahrhundertwende* (Bonn and Berlin, 1987)。

75. Kempf, *Die deutsche Frau*; Silberkuhl-Schulte, "Die Frau in der deutschen Landwirtschaft", pp. 117, 120; 凯特·盖博（Käthe Gäbel）博士于 1928 年为德国农村福利协会进行的一项调查称，孕产妇死亡率（每 100 次分娩）为：工业工人 0.74，农业工人 1.69，家庭佣工 1.52，农民 2.34。1927 年，农村婴儿死亡率为 12.2%，而德国的平均死亡率为 9.7%（*StJdDR*, 1928, p. 56）。

76. Adler-Rehm, "Die Gesundherhaltung der Frau", pp. 31–32; Spree, "Der Geburtenrückgang in Deutschland vor 1939", p. 62 (per 1920–1924 marriage cohorts).

77. Hanna, in Arbeiterwohlfahrt, *Sozialismus und Bevölkerungspolitik*, p. 39; Toni Pfülf, "Ehenot und Eherecht", *Die Genossin*, VI. 3 (1929) p. 50.

78. Lida Gustava Heymann, "Open Door International-Freie-Bahn-Internationale", *Die Genossin*, VI. 8 (1929) pp. 333–335.

79. 参见 Richard Bessel, "'Eine nicht allzu große Beunruhigung des Arbeitsmarktes', Frauenarbeit und Demobilmachung in Deutschland nach dem Ersten Weltkrieg", *Geschichte und Gesellschaft*, IX. 2 (1983) pp. 211–229; Davin, "Imperialism and Motherhood", p. 56: "已婚妇女工作是被容忍还是被谴责，取决于其是否必要。"

80. Clara Bohm-Schuch, *Die Gleichheit*, 6 (1921); 参见 Anna Blos, *Die Gleichheit*, Aug 1919, p. 218; Stegmann, quoted in Wickert, *Unsere Erwählten*, II, p. 51。

81. 例如 Alice Salomon, *Kommendes Geschlecht*, 1 (1922) p. 41; Bäumer, *Die Frau im deutschen Staat* (Berlin, 1932) p. 17。

82. H. Müller, "Was soll die Frau dem Manne sein?", *Die Gleichheit*, 47 (1920) p. 383.

83. Moses, in Arbeiterwohlfahrt, *Sozialismus und Bevölkerungspolitik*, p. 29; 参见 Karl Kautsky Jr, ibid., p. 72。

84. 参见 Elizabeth Harvey, "Youth and the State in the Weimar Republic: A Study of Public Policies towards Working-Class Adolescents in Hamburg, 1918-1933" (DPhil dissertation, Oxford, 1987); Detlef J. K. Peukert, *Grenzen der Sozialdisziplinierung. Aufstieg und Krise der deutschen Jugendfürsorge 1878-1932* (Cologne, 1986)。

85. FUB, Slg Rott, M 2c, Schwangerenfürsorge, Kaiserin August Victoria Haus, *Richtlinien für die Einrichtung und den Betrieb einer Schwangerenberatungsstelle*, p. 2; ibid., Vormundschaftsamt der Stadt Berlin, *Merkblatt für Schwangere 1920*; ibid., Schwester Antonia Zarwer, "Schwangerenberatung der Säuglingsfürsorgestelle VI der Stadt Charlottenburg", 27 Nov 1919.

86. Bernhard Möllers, *Gesundheitswesen und Wohlfahrtspflege im Deutschen Reich* (Berlin, 1923)p. 125.

87. Wolff, "Die Fürsorge für die Familie", pp. 34-35.

88. 参见 David Crew, "German Socialism, the State and Family Policy, 1918-1933", *Continuity and Change*, 1. 2 (1986) 235-263。

89. Dietrich Tutzke (ed.), *Zur Entwicklung der Sozialhygiene im 19. und 20. Jahrhundert* (Berlin, 1976) pp. 15-17; Juchacz and Heymann, *Die Arbeiterwohlfahrt*, p. 5; Else Wex, *Die Entwicklung der sozialen Fürsorge in Deutschland 1914-1927* (Berlin, 1929) p. 77; Susanne Zeller, *Volksmütter: Frauen im Wohlfahrtswesen der zwanziger Jahre* (Düsseldorf, 1987) esp. p. 118ff.

90. NRWHSA, Regierung Düsseldorf 34343, report 19 Mar 1929 to MfHuG; FUB, Slg Rott, M 4, 1920, Vormundschaftsamt der Stadt Berlin; Ute Frevert, *Women in German History: From Bourgeois Emancipation to Sexual Liberation* (New York, Oxford and London, 1989).

91. James Wickham, "Working Class Movement and Working Class Life: Frankfurt am Main during the Weimar Republic", *Social History*, 1983, pp. 315-343; Ludwig Preller, *Sozialpolitik*, pp. 384-387; Annemarie Niedermeyer, "Zur Struktur der Familie. Statistiche Materialien", *Forschungen der Deutschen Akademie für soziale und pädagogische Frauenarbeit* (Berlin, 1931) pp. 128-142; Georg Loewenstein, "Wohnungsnot und Sexualnot", *MdBDÄ*, 7 (1931) pp. 134-137.

92. Wagner, "Die Reformbestrebungen zur Neugestaltung des Nichtehelichenrechts", p. 59ff.; 政府在 1920 年、1925 年、1929 年提出法案; 最后一个法案转移至国会立法委员会, 并再也未被提起 ("Reichsgesetz für Jugendwohlfahrt", 9 July 1922, *RGBl*, 1, 633)。

93. 引自 Wagner, "Die Reformbestrebungen zur Neugestaltung des Nichtehelichenrechts",

p. 57。

94. Karin Hausen, "Mother's Day in the Weimar Republic", in Bridenthal et al., *When Biology became Destiny*, pp. 132, 141–143, 150.

95. FUB, Slg Rott, M 8, Hans Harmsen and Trude Grünthal, "Der deutsche Muttertag. Grundlegendes und Erfahrungen im Jahre 1927", *Schriften zur Volksgesundung*, 5 (1928).

96. Hausen, "Mother's Day", pp. 132, 143–144; Claudia Koonz, "The Competition for Women's Lebensraum 1928–1934", in Bridenthal et al., *When Biology became Destiny*, pp. 199–236; Gisela Bock, *Zwangssterilisation im Nationalsozialismus: Studien zur Rassenpolitik und Frauenpolitik* (Opladen, 1986) pp. 47, 53, quotation of Harmsen on p. 105.

97. Margarete von Tiling, "Leben aus dem Tode", *NdVevFrVD*, IV. 5/6 (1924) p. 31; Doris Kaufmann, *Katholisches Milieu in Münster 1928–1933* (Düsseldorf, 1984) pp. 80, 90; *ChFrau*, 1925, pp. 1–8, 60, 170, 289; *NdVevFrVD*, VI (1926) p. 25.

98. 参见 Karin Hausen, "Family and Role-Division: The Polarisation of Sexual Stereotypes in the Nineteenth Century-an Aspect of the Dissociation of Work and Family Life", in R. J. Evans and W. R. Lee (eds.), *The German Family: Essays on the Social History of the Family in Nineteenth-and Twentieth-Century Germany* (London, 1981) pp. 51–83。

99. 例如 Hermann Muckermann, *Die Familie. Schriftenreihe für das Volk*, 2 (Berlin, n. d.) p. 5; Elisabeth Schwörer-Jalkowski, "Die Hygiene in der Ehe vom Standpunkt der katholischen Ärztin", in KDF, *Katholische Ehe, conference Hildesheim 1924* (Cologne, 1925) p. 81; J. Pachali, *Ethik*, 11. 3 (1926) p. 71。

100. Margarete von Tiling, "Christentum und Frauentum", *MdVevFrVD*, VI (1926-7) p. 10.

101. 引自 Koonz, "The Competition for Women's Lebensraum", p. 206。

102. Alvin Werth, *Papal Pronouncements on Marriage and the Family: From Leo XIII to Pius XII, 1878–1954* (Milwaukee, 1955) pp. 27–28, 132.

103. 引自 Koonz, "The Competition for Women's Lebensraum", p. 207。

104. Maria Schlüter-Hermkes, "Grundsätzliches zur katholischen Frauenbewegung", *Hochland*, 26 (1928-9) pp. 604–614.

105. Ibid., pp. 605–606, 611, 613.

106. Evans, *The Feminist Movement*, p. 237; Ann Taylor Allen, "Mothers of the New Generation: Adele Schreiber, Helene Stöcker and the Evolution of a German Idea of Motherhood, 1900-1914", *Signs*, X. 3 (1985) pp. 418–438.

107. Rayna Rapp, Ellen Ross and Renate Bridenthal, "Examining Family

History", in Judith L. Newton, Mary P. Ryan and Judith Walkowitz (eds.), *Sex and Class in Women's History* (London 1983) p. 239。育儿期，根据女性的平均预期寿命 59 岁计算，20 世纪 20 年代每位妇女平均生育 2.3 个孩子，生育间隔两年，学前教育 6 年，外加 2×9 个月妊娠期: 9—11 年。

108. Hausen, "Mother's Day", p. 149.

109. Grossmann, "The New Woman, the New Family", pp. 374-375.

第二章　性　打击不道德性行为: 右派对人口问题的回应

1. Detlef J. K. Peukert, *Die Weimarer Republik. Krisenjahre der Klassischen Moderne* (Frankfurt a. M., 1987), 即将出版英文版。

2. Ibid., pp. 12-13.

3. 参见 Cornelie Usborne, "The Workers' Birth Control Group and the First Labour Government. The Fight for Free Contraceptive Advice in Maternity and Child Welfare Centres in 1924" (research project, Open University, Milton Keynes, 1978)。

4. Detlef J. K. Peukert, "Der Schund-und Schmutzkampf als 'Sozial-politik der Seele'", in H. Haarmann et al. (eds.), *"Das war ein Vorspiel nur ...". Bücherverbrennung Deutschland 1933* (Berlin, 1983) pp. 51-64.

5. 值得注意的例外是 Irmtraud Götz von Olenhusen, *Jugendreich, Gottesreich, Deutsches Reich. Junge Generation, Religion und Politik, 1928-1933* (Cologne, 1987); Doris Kaufmann, *Frauen zwischen Aufbruch und Reaktion. Protestantische Frauenbewegung in der ersten Hälfte des 20. Jahrhunderts* (Munich, 1988)。

6. 例如 Evans, *The Feminist Movement*。

7. Cornelie Usborne, "The Christian Churches and the Regulation of Sexuality in Weimar Germany", in Jim Obelkevich, Lyndal Roper and Raphael Samuel (eds.), *Disciplines of Faith: Studies in Religion, Politics and Patriarchy* (London, 1987) pp. 99-112.

8. "福音派"被用作"evangelisch"的准确翻译。"Protestant"最初是一个贬义词，在德国通常被避免使用。本书这里只有讨论两个基督教教派的空间; 关于犹太教派态度的讨论，请参见 Marion Kaplan, *The Jewish Feminist Movement in Germany: The Campaigns of the Jüdischer Frauenbund, 1904-1938* (Westport, Conn., and London, 1979)。

9. 参见 J. R. C. Wright, *"Above Parties": The Political Attitudes of the German Protestant Church Leadership 1918-1933* (Oxford, 1974)。

10. Evans, *The Feminist Movement*, pp. 255-257.

11. Hausen, "Mother's Day", p. 142; Doris Kaufmann, "Die Begründung und Politik einer evangelischen Frauenbewegung in der Weimarer Republik", in Jutta

Dalhoff, Uschi Frey and Ingrid Schöll (eds.), *Frauenmacht in der Geschichte* (Düsseldorf, 1986) p. 38.

12. ADCV, VIIIc.142b; Alfred Kall, *Katholische Frauenbewegung* (Paderborn, 1983) p. 321, 这表明会员人数较少；ADCV, VIII.B.13; ibid., KDF, Sittlichkeitskommission, F. I. 1e.

13. Hilde Lion, *Zur Soziologie der Frauenbewegung* (Berlin, 1926) pp. 125-132; 天主教青年女性组织的中央联合会有超过50万成员。Evans, *The Feminist Movement*, pp. 129, 245; Thönnessen, *The Emancipation of Women*, p. 144。

14. ADCV, 465.4, AfVG, *Schriften zur Volksgesundung*, 14 (1929) p. 3.

15. Ibid., *Mitteilungen*, 29 (1926) and 16 (1928); Ibid., *Tätigkeitsbericht* (1926) pp. 4-21; 参见 Hausen, "Mother's Day", pp. 135-139。

16. ZSAP, RMindI 26234, Bl. 13, 19, 95; Ilse Heydorn, "Der Bund der Kinderreichen", *Die Frau*, Apr 1922, pp. 218-219; Jill Stephenson, "'Reichsbund der Kinderreichen': The League of Large Families in the Population Policy of Nazi Germany", *European Studies Review*, 9 (1979) pp. 351-375.

17. Preamble to the bill to combat VD, RT Printed Matter no. 3532, 9 Feb 1922; National Assembly Proceedings 1919, p. 4140; RT Proceedings, 5 Apr 1922, 27 Nov 1926.

18. Otto Friedrich, *Before the Deluge: A Portrait of Berlin in the 1920s* (London, 1974) p. 128; Alex de Jonge, *The Weimar Chronicle* (London, 1978) pp. 135-136; Berlin Museum, *Eldorado. Homosexuelle Frauen und Männer 1850-1950. Geschichte, Alltag und Kultur* (Berlin, 1984).

19. ZSAP, RMindI 13693, vol. 1, Bl. 47, 49; BHSAM, MindI 66546, MindI to police headquarters 8 Nov 1920, and Bavarian Diet, no. 1163, 23 Mar 1921.

20. 参见 Robin Lenman, "Mass Culture and the State in Germany, 1900-1926", in Bullen et al. (eds.), *Ideas into Politics*。

21. Berlin Museum, *Eldorado*, pp. 28, 102.

22. ZSAP, RMindI 13693, Bl. 74-78, 1920 bill to tighten regulations of entertainment. Quotation from the secretary of the DNVP, *Deutsche Tageszeitung*, 11 Dec 1919 (BAK, R 86, 2369).

23. 第184条禁止公开展示任何可能"在很大程度上有伤风化"的物品。

24. RT Proceedings, 10 Mar 1921; HAdStdtK, NL Wilhelm Marx, 403, petition 6 Nov 1926.

25. Ludwig Hoppe, *Sexueller Bolschewismus und seine Abwehr* (Berlin, 1922) p. 28.

26. VD law: *RGBI*, 18 Dec 1918. Quotations from National Assembly

Proceedings, 17 Dec 1919, p. 4140.

27. ZSAP, RMindl 13693, Bl. 7-31, 145, 146; *RGBI*, 27 Feb 1923; ZSAP, RMindl 13546, Bl. 110-126.

28. National Assembly Proceedings, 17 Dec 1919, quoted in Peukert, "Der Schund-und Schmutzkampf", p. 6; Werner Stephan, *Aufstieg und Verfall des Linksliberalismus, 1918-1933. Geschichte der Deutschen Demokratischen Partei* (Göttingen, 1973) pp. 326-327, 在 1982 年 10 月 28 日巴特戈德堡的作者与史蒂芬的访谈中获得确认。

29. "Reichslichtspielgesetz", 12 Apr 1920, *RGBI*, 1920, pp. 953-958. BAK, 2396: 至 1929 年超过 2.2 万部电影在柏林受到审察，在慕尼黑有 3000 部，其中 40% 遭到删剪。*ZfSexWiss*, IX. 9, (1922) pp. 250-257; GSABD, Rep. 84a, 8100, Bl. 194 (Schnitzler's Der Reigen); ibid., 5792, Bl. 74。

30. 见引言第 11 页和注释 28。

31. SAM, PolDir München 7455, *Wild und Hund* (n.d.); ibid., *Oberbayerischer Gebirgsbote* 25 Mar 1922.

32. 例如 NRWHSA, Regierung Düsseldorf 38892, district medical officer Sterkrade to Regierungspräsident, 14 May 1924; ibid., 38942, vol. 4, president of police, 11 Nov 1927; SAM, PolDir München 7121, district office Pfaffenhofen, 24 Dec 1926; SAD, AussMin 8659, Bl. 172; ZSAP, RMindl 9351, vol. 2, Bl. 26。

33. Hermann Muckermann, *Um das Leben der Ungeborenen* (Berlin, 1925).

34. 例如 petition of the League of Catholic Women in autumn 1918 in ChFrau, 1918, p. 200; Hoppe, *Sexueller Bolschewismus*, pp. 8-22: 费迪南德·戈尔茨坦（Ferdinand Goldstein）医生被判有罪，但上诉后被无罪释放。*Vorwärts*, 24 Apr 1926。

35. NRWHSA, Regierung Düsseldorf 38941, decree of 21 Dec 1920; ZSAP, RMindl 9138, Bl. 187; BAK, R 86, 2369, vol. 1, RMindl to president of the RGA, 8 Dec 1921; ibid., 2379, *Denkschrift des RGA über die Fragen der gegen die Abtreibung bestehenden Strafvorschriften*, p. 27; SAM, PolDir München 7387; GSABD, Rep. 84a, 8100, Bl. 152.

36. NRWHSA, Regierung Düsseldorf 38938, pharmacist Remy to president of Essen police, 20 Mar 1922; ibid., 38941; SAM, PolDir München 7396.

37. GSABD, Rep. 84a, 8100, Bl. 82.

38. SAM, PolDir München, 5 Nov 1923; BAK, R 86, 2379, vol. 2, RMindl to AussMin Bavaria, 25 Jul 1922.

39. BAK, R 86, 2379, vol. 2, director of Berlin Women's Hospital to RMindl, 1 July 1920; ibid., vol. 3, president of the RGA to RMindl, 27 Apr 1925 and 12 May 1926.

40. SA, 1928, p. 10, and 1929, pp. 157-162; Martha Ruben-Wolf, "About a

Pamphlet Suppressed by Censorship in Germany", in Norman Haire (ed.), *Sexual Reform Congress London 8- 14. IX 1929. WLSR. Proceedings of the Third Congress* (London, 1930) pp. 443-444.

41. Marschalck, *Bevölkerungsgeschichte*, p. 148; Niemeyer, *Zur Struktur der Familie*, pp. 23-26.

42. Karin Hausen, "The German Nation's Obligations to the Heroes' Widows of World War I", in Margaret R. Higonnet et al. (eds), *Behind the Lines: Gender and the Two World Wars* (London, 1987) pp. 126-140.

43. *StJdDR*, 1930, p. 32; 1900—1940 年英国的私生子比例为 3.9%—5.4% (Weeks, *Sex, Politics and Society*, p. 77 n. 17)。Joseph Mausbach, *Katholische Moraltheologie* (Münster, 1922) p. 95。

44. Wagner, "Die Reformbestrebungen zur Neugestaltung des Nichtehelichenrechts", p. 148; quotations in RT Proceedings, 6 Apr 1922, pp. 6921-6924.

45. Amy Hackett, "Helene Stöcker: Left-Wing Intellectual and Sex Reformer", in Bridenthal et al., *When Biology Became Destiny*, pp. 114-115.

46. GSABD, Rep. 84a, 867, Bl. 119, preamble to the bill to combat VD, 9 Feb 1922.

47. SAD, AussMin 8644, Bl. 157; NRWHSA, Regierung Düsseldorf 38967, district medical officer Crefeld to Regierungspräsident, 15 Mar 1921.

48. *NdVevFrVD*, IV.5/6 (1924) pp. 30-31; Hedwig Dransfeld, "Sittliche Erschütterungen unseres Volkes", *ChFrau*, 1924, pp. 39-45.

49. Marianne Weber, "Zum Kampf um sexuelle Gesittung", *Die Frau*, 1920, p. 198; 参见 Anna Pappritz (ed.), *Einführung in das Studium der Prostitutionsfrage* (Leipzig, 1919); *ChFrau*, 1924, pp. 39-45; *NdVevFrVD*, V. 9 (1926) pp. 50-51。

50. BAK, NL Lüders 169, RT Printed Matter no. 1620, 18 Jun 1923, 参议院表面上拒绝了该法案，因为州政府需要额外的费用，但实际上是因为巴伐利亚人民党反对卖淫合法化 (*RGBI*, 22 Feb 1927, p. 61)。

51. 参见 Weeks, *Sex Politics and Society*, pp. 207-208; Gordon, *Woman's Body, Woman's Right*, p. 192。

52. Simon Taylor, *Germany 1918- 1933* (London, 1983) p. 108; quotation in D. E. Showalter, *Little Man, What Now? "Der Stürmer" in the Weimar Republic* (London, 1982) pp. 86-87.

53. 1918—1935 年间，英国的女议员从未超过 15 人（2.4%），且这一数字只在 1931 年才达到：见 Elizabeth Vallance, *Women in the House* (London, 1979) p. 185。

54. 参见 Patricia Hollis, *Ladies Elect: Women in English Local Government 1865- 1914* (Oxford, 1987); Bäumer, *Die Frau im deutschen Staat*, p. 53。参见 Jane Caplan, *Government*

without Administration (Oxford, 1989)。

55. *StJdDR*, 1921/2, p. 320, and 1934, p. 535; Anne Schlüter, "Wissenschaft für die Frauen? Frauen für die Wissenschaft! Zur Geschichte der ersten Generation von Frauen in der Wissenschaft", in Ilse Brehmer et al. (eds.), *Frauen in der Geschichte, IV* (Düsseldorf, 1983) p. 251; Maria Schlüter-Hermkes, "Von der wissenschaftlichen Frauenarbeit", *ChFrau*, 1929, pp. 110–115.

56. Bäumer, *Die Frau im deutschen Staat*, p. 59; Schlüter, "Wissenschaft für die Frauen?", p. 248; Doris Kampmann, "Zölibat-ohne uns!", in Frauengruppe Faschismusforschung, *Mutterkreuz und Arbeitsbuch* (Frankfurt a. M., 1981) p. 85.

57. Käte Frankenthal, "Das Problem der ledigen Frau", *ZfSexWiss*, XII. 7 (1925) pp. 217–220, 218.

58. Susanne Suhr, *Die weiblichen Angestellten. Arbeits- und Lebensverhältnisse. Eine Umfrage des Zentralverbands der Angestellten* (Berlin, 1930) pp. 4, 8, 24.

59. Luise Scheffen-Döring, *Frauen von Heute* (Leipzig, 1929) pp. 27–31; Rudolf Braune, *Das Mädchen an der Olga Privat* (Berlin, 1930); Hans Fallada, *Kleiner Mann– Was nun?* (Berlin, 1932); Christa Anita Brück, *Schicksale hinter Schreibmaschinen* (Berlin, 1930).

60. Ute Frevert, "Vom Klavier zur Schreibmaschine", in Annette Kuhn and Gerhard Schneider (eds.), *Frauen in der Geschichte* (Düsseldorf, 1979) pp. 82–112.

61. ADCV, D.11.2, "Katholische Leitsätze ... zu modernen Sittlichkeitsfragen", Jan 1925; Showalter, *Little Man What Now?*, pp. 194–195.

62. 例如 Clara Thorbecke, *Die Frau*, 1923, pp. 137–143; 参见 Karin Jurczyrek and Carmen Tatschmurat, "Frauen forschen-Frauenforschung?", in Dalhoff et al. (eds.), *Frauenmacht in der Geschichte*, p. 241; Grossmann, "The New Woman, the New Family", pp. 24–29; Victor Noack, *Das soziale Sexualverbrechen. Wohnungsnot und Geschlechtsnot* (Stuttgart, 1932)。

63. Erich Fromm et al. (eds.), *Studien über Autorität und Familie* (Paris, 1936) pp. 272–291; Wilhelm Reich, "Das Fiasko der Sexualmoral" (1929) repr. in Reich *Die sexuelle Revolution* (Frankfurt a. M., 1971).

64. Irene Stoehr, "Neue Frau und Alte Bewegung?", in Dalhoff et al., *Frauenmacht in der Geschichte*, pp. 390–402; SPD women's conference 1925, *Protokolle* (Berlin, 1926) p. 350; Martin Green, *The von Richthofen Sisters* (New York, 1974); Gordon, *Woman's Body, Woman's Right*, pp. 198–200.

65. Grete Meisel-Hess, *Die Sexuelle Krise* (Berlin, 1909).

66. "Rückkehr zur Tugend?", *Vossische Zeitung*, 27 Oct 1926; Dr Roberti, "Die Ehe", *Wlet am Abend*, 3 June 1926, advocating sex for everyone; ZSAP, 70 In, I,

1928, vol. 7; "Zur sexuellen Krise unserer Zeit", *Allgemeiner Lokal-Anzeiger* (Silesia) 1 May 1928; 例如，奥托·迪克斯（Otto Dix）为记者西尔维亚·冯·哈登（Sylvia von Harden）和舞蹈家安妮塔·贝伯（Anita Berber）创作的肖像画。

67. ADCV, F. I. 1e and 349.4; Hermann Muckermann, *Die Familie* (Berlin, n.d.) pp. 13–14.

68. *AfBSuF*, 1932, p. 100.

69. 参见 Glass, *Population Policies and Movement*, pp. 17–24, 263, 330; Ungern-Sternberg, "Die Ursachen des Geburtenrückgangs", p. 35。

70. Niemeyer, "Zur Struktur der Familie", pp. 23–24, 37; Fritz Burgdörfer, "Statistik der Ehe", in Max Marcuse, *Die Ehe. Ihre Physiologie, Psychologie, Hygiene und Eigenik. Ein biologisches Ehebuch* (Berlin and Cologne, 1927) p. 75.

71. Heidi Rosenbaum, *Formen der Familie* (Frankfurt a. M., 1982) p. 426.

72. Fromm, *Studien über Autorität und Familie*, p. 272; Alice Rühle-Gerstel, *Die Frau und der Kapitalismus. Eine psychologische Bilanz* (Leipzig, 1932) p.199.

73. Paul Krische, *Jugendehe* (Berlin, 1918); Max Hodann, *Geschlecht und Liebe in biologischer und gesellschaftlicher Beziehung*, 3rd edn (Rudol stadt, 1928) p. 25; Schefen-Döring, *Frauen von Heute*, pp. 217–221.

74. Burgdörfer, in Marcuse, *Die Ehe*, p. 82.

75. Toni Pfülf in *Arbeiterwohlfahrt*, 1928, pp. 3–9; Stephenson, *Women in Nazi Germany*, pp. 41–44.

76. 例如 Hans Harmsen, "Sowjetrusslands Ehe-, Familien-und Geburtenpolitik", in K. C. von Loesch (ed.), *Staat und Volkstum* (Berlin, 1926); *AfBSuF*, 1932, pp. 88, 93; Werth, *Papal Pronouncements*, p. 13。

77. 例如 Marianne Weber, "Eheideal und Eherecht" and "Die Formkräfte des Geschlechtslebens", in *Frauenfragen und Frauengedanken. Gesammelte Aufsäze* (Tübingen, 1919); *Die Ideale der Geschlechtergemeinschaft* (Berlin, 1929)。玛丽安·韦伯的公众角色具有某种讽刺意味，因为据负责保管她的文件的雷纳·莱普修斯教授称，有证据表明玛丽安·韦伯自己的婚姻从未圆房。

78. Agnes von Zahn-Harnack, *Die Frauenbewegung. Geschichte, Probleme, Ziele* (Berlin, 1928) p. 35; Weber, "Die Formkräfte des Geschlechtslebens", p. 205ff.

79. Marianne Weber in Ethik, V (1928) pp. 72–81; Bäumer, quoted in Ulrike Prokop, *Überwindung der Sprachlosigkeit* (Darmstadt, 1979) pp. 176–202; Weber, "Die Formkräfte des Geschlechtslebens", p. 224; von Zahn-Harnack, *Die Frauenbewegung*, p. 35; Dr Else Uhlich-Beil, "Die gegenwärtige sozialhygienische Gesetzgebung", *Bericht der 14. Generalversammlung des BDF* (Dresden, 1925) p. 28.

80. Von Zahn-Harnack, *Die Frauenbewegung*, p. 35; Evans, *The Feminist*

Movement in Germany, pp. 236-238; Bäumer, *Die Frau im deutschen Staat*, pp. 15-16.

81. Dr A. Saenger, SPD women's conference 1926, *Protokolle*, p. 358; Frau Ziegler, ibid., p. 345; Adele Schreiber, SPD women's conference 1919, *Protokolle*, p. 492.

82. ADCV, CA. IX. 11, Bohm-Schuch, quoted in "Das Recht auf Mutterschaft", Augsburger Postzeitung 19 Apr 1922; ibid., "Totengräber des Volkes", *Augsburger Postzeitung* 25 Mar 1921, and *Volkswacht*, 11 Apr 1922; Pfülf's speech of 30 Nov 1928, repr. in *Die Genossin*, VI. 1(1929) 21.

83. ADCV, CA. IX. 1, Bl. 7, Richard Ewald, "Die liebe Familie", *Vorwärts*, 21 Apr 1927; ibid., Paul und Maria Krische, "Wie stehen wir zur Familie?", *Der Abend* (late edn of *Vorwärts*) 21 June 1932; Paul Krische, "Bankrott der Familie?", in H. Steiner (ed.), *Sexualnot und Sexualreform*, pp. 351-355.

84. Martha Ruben-Wolff, "Die Erfolge der sowjetrussischen Bevölkerungspolitik", appendix to *KPD Richtlinien zur Frage der Geburtenregelung* (Berlin, n.d., but after 1928) pp. 12-16; *KPD Richtlinien zur Frage der Geburtenregelung*, p. 1; Sylvia Kontos, *Die Partei kämpft wie ein Mann. Frauenpolitik der KPD in der Weimarer Republik* (Basel, 1979) pp. 85, 133f.

85. 引自 Atina Grossmann, "The New Woman and the Rationalization of Sexuality in Weimar Germany", in Ann Snitow et al. (eds.), *Desire: The Politics of Sexuality* (London, 1984) p. 195。

86. 例如 Karl Urbach, "Über die zeitliche Gefühlsdifferenz während der Kohabitation", *ZfSexWiss*, VIII (1921-2) pp. 124-137; Mathilde von Kemnitz, *Erotische Wiedergeburt* (Munich, 1919)。

87. 例如 Max Hodann, *Geschlecht und Liebe in biologischer und gesellschaftlicher Beziehung* (Rudolstadt, 1927), and preface to the 2nd edn (Rudolstadt, 1928)。

88. 例如 Graf Keyserling, *Das Ehebuch* (Berlin, 1926); Max Marcuse (ed.), *Die Ehe. Monatsschrift für Ehewissenschaft, Recht und Kultur* (1926-8), 将严肃的研究与令人兴奋的照片结合:《爱与性别生活》(*Liebes- und Geschlechtsleben*) 声称第一年销量 12.5 万,见 *Die Ehe*, I. 5 (1926) p. 141。马克斯・霍丹的《性与爱》(*Geschlecht und Liebe*) 在八个月内重印了三次。

89. Hermann Muckermann, "Eheliche Liebe", *Die Familie. Schriftenreihe für das Volk*, 2 (n.d.) 5; Werth, *Papal Pronouncements*, pp. 20-21; Ungern-Sternberg, "Die Ursachen des Geburtenruckgangs", p. 150.

90. D. Rademacher, *ChFrau*, Mar 1922, p. 34; Muckermann, *Die Familie*, 2 (n. d.) p. 11.

91. H. Schreiner, cited in Götz von Olenhusen, *Jugendreich, Gottesreich,*

Deutsches Reich, p. 238.

92. Niemeyer, "Zur Struktur der Familie", p. 54.

93. 例如 *Bestand und Erschütterung der Familie der Gegenwart* (Berlin, 1930 onwards)。

94. Niemeyer, *Zur Struktur der Familie*, p. 93.

95. Joseph Mausbach, *Ehe und Kindersegen* (Mönchen-Gladbach, 1917) p. 33; Hermann Muckermann, "Um das Leben der Ungeborenen", in J. W. Hauer, *Paragraph 218* (Leipzig, 1931) p. 107; Anna Beckmann, *ChFrau*, 1922, p. 105; Doris Kaufmann, "Vom Vaterland zum Mutter land", in Karin Hausen (ed.), *Frauen suchen ihre Geschichte* (München, 1983) p. 254.

96. *AfBSuF*, 1932, pp. 88, 93; Kaufmann, "Die Ehre des Vaterlandes", p. 292.

97. *AfBSuF*, 1931, p. 118.

98. Grossmann, "The New Woman, the New Family", pp. 15ff., 41–44.

99. 参见卡罗拉·萨克斯（Carola Sachse）西门子真空吸尘器广告 "Von 'Güterströmen' und 'Menschenströmen' ... Betriebliche Familienpolitik bei Siemens 1918–1945", in Christiane Eifert and Susanne Rouette (eds.), *Unter allen Umständen. Frauengeschichte(n) in Berlin* (Berlin, 1986) pp. 218–241.

100. BAK, ZSlg, 1–65/77 (8), Fritz Brupbacher, *Liebe, Geschlechterbeziehungen, Geschlechtspolitik* (Berlin, 1929) p. 28; Deutscher Textilarbeiterverband, *Mein Arbeitstag, Mein Wochenende. 150 Berichte von Textilarbeiterinnen* (Berlin, 1930).

101. "Not der Familie", *MittEvFr*, 1926–7, p. 12; Christopher Lasch, "The Family as a Haven in a Heartless World", *Salmagundi*, 34 (1976) pp. 42–55; D. Rademacher, *ChFrau*, 1922, p. 45; Schlüter-Hermkes, "Grundsätzliches zur Katholischen Frauenbewegung", p. 613.

102. Harmsen, "Sowjetrusslands Ehe, Familien-und Geburtenpolitik", p. 340; "Die 'neue Geschlechtsmoral' in Sowjet-Russland", *ChFrau*, 1925, p. 278.

103. BAK, ZSlg, 1, E 34, pamphlet no. 6; ADCV, CA. VIII. B13, "Totengräber des Volkes. Ein ernstes Wort an die Frauenwelt", *Augsburger Postzeitung*, 25 Mar 1921.

104. Richard J. Evans, "Politics and the Family: Social Democracy and the Working-Class Family in Theory and Practice before 1914", in Evans and Lee (eds.), *The German Family*, pp. 256–288.

105. Renate E. Pore, "The German Social Democratic Women's Movement, 1919–1933" (PhD dissertation, West Virginia, 1977) p. 115ff.

106. Adele Schreiber, SPD Women's Conference 1919, *Protokoll*, p. 492; FUB, Slg Rott, D 3, Anna Blos, "Sozialdemokratie, freie Liebe und Kindererziehung", *Hamburger Volkszeitung*, 22 Oct 1919.

107. ADCV, CA. IX. 7, Paul und Maria Krische, "Wie stehen wir zur Familie?"

第三章　避孕　一种身体政治学的疗愈

1. Hirschfeld, *Geschlechtskunde*, pp. 11, 447.

2. Ernst Bumm, "Not und Fruehtabtreibung", *MMW*, 70 (1 Feb 1923); BAK, R 86, 2379, vol. 4, MNN 7 Jun 1928, evidence of president of RGA.

3. ZSAP, RMindI 9347, BI. 75; ibid., 9351, BI. 53, Ernst Bumm to Prussian Welfare Minister, Jan 1924; ibid., 9347, BI. 181.

4. *ZfGuG*, 45.40 (1921) pp. 1455-1468; ADCV, XIII, 36, Dr Niedermeyer, "Frauenärzte und Geburtenregelung", *Augsburger Postzeitung* 17 June 1931.

5. SAD, AussMin, 8582, BI. 91, RR Printed Matter no. 121, motion Bavaria, 23 May 1922.

6. NRWHSA, Regierung Düsseldorf 38939, public prosecutor Hamm, 18 Oct 1922; GSABD, Rep. 84a, 8100, BI. 313, 337; SAM, PolDir München 7395, BI. 21, *Neue Presse* 22 Nov 1929; ibid., 7396, *Freie Presse* 22 Nov 1929; BAK, R 86, 2379, vol. 5, *Kölnische Volkszeitung*, 18-19 Jan 1930.

7. AfVG, *Rechenschaftsbericht für das Jahr 1929*; Usborne, "The Christian Churches and the Regulation of Sexuality", pp. 99-112.

8. John T. Noonan, *Contraception: A History of its Treatment by the Catholic Theologians and Canonists* (Cambridge, Mass, 1965) p. 426; ZSAP, RMindI, 9352, vol. 1, BI. 10; F. Siegmund-Sehultze (ed.), *Um ein neues Sexualethos* (BerHn, 1927) p. 3; *AfBSuF*, 1932, pp. 25-32.

9. "Hirtenbrief der deutschen Bischöfe", in M. Fassbender (ed.), *Des deutschen Volkes Wille zum Leben* (Freiburg LB., 1917) appendix; Dietrich von Hildebrand, *In Defence of Purity* (London, 1931) p. 24; Matthias Laros, "Revolutionierung der Ehe", *Hochland*, vol. 27 (1930) , pp. 193-207; Noonan, *Contraception*, p. 424; Werth, *Papal Prouncements*, pp. 74, 68。1951 年教皇庇护十二世才明确允许安全避孕。

10.《新月之时》(*Once in a New Moon*)是一部喜剧电影，其中所有提及避孕的部分都被审查删除 (British Film Institute Library, London, British Board of Film Censors, Scenario Reports, vol.1934, pp. 315, 315a.)。

11. Alfred Grotjahn, *Soziale Pathologie. Versuch einer Lehre von den sozialen Beziehungen der Krankheiten als Grundlage der sozialen Medizin und der sozialen Hygiene* (Berlin, 1912).

12. James Wickham, "Working Class Movement and Working Class Life: Frankfurt am Main during the Weimar Republic", *Social History*, vol. 8, no. 3 (1983), pp. 315-343; BAK, NL Lüders, 230, RT Printed Matter no. 3777, *Denkschrift über Wohnungsnot und ihre Bekaempfung*, 10 Dec 1927; Georg Loewenstein,

"Wohnungselend und Geschlechtskrankheiten", *Mitteilungen der DGBG*, vol. 24, no. 6 (1926) , pp. 67–68.

13. Prinzing, *Handbuch der medizinischen Statistik*, pp. 4, 594–599, 602–609.

14. Tutzke, *Zur Entwicklung der Sozialhygiene.*

15. Peter Schneck, "Adolf Gottstein (1857–1941) und die Hygiene in Berlin", *Zeitschrift für die gesamte Hygiene und ihre Grenzgebiete*, vol. 33, no. 10 (1987) p. 47.

16. StdtAM, Gesundheitsamt 183, *Nachrichtenblatt der Reichsgesundheitswoche*, 30 Dec 1925 and 15 Jan 1926; BAK, R 89, 10539, Gesolei; 参见 *Weindling, Health, Race and German Politics*, p. 409ff。

17. Adolf Gottstein, Arthur Schlossmann and Ludwig Teleky (eds.), *Handbuch der sozialen Hygiene und Gesundheitsfürsorge* (Berlin, 1925) p. 360.

18. Adolf Gottstein et al. (eds.), *Handbuch der sozialen Hygiene*, p. 5; Friedrich Prinzing, *Handbuch der medizinischen Statistik*, p. 310.

19. Grotjahn, *Die Hygiene der menschlichen Fortpflanzung*, pp. 23, 59, 62, 64, 66–68, 82–83, 132–135; Dietrich Tutzke, "Alfred Grotjahn und die Sozialhygiene", *Zeitschrift für ärztliche Fortbildung*, vol. 67 (1973) pp. 783–788. 格罗特雅恩曾是社会主义医生协会的成员、国会议员（从 1921 年到 1924 年），以及普鲁士卫生委员会的成员。

20. Dr Pust, "Ein brauchbarer Frauenschutz", *DMW*, 29 (1923) p. 192.

21. BAK, NL Lüders 174, RT Proceedings, 13 June 1923, p. 11315。国家内政部长估计因淋病导致不孕的婚姻有 30 万，每年损失 10 万个新生儿。

22. Prinzing, *Handbuch der medizinischen Statistik*, pp. 305–308。这一数字如此之高，是因为梅毒尤其影响最贫困的人群，而这些人群的婴儿死亡率已经高于平均水平。

23. 防治性病的法令见 Decree against VD, *RGBI*, 18 Dec 1918; RT Printed Matter no. 975, *Entwurf eines Gesetzes zur Bekämpfung der Geschlechtskrankheiten, 6 June 1925*, preamble, pp. 4, 5。

24. BAK, NL Lüders 174, RT Proceedings, 13 June 1923, p. 11312; Stefan Leibfried and Florian Tennstedt (eds.), *Kommunale Gesundheitsfürsorge und sozialistische Arztepolitik zwischen Kaiserreich und Nationalsozialismus–autobiographische, biographische und gesundheitspolitische Anmerkungen von Dr Georg Loewenstein*, 2nd edn (Bremen, 1980) p. 42; Prinzing, *Handbuch der medizinischen Statistik*, p. 309; Georg Loewenstein, *Geschlechtsleben und Geschlechtskrankheiten* (Munich, 1928) p. 4.

25. Prinzing, *Handbuch der medizinischen Statistik*, p. 318; StdtAM, Gesundheitsamt, 140/II, VD clinics of the dermatological Poliklinik in Munich.

26. Usborne, "The Christian Churches and the Regulation of Sexuality", pp. 99–112; StdtAM, Gesundheitsamt, Reichsgesundheitswoche, 例如由德国性病防治协会制

作的电影《错误的羞耻心》(Falsche Scham) 和《人类的苦难》(Geißel der Menschheit) 参见 Weeks, *Sex, Politics and Society*, p. 216ff。

27. Max Marcuse, "Fortschritte im Kampfe gegen die Geschlechtskrankheiten", *Internationale Revue*, VI.6 (1913) 37; GSABD, Rep. 84a, 867, RT Proceedings, 13 June 1923, pp. 11316, 11332 (Heydemann, KPD) and 14 June 1923, pp. 11346-11348; ibid., Bl. 170; Hodann, *Geschlecht und Liebe*, 4th edn, p. 199.

28. RT Proceedings, 13 June 1923, p. 11316, and 14 June 1923, p. 11369 (Dr Quessel, SPD); ibid., 16 June 1923, p. 11417 (Dr Grotjahn, SPD); GSABD, Rep. 84a, 866, Bl. 166, conference of the DGBG, 11 Apr 1919.

29. *Gesetz zur Bekämpfung der Geschlechtskrankheiten*, 18 Feb 1927, *RGBl*, 1927, p. 61ff.; SAD, AussMin 8644, Bl. 157, and judgement, Hanseatic Oberlandesgericht, R. II. 17/28; SAM, PolDir München 7422, PoiDir Munich to PoiDir Hof, 14 July 1931.

30. SAD, AussMin 8644, Bl. 157, 17 Feb 1919, and Bl. 194, Feb 1920; Max Hodann, "Die sozialhygienische Bedeutung der Beratungsstellen für Geschlechtskranke" (MD dissertation, Leipzig, 1920) p. 6; ADVC, XIIIa. 19B, "Berlin ohne Sitte", *Vorwärts*, 30 May 1928.

31. Goerg Loewenstein, *AfsHud*, 1929, p. 109; SAM, PolDir München 7445, RMindl to PolDir Munich, 18 Oct 1930, and Berlin president of police to PolDir Munich, 21 Oct 1927 and 26 Aug 1929; ibid., Lübeck Health Office to manufacturer Primeros, 22 Apr 1929, and Berlin president of police, 26 June 1929; GSABD, Rep. 84a, 869, Bl. 107, 216-217.

32. Hirschfeld, *Geschlechtskunde*, II, p. 447.

33. 莫西斯直到 1924 年 5 月曾是德国独立社会民主党的成员，同时担任社会民主党的执行委员会成员及国会议员；从 1928 年起是帝国卫生委员会的成员。见 Max Schwarz, *Handbuch der Reichstage* (Hamburg, 1965) p. 716。

34. 例如勒文斯坦、弗兰肯塔尔和施明克是医疗官员，致力于抗击性病和推广避孕。见 Leibfried & Tennstedt (eds.), *Kommunale Gesundheitsfürsorge*, pp. 51-58。从 1924 年到 1930 年，施特格曼担任国会议员，从 1919 年到 1930 年，弗兰肯塔尔是柏林市议员。见 Wickert, *Unsere Erwählten*, II, pp. 159, 182。

35. FEStiftgB, Slg Ignaz Zadek, *Frauenleiden und deren Verhütung* (Berlin, 1907) appendix.

36. 参见 Helene Stöcker, "Zur Geschichte der Geburtenregelung", in Jurt Bendix (ed.), *Geburtenregelung. Vorträge und Verhandlungen des Ärztekurses vom 28 bis 30 Dezember 1928* (Berlin, 1928) pp. 5-16, 10。

37. Julius Moses, "Die Sozialdemokratie im Kampf gegen den Paragraph 218", *Die Genossin*, III. 5 (1931) p. 166, 参见 Julius Marcuse, *SA*, Aug 1928, p. 228。

38. 例如 Clara Bohm-Schuch, *Die Gleichheit*, 31.6 (1921) p. 1; BHSAM, Bavarian Landtag Proceedings, 18 Mar 1921 (Dr Fr. Bauer, USPD) and 29 Mar 1922 (Niekisch, USPD); BAK, R 86, 2369, Constituent Prussian Assembly Proceedings, 19 Sep 1919, p. 4106 (Dr Weyl, USPD)。

39. FEStiftgB, Slg Ignaz Zadek, VSÄ "Anträge zu den in 1. Lesung beschlossenen Programmsätzen ...", 19 May 1922; 1922 SPD conference, *Protokolle* (Berlin, 1923) p. 96.

40. SPD women's conference 1919, Weimar, *Protokolle*, pp. 498–499.

41. 例如 SPD women's conference 1921, Görlitz, *Protokolle*, pp. 27, 56 和 1924, Berlin, *Protokolle*, p. 234。参见如 *Die Gleichheit*, 31.17 (1921) 172 (last page), 迪玛瑟（ O. F. Demasier）的"橡胶制品"广告在那年秋季几乎每周都重复出现。

42. Justus, "Der Leidensweg der Frau", *Frauenstimme*, 41.8 (1924); BAK, R 86, 2379, vol. 3, "Paragraph 218 und die Frauen", *1. Beilage des Vorwärts*, 41.474 (1924).

43. *Frauenstimme*, 41.16 (1924); Justus, "Der neue Strafgesetzentwurf", *Frauenstimme*, 42.3 (1925); *Münchener Post*, 11 Feb 1925; BHSAM, Bavarian Landtag Proceedings, 13 Mar 1925, p. 517 (Amman, BVP); Kautsky in Arbeiterwohlfahrt, *Sozialismus und Bevölkerungspolitik*, pp. 9, 94–95.

44. 例如 *Die Genossin*, VI. 3 (1929), special party-conference number; Marie Juchacz, Arbeiterwohlfahrt, IV (1929) pp. 730–734。工人福利组织还分发了由朱利安·马尔库塞编写的避孕手册《男女都须知道的事》(*Was Mann und Frau wissen muß*)。

45. Linse, "Arbeiterschaft", p. 246.

46. BAK, ZSlg I, 6511, "Die Stellung der KPD zu den Paragraphen 218 und 219 des Strafgesetzbuches", *Die Internationale*, IV. 20 (1922) pp. 462–465.

47. GSABD, Rep. 84a, 867, Bl. 162b, Prussian Diet Proceedings, 17 Apr 1923; Emil Höllein, *Gegen den Gebärzwang: Der Knmpf um die bewußte Kleinhaltung der Familie* (Berlin, 1928) pp. 176, 200; *Proletarische Sozialpolitik*, 1928-9, pp. 78-89.

48. "Richtlinien der KPD zur Frage der Geburtenregelung", *AfBSuF*, I.1 (1931) p. 61.

49. Ibid.; BAK, ZSlg I, 65/77(4), *Liebe verboten* (Berlin, 1931) pp. 16-17。参见 Grossmann, "Abortion and Economic Crisis: The 1931 Campaign Against Paragraph 218", in Bridenthal et al. (eds.), *When Biology Became Destiny*。

50. Charlotte Wolff, *Magnus Hirschfeld* (London, 1986).

51. Dr Lotte Neisser-Schroeter, *Enquete über die Ehe- und Sexualberatungsstellen in Deutschland* (Berlin, 1928), p. 1.

52. Kristine von Soden, *Die Sexualberatungsstellen der Weimarer Republik 1919–1933* (Berlin, 1988), "Auf dem Weg zur 'neuen Sexualmoral'", in Geyer-Kordesch

and Kuhn (eds.), *Frauenkörper, Medizin, Sexualität*, p. 246; ZSAP, 70 In 1, Institut für Sexualwissenschaft, vol. 3, p. 4.

53. William J. Robinson, "The Institute of Sexual Science", *Medical Critic and Guide*, 25 (1925) , pp. 391–396.

54. Dr A. Weil, *Sexualreform und Sexualwissenschaft. Vorträge gehalten auf der I. Internationalen Tagung für Sexalreform auf sexualwissenschaftlicher Grundlage in Berlin* (Stuttgart, 1922).

55. Hertha Riese and J. H. Leunbach (eds.), *Sexual Reform Congress. Copenhagen 1–5. VIII. 1928. WLSR. Proceedings of the Second Congress* (Copenhagen and Leipzig, 1929) p. 227.

56. 希尔施费尔德担任主席；斯托克、霍丹、布鲁帕赫尔、沃尔瑟（Walther Riese）、马赫尔塔·里瑟、保罗与玛丽亚·克利谢是国际执行委员会的成员。参见 Haire (ed.), *Sexual Reform Congress London 1929*; Herbert Steiner, *Sexualnot und Sexualreform. IV Kongreß für Sexualreform. Verhandlungen der Weltliga für Sexualreform* (Vienna, 1931)。关于布尔诺的会议参见 Ifis, *Sexual-Hygiene*, 11 (1932)。

57. Max Marcuse, *Verhandlungen des 1. Internationalen Kongresses für Sexualforschung, Berlin vom 10. bis 16. Oktober 1926. Veranstaltet von der Internationalen Gesellschaft für Sexualreform* (Berlin and Cologne, 1927)。第二次性研究会议在 1930 年于伦敦举办；见 A. W. Greenwood, *Proceedings of the Second International Congress for Sex Research London 1930* (London, 1931)。

58. Raymond Pierpoint (ed.), *Report of the Fifth International NeoMalthusian and Birth Control Conference, London* (London, 1922); Margaret Sanger (ed.), "International Neo-Malthusian and Birth Control Conference", *International Aspects of Birth Control* (New York, 1925) pp. 13, 132ff.; Annemarie Durand-Wever, "7. Internationaler Kongreß für Geburtenregelung, Zürich 1930", *MW*, 4 Oct 1930。参见 Rosanna Ledbetter, *A History of the Malthusian League* (Columbus, Ohio, 1976) pp. 193–196。

59. Felix Theilhaber, "Die menschliche Liebe", *Beiträge zum Sexualproblem* (Berlin, 1925); Helene Stöcker, *Heinz Schnabel and Siegfried Weinberg, Fort mit der Abtreibungsstrafe!* (Leipzig, 1924); Magnus Hirschfeld and Richard Linsert, *Empfängnisverhütung. Mittel und Methoden* (Berlin, 1928), 该书第一版印刷了 10 万册，被多次重印。NG, 1921, p. 223; ZSAP, 70 In 1, Institut für Sexualwissenschaft, vol. 7, Bl. 100, Bl. 75, 72; 有关该电影参见 Lehfeldt, "Laienorganisationen für Geburtenregelung", *AfBSuF* (1932) p. 63。

60. Erwin Reiche, in Kurt Bendix (ed.), *Geburtenregelung*, p. 17.

61. 保护母亲联盟的会员费可能是其主要资金来源。NG, 1923, pp. 217, 237; von Soden, *Die Sexualberatungsstellen der Weimarer Republik*, pp. 125–126。

62. Neisser-Schroeter, *Enquete*, pp. 18–19.

63. Max Hodann, *History of Modern Morals* (London, 1937) p. 184ff.; Gordon, *Woman's Body, Woman's Right*, p. 230ff.

64. Neisser-Schroeter, *Enquete*, pp. 8, 10–11; Hertha Riese, in *NG*, 1926, p. 309; Hedwig Schwarz, in *NG*, 1928, p. 310; *NG*, 1927, p. 272.

65. Von Soden, *Die Sexualberatungsstellen der Weimarer Republik*, p. 98.

66. IfsF, Hedwig Schwarz, "Sexualberatungsstelle Friedrichshain", *Geschäftsbericht des Bundes für Mutterschutz Berlin 1926/7* (Berlin, 1927); Hertha Riese, in *NG*, 1925, p. 251.

67. 参见 Gordon, *Woman's Body, Woman's Right*, pp. 231, 258。

68. Von Soden, Die Sexualberatungsstellen der Weimarer Republik, pp. 125–144; Lotte Fink, "Wirkung der Verhütungsmittel", *AfG*, 144.2/3 (1931) p. 334.

69. Letters by Dr Lehfeldt to the author, 4 and 28 Oct 1983.

70. 一些大型联盟的名称中出现了"卫生"（Hygiene）和"母亲保护"（Mutterschutz）这两个词：如"the Reichsverband für Geburtenregelung und Sexualhygiene"［其期刊名为《性卫生》]（*Sexualhygiene*）及"Liga für Mutterschutz und soziale Familienhygiene of Berlin"。

71. Lehfeldt, "Die Laienorganisationen"对随后的历史产生了影响，但遭到了一些民间运动成员的批评。参见 ZSAP, 70 In I, Institut für Sexualwissenschaft, Bl. 11, von Nida to Richard Linsert at the Institute, 25 Oct 1932; Glass, *Population Policies and Movements*, p. 276; 及 Atina Grossmann, "Satisfaction is domestic Happiness: mass working-class sex reform organisation in the Weimar Republic", in M. Dobkowski and I. Wallimann (eds.), *Towards the Holocaust: The Social and Economic Collapse of the Weimar Republic* (Westport, Conn., 1982)。

72. Hirschfeld and Linsert, *Empfängnisverhütung*, p. 36ff.; ZSAP, 70 In I, Institut für Sexualwissenschaft, vol. 2, Bl. 73ff., correspondence between von Nida and Linsert of the Wissenschaftlich-Humanitäres Komitee, 1929–30.

73. BHSAM, MA 101, 235/1, nos 19, 21ff.; SAM, PolDir München 7297, letter 9 May 1924, statutes (n. d.); Linse, "Arbeiterschaft", p. 252; SAM, PolDir München 7297, president of government of the Upper Palatinate to president of police Munich, 27 Feb 1924.

74. BHSAM, MA 101, 235/1, no. 19; SAM, PolDir München 7297, report 7 Nov 1924, and president of police Chemnitz, 9 May 1924.

75. SAM PolDir München 7297; BHSAM, MA 101, 235/1, nos 19 and 31.

76. SAM, PolDir München 7297; BHSAM, MA 101, 23511, no. 19, Bund der Vereine für Sexualhygiene to G. Faber, Munich, 6 Jan 1926, letter by PolDir Munich

29 Jan 1929.

77. Friedrich Lönne, *Das Problem der Fruchtabtreibung* (Berlin, 1924) p. 11; Hirschfeld and Linsert, *Empfängnisverhütung*, pp. 11, 27-28; NRWHSA, Regierung Düsseldorf 38942, vol. 4, and 38892; Lehfeldt, "Die Laienorganisationen", pp. 64-65.

78. Lehfeldt, "Die Laienorganisation", pp. 84-87; Grossmann, "Satisfaction is Domestic Happiness".

79. 参见 Stephan Leibfried and Florian Tennstedt (eds.), *Berufsverbote und Sozialpolitik 1933* (Bremen, 1981) pp. 114-120。

80. G. Loewenstein, "Gesundheitliche Forderungen des VSÄ", *SA*, IV. 1/2 (1928) pp. 29-32; Fritz Brupbacher, *Kindersegen, Fruchtverhütung, Fruchtabtreibung* (Berlin, 1925); Hodann, *Geschlecht und Liebe*; Martha Ruben-Wolf, *Abtreibung oder Verhütung*? (Berlin, 1931); Julian Marcuse, *Warum Geburtenregelung*? (n. d., probably 1928).

81. Neisser-Schroeter, *Enquete*, pp. 16-22.

82. 成员包括玛莎·鲁本－沃尔夫（Martha Ruben-Wolf）、理查德·施明克（Richard Schmincke）、弗里德里希·沃尔夫、马克斯·霍丹、库尔特·本迪克斯（Kurt Bendix）、恩斯特·格拉芬伯格、卡尔·科尔维茨（Karl Kollwitz）和朱利安·马尔库塞等医生。参见 Korrespondenz des Informationsbüros für Geburtenregelung, 1 (1932) p. 1。

83. W. Fabian, in *NG*, 1928, pp. 81-84。

84. 柏林的诊所设立在施潘道、舍内贝格、诺伊科尔恩、利希滕贝格和韦尔登街等地; 几个月后，它们已经吸引了 1000 多名妇女。见 Bendix, *Geburtenregelung*, p. 43。

85. Lehfeldt, "Die Laienorganisationen", pp. 84-87; *Korrespondenz des Informationsbüros für Geburtenregelung*, 3, (1932) pp. 9-12.

86. 例如，*MW*, 1.43 (1927); *Norddeutsches Arzteblatt*, nos 32, 38, 39, 40 (1930); Dr Emilie Grünhaut-Fried, in Steiner (ed.), *Sexualnot und Sexualreform*, p. 577, and discussion p. 583; W. Stoeckel, "Die Konzeptionsverhütung", *ZfG*, 17 (1931) pp. 1450-1458; Hans Harmsen, "Fachkonferenz für Geburtenregelung", *MW*, 31 (1930) pp. 1118-1120, "Geburtenregelung", *MW*, 21 (1931)。

87. Lehfeldt, "Die Laienorganisationen", pp. 67, 70, 71, 81; *AfBSuF*, 2 (1931) pp. 125-127.

88. Harmsen, "Fachkonferenz für Geburtenregelung", p. 1119. Lehfeldt, "Die Laienorganisationen", p. 70.

89. Dr Walter Leonhard, "Das Luftkissenpessar 'Secura'", in Haire (ed.), *Sexual Reform Congress London*, pp. 212-215; Bendix, *Geburtenregelung*, p. 111; Hirschfeld and Linsert, *Empfängnisverhütung*, 8th edn (1932) pp. 55-56; Anne-Marie Durand-Wever, "Die ärztlichen Erfahrungen über medizinisch indizierte

Konzeptionsverhütung", *MW*, 1931, pp. 826-827.

90. Dr Pust, "Ein brauchbarer Frauenschutz", *DMW*, 29 (1923)。关于批评参见如 Grotjahn in Harmsen, "Fachkonterenz für Geburtenregelung" p. 1119; Max Marcuse (ed.), *Handwörterbuch der Sexualwissenschaft* (Bonn, 1923), p. 360。 参 见 R. Faden and Tom Beauchamp, *A History of Informed Consent* (Oxford, 1986)。

91. Ernst Gräfenberg, "The Intra-Uterine Method of Contraception", in Haire (ed.), *Sexual Reform Congress London*, pp. 610-617; Hans Lehfeldt, "7. Internationaler Kongreß für Geburtenregelung in Zürich, 1930", *ZfG*, 2 (1931) pp. 114-115。相关评论文章见 Durand-Wever, "7. Internationaler Kongreß für Geburtenregelung", p. 1447。

92. Hirschfeld and Linsert, *Empfängnisverhütung*, 8th edn, pp. 32-36; Felix Theilhaber, "Sexualberatung", *SA*, Mar 1927, p. 17.

93. Durand-Wever, "7. Internationaler Kongreß für Geburtenregelung", p. 1447.

94. 民间运动中也有优生学的支持者。关于海伦纳·斯托克参见 Amy Hackett, in Bridenthal et al., *When Biology Became Destiny*, p. 118；关于不来梅的奥古斯特·基希霍夫 (Auguste Kirchhoff) 参见 *NG* (1925) pp. 136-147；关于基尔分部的节育联盟的资料见 ZSAP, RMindl 26233, Bl. 32, 但医生的优生学信念更具说服力，因为他们提供了更多伪科学证据。

95. NRWHSA, Regierung Düsseldorf 38942, Prussian Minister of Public Welfare, 23 Jan 1930, and replies; ZSAP, RMindl 9353, Bl. 32; Lehfeldt, "Die Laienorganisationen", pp. 65-66; Ludwig Levy-Lenz, *Wenn Frauen nicht gebären dürfen* (Berlin, 1928) p. 37ff; Hodann, in Bendix, *Geburtenregelung*, p. 28.

96. 例如 Fritz Brupbacher, *Kindersegen und kein Ende*? (1922 edn) p. 17; Bendix, *Geburtenregelung*, pp. 91, 93; Else Kienle, *Frauen. Aus dem Tagebuch einer Arztin* (Berlin, 1932) p. 309。

97. Harmsen, *MW*, 21 (1931) p. 3; *SA*, IV. 1/2 (1928) p. 34; Bendix, *Geburtenregelung*, pp. 25-28, 98, 110, 103.

98. 例如 Noakes, "Nazism and Eugenics", in Bullen et al. (eds), *Ideas into Politics*, pp. 75-94; Jürgen Kroll, "Zur Entstehung und Institutionalisierung einer naturwissenschaftlichen und sozialpolitischen Bewegung: Die Entwicklung der Eugenik/Rassenhygiene bis zum Jahre 1933" (PhD dissertation, Tübingen, 1983); Loren R. Graham, "Science and Values: The Eugenics Movement in Germany and Russia in the 1920's", *American Historical Review*, 82.5 (1977) pp. 1133-1164; Gisela Bock, *Zwangssterilisation im Nationalsozialismus. Studien zur Rassenpolitik und Frauenpolitik* (Cologne, 1986)。一个例外是：Paul Weindling, *Health, Race and German Politics*。

99. 参见 L. R. Graham, "Science and Values", p. 1139。

100. Rainer Pommerin, *Sterilisierung der Rheinland-Bastarde. Das Schicksal einer farbigen Minderheit 1918-1937* (Düsseldorf, 1979).

101. Grossmann, "The New Woman, the New Family", p. 414; Hermann Muckermann, "Wesen der Eugenik und Aufgaben der Gegenwart", *Das Kommende Geschlecht*, IV. 4 (1928) p. 23.

102. 例如 Paul Weindling, "Die preußische Medizinalverwaltung und die 'Rassenhygiene' 1905-1933", *Zeitschrift für Sozialreform*, 1984, p. 686; Noakes, "Nazism and Eugenics", p. 84, 其中含有暗示。

103. 例如 Th. Fürst, "Zum Tode Max v. Grubers", *ZfSchusH*, vol. 40, no. 11 (1927) pp. 497-500。

104. Kroll, "Zur Enstehung und Institutionalisierung", pp. 138-139.

105. ZSAM, Kultusmin VIII. B. 2072, Beirat für Rassenhygiene; ibid., 2072, Bl. 1ff, and 2073, Bl. 59.

106. ZSAM, Kultusmin VIII. B. 20n, Bl. 90, 180; Rainer Fetscher, "Zur Eheberatung", *MW*, 1.35 (1927) pp. 1324-1326; BAK, R 86, 2371, vol. I, Bl. 207; Kroll, "Zur Entstehung und Institutionalisierung", p. 159ff.

107. Kroll, "Zur Entstehung und Institutionalisierung", pp. 152, 174-178, 203.

108. ZSAM, Kultusmin VIII. B. 2072, Bl. 108, 111; Noakes, "Nazism and Eugenics", pp. 75-94, 81.

109. BAK, R 86, 2370, Prussian Minister of Interior to Oberpräsident, 22 Jan 1931; Muckermann, "Wesen der Eugenik", p. 21.

110. Joseph Mayer, *Eugenics in Roman Catholic Literature*, repr. from *Eugenics*, the official organ of the American Eugenics Society, III.2 (1930) pp. 5-6, 引用了波恩大学的道德学教授费里茨·蒂尔曼博士（Dr Fritz Tillmann）、弗莱堡大学的弗朗茨·凯勒教授（Prof. Franz Keller）和维尔茨堡大学的路德维希·罗兰教授（Prof. Ludwig Ruland）的话。

111. ADCV, 104, Fuldaer Bischofskonferenz 1927, Krabbel to Bertram, 18 July 1932; ibid., 107, "Die Probleme der Eheberatung", conference 1932, Freiburg, pp. 10, 17-18; Kroll, "Zur Entstehung und Institutionalisierung", pp. 186-187.

112. L. R. Graham, "Science and Values", p. 1140.

113. SPD women's conference 1921, *Protokolle*, p. 40; BAK, NL Schreiber, no. 92, Bl. 16; SPD conference 1924, *Protokolle*, p. 271; Olberg, quoted in Graham, "Science and Values", p. 1141; Max Quarck in Arbeiterwohlfahrt, *Sozialismus und Bevölkerungspolitik*, p. 10; Karl Valentin Müller, *Arbeiterbewegung und Bevölkerungsfrage* (Jena, 1927).

114. Paul Levy, *SA*, IV. 1/2 (1928) p. 11; *Frauenstimme*, 10 Apr 1930, quoted in

Noakes, "Nazism and Eugenics", p. 87.

115. Levien, "Stimmen aus dem deutschen Urwalde", *Unter dem Banner des Marxismus*, 2 (1928) pp. 150-195, quoted in Graham, "Science and Values", pp. 1143-1144; Reni Begun, *Die Rote Fahne*, 27 Sep 1928; Höllein, *Gegen den Gebärzwang* !, p. 6.

116. Grotjahn, *Die Hygiene der menschlichen Fortpflanzung*, pp. 132ff, 226.

117. Hermann Muckermann, Das kommende Geschlecht, V. 1/2 (1929) pp. 17-18; Burgdörfer, ibid., V. 4 (1930).

118. Erwin Baur, ibid., II (1923) p. 17; Ernst Rüdin, ibid., V. 1/2 (1929) p. 14.

119. Max Hirsch, "Uber die Legalisierung des ärztlich indizierten Abortus unter besonderer Berücksichtigung eugenetischer Gesichtspunkte", *AfFuE*, XII (1926) p. 47.

120. BAK, R 86, 2371, vol. 1, Bl. 153-164 (Max Hirsch), 165-169 (Agnes Bluhm).

121. Ibid., Bl. 162.

122. ZSAM, Kultusmin 2001, Bl. 47; Grotjahn, *Die Hygiene der menschlichen Fortpflanzung*, pp. 134-204, 317-328, and *Eine Kartothek zu Paragraph 218. Arztliche Berichte aus einer Kleinstadt* (Berlin, 1932) p. 171.

123. Prinzing, *Handbuch der medizinischen Statistik*, pp. 278-279.

124. Germaine Greer, *Sex and Destiny* (London, 1984) p. 270.

125. ZSAM, Kultusmin 2001, Bl. 172.

126. Albert Niedermeyer, *Handbuch der speziellen Pastoralmedizin* (Vienna, 1950), II, pp. 367-368; Ifis, Prof. Dr Abel, *Öffentliche Gesundheitspflege*, 1920, pp. 145-161; ZSAM, Preuß. Kultusmin 2001, Bl. 46; *ZfSexWiss*, IV (1917-18) p. 46.

127. *RGBI*, 1920, p. 1209; BAK, R 86,2373, vol. 3, and vol. 5, Dr Schubart, "Das Merkblatt beim Aufgebot", *Die Frauenfrage* 1 Oct 1920, p. 148; FUB, Sig Rott, D 4, *Berliner Lokalanzeiger*, no. 95 (25 Feb 1925).

128. FUB, Sig Rott, D 4, *Eugenische Rundschau, AfsHuD*, II. 1 (1926) p. 261.

129. ZSAM, Kultusmin 2001, Bl. 46-48v; FUB, Sig Rott, D 4, Fetscher, "Über den Austausch von Gesundheitszeugnissen vor der Ehe", *Eugenische Rundschau, AfsHuD*, II. 1 (1926) p. 261。1907 年至 1913 年间，12 个美国州引入了优生学绝育和婚姻禁止法；瑞典于 1915 年、挪威于 1918 年、丹麦于 1922 年颁布了禁止婚姻的法律。

130. ZSAM, Kultusmin 2001, Bl. 48.

131. Fetscher, "Über den Austausch von Gesundheitszeugnissen", p. 2.

132. ZSAM, Kultusmin 2001, Bl. 154.

133. FUB, Sig Rott, D 4, *Berliner Wohlfahrtsblatt*, II. 8 (1926); Fetscher, "Über den

Austausch von Gesundheitszeugnissen", p. 1。第一个中心由德累斯顿的一元论联盟创建; 1921 年，种族卫生学会在慕尼黑开设了一个中心。到 1926 年，在柏林、哈雷、德累斯顿、弗莱堡、图宾根、法兰克福和莱比锡都设有中心。

134. Fetscher, "Über den Austausch von Gesundheitszeugnissen", p. 3; F. K. Scheumann, "Eheberatung", *ZfSchusH*, 40.3 (1927) pp. 97-108, 168-179.

135. Kurt Bendix, "Birth Control in Berlin", in Haire (ed.), *Sexual Reform Congress London*, p. 660.

136. Von Soden, *Die Sexualberatungsstellen der Weimarer Republik*, p. 94.

137. 例如，柏林的性改革协会的诊所询问了患者的遗传性疾病家族史（问卷由汉斯·莱菲尔德医生提供）; BAK, R 86, 2373, vol. 4, *Rote Fahne* 5 Mar 1928 and *Leipziger Volkszeitung* 2 Mar 1928; Hodann, *SA*, II. 1 (1926) p. 23; ZSAM, Rep. 151, IC, 9075, Bl. 146。

138. Grünbaum-Sachs, "Das Sexualproblem der Bevölkerungspolitik", p. 230.

139. StdtAM, Gesundheitsamt, 117, memorandum by Dr Berthold, Aug 1927; Max Hirsch, "Das Chaos der Eheberatung", *DMW*, 18 (1931) p. 764; *Korrespondenz des Informationsbüros für Geburtenregelung*, 1 (1932); ZSAM, Kultusmin 2001, Bl. 298; von Soden, *Die Sexualberatungstellen der Weimarer Republik*, p. 81.

140. Von Soden, *Die Sexualberatungsstellen der Weimarer Republik*, pp. 74-75, 77, 80.

141. FUB, Slg Rott D 4, Dr med H. Moser, *Deutsche Warte* 29 Nov 1919, p. 1; Fetscher, "Über den Austausch von Gesundheitszeugnissen", p. 1.

142. FUB, Slg Rott, D 4, R. Fetscher, "Zur Eheberatung", pp. 1325-1326.

143. GSABD, Rep. 84a, Bl. 118, Moll, "Ärztliche Ehezeugnisse", *Berliner Tageblatt*, 23 July 1916.

144. Fetscher, "Zur Eheberatung", p. 1324（目前尚不清楚该女性是否也失去了孩子的监护权）, "Über den Austausch von Gesundheitszeugnissen", p. 2。

145. Scheumann, "Eheberatung", p. 174; Grotjahn, *Die Hygiene der menschlichen Fortpflanzung*, pp. 262-264.

146. Niedermeyer, *Handbuch der speziellen Pastoralmedizin*, II, p. 375; Moser, *Deutsche Warte*, 29 Nov 1919, p. 1; Fetscher, "Über den Austausch von Gesundheitszeugnissen", p. 4.

147. 例如 ZSAP, RJusMin 6094, Bl. 65; BHSAM, Slg Rehse, 3619, *Neue Augsburger Zeitung*, 7 Nov 1930; Felix Theilhaber (ed.), "Zuchthaus oder Mutterschaft", *Beiträge zum Sexualproblem* (Berlin, 1929) p. 10; Julius Moses, "Der Kampf um die Aufhebung des Abtreibungsparagraphen", *Biologische Heilkunst*, X. 34 (1929) p. 934。

148. 关于哈赫曼参见 ZSAP, RJusMin 6094, Bl. 82-84, *Psychologische Neurologische*

Wochenschrift, 20 May 1922。关于花费参见 K.-D. Thomann, in *Bundesgesundheitsblatt*, 26.7 (1983) pp. 206-213; BAK, R 86, 2379, vo1. 3, Lönne in the Prussian Health Council, 13 Nov 1925。

149. Bock, *Zwangssterilisation*, p. 41ff.; Fetscher, "Zur Eheberatung", p. 1325.

150. H. Naujoks and H. Boeminghaus, *Die Technik der Sterilisation und Kastration* (Stuttgart, 1934) pp. 21-24.

151. Weil (ed.), *Sexualreform und Sexualwissenschaft*, pp. 218-236, 236-237; Bendix (ed.), *Geburtenregelung*, pp. 70-74。也可参见引言第 22 页。

152. FUß, Sig Rott, L 3, G. Winter in *Medizinische Klinik* 19 Oct 1919; Lotte Fink, "Die Tubensterilisation als Mittel der Geburtenregelung", *MW*, 21 (1931) pp. 750-751; Dr Ludwig Fraenkel, *Die Empfängnisverhütung. Biologische Grundlage, Technik und Indikationen. Für Arzte bearbeitet* (Stuttgart, 1932) p. 175; Bock, *Zwangssterilisation*, p. 48.

153. FUB, Sig Rott, D 7, Dr Rohleder, "Die Unfruchtbarmachung Minderwertiger", *Leipziger Neueste Nachrichten* 14 Oct 1927; ibid., L 3, Prof. Dr M. Fraenkel interviewed, *Acht-Uhr Abendblatt*, n.d. (probably 1925); Lotte Fink, "Schwangerschaftsunterbrechung und Erfahrung aus Ehe-und Sexualberatung", *Die Ärztin*, VIII (1931) pp. 70-74; Fink, "Die Tubensterilisation als Mittel zur Geburtenregelung"; Dr Peter Schmidt, "600 Rejuvenation Operations", in Haire (ed.), *Sexual Reform Congress London*, pp. 574-582. 诗人叶芝接受了斯泰纳赫的绝育手术，并宣称自己感觉年轻了几十岁 (*Cast a Cold Eye*, BBC2 TV documentary, 26 Jan 1989)。

154. 统计数据来自：Grotjahn, *Die Hygiene der menschlichen Fortpflanzung*, p. 75。他可能是指自 1907 年起，当时印第安纳州成为美国第一个将优生学绝育合法化的州。Bock, *Zwangssterilisation*, p. 48; Grotjahn, *Die Hygiene der menschlichen Fortpflanzung*, p. 76。

155. Ludwig Ebermayer, *Der Arzt im Recht* (Leipzig, 1930) pp. 170-172.

156. FUB, Slg Rott, "Sterilisation", extract from *DMW*, 30 (1924) p. 1028.

157. ZSAP, RJusMin 6094, Bl. 67, 72; Boeters, "Aufruf an die deutsche Ärzteschaft", quoted in A. Niedermeyer, "Die Berechtigung zu sterilisierenden Operationen", *Zeitschrift für ärztliche Fortbildung*, 9 (1924).

158. Hans Braun, *Zentralblatt für Chirurgie*, 3 (1924), cited in Noakes, "Nazism and Eugenics", p. 83; Prof. R. Gaupp, *Die Unfruchtbarmachung geistig und sittlich Kranker und Minderwertiger* (Berlin, 1925), cited in Ebermeyer, *Der Arzt im Recht*, p. 174; Kroll, "Zur Entstehung und Institutionalisierung", p. 127.

159. ZSAP, RJusMin 6094, Bl. 90, *Berliner Börsen-Courier*, 22 Aug 1924: 五位柏林顶尖专家被咨询时反对了伯特斯的计划。ZSAP, RMindl 9347, Lübeck Health Council

2 Sep 1921, Bavarian Health Council 2 Feb 1922; ibid., Bl. 223, Bumm to RMindl, 15 Oct 1923。

160. ZSAP, RJusMin 6094, Bl. 94; BAK, R 86, 2371, vol. 2, Bl. 254; Noakes, "Nazism and Eugenics", p. 83; "Operative Verhütung des Verbrecherturns", *Vossische Zeitung*, 21 Jan 1925.

161. Robert Gaupp, *Die Unfruchtbarmachung geistig und sittlich Kranker und Minderwertiger* (Berlin, 1925); ZSAP, RJusMin 6094, Bl. 65; Hermann Rohleder in *Leipziger Neueste Nachrichten*, 2 July 1914, 4 Jan 1925 and 14 Oct 1927; ZSAP, RJusMin 6094, Bl. 72; ZSAP, RMindl 9347, Bl. 251-256, *DMW*, 30 (1924); Joseph Mayer, *Gesetzliche Unfruchtbarmachung Geisteskranker* (Freiburg i. Br., 1927) pp. 314-315.

162. ZSAP, RMindl 9347, Bl. 224-5v; ZSAP, R RJusMin 6094, Bl. 90, esp. Grotjahn's arguments.

163. 例如 FUB, Slg Rott, L 3, 22 Aug 1924, *DMW*, 3 (1924); *Leipziger Neueste Nachrichten*, 4 Jan 1925; *Acht-Uhr Abendblatt*, 1925; *Vossische Zeitung*, 21 Jan 1925。

164. ZSAP, RJusMin 6094, Bl. 129, "Schutz gegen die Vermehrung der Minderwertigen", *Kölnische Zeitung* 1 Nov 1929; "Der Mann soll Kinder in die Welt setzen", *Vorwärts*, 5 Nov 1929。参见 Woycke, *Birth Control*, p. 150。

165. ZSAP, RJusMin 6094, Bl. 135, Boeters to RJusMin, 15 Mar 1931, and Bl. 140, his reply, 18 Mar 1931; ibid., 6234, Bl. 1-62。在奥芬堡审判中，莫尔克医生（Dr Merk）被判处一年监禁，他的两名同事分别被判处六个月和六周监禁；但在 1934 年，这些判决分别被增加为两年半，一年三个月和十个月。Wilhelm Liepmann, *Gegeflwartsfragen der Frauenkunde* (Leipzig, 1933) pp. 78-91。

166. Bock, *Zwangssterilisation*, pp. 8, 9, 12.

167. Weindling, *Health, Race and German Politics*, p. 454ff。1933 年 7 月 14 日防止遗传病后代法将强制优生学绝育合法化。

168. Grossmann, "The New Woman, the New Family", p. 572; Paul Weindling, "Eugenics and the Welfare State during the Weimar Republic", in Lee and Rosenhaft, *The State and Social Change*, p. 156ff.

169. 例如 Hermann Muckermann, "Zwangssterilisierung?", *Kölnische Volkszeitung*, 12 May 1933。

170. Fink, "Die Tubensterilisation als Mittel der Geburtenregelung".

171. SAM, Staatsanwaltschaft München I, 1834, trial of Dr Hope Bridget Adams-Lehmann.

172. ZSAP, RJusMin 6094, vol. I, Bl. 135。参见 Bock, *Zwangssterilisation*, p. 50。

173. 参见 G. Searle, "Eugenics and Politics in Britain in the 1930s", *Annals of Science*,

36 (1979) p. 168, quoted in Noakes, "Nazism and Eugenics", p. 84。

174. Noakes, "Nazism and Eugenics", pp. 83-85; Muckermann, "Zwangssterilisierung?"。关于穆克曼态度的转变参见 ZSAP, RJusMin 6094, vol. 1, Bl. 155; Mayer, *Gesetzliche Unfruchtbarmachung*, esp. pp. 320-325。

175. 引自 Bock, *Zwangssterilisation*, p. 10; law of 26 June 1935, RGBl, 1936, p. 773。

第四章　堕胎　政治学与医学

1. Luc Jochimsen (ed.), Paragraph 218. *Dokumentation eines 100 jährigen Elends* (Hamburg, 1971); Petra Schneider, *Weg mit dem Paragraph 218! Die Massenbewegung gegen das Abtreibungsverbot in der Weimarer Republik* (Berlin, 1975); von Paczensky (ed.), *Wir sind keine Mörderinnen!* (Reinbek bei Hamburg, 1980); Susanne von Paczensky and Renate Sadronowski (eds.), *Die neuen Moralisten. Paragraph 218—vom leichtfertigen Umgang mit einem Jahrhundertthema* (Reinbek bei Hamburg, 1984); Astrid Schultze-Caspar, "Die Diskussion um die Reform des Paragraph 218 zur Zeit der Weimarer Republik im Deutschen Reichstag und unter den Arzten" (DM in dentistry, Johann Wolfgang Goethe University, Frankfurt a.M., 1981); Gerhard Kraiker, *Paragraph 218. Zwei Schritte vorwärts, einen Schritt zurück* (Frankfurt a.M., 1983); Grossmann, "Abortion and the Economic Crisis" and "The New Woman, the New Family".

2. 卢克·耶许姆森（Luc Jochimsen）的作品主要依赖共产党派的资料；佩特拉·施耐德（Petra Schneider）则在很大程度上依赖于耶许姆森；Florence Herve (ed.), *Geschichte der Frauenbewegung* (Cologne, 1982) p. 145; Kraiker, Paragraph 218, 他的观点很大程度上来自施耐德，Silvia Kontos, *Die Partei kämpft wie ein Mann. Frauenpolitik der KPD in der Weimarer Republik* (Basel and Frankfurt a.M., 1979)，是少数几个对施耐德持批判态度的人。

3. Grossmann, "Abortion and the Economic Crisis", p. 77.

4. 1921 年有 4248 个判例根据第 218 条款定罪，但堕胎数据估计有 40 万例。参见 *ÄV*, 52 (1925) 43。

5. GSABD, Rep. 84a, 8231, Bl. 84.

6. ibid., Bl. 227, 见 1925 年 5 月 29 日柏林服装工人协会的请愿书；1924 年 3 月 8 日《红旗报》报告柏林十一个区发生妇女示威活动；*Die Internationale*, IV. 20 (1922) p. 462: 报告在斯图加特、慕尼黑和其他地方举行的大规模集会，这些集会没有德国共产党的参与，目的是抗议堕胎审判。

7. 详见 1919 年 2 月 27 日在柏林的"威廉斯霍厄"（Wilhelmshöhe）举行的集会。见 RT Printed Matter No. 1647, 1919 年 12 月 4 日的请愿，要求允许每位生育三个孩

子的母亲以及单身女性合法堕胎，原因是经济危机恶化。ZSAP, RJusMin 6232, 1925 年 11 月 6 日，由维也纳社会民主党人约翰·菲奇创立的"母亲义务联盟"（Bund für Mutterschaftszwang）的 2000 名抗议成员发起请愿。

8. Helen Boak, "The Status of Women in the Weimar Republic", p. 293ff.

9. Thönnessen, *The Emancipation of Women*, p. 116; Robert Wheeler, "German Women and the Communist International: The Case of the Independent Sodal Democrats", *Central European History*, VIII.2 (1975) p. 129; Hans-Jürgen Arendt, "Zur Frauenpolitik der KPD", in Ernest Bornemann (ed.), *Arbeiterbewegung und Feminismus* (Frankfurt a.M., 1981) p. 46.

10. 例如 SPD women's conference 1924, Berlin, *Protokolle*, p. 232; USPD women's conference 1922, Leipzig, *Protokolle*, p. 228; KPD conference 1925, *Protokolle*, p. 746; SPD party conference, 1924, *Protokolle*, p. 754。

11. "Die Stellung der KPD zu den Paragraphen 218 und 219 des Strafgesetzbuches", *Die Internationale*, IV. 20 (1922) p. 462; KPD party conference 1925, *Protokolle*, p. 754.

12. 例如 BHSAM, v, ZSlg, *Landeskonferenz der bayerischen SPD*, 1922, speech by Toni Pfülf, p. 121; BAK, ZSlg, 65-175 (12), KPD conference 1924, *Protokolle*, p. 32。

13. 例如 *Die Internationale*, IV.20 (1922) pp. 462-465; RT Legal Committee, 17 Dec 1925, p. 3, and 18 Dec 1925, pp. 2-4。

14. RT Proceedings, 5 Mar 1924, p. 2582.

15. *Die Gleichheit*, 15 Mar 1921, pp. 1-2; RT Legal Committee, 18 Dec 1925, pp. 1-2; ZSAP, RJusMin, *ORA Druckschriften* B 761, *Referentenmaterial für die Volksaktion gegen Paragraph 218* (Berlin, 1931); Julius Moses, *Vorwärts*, 12 Mar 1929.

16. ZSAP, RJusMin, *ORA Druckschriften* B 761, *Referenten material*, p. 15.

17. Abortion estimate, Anna Margarete Stegmann, *SA*, VII.4 (1931) p. 100; BAK, R 134, 70, Bl. 140, proceedings of the second Reich Conference of Working Women, Nov 1930.

18. *Die Gleichheit*, 15 Sep 1922, p. 169; ZSAP, RJusMin 6232, Bl. 186; *Die Internationale*, IV. 20 (1922) 462; Herve (ed.), *Frauenbewegung*, p. 133; *Rote Fahne*, 8 Mar 1928; *Die Kommunistin*, 15 Apr 1922, and Oct 1924, p. 1; BHSAM, MA 100413, KPD leaflet *Frauen, die Ihr arbeitet und hungert!* (Mar 1924).

19. 关于德国共产党的集会参见 SAM, Staatsanwaltschaft Traunstein 15634, "Frauen, die nicht Mütter werden wollen", cutting from unidentified newspaper, Mar 1922。关于社民党集会参见 Julian Marcuse, "Zur Reform des Paragraph 218", *Münchener Post*, 2 Jan 1925。关于独立社民党集会参见 BAK, R 86, 2379, vol. 2, "Um die Mutterschaft", *MNN*, 17 Mar 1922。

20. Herve, *Frauenbewegung*, pp. 125, 128; KPD leaflet *Frauen, die Ihr arbeitet;* *Rote Fahne*, 8 Mar. 1928, and "Die 'neue Ethik'", *Deutsche Zeitung*, 21 Mar 1922; BAK, ZSlg I, 65/75 (12).

21. 该党代会被命名为"白色耻辱"（Die weiße Schmach）；见 BAK ZSlg 1, 65/75 (12), KPD party conference, *Protokolle*。

22. BAK, ZSlg 1, 65/75 (12), pp. 31-32.

23. 参见注释 25; BAK, ZSlg 1, 65/75, "Unter der Peitsche des Abtreibungspara-graphen", *Rote Fahne*, 8 Mar. 1924。

24. 例如 SPD women's conference 1919, *Protokolle*, p. 498; 1921, *Protokolle*, pp. 27-32; 1924, *Protokolle*, p. 306; second USPD women's conference, *Protokolle*, pp. 234-236。德国共产党发起倡议的动力来自其妇女事务局；见 "Denkschrift des Frauensekretariats der KPD an die Zentrale der Partei betr. die Paragraphen 218 und 219", *Die kommunistische Fraueninternationale*, 3/4 (1922) pp. 48-53。

25. 引自 Hoppe, *Sexueller Bolschewismus*, p. 27。

26. *Die Internationale*, IV. 20 (1922) pp. 464-465。参见 Hans-Jürgen Arendt, "Zum parlamentarischen Kampf der KPD für die Rechte von Mutter und Kind in der Weimarer Republik", in *Parlamentarischer Kampf und Massenpolitik der KPD in der Weimarer Republik*, 2 (Halle, 1980) pp. 5-15。

27. 参见如 ZSAP, RJusMin 6232, RT, Bl. 46-47, 54-56, Legal Select Committee, 17 and 18 Jan 1925 (Stegmann, Pfülf, Arendsee); BAK, NL Lüders 133; the abortion-reform debate on 5 and 7 May 1926, RT Proceedings, 1924, pp. 7010-7021, 1052-1066; Prussian Diet motion 700,7 July 1921, by Marie Kunert, Sophie Christmann, Anna Oventrop (USPD); *Bericht des Ausschusses für Bevölkerungspolitik*, no. 8261 (25 Sep 1924) 1-17, debate on motions 7744 (proposed by Frau Wolfstein, KPD) and 7752 (Limbertz, SPD); BHSAM, Bavarian Diet Proceedings, 1 June 1922, p. 679; ibid., pp. 399ff., 523 基于共产党的罗莎·艾森布伦纳的动议；ibid., 7 May 1926, pp. 331, 339。

28. BAK, R 86, 2379, vol. 2, *MNN*, 129 (25-6 Mar 1922); Leopoldine Auerswald, "Zum Kampf der KPD um die Einbeziehung der proletarischen Frauen in die revolutionäre deutsche Arbeibeiterbewegung in der Zeit der revolutionären Nachkriegskrise (1919-1933)" (PhD dissertation, Pädagogische Hochschule Clara Zetkin, Leipzig, 1976) p. 162ff.; Landeshauptstadt Stuttgart, *Stuttgart im Dritten Reich. Friedrich Wolf* (Stuttgart, 1983) p. 236; Grossmann, "Abortion and Economic Crisis", pp. 78-79。

29.《前进报》在对堕胎审判的报道中几乎都有支持第 218 条款的倾向，直到 1924 年，它才呼吁妇女抗议该法律。参见 "Ein Apell an die Frauen", 3 May 1924, "The Law as

Murderer", 4 Dec 1925。参见 *Sozialistische Monatshefte*, 16 Aug 1920, pp. 655-661; "Wie steht es mit der Beseitigung der Paragraphen 218 u. 219?", *Rote Fahne*, 21 Jan 1922。

　　30. 例如 ZSAP, RMindl 9348, Dr med. Martha Ruben-Wolf, "Geburtenpolitik in Sowjetru ßland", *Rote Fahne*, 1925。

　　31. 例如阿尔弗雷德·多布林（Alfred Döblin）主张堕胎合法化的剧作《婚姻》（*Die Ehe*）；弗朗茨·克雷（Franz Krey）的小说《玛丽亚与第218条》（*Maria und der Paragraph 218*）；汉斯·法拉达（Hans Fallada）的《小人儿，怎么办?》（*Kleiner Mann was nun?*）；恩斯特·奥特瓦尔德（Ernst Ottwald）的《因为他们不知道他们在做什么》（*Denn sie wissen nicht was sie tun*）；阿尔弗雷德·茨威格（Alfred Zweig）的《1914年的年轻女子》（*Junge Frau von 1914*）；库尔特·图霍夫斯基（Kurt Tucholsky）、贝托尔特·布莱希特（Bertolt Brecht）和埃利希·魏纳特（Erich Weinert）的诗歌。

　　32. Usborne, "The Workers' Birth Control Group and the First Labour Government"; Sheila Rowbotham, *A New World for Women: Stella Browne—Socialist Feminist* (London, 1977); Barbara Brookes, *Abortion in England 1900-1967* (London, 1988).

　　33. 参见 Karin Lehner, "Reformbestrebungen der Sozialdemokratie zum Paragraph 144 in Österreich in der 1. Republik", in Wiener Historikerinnen (eds.), *Die ungeschriebene Geschichte. Dokumentation des 5. Historikerinnentreffens in Wien*, April 1984 (Vienna, 1984) pp. 298-310。

　　34. SPD conference 1921, *Protokolle*, pp.244-247 and 1924, *Protokolle*, p. 112; USDPD and KPD unification conference 1920, *Protokolle*, pp. 206-207。国民议会和国会动议：见附录2。普鲁士议会动议：no. 700, 7 July 1921(USPD); no. 4579, 21 Feb 1923(KPD); no. 4904, 15 Mar 1923(KPD); no. 7744, 21 May 1924(KPD); *Große Anfrage*, no. 7543, 1 Feb 1924(SPD); no. 7752, 22 Feb 1924(SPD)。两个社会民主党动议在人口政策委员会和全体会议上讨论。巴伐利亚议会动议: 29 Mar 1922(USPD); 30 Mar 1922(KPD)(1925年重新提出)。德国共产党还在1928年的萨克森议会上提出了一个问题。另见 Minna Flake, "Die Stricknadel des Professors", *Rote Fahne*, 9 June 1928。

　　35. USPD women's conference 1922, *Protokolle*, p. 234; SPD conference 1921, *Protokolle*, p. 244.

　　36. RT Proceedings, 25 Jan 1927, p. 8745.

　　37. Grotjahn und Radbruch, *Die Abtreibung der Leibesfrucht*, p. 27.

　　38. "Die Unterbrechung der Schwangerschaft", *Die Gleichheit*, 31.8 (1921) p. 1.

　　39. USPD women's conference 1922, *Protokolle*, p. 236.

　　40. BAK, R 86, 2379, vols 1-3, esp. vol. 3, *Denkschrift des Reichsgesundheitsamts über die Frage der Aufhebung der gegen die Abtreibung bestehenden Strafvorschriften*,

24 July 1925; ZSAP, RMindl 9347, 9352; Martin Fassbender, "Dokumente zum Schutz des keimenden Lebens", *Das kommende Geschlecht*, I. 2/3 (1921) pp. 94-104.

41. BHSAM, Bavarian Diet Proceedings, 17 Mar 1925, p. 548, and 20 Apr 1926, p. 61; Showalter, *Little Man, What Now* ?, p. 90.

42. Dora Wettengel, "Die Frau in der Kommunistische Partei", *Die Genossin*, VI. 11 (1929) pp. 501-503.

43. Bäumer, in RT Proceedings, 28 Feb 1929, p. 1332; BHSAM, MA 100, 413, no. 15405, "Erklärung"（可能在 1924 年 1 月），在与巴伐利亚人民党的竞选中，由共产党向联合共产党（VKPD）的干部呈送。

44. 参见 *Die Verfassung des Deutschen Reiches*, preamble, p. 7。

45. 在 1919 年 5 月的巴塞尔市议会中，社会民主党提议将怀孕头三个月内的堕胎合法化。该议案在第一次审议时被接受，但随后被否决。见 Annemarie Ryter, "Abtreibung in der Unterschicht zu Beginn des Jahrhunderts" (MA Lizentiatsarbeit, Basel, 1983) p. 33; BAK, R 86, 2379, vol. 3, *Denkschrift des RGA*, 24 July 1925。

46. ZSAP, RMindl 9348, Martha Ruben-Wolf, "Geburtenpolitik in Sowjetrußland", *Rote Fahne*, 1925。1917 年 11 月 18 日，人民卫生和司法委员会引入了州立医院免费提供无条件堕胎的政策，堕胎可以由任何人执行，但最好是由医生。1923 年 11 月颁布了一项新法令，宣布依据社会、医疗和优生学指标提供堕胎。

47. Richard Lewinsohn, "Die Stellung der deutschen Sozialdemokratie zur Bevölkerungsfrage", *Schmollers Jahrbuch*, 46 (1922) p. 227.

48. Grotjahn and Radbruch, *Die Abtreibung der Leibesfrucht*, p. 28; FUB, Slg Rott, II. D. 93, Radbruch, "Vom Verbrechen gegen das keimende Leben", *Lübecker Volksbote*, 24 Aug. 1920.

49. ZSAP, RMindl, 9353, B1. 52, *Rote Fahne*, 21 Jan. 1922.

50. Prussian Diet Printed Matter no. 8261, 25 Sep. 1924, Population Policy Committee, p. 12.

51. RT Proceedings, 27 May 1922, p. 7664.

52. Schneider, *Weg mit dem Paragraph 218!*, p. 75; 参见 Jochimsen, *Paragraph* 218, p. 18; Kraiker, *Paragraph* 218, p. 14。

53. Karlheinz Dederke, *Reich und Republik Deutschland 1917-1933* (Stuttgart, 1973) p. 284；1920 年 6 月之后，议会席位的分配情况是：社民党 102 席，独立社民党 84 席，共产党 4 席，民主党 39 席（共计 229 席）；国家人民党 71 席，人民党 65 席，中央党 64 席，巴伐利亚人民党 21 席，其他 9 席（共计 230 席）。

54. UBH, NL Radbruch, II. D. 106a, *Die Gesellschaft*, 2 (n.d., probably 1924-5); Hans de With, *Gustav Radbruch, Reichsminister der Justiz* (Cologne, 1978) pp. 20-40;

Gustav Radbruchs Entwurf eines Allgemeinen Deutschen Strafgesetzbuches (Tübingen, 1952); 参见 Radbruch, *Der innere Weg. Aufriß meines Lebens* (Stuttgart, 1951) pp. 155–171。

55. FUB, Slg Rott, 07, *DMW*, 27 Mar 1925, 拉德布鲁赫在 1925 年 1 月 15 日基尔医学会议上的发言。

56. De With, *Gustav Radbruch*, pp. 31–33; Radbruch, *Der innere Weg*, p. 57.

57. ZSAP, RJusMin, DRA Druckschritten B 1183, KPD, *Die Schand- und Arbeitshausverordnung v. 13.2.24* (Berlin, 1924); ibid., Käthe Pohl, *Das Maß ist vol.1, Not und Kampf der Arbeiterfrauen* (Berlin, 1924); RT Printed Matter no. 1725, *Denkschrift über die gesundheitlichen Verhältnisse des deutschen Volkes*, 1923/4, 20 June 1925; "Int. Übers.", *StJdDR*, 1926, p. 21.

58. ZSAP, RJusMin 6232, B1. 114, 115.

59. 例如 Emil Höllein, *Proletarische Sozialpolitik, 1928-9*, p. 53; Jochimsen, *Paragraph 218*, p. 21; Kraiker, *Paragraph 218*, p. 14。

60. ZSAP, RJusMin 6232, Bl. 58–62, RR 26 Jan 1926；反对该提案的有萨克森、汉堡、图宾根和不来梅；有八个州反对零碎的改革。

61. RT BAK, NL Lüders 133, Legal Select Committee, 2 Mar 1926, p. 5；关于不应在情节较轻的情况下承担刑事责任的条款被否决了。

62. Ibid., pp. 1–5; RT Proceedings, 7 May 1926, pp. 7074–7077.

63. RT Proceedings, 5 May 1926, pp. 7016–7019.

64. Glass, *Population Policies and Movement*, p. 281; Grossmann, "Abortion and Economic Crisis", p. 77.

65. Höllein, *Gegen den Gebärzwang!*, p. 191.

66. Dr Barth (DNVP), RT Proceedings, 5 May 1926, p. 7014.

67. GSABD, Rep. 84a, 8232, Bl. 90, *Reichskriminalstatistik*.

68. Grossmann, "Abortion and Economic Crisis".

69. ZSAP, RJusMin 6232, Bl. 114.

70. RT Proceedings, 28 Feb 1929, pp. 1324–1326.

71. Schneider, *Weg mit dem Paragraph 218!*, pp. 75–76; Jochimsen, *Paragraph 218*, p. 25.

72. ADCV, CA. XIIIa. 35, "Schutz dem ungeborenen Leben", *Germanin 6* June 1929; ibid., 36, correspondence Dec 1928–Jan 1929.

73. Käte Frankenthal, *Paragraph 218 streichen - nicht ändern!* (Berlin, 1931) pp. 3–4; Julius Moses, "Das Problem der Abtreibung", *Die Genossin*, VI. 9 (1929) pp. 372–381.

74. Frankenthal, *Paragraph 218 streichen*, pp. 4–8; *SA*, VII. 4 (1931); RT

Proceedings, 25 Mar 1931, p. 1978 (Adele Schreiber-Krieger).

75. ADCV, 230.20, Bertram to Kreutz, 9 Oct 1930; ibid., CA. 349.4, Bertram circular, 16 Apr 1931。"你不应当谋杀"是英文版圣经中的第六诫。

76. UBH, NL Radbruch, II. D. 243a, Radbruch "Die geistesgeschichtliche Lage der Strafrechtsreform", 27 Nov 1932, p. 1, and "Rede und Antwort", *Die Justiz*, VIII. 1 (1932) pp. 58-60.

77. Gustav Radbruch, "Der künstliche Abort im geltenden und künftigen Strafrecht", *MdBDÄ*, IV (1927) p. 5:"在医学指示下的妊娠终止，只有在终止妊娠是拯救妇女生命或健康的唯一手段且妇女已经同意时，可以由妇女本人或有能力判断情况的第三方进行。"Victoria Greenwood and Jock Young, *Abortion on Demand* (London, 1976) pp. 20-21 (case of Dr. Alec Bourne)。

78. BAK, R 86, 2379, vol. 2, RR, motion by Bavaria; ZSAP, RMindl 9347, Bl. 159, State Ministry Brunswick to RMindl, 1 Sep 1921; BAK, R86, 2371, vol. 1, Bl. 153ff., 165ff.; ibid., 2379, vol. 3, conference on 25 Oct 1924.

79. BAK, R 86, 2379, vol. 3, *Denkschrift des Reichsgesundheitsamts über die Frage der Aufhebung der gegen die Abtreibung bestehenden Strafvorschriften*, 24 Ju1 1925.

80. Emil Roesle, "Die Statistik des legalisierten Aborts", *ZfSchusH*, 10 (1925) p. 448.

81. BAK, R 86, 2379, vol. 4, decree A2117, 7 June 1926; ibid., RMindl, II. 10875. A, 6 Dec 1926 to RGA, and Roesle's statement of 10 Dec 1927.

82. 排除产后败血症，由怀孕和分娩导致的死亡率从 1921 年的每 1 万名活产婴儿中有 20.6 人稳步上升到 1924 年的 23.5 人。见"Int. Ubers.", *StJdDR*, 1926, p. 21; 社会政策：例如，《华盛顿公约》，即 1926 年 6 月 8 日颁布的法律，旨在防止非婚生子女在社会保险方面受到歧视。

83. 例如 "Der Kampf um die Paragraphen 218-219", *Rote Fahne*, 10 Feb 1925; ZSAP, RJusMin 6235。

84. 1936 年，斯大林提倡生育主义，并废除了合法堕胎。参见 Bernice Glatzer Rosenthai, "Love on the Tractor", in Renate Bridenthal and Claudia Koonz (eds.), *Becoming Visible: Women in European History* (Boston, Mass., and London, 1977), p. 388; Ossip K. Flechtheim, *Die KPD in der Weimarer Republik* (Frankfurt a.M., 1969), introduction。

85. Grotjahn and Radbruch, *Die Abtreibung der Leibesfrucht*; 例如，巴伐利亚社会民主党领导人艾哈德·奥尔（Erhard Auer）拒绝除了严格的医学原因之外的任何堕胎（*MNN*, 25—26 Mar 1922）；尤利乌斯·莫西斯曾经支持彻底废除该法律（Lewinsohn, "Die Stellung der deutschen Sozialdemokratie", p. 227），后来转而呼吁只在特定情况下进行堕胎（*Textilpraxis*, 1927, pp. 74-87），而后在 1929 年重新支持彻底废除。玛丽·库

纳特的情况也类似（ibid., pp. 4-5 ）。

86. Radbruch and Grotjahn, *Die Abtreibung der Leibesfrucht*, p. 31.

87. UBH, NL Radbruch, II. D. 245, Internationale Kriminologische Vereinigung 1932.

88. Ifis, motion of Sep 1932 signed by Graf Dohna, Georg Loewenstein and Radbruch; Grotjahn, *Eine Kartothek zu Paragraph 218*, p. 171; Grotjahn and Radbruch, *Die Abtreibung der Leibesfrucht*, p. 8; *Die Genossin*, vol. 9 (1929) p. 379; Prussian Diet Printed Matter no. 8261, 25 Sep 1924, p. 8262.

89. Linda Gordon, quoted in Rosalind Pollack Petchesky, "Reproductive Freedom: Beyond 'A Woman's Right to Choose' ", *Signs*, V. 4 (1980) pp. 661-685。参见 Grossmann, "The New Woman, the New Family", p. 272ff。

90. Deutscher Textilarbeiterverband, *Mein Arbeitstag—Mein Wochenende*。参见 Grossmann, "The New Woman, the New Family", p. 272ff。

91. RT Population Policy Committee Proceedings, 17 Dec 1925, p. 2 (Stegmann); RT Proceedings, 5 May 1926, p. 7014 (Lore Agnes), and 25 Jan 1927, p. 8740 (Arendsee).

92. 这一部分更详尽的版本见《持续与变革》(*Continuity and Change*) 一书，标题为《魏玛德国的堕胎——医学界的辩论》("Abortion in Weimar Germany—the Debate amongst the Medical Profession"), V. 2 (1990) pp. 199-224。

93. Foucault, *The History of Sexuality*, I, 26.

94. 例如 ZSAP, RMindI 9350, BI. 12ff; Friedrich Prinzing, "Die Statistik der Fehlgeburten", *AfFuE*, I (1914) pp. 20-33; Sigmund Vollmann, *Die Fruchtabtreibung als Volkskrankheit* (Leipzig, 1925) p. 19; Anna Margarete Stegmann, *SA*, VII. 4, (1931) p. 100; *StdDR*, 495, p. 1/16。关于英国的情况参见 Glass, *Population Policies and Movements*, p. 54。

95. BAK, R 86, 2371, vol. 2. BI. 154, Max Hirsch, Prussian Committee of Racial Hygiene。参见 Barbara Duden, "Keine Nachsicht gegen das schöne Geschlecht. Wie sich Ärzte die Kontrolle über die Gebärmutter aneigneten", in von Paczensky, *Wir sind keine Mörderinnen*, p. 119.

96. Petchesky, *Abortion and Woman's Choice*, p. 77.

97. 参见 Woycke, *Birth Control in Germany*。

98. 参见 Grotjahn, *Eine Kartothek zu Paragraph 218*，一位匿名小镇医生的医疗日记记录了他在两年内进行了超过 400 次堕胎手术。

99. *ÄV*, 48 (1921), vol. 14; ibid., 52 (1925) p. 57.

100. *ÄV*, 52 (1925) p. 48.

101. Ibid.; *MbldVSÄ*, 4 (1925) pp. 19-20; Crede, *SA*, May 1930, p. 120; Lothar Wolf, *SA*, XI. 2/3 (1926) p. 36.

102. 例如，柏林大学妇女医院的恩斯特·布姆在 1880 年得到了堕胎手术许可；哥尼斯堡大学的乔治·温特在 1881 年得到许可。

103. Bumm, *ZfGuG*, 1917, p. 6; Stoeckel, *ZfGuG*, 1931, p. 1452.

104. BAK, R 86, 2379, vol. 4, Prof. Döderlein to RGA, 21 Oct 1927。参见 Edward Shorter, *A History of Women's Bodies* (London, 1983) pp. 198-199, 204-205。

105. 例如 K. Freudenberg, "Berechnungen zur Abtreibungsstatistik", *ZfHul*, 104. 4 (1925) pp. 529-550; R. Engelsmann, "Der Paragraph 218 in seiner bevölkerungspolitischen, ethischen und rechtlichen Bedeutung", *ZfVuE*, I (1926) pp. 83-84; Grotjahn, "Die Zunahme der Fruchtabtreibungen vom Standpunkt der Volksgesundheit und Eugenik", *AfsHuD*, I. 3 (1925/6) pp. 173-176。

106. 关于赫希的情况见注释 95。LAB, Rep 58, files 2064, 2439, 2453; BAK R 86, 2380：1929 年前半年产科医院的数据。

107. Hirsch, "Zur Statistik des Aborts", II, *ZFG*, 42 (1918) pp. 759, 766; Summ, "Zur Frage des künstlichen Aborts", *MfGebhuG*, 43.5 (1916); P. W. Siegel, "Abort und Geburtenrückgang", *ZfGuG*, 41.11 (1917) p. 261.

108. Vollmann, *ÄV* (1925) p. 43; Wilhelm Liepmann, *Die Abtreibung* (Berlin, 1927) p. 5; ZSAP, RJusMin 6232, Bl. 46, RT Legal Select Committee, 17 Dec 1925; A. Dührssen, "Die Reform des Paragraphen 218", *Sexus*, IV (1926) p. 56.

109. Vollmann, *Die Fruchtabtreibung*, pp. 25-26.

110. Summ, *MMW*, 1 Feb 1923; Vollmann, *Die Fruchtabtreibung*, p. 23; BAK, R 86, 23179, vol. 3; LHAK, 403, 13425, Bl. 604.

111. Georg Winter, *Der künstliche Abort. Indikationen, Methoden, Rechtspflege. Für den geburtshilflichen Praktiker* (Stuttgart, 1926); Erich Ebstein (ed.), *Modernes Mittelalter. Eine Anklage auf Grund authentischen Materials von Dr med. I. St. weiland Arzt in- burg* (Leipzig, 1921).

112. Ernst Bumm, *Über das deutsche Bevölkerungsproblem*, inaugural lecture as Chancellor of Berlin University, 15 Oct 1916 (Berlin, 1916); Vollmann, *ÄV* (1925) p. 48; Lönne, *Das Problem der Fruchtabtreibung*, p. 10.

113. Engelsmann, "Der Paragraph 218", pp. 84-85.

114. BAK, R 86, 2379, vol. 3, Prussian Health Council, 13 Nov 1925, pp. 47, 50-52; *ÄV*, 52 (1925) p. 49.

115. 参见注释 31。

116. Julius Moses, "Der Kampf um die Aufhebung des Abtreibungsparagraphen", *Biologische Heilkunst*, X, 34 (1929) p. 934 (NL Moses); Carl Crede-Hörder, *Volk in Not! Das Unheil des Abtreibungsparagraphen* (Dresden, 1927) p. 54.

117. 例如 Julius Moses, *Textilpraxis*, 1927, pp. 76, 82 (NL Moses); Fritz Brupbacher,

SA, VI (1930) p. 96。

118. Crede, *Volk in Not*; BAK, ZSlg 2, 178, "Sturm gegen den Paragraphen 218. Die Voruntersuchung von Friedrich Wolf"。参见 ZSAP, RJusMin, 6235, Bl. 51。

119. Max Hirsch, *MfGebhuG*, 38 (1913) p. 56, and *Die Fruchtabtreibung, ihre Ursachen, ihre volkshygienische Bedeutung und die Mittel zur ihrer Bekämpfung* (Stuttgart, 1921); Grotjahn, *Die Hygiene der menschlichen Fortpflanzung*, pp. 112ff., 320.

120. Julius Moses, *Der Kassenarzt*, II. 52 (1925) p. 1(NL Moses); BAK, R 86, 2369, president of the RGA to RMindl, 26 Mar 1929.

121. Boak, "The Status of Women in the Weimar Republic", pp. 151–163; *VdBDÄ*, II (1926) p. 89; *Die Ärztin*, VII (1931) p. 70; C. Davies, "The G. P. and Infant Welfare in the Interwar Years", *Bulletin of the Society for the Social History of Medicine*, 30/1 (1982) pp. 9–12.

122. *VdBDÄ*, II (1926) pp. 89–90; Boak, "The Status of Women in the Weimar Republic", pp. 162–163; Max Hodann (ed.), *Korrespondenz des Informationsbüros für Geburtenregelung*, 1 (1932) pp. 9–11; *Die Ärztin*, IX (1933) p. 242.

123. 例如,洛特·芬克、赫尔塔·里瑟、明娜·弗莱克、凯特·弗兰肯塔尔、劳拉·特恩（Laura Turn）。

124. 1976 年 5 月 21 日的法律允许在怀孕 22 周内基于医学、社会和优生学原因进行手术终止妊娠。妇女必须咨询过一位被国家认可的医生和顾问。但女性医生联合会的请愿书中的主张类似于民主德国的法律。

125. BAK, NL Lüders 133,柏林女医生们的请愿书提出,除非堕胎手术不由医生执行,或者执行时疏忽或未经患者同意,否则堕胎应该合法。如果这一提议不可接受,堕胎也应该在医学和社会经济条件需要时合法。反对请愿书则主张,只有在严格的医学条件下才应允许堕胎,这意味着在每次手术前必须从卫生医官处获得第二意见;这一点被德国医学协会明确拒绝。

126. Sigmund Vollmann, "Die Umfrage der Ärztinnen über das Problem der Schwangerschaftsunterbrechung", *DÄ*, 1932, pp. 66–68; Helene Bölner, "Zum Hamburger Fragebogen über den Paragraphen 218", *DÄ*, 58 (1930) pp. 43–50。在汉堡的医生中有 70%参与了投票;38%投票支持基于社会原因堕胎,66%投票支持基于优生学指标堕胎。

127. Margarete Berent, "Zur Abtreibungsfrage", *VdBDÄ*, V (1925) pp. 117–119.

128. Hermine Heusler-Edenhuizen, "Was wir wollen", *VdBDÄ*, I. 1 (1924) p. 1 and "Paragraph 218, ein Produkt vermännlichter Kultur", Die Ärztin, VI (1930) p. 251。参见 Hertha Nathorff, "Zum Problem der Geburtenregelung", *MW*, 24 (1930); Dr Piutti, *Die Ärztin*, VII (1931) p. 46。

129. Helene Börner, "Zur Frage der Schwangerschaftsunterbrechung", *Die Ärztin*, VI (1930) p. 177; Mathilde Kelchner, *Die Frau und der weibliche Arzt. Eine*

psychologische Untersuchung auf Grundlage einer Umfrage (Berlin, 1934)：一个有关 134 名女性患者及其对女医生的偏好的调查。

130. Hermine Heusler-Edenhuizen, "Kampf um das eigene Kind", *Berliner Tageblatt*, 14 Apr 1927, suppl.; Clara Bender, *Klinische Wochenschrift*, 19 (1925) p. 933; Lotte Fink, *Die Ärztin*, VII (1931) pp. 70-74.

131. Hertha Riese, "Social Indication for the Interruption of Pregnancy", in Haire (ed.), *Sexual Reform* Congress London, p. 627; Käte Frankenthal, "Das Problem der ledigen Frau", *ZfSexWiss*, XII (1925) pp. 217-220.

132. *Die Ärztin*, VI (1930) p. 184; KDF, *Katholische Ehe*, p. 89; ZSAP, RMindl 6232, Bl. 74 (Stegmann); *Die Ärztin*, VII (1931) p. 43.

133. Fink, "Schwangerschaftsunterbrechung", pp. 70-71; Heusler Edenhuizen, "Paragraph 218", p. 255; Stegmann in the RT Legal Select Committee, 18 Dec 1925.

134. 例如 Ilse Thust, *Die Grenzpfähle um den Paragraph 218* (Zwickau, 1931) p. 7; Else Kienle, *Frauen. Aus dem Tagebuch einer Arztin* (Berlin, 1932) p. 307; Grünbaum-Sachs, *ZfSexWiss*, XII (1926-7) p. 231。

135. Hedwig Prager-Heinrich, *Die Ärztin*, VII (1931) pp. 17-18; Annemarie Durand-Wever, "Die ärztlichen Erfahrungen über medizinisch indizierte Konzeptionsverhütung", *MW*, 21 (1930) pp. 756-759, and 26 (1930) pp. 936-937.

136. Kienle, *Frauen*, p. 309.

137. UBH, NL Radbruch, Heid. Hs. 3716, II. D. 44, "Wie stehen Sie zum Paragraphen 218?" (n.d.), Stegmann's reply.

138. Kienle, *Frauen*, p. 310; Durand-Wever, "Für und wider den Paragraph 218", *MW*, 31 (1930) p. 1121; Heusler-Edenhuizen, "Paragraph 218", pp. 73-74, and "Kampf um das eigene Kind"；Hertha Riese, *Die sexuelle Not unserer Zeit* (Leipzig, 1927).

139. Lotte Lande, *Die Ärztin*, VII (1931) p. 44; Martha Wygodzinski, *Die Ärztin*, VI (1930) p. 186; Clara Bender, "Die Unfruchtbarmachung minderwertiger Volkselemente", *Die Ärztin*, V (1929) p. 16。参见 Durand Wever, "Die ärztlichen Erfahrungen", p. 316; BAK, R 86, 2371, vol. 1, Bl 167v, Agnes Bluhm, at the Committee for Racial Hygiene, 7 June 1922。

140. 例如 Dr Johanna Höber, paper delivered at the AGM of the German Assodation of Women Citizens, *Berliner Tageblatt*, 31 Oct 1928 (FUB, Slg Rott, D 3); Dr Ilse Szagunn, *Die Ärztin*, VII (1931) p. 48。

141.《女医生》是《德国女性医生联合会季刊》的接替刊物。*Die Ärztin*, IX, (1933) p. 117。

142. 例如 LAB, Rep. 58, no. 850, case against Dr Kurt M.; ibid., no. 2137, Dr Georg

J.; ibid., no. 416, Dr Eduard M。

143. 例如，丹麦性改革者莱恩巴赫（Leunbach）以及德国妇产科医生希尔海姆（Seilheim）和冯·亚伯（von Abel）；见 Vollmann, *DÄ*, 59 (1932) p. 68。也参见 H. Prager-Heinrich, *Die Ärztin*, VII (1931) pp. 13, 18。

144. 例如 Barbara Duden, *Geschichte der Haut. Ein Eisenacher Arzt und seine Patientinnen um 1730* (Stuttgart, 1987)。参见 Ute Frevert, "Professional Medidne and the Working Classes in Imperial Germany", *Journal of Contemporary History*, 20 (1985) pp. 637–658; Reinhard Spree, "The Impact of the Professionalisation of Physicians on Social Change in Germany during the Late 19th and Early 20th Centuries", *Historical Social Research*, 15 (1980) pp. 24–39。

145. Prinzing, *Handbuch der medizinischen Statistik*, p. 640:1913 年，健康保险基金的会员人数为 1690 万，1928 年为 2200 万，占人口的 34.1%。"Über die Mißstände auf dem Gebiete der Kurpfuscherei und Maßnahmen zu ihrer Beseitigung", *Veröffentlichungen auf dem Gebiete der Medizinalverwaltung*, XXV. 3 (1927) p. 11。

146. 例如 Helmuth Jahns, *Das Delikt der Abtreibung im Landgerichtsbezirk Duisburg in der Zeit von 1910 bis 1935* (Düsseldorf, 1938), 仅涉及非专业堕胎者。

147. "Über die Mißstände auf dem Gebiete der Kurpfuscherei", p. 46; ZSAP, RMindl 9139, Bl 34, 191, 193。参见 Reinhard Spree, *Soziale Ungleichheit vor Krankheit und Tod* (Göttingen, 1981)。

148. 参见 Petchesky, "Reproductive Freedom", p. 662。关于另一种观点，参见 Woycke, *Birth Control in Germany*。

149. 例如，德国女性医生联合会 1931 年 6 月的年度大会，见 *Die Ärztin*, VII. 8 (1931)。

150. ZSAP, RMindl 9346, 9347; Otto Krohne, "Das neue preußische Hebammengesetz", *Veröffentlichungen auf dem Gebiete der Medizinalverwaltung*, XVII. 1 (1922) pp. 3–17; NRWHSA, Regierung Düsseldorf 13881, no. 11, circular issued by the Minister of Public Welfare about midwives' handbook。

151. 1927 年 2 月 18 日法律第 7 条款；Stürzbecher, "Aus der Vorgeschichte des Heilpraktikergesetzes vom 17 Feb 1939", *Medizinische Wochenschrift*, 7 (1967) pp. 313–320。

152. Gabriele Czamowski, "Frauen, Staat, Medizin. Aspekte der Körperpolitik im Nationalsozialismus", *Beiträge zur feministischen Theorie und Praxis*, 14 (1985) pp. 79–99.

结论

1. Linse, "Arbeiterschaft", p. 270; Stephenson, *Women in Nazi Society*, p.39.

2. 参见 Glass, *Population Policies and Movements*, pp. 297, 302。

3. Ibid., pp. 284, 287ff.; *AfBSuF*, 1 (1933-4) p. 55。有关 1933 年堕胎法的内容，参见附录 1。防止遗传病后代法于 1935 年 7 月 18 日颁布，要求对每一起自然流产、人工堕胎和早产案例进行通报。

4. 参见 Bock, *Zwangssterilisation*, p. 51。它们甚至可以追溯到战前时代；参见 Max Hirsch, "Über die rassenhygienische Indikation in der gynäkologischen Praxis", *MfGebhuG*, 38.5 (1913) pp. 561-583。

5. 例如 Angelika Ebbinghaus, *Heidrun Kaupen-Haas and Karl Heinz Roth, Heilen und Vernichten im Mustergau Hamburg* (Hamburg, 1984); Karl Heinz Roth (ed.), *Erfassung zur Vernichtung. Von der Sozialhygiene zum "Gesetz über Sterbehilfe"* (Berlin, 1984); Heidrun Kaupen-Haas (ed.), *Der Griff nach der Bevölkerung. Aktualität und Kontinuität nazistischer Bevölkerungspolitik* (Nördlingen, 1986)。

6. 例如 Bock, *Zwangssterilisation*, p. 52ff; von Soden, *Die Sexualberatungsstellen der Weimarer Republik*, p. 35; Weindling, *Health, Race and German Politics*, p. 480ff., and "Eugenics and the Welfare State during the Weimar Republic", p. 156。

7. Rainer Mackensen (ed.), *Dynamik der Bevölkerungsentwicklung. Strukturen-Bedingungen-Folgen* (Munich, 1973) p. 169.

8. Armin Kuphal, *Abschied von der Kirche. Traditionsabbruch in der Volkskirche* (Gelnhausen, Berlin and Stein, 1979) table 3: 1919 年至 1932 年间，近 300 万名新教徒和近 50 万名天主教徒退出了他们的教会。

9. Boak, "The Status of Women in the Weimar Republic", p. 423.

10. 参见孔兹隐含的论点：Koonz, *Mothers in the Fatherland*，以及博克对其论著的评论：Gisela Bock, *Bulletin of the German Historial Institute London*, XI.I (1989) pp. 16-24。

11. Bridenthal and Koonz, "Beyond Kinder, Küche, Kirche", p. 56.

12. Dr. Rosenthal-Deussen, *Die Arztin*, VII (1931) p. 45，作者于 1981 年 11 月 22 日采访了汉斯·哈姆森教授，他在 20 世纪 20 年代中期负责管理一家为未婚中产阶级妇女提供服务的产妇之家。

13. Petchesky, "Reproductive Freedom", pp. 671-672。参见 Weeks, *Sex, Politics and Society*; Gordon, *Woman's Body, Woman's Right*。

参考文献

参考文献仅列出本书准备阶段所使用的材料。

一、原始文献

档案材料

BUNDESARCHIV KOBLENZ

Reichsgesundheitsamt R 86

Reichskanzlei R 43

Parteien R 45

Reichsversicherungsamt R 89

Reichskommission für die Uberwachung der öffentlichen Ordnung R 134

Zeitgeschichtliche Sammlung Z Sl g I, II

Nachlässe Katharina von Kardoff, Adele Schreiber, Marie-Elisabeth Lüders

ZENTRALES STAATSARCHIV POTSDAM

Reichsamt/Reichsministerium des Innern 15.01

Reichstag 0.01

Reichskanzlei

Reichsjustizministerium 30.01

ORA/RG Druckschriftensammlung 30.03

Institut für Sexualwissenschaft 70 In

ZENTRALES STAATSARCHIV, DIENSTSTELLE MERSEBURG
Ministerium für Handel und Gewerbe, Rep. 120
Kultusministerium, Rep. 76
Geheimes Zivilkabinett, Rep. 2.2.1
Ministerium des Innern, Rep. 77
Justizministerium, Rep. 2.5.1
Preußische Landesversammlung, Rep. 169 0

GEHEIMES STAATSARCHIV PREUSSISCHER KULTURBESITZ BERLIN-DAHLEM
Preußisches Justizministerium, Rep. 84a

STAATSARCHIV DRESDEN
Ministerium für auswärtige Angelegenheiten, AussMin
Ministerium des Innern, MdI

NORDRHEIN-WESTFÄLISCHES HAUPTSTAATSARCHIV DÜSSELDORF, SCHLOSS KALKUM
Regierung Düsseldorf
Kreisarzt Düsseldorf
Landgericht Essen
Regierung Aachen

BAYERISCHES HAUPSTAATSARCHIV MÜNCHEN
Staatsministerium des Innern
Stenographische Berichte des Bayerischen Landtags
Presseausschnittsammlung Rehse

KRIEGSARCHIV MÜNCHEN
Kriegsministerium, MKr
Stellvertretendes General Kommando 1. Armee-Korps, StvGenKdo

STAATSARCHIV MÜNCHEN
Staatsanwaltschaft München I
Untersuchungs-Gefangenbuch
Staatsanwaltschaft Traunstein
Polizei-Direktion München

STAATSARCHIV HAMBURG

Medizinalkollegium

LANDESHAUPTARCHIV KOBLENZ

Oberpräsidium der Rheinprovinz, 403

Bezirksregierung Koblenz, 441

Bezirksregierung Trier, 442

LANDESARCHIV BERLIN

Blattsammlung der Staatsanwaltschaft beim Landgericht Berlin, Rep. 58

HISTORISCHES ARCHIV DER STADT KÖLN

Gesundheitswesen, Abt.424

Nachlaß Reichskanzler Wilhelm Marx, Abt. 1070

STADT ARCHIV MÜNCHEN

Gesundheitsamt

ARCHIV DES DEUTSCHEN CARITASVERBANDS FREIBURG

Katholischer Deutscher Frauenbund

Sittlichkeit und Bevölkerungspolitik

Fuldaer Bischofskonferenz

Caritas Archiv Eheberatung

UNIVERSITÄTSBIBLIOTHEK HEIDELBERG

Nachlaß Gustav Radbruch, Heid. Hs. 3716

FRIEDRICH EBERT STIFTUNG, ARCHIV DER SOZIALEN DEMOKRATIE BONN-BAD GODESBERG

Nachlaß Gerda Weyl, Marie Juchacz

Personensammlungen Marie Juchacz, Julius Moses, Luise Zietz

FREIE UNIVERSITÄT BERLIN, BIBLIOTHEK

Sammlung Rott

INSTITUT FÜR INTERDISZIPLINÄRE SEXUALFORSCHUNG E.V. HAMBURG
   (Ifis)
Autographen Magnus Hirschfeld, J. H. Leunbach, Max Hodann

PRIVATARCHIV DR KURT NEMITZ BREMEN
Nachlaß Julius Moses

报纸和期刊
年份表示本书使用相应材料时涉及的时段。

Die Arbeiterwohlfahrt, 1926-9

Archiv für Bevölkerungspolitik, Sexualethik und Familienkunde, 1931-3

Archiv für Frauenkunde und Eugenetik, 1913-28

Archiv für Gynäkologie, 1919-28

Archiv für soziale Hygiene und Demographie, 1925/6-1928/9

Die Ärztin. Monatsschrift des Bundes Deutscher Ärztinnen, 1931-3

Ärztliches Vereinsblatt, 1925

Bund Deutscher Frauenvereine. Nachrichtenblatt, 1925-30

Caritas. Zeitschrift für die Werke der Nächstenliebe im katholischen Deutschland, 1912-
   32

Die christliche Frau. Zeitschrift im Dienste katholischen Frauenstrebens, ed. Katholischer
   Frauenbund, 1922-7

Deutsches Ärzteblatt, 1925

Deutsche Medizinische Wochenschrift, 1921-8

Die Ehe. Monatsschrift für Ehewissenschaft, -recht und -kultur, 1926-8

Ethik. Sexual-und Gesellschafts-Ethik, 1922, 1926, 1928

*Die Frau. Organ des Bundes Deutscher Frauenvereine. Monatsschrift für das gesamte
   Frauenleben unserer Zeit*, 1919-29

Frauenstimme. Beilage zum Vorwärts, 1924-8

Die Frauenwelt., 1924-33

*Die Genossin. Informationsblätter der weiblichen Funktionäre der Sozialdemokratischen
   Partei Deutschlands*, 1929-31

Die Gleichheit, 1916/17-22

Hochland, 1928/9

Jahrbuch der Ambulatorien des Verbandes der Krankenkassen Berlins

Der Kassenarzt. Zentralorgan des Verbandes deutscher Kassenärzte, 1925-8

Das Kommende Geschlecht. Zeitschrift für Familienpflege und geschlechtliche Volkserziehung auf biologischer und ethischer Grundlage, 1921-4/5, 1925-30

Die Kommunistin, 1921-4

Medizinische Welt, 1930-3

Mitteilungen der Arbeitsgemeinschaft für Volksgesundung, 1925-33

Mitteilungsblatt des "Vereins sozialistischer Ärzte", 1925

Nachrichtenblatt evangelischer Frauenverbfinde, 1924-33

Monatszeitschrift des Bundes Deutscher Ärztinnen, 1930

Münchener Medizinische Wochenschrift, 1919-28

Münchener Neueste Nachrichten, 1920-33

Die Neue Generation. Publikationsorgan des Deutschen Bundes filr Mutterschutz, 1910, 1912, 1915-18, 1920-32

Proletarische Sozialpolitik. Organ der Arbeitsgemeinschaft sozialpolitischer Organisationen, 1925-33

Sexual-Hygiene. Zeitschrift des Reichsverbandes für Geburtenregelung und Sexualhygiene, 1928-32

Der Sozialistische Arzt. Vierteljahreszeitschrift des "Vereins Sozialistischer Ärzte", 1926-31

Vierteljahrsschrift des Bundes Deutscher Ärztinnen, 1924-6

Die Weltbühne. Wochenschrift für Politik, Kunst, Wirtschaft, 1918-33 (repr. Königstein, 1978)

Zeitschrift für Sexualwissenschaft, 1914-32

Das Zentrum. Halbmonatsschrift für politische Bildung, 1922

书籍、小册子、文章、论文

Adams, Hope Bridges, *Das Frauenbuch. Ein ärztlicher Ratgeber für die Frau in der Familie und bei Frauenkrankheiten*, 6th edn, 2 vols (Stuttgart, 1897)

Adler-Rehm, *Die Gesunderhaltung der Frau im Beruf* (Berlin, 1927)

Arbeitgeberverband der deutschen Textilindustrie, *Die Frauenerwerbsarbeit in der Textilindustrie mit bes. Berücksichtigung der Beschäftigung schwangerer Frauen* (Berlin, 1926)

Altmann-Gottheiner, E. (ed.), *Frauenberufsfrage und Bevölkerungspolitik* (Mannheim, 1917)

Arbeiterwohlfahrt, Hauptausschuß (ed.), *Sozialismus und Bevölkerungspolitik* (Berlin, 1926)

Baum, Marie, and Alix Westerkamp, *Rythmus des Familienlebens. Das von einer*

Familie täglich zu leistende Arbeitspensum, Deutsche Akademie für soziale und pädagogische Frauenarbeit, Forschungen über Bestand und Erschütterung der Familie der Gegenwart, vol. 5 (Berlin, 1931)

Bäumer, Gertrud, "Der Krieg und die Frau", *Der Deutsche Krieg. Politische Flugschriften*, 15 (1914)

——, *Weit hinter dem Schützengraben* (Jena, 1916)

——, "Staat und Familie", *Frauenberufsfrage und Bevölkerungspolitik. Verhandlungen der Kriegstagung, Bund Deutscher Frauenverbände 1916* (Leipzig, 1917)

——, *Die Frau im deutschen Staat* (Berlin, 1932)

——, *Familienpolitik. Probleme, Ziele und Wege* (Berlin, 1933)

Bebet, August, *Die Frau und der Sozialismus* (Berlin, 1879; repr. 1946)

Behr-Pinnow, Carl von, *Der Geburtenrückgang und die Bekämpfung der Säuglingssterblichkeit* (Berlin, 1913)

Bendix, Kurt (ed.), *Geburtenregelung. Vorträge und Verhandlungen des Ärzte kurses vom 28–30 Dezember 1928* (Berlin, 1928)

Bilz, F. E., *The Natural Method of Healing: A New and Complete Guide to Health* (Leipzig, London and Paris, 1898)

Blasbalg, Jenny, "Ausländische und deutsche Gesetze und Gesetz entwürfe über Unfruchtbarmachung", *Zeitschrift für die gesamte Strafwissenschaft*, 52 (1932) 477–96

Bloch, Iwan, *Die Prostitution*, II (Berlin, 1925)

Bohm-Schuch, Clara, "Die Politik der Frauen", in *Frauenstimmen aus der Nationalversammlung* (Berlin, 1920)

Blos, Anna, *Die Frauenfrage im Lichte des Sozialismus* (Dresden, 1930)

Bornträger, Jean, "Der Geburtenrückgang in Deutschland, seine Bewertung und Bekämpfung Veröffentlichungenaus dem Gebiete der Preußischen Medizinalverwaltung", 1.13 (1912)

Brauer, Erich, "Die abnehmende Fruchtbarkeit der berufstätigen Frau", *Sexus*, III (Leipzig, 1921)

Braun, Hans, "Die künstliche Sterilisation Schwachsinniger", *Zentralblatt für Chirugie*, 3 (1924) 104–6

Braune, Rudolf, *Das Mädchen an der Orga Privat* (Berlin, 1925; repr. 1975)

Brentano, Lujo, *Die Malthus'sche Lehre und die Bevölkerungsbewegung* (Munich, 1909)

Brey, August, Dr Silberstein and Luise Zietz, *Gegen den staatlichen Gebärzwang* (Berlin, 1914)

Brück, Anita, *Schicksale hinter Schreibmaschinen* (Berlin, 1930)

Brupbacher, Fritz, *Kindersegen und kein Ende? Ein Wort an denkende Arbeiter* (Zürich, 1903)

——, *Liebe, Geschlechterbeziehungen, Geschlechtspolitik* (Berlin, 1929)

——, *60 Jahre Ketzer* (Zürich, 1935)

Bumm, Ernst, *Über das deutsche Bevölkerungsproblem. Rede zum Antritt des Rektorats der Königl. Friedrich-Wilhelm Universität in Berlin* (Berlin, 1916)

Bund Deutscher Frauenvereine, *Jahrbuch des BDF für 1917: Frauenberufsfragen und Bevölkerungspolitik* (Leipzig and Berlin, 1917)

Burgdörfer, Fritz, *Familienpolitik und Familienstatistik* (Munich, 1918)

——, "Der Geburtenrückgang und seine Bekämpfung. Die Lebensfrage des deutschen Volkes", *Veröffentlichungen auf dem Gebiete der Medizinalverwaltung*, 28 (1929)

——, "Volk ohne Jugend. Geburtenschwund und Überalterung des deutschen Volkskörpers", *Zeitschrift für Geopolitik*, Beiheft 9 (1934)

——, *Völker am Abgrund* (Berlin, 1937)

Crede, Carl, *Vom Corpsstudenten zum Sozialisten* (Dresden, 1928)

Crede-Hörder, Carl, *Volk in Not! Das Unheil des Abtreibungsparagraphen* (Dresden, 1927)

Deutscher Textilarbeiterverband, *Erwerbsarbeit, Schwangerschaft, Frauenleid*, parts I, II (Berlin, 1925-6)

Deutscher Textilarbeiterverband, *Mein Arbeitstag-mein Wochenende. 150 Berichte von Textilarbeiterinnen* (Berlin, 1930)

Dührssen, A., "Die Reform des Paragraphen 218 unter Berücksichtigung der Strafgesetzentwürfe von 1919 und 1925", *Sexus*, IV: "Zur Reform des Sexualstrafrechts" (Berlin and Leipzig, 1926)

Ebermayer, Ludwig, *Arzt und Patient in der Rechtsprechung* (Berlin, 1924)

——, *Der Arzt im Recht. Rechtliches Handbuch für Ärzte* (Leipzig, 1930)

Ebstein, Erich (ed.), *Modernes Mittelalter. Eine Anklage auf Grund authentischen Materials von Dr med. I. St. weiland Arzt in-burg* (Leipzig, 1921)

Engelsmann, Robert, "Der Paragraph 218 in seiner bevölkerungspolitischen, ethischen und rechtlichen Bedeutung", *Zeitschrift für Volksaufartung und Erbkunde*, 1926, pp. 83-5

——, "Zur Frage des legalisierten Abortus", *Zeitschrift für Schulgesundheitspflege und soziale Hygiene*, 39 (1926) 49-55

Essig, Olga, "Die Frau in der Industrie", *Quellenhefte zum Frauenleben in der Geschichte*, 18 (Berlin, 1933)

Fallada, Hans, *Kleiner Mann-was nun?* (Berlin, 1932)

Fassbender, Martin (ed.), *Des deutschen Volkes Wille zum Leben* (Freiburg i.B., 1917)

Ferdy, Hans, *Die Mittel zur Verhütung der Conception* (Leipzig 1899)

Fetscher, Rainer, *Abriß der Erbbiologie und Eugenetik* (Berlin, 1927)

——, "Die Sterilisierung aus eugenischen Gründen", *Zeitschrift für die gesamte Strafwissenschaft*, 52.4 (1932) 404-23

Fischer, J., *Biographisches Lexikon der hervorragenden Ärzte des letzten Jahrhunderts* (Vienna, 1933)

Fischer-Dückelmann, Anna, *Der Geburtenrückgang. Ursachen und Bekämpfung vom Standpunkt des Weibes* (Stuttgart, 1911; repr. 1914)

——, *Das Geschlechtsleben des Weibes. Eine physiologisch-soziale Studie mit ärztlichen Ratschlägen* (Berlin, 1918)

Fraenkel, Ludwig, *Die Empfängnisverhütung. Biologische Grundlage, Technik und Indiaktionen. Für Ärzte bearbeitet* (Stuttgart, 1932)

Fraenkel, Manfred, *Unfruchtbamulchung durch Röntgenstrahlen bei Verbrechern und Geisteskranken* (Berlin, 1914)

Frankenthal, Käte, *Paragraph 218 streichen-nicht ändern* (Berlin, 1931)

Franzen-Hellersberg, Lisbeth, *Die jugendliche Arbeiterin, ihre Arbeitsweise und Lebensform. Ein Versuch sozialpsychologischer Forschung zum Zweck der Umwertung proletarischer Tatbestände* (Tubingen, 1932)

Frauenreichssekretariat der KPD, *Nieder mit dem Abtreibungsparagraphen* (Berlin, 1923)

Freudenberg, Karl, "Berechnungen zur Abtreibungsstatistik", *Zeitschrift für Hygiene und Infektionskrankheiten*, 104 (1925) 529-50

Fromm, Erich, et al. (eds), *Studien über Autorität und Familie* (Paris, 1936)

Fürth, Henriette, "Die Frauen und der Neomalthusianismus", *Sozialistische Monatshefte*, 1911

——, "Der Neomalthusianismus und die Soziologie", *Sozialistische Monatshefte*, 1911

——, "Die Frauen und die Bevölkerungs-und Schutzmittelfrage", *Archiv für soziale Hygiene und Demographie*, IX.I (1915)

——, *Die Regelung der Nachkommenschaft als eugenisches Problem* (Stuttgart, 1929)

Gaupp, Robert, *Die Unfruchtbarmachung geistig und sittlich Kranker und Minderwertiger* (Berlin, 1925)

Geis, Rudolf, *Katholische Sexualethik* (Paderborn, 1929)

Glass, D. V., "The Effectiveness of Abortion Legislation in Six Countries", *Modern Law Review*, II.2 (Sep 1938)

Gottstein, Adolf, Arthur Schlossmann and Ludwig Teleky (eds), *Handbuch der sozialen Hygiene und Gesundheitsfürsorge* (Berlin, 1925)

Josel Graßl, *Der Geburtenrückgang in Deutschland, seine Ursachen und seine Bedeutung* (Kempten and Munich, 1914)

Greenwood, A. W., *Proceedings of the Second International Congress for Sex Research London 1930* (London, 1931)

Grotjahn, Alfred, *Soziale Pathologie. Versuch einer Lehre von den sozialen Beziehungen der Krankheiten als Grundlage der sozialen Medizin und der sozialen Hygiene* (Berlin, 1912)

——, *Geburten-Rückgang und Geburten-Regelung im Lichte der individuellen Hygiene* (Berlin 1914)

——, "Der Wehrbeitrag der deutschen Frau", *Deutsche Kriegsschriften*, 17 (1915)

——, *Die Hygiene der menschlichen Fortpflanzung. Versuch einer praktischen Eugenik* (Berlin, 1926)

——, (ed.), *Eine Kartothek zu Paragraph 218. Ärztliche Berichte aus einer Kleinstadt* (Berlin, 1932)

——, *Erlebtes und Erstrebtes. Erinnerungen eines sozialistischen Arztes* (Berlin, 1932)

Grotjahn, Alfred, and Gustav Radbruch, *Die Abtreibung der Leibesfrucht. Philosophie* (Bonn, 1899)

Gruber, Max von, *Die Hygiene des Geschlechtslebens* (Stuttgart, 1927)

Haeckel, Ernst, *Die Welträtsel. Gemeinverständliche Studien über monistische Zwei Gutachten* (Berlin, 1921)

——, *Das unbekannte Heer. Frauen kämpfen für Deutschland 1914–1918* (Berlin, 1936)

Haire, Norman (ed.), *Sexual Reform Congress London 8–14.1X.1929. WLSR. Proceedings of the Third Congress* (London, 1930)

Halban, Josef and Ludwig Seitz (eds), *Biologie und Pathologie des Weibes. Ein Handbuch der Frauenheilkunde und Geburtshilfe*, IV (Berlin, 1925)

Harmsen, Hans, *Geburtenregelung. Das europäische Bevölkerungsproblem* (Berlin, 1928)

——, *Frau und Kind in Sowjetrußland. Einefamilienrechtliche und bevölkerungspolitische Studie* (Berlin, 1931)

——, *Praktische Bevölkerungspolitik* (Berlin, 1932)

Hauer, J. W. (ed.), "Paragraph 218. Eine sachliche Aussprache", *Beihefte zu kommende Gemeinde*, 1 (1931)

Heymann, Lida Gustava, and Anita Augsburg, *Erlebtes-Erschautes. Deutsche Frauen kämfen für Freiheit, Recht und Frieden, 1850–1940* (repr. Meisenheim, 1972)

Hildebrand, Dietrich von, *In Defence of Purity* (London, 1931)

Himes, Norman, *Medical History of Contraception* (New York, 1936)

Hirsch, Max, *Fruchtabtreibung und Präventivverkehr im Zusammenhang mit dem Geburtenrükgang* (Würzburg, 1914)

——, "Die Statistik des Aborts", *Zentralblatt für Gynäkologie*, 42 (1918) 3, pp. 41–3; 43, pp. 729–69

——, *Leitfaden der Berufskrankheiten der Frau* (Berlin, 1919)

——, "Die soziale und eugenische Indikation für die Unterbrechung der Schwangerschaft", *Deutsche medizinische Wochenschrift*, 44.5 (1925) 126–7

——, *Die Gefahren der Frauenerwerbsarbeit für Schwangerschaft, Wochenbett und Kinderaufzucht mit bes. Berücksichtigung der Textilindustrie* (Leipzig, 1925)

Hirschfeld, Magnus (ed.), *Sittengeschichte des Weltkrieges* (Berlin and Vienna, 1930)

——, *Geschlechtskunde auf Grund dreißigjähriger Forschung und Erfahrung*, II (Stuttgart, 1928)

Hirschfeld, Magnus, and Richard Linsert (eds), *Empfängnisverhütung. Mittel und Methoden* (Berlin, 1928; 8th edn 1932)

Hitze, Franz, *Geburtenrückgang und Sozialreform* (Mönchen-Gladbach, 1917)

Hodann, Max, "Die sozialhygienische Bedeutung der Beratungsstellen für Geschlechtskranke", (MD dissertation, Leipzig, 1920)

——, "Bub und Mädel. Gespräche unter Kameraden über die Geschlechterfrage", *Entschiedene Schulreform*, 25 (1924)

——, *Geschlecht und Liebe in biologischer und gesellschaftlicher Beziehung*, 1st edn, (Rudolstadt, 1927), 2nd edn (Rudolstadt, 1928) and 4th edn (Zürich, 1935)

——, *Sexualelend und Sexualberatung. Briefe aus der Praxis* (Rudolstadt, 1928)

——, *History of Modern Morals* (London, 1937)

Höllein, Emil, *Gegen den Gebärzwang: der Kamf um die bewußte Kleinhaltung der Familie* (Berlin, 1928)

Hoppe, Ludwig, *Sexueller Bolschewismus und seine Abwehr* (Berlin, 1922)

Hüssy, Paul, *Begutachtung und gerichtliche Beurteilung von ärztlichen Kunstfehlern auf geburthilflichem und gynäkologischem Gebiete* (Stuttgart, 1935)

Helmuth, Jahns, *Das Delikt der Abtreibung im Landgerichtsbezirk Duisburg in der Zeit von 1910 bis 1935* (Düsseldorf, 1938)

Juchacz, Marie, and Johanna Heymann, *Die Arbeiterwohlfahrt: Voraussetzungen und Entwicklung* (Berlin, 1926)

Kaiser, Margarete (ed.), *Die Liebeslehre* (Berlin, 1928)

Karstedt, Oskar (ed.) *Handwörterbuch der Wohlfahrtspflege* (Berlin, 1924; 2nd edn 1929)

Kelchner, Mathilde, *Die Frau und der weibliche Arzt. Eine psychologische Untersuchung auf Grundlage einer Umfrage* (Leipzig, 1934)

Kemnitz, Mathilde, *Erotische Wiedergeburt* (Munich, 1919)

Kempf, Rosa, "Das weibliche Dienstjahr", *Archiv für Sozialwissenschaft und Sozialpolitik*, 41 (1916)

——, *Die deutsche Frau nach der Volks-, Berufs-und Betriebszählung von 1925* (Mannheim, Berlin and Leipzig, 1931)

Keyserling, Graf, *Das Ehebuch* (Berlin, 1932)

Kienle, Else, *Frauen. Aus dem Tagebuch einer Ärztin* (Berlin, 1932)

Krey, Franz, *Maria und der Paragraph* (Vienna and Berlin, 1931)

Krische, Paul, *Jugendehe* (Berlin, 1918)

Krische, Paul and Maria, "Wie stehen wir zur Familie?", *Der Abend* (late edition of Vorwärts), 21 June 1932

Laros, Matthias, "Revolutionierung der Ehe", *Hochland*, 27 (1930) 193–207

Lehfeldt, Hans, "7. Internationaler Kongreß für Geburtenregelung in Zürich, 1. bis 5. September 1930", *Zentralblatt für Gynäkologie*, 2 (1931) 110–19

——, "Laienorganisationen für Geburtenregelung", *Archiv für Bevölkerungspolitik, Sexualethik und Familienkunde*, 1932

Leitung der Ambulatorien des Verbandes der Krankenkassen Berlin, *Jahrbuch der Ambulatorien des Verbandes der Krankenkassen Berlin 1925* (Berlin, 1926)

Levy-Lenz, Ludwig (ed.), *Sexualkatastrophen. Bilder aus dem modernen Geschlechts- und Eheleben* (Leipzig, n.d.)

——, *Wenn Frauen nicht gebären dürfen* (Berlin, 1928)

Lewin!, L., *Die Fruchtabtreibung durch Gifte und andere Mittel. Eine Handbuch fur Ärzte und Juristen*, 3rd edn (Berlin, 1922)

Lewinsohn, Richard, "Die Stellung der deutschen Sozialdemokratie zur Bevölkerungsfrage", *Schmollers Jahrbuch*, 46.3–4 (1922) 191–237

Liepmann, Wilhelm, *Die Abtreibung* (Berlin, 1927)

——, *Gegenwartsfragen der Frauenkunde* (Leipzig, 1933)

Lindsey, Ben, and Evans Wainwright, *Die Kameradschaftsehe* (Stuttgart, 1928)

Lion, Hilde, *Zur Soziologie der Frauenbewegung. Die sozialistische und katholische Frauenbewegung* (Berlin, 1927)

Loewenstein, Georg, "Geschlechtsleben und Geschlechtskrankheiten", *Gesundheitsbibliothek*, 11 (Munich, n.d.)

——, "Die Gefahren des Wohnungselends für die Volksgesundheit", *Blätter des Deutschen Roten Kreuzes*, v.4 (1926) 46–55

——, "Wohungselend und Geschlechtskrankheiten", *Mitteilungen der Deutschen Gesellschaft zur Bekämpfung der Geschlechtskrankheiten*, 24.6 (1926) 67–8

——, "Wohnungsnot und Sexualnot", *Die Ärztin*, 7 (1931)

Lönne, Friedrich, *Das Problem der Fruchtabtreibung* (Berlin, 1924)

Lüders, Marie-Elisabeth, "Die Entwicklung der gewerblichen Frauenarbeit im Krieg", *Schmollers Jahrbuch*, 44 (1920) 241–67, 569–87

Marcuse, Julian, *Die Fruchtabtreibung in Gezetzgebung und ärztlichem Handeln* (Munich, 1925)

——, "Die Unfruchtbarmachung Minderwertiger", *Zeitschrift für Schulgesundheitspflege und soziale Hygiene*, 3 (1925) 441–5

——, *Geburtenregelung. Die Forderung der Zeit* (Stuttgart, 1928)

Marcuse, Max, *Die Gefahren der sexuellen Abstinenz für die Gesundheit* (Leipzig, 1910).

——, "Zur Frage der Verbreitung und Methodik der willkürlichen Geburtenbeschränkung in Berliner Proletarierkreisen", *Sexualprobleme*, 9 (Nov 1913) 752–80

——, *Der eheliche Präventivverkehr. Seine Verbreitung, Verursachung und Methodik: Dargestellt und beleuchtet an 300 Ehen. Ein Beitrag zur Symptomatik und Ätiologie der Geburtenbeschränkung* (Stuttgart, 1917)

——(ed.), *Handbuch der Sexualwissenschaft* (Bonn, 1923)

——(ed.), *Verhandlungen des 1. Internationalen Kongresses für Sexualforschung, Berlin vom 10. bis 16. Oktober 1926. Veranstaltet von der Internationalen Gessellschaft für Sexualforschung* (Berlin and Cologne, 1927)

——(ed.), *Die Ehe. Ihre Physiologie, Psychologie, Hygiene und Eugenik. Ein biologisches Ehebuch* (Berlin and Cologne, 1927)

Martius, Martha, "Der Wille zum Kinde", *Die Frau*, XXIV.4 (1917)

Mausbach, Joseph, "Naturrecht und Völkerrecht", in *Das Völkerrecht*, 1/2 (1918)

——, *Katholische Moraltheologie (Münster, 1922)*

——, *Ehe und Kindersegen vom Standpunkt der christlichen Sittenlehre*, 2nd edn (Mönchen-Gladbach,1925)

Mayer, Joseph, *Gesetzliche Unfruchtbarmachung Geisteskranker* (Freiburg i. Br., 1927)

——, *Eugenics in Roman Catholic Literature* (New Haven, Conn., 1930)

Meisel-Hess, Grete, *Die sexuelle Krise* (Berlin, 1909)

Meltzer, Ewald, *Das Problem der Abkürzung "lebensunwerten" Lebens* (Halle, 1925)

Mensinga, Wilhelm Peter Johann [C. Hasse], *Facultative Sterilität. Beleuchtet vom prophylaktischen und hygienischen Standpunkt für Arzte und Geburtshelfer*, 6th edn, I (Berlin and Neuwied, 1892)

——, *Fakultative Sterilität. Das Pessarium occlusivum und dessen Applikation*, 6th edn, II (Berlin and Neuwied, 1892)

——, *Hundert Frauenleben in der Beleuchtung des Paragraphen 135e des BGB* (Neuwied, n.d.)

Meyerhof, A. [Hans Ferdy], *Die Mittel zur Verhütung der Conception. Eine Studie für praktische Ärzte und Geburtshelfer* (Berlin, Leipzig and Neuwied, 1886)

——, "Abnehmende Geburtenfräquenz und Präventivverkehr", *Deutsche medizinische Wochenschrift*, 25 (1899)

Möllers, Bernhard, *Gesundheitswesen und Volkswohlfahrtspflege im Deutschen Reiche* (Berlin, 1923)

——, *Gesundheitswesen im Deutschen Reich* (Berlin, 1930)

Moses, Julius, "Der Paragraph 218 des StGB und Schwangerenschutz vor den Parlamenten", *Protokoll vom 1. Kongreß der Textilarbeiterinnen Deutschlands, Oktober 1926 in Gera* (Berlin, 1926) 74–87

——, "Gebärzwang oder freie Entscheidung?", *Vorwärts*, 12 Mar 1929

——, "Der Kamf um die Aufhebung des Abtreibungsparagraphen", *Biologische Heilkunst*, X.34 (1929) 933–5

Hennann Muckermann, *Die naturtreue Normalfamilie*, 2nd edn (Berlin and Bonn, 1923)

——, *Um das Leben der Ungeborenen* (Berlin, 1926)

Müller, Karl Valentin, *Arbeiterbewegung und Bevölkerungsfrage* (Jena, 1927)

Näcke, Paul, "Die Kastration bei gewissen Klassen von Degenerierten als ein wirksamer socialer Schutz", *Archiv far Kriminal-Anthropologie und Kriminalistik*, 3 (1900) 58–84

Nathorff, Hertha, "Zur Frage der Schwangerschaftsverhütung", *Deutsche Ärztezeitung*, Aug 1928

Naujoks, Albert, and Hans Boeminghaus, *Die Technik der Sterilisierung und Kastration* (Stuttgart, 1934)

Neisser-Schroeter, Lotte, *Enquete aber die Ehe und Sexualberatungsstellen in*

Deutschland mit Berücksichtigung der Geburtenregelung (Berlin, 1928)

Niedermeyer, Albert, "Geburtenrückgang und Sozialgesetzgebung in Geschichte und Gegenwart", *Ethik*, 1926

——, "Die Entwicklung der Sozialgynäkologie und Frauenkunde", *Zeitschrift für Gynäkologie*, 51 (1927) 791–9

——, "Bisherige Lehren aus der Freigabe des Abortes in Rußland", *Sonderheft Ethik*, 2 (1927)

——, *Sozialhygienische Probleme in der Gynäkologie und Geburtshilfe* (Berlin, 1927)

——, *Wahn, Wissenschaft und Wahrheit*, 2nd edn (Salzburg and Leipzig, 1934)

Niemeyer, Annemarie, "Zur Struktur der Familie. Statistische Materialen", *Forschungen der Deutschen Akademie far soziale und pädagogische Frauenarbeit* (Berlin, 1931)

Noack, Victor, *Das soziale Sexualverbrechen. Wohnungsnot und Geschlechtsnot* (Stuttgart, 1932)

Olberg, Oda, *Die Entartung in ihrer Kulturbedingtheit* (Munich, 1926)

Otto, Luise, *Vorbeugen-nicht abtreiben. Ein Ratgeber für Eheleute und solche, die es werden wollen* (Magdeburg, n.d.)

Pappritz, Anna, *Einführung in das Studium der Prostitutionsfrage* (Berlin, 1926)

Paragraph 218. Unter der Peitsche des Abtreibungsparagraphen. Bilder aus dem Leben, verfaßt von Hamburger Proletarierinnen (Berlin, 1923)

Peller, Sigismund, *Fehlgeburt und Bevölkerungsfrage. Eine medizinischstatistische und sozialbiologische Studie* (Stuttgart and Leipzig, 1930)

Pfülf, Toni, "Ehenot und Eherecht", *Die Genossin*, VI.3 (1929)

Pierpoint, Raymond (ed.), *Report of the Fifth International Neo-Malthusian and Birth Control Conference, London* (London, 1922)

Pohl, Käthe, *Das Maß ist voll! Not und Kampf der Arbeiterfrauen* (Berlin, 1924)

Polano, Oscar, "Beitrag zur Frage der Geburtenbeschränkung", *Zeitschrift für Geburtshilfe und Gynäkologie*, 79 (1917) 567–78

Prinzing, Friedrich, "Die Statistik der Fehlgeburten", *Archiv far Frauenkunde und Eugenetik*, I (1914) 20–31

——, *Handbuch der medizinischen Statistik*, 2nd edn (Jena, 1931)

Protokolle der Verhandlungen des Parteitags der Sozialdemokratischen Partei Deutschlands, 1913, 1917, 1919–28 (Berlin, 1913, 1917, 1920–9)

Protokolle der Verhandlungen des Parteitags der Unabhlingigen Sozialdemokratischen Partei Deutschlands, I, 1917–19 (Berlin, 1919); II, 1919–20 (Berlin, 1920); IV 1922–

3 (Berlin, 1923)

Quessel, Ludwig, "Die Ökonomie des Gebärstreiks", *Sozialistische Monatshefte*, 19.3 (1913) 1319–25

Radbruch, Gustav, "Vom Verbrechen gegen das keimende Leben", *Lübecker Volksbote*, 24 Aug 1920

——, "Rede und Antwort", *Die Justiz*, VIII.1 (1932) 58–60

——, *Der innere Weg. Aufriß meines Lebens*, ed. Lydia Radbruch (Stuttgart, 1951)

Riese, Hertha, *Die sexuelle Not unserer Zeit* (Leipzig, 1927)

——, *Geschlechtsleben und Gesundheit. Gesittung und Gesetz* (Berlin, 1932)

Riese, Hertha, and J. H. Leunbach (eds), *Sexual Reform Congress. Copenhagen 1–5. VII.1928. WLSR. Proceedings of the Second Congress* (Copenhagen and Leipzig, 1929)

Roesle, Emil, "Die Magdeburger Fehlgeburtenstatistik vom Jahre 1924", *Archiv für soziale Hygiene und Demographie*, I.3 (1925/6) 189–95

——, "Die Statistik des legalisierten Aborts", *Zeitschrift für Schulgesundheitspflege und soziale Hygiene*, 38.10 (1925) 445–55

Rost, Hans, *Geburtenrückgang und Konfession* (Cologne, 1931)

Rott, Fritz, *Handbuch der Mutter-, Säuglings-und Kleinkinderfürsorge* (Berlin, 1925)

Ruben-Wolf, Martha, *Abtreibung oder Verhütung?* (Berlin, 1931)

Ruehle, Dtto, *Illustrierte Kultur-und Sittengeschichte des Proletariats*, I (Berlin, 1930)

Ruehle-Gerstel, Alice, *Die Frau und der Kapitalismus* (Leipzig, 1932)

Salomon, Alice, and Marie Baum (eds), *Das Familienleben in der Gegenwart. 182 Familienmonographien. Forschungen der Deutschen Akademie für soziale und pädagogische Frauenarbeit*, I (Berlin, 1931)

Sanger, Margaret, *Die neue Mutterschaft* (Dresden, 1927)

Schallmeyer, Wilhelm, *Vererbung und Auslese. Grundriß der Gesellschaftsbiologie und der Lehre des Rassendienstes* (Jena, 1918)

Scheffen-Döring, Luise, *Frauen von Heute* (Leipzig, 1929)

Scheumann, F. K, *Eheberatung. Einrichtung, Betrieb und Bedeutung für die biologische Erwachsenenberatung* (Berlin, 1923)

Schlüter-Hermkes, Maria, "Grundsätzliches zur Katholischen Frauenbewegung", *Hochland*, 26 (1928-9) 604–14

Schöffer, W., F. Theilhaber, M. Ruben-Wolf and L. Klauber, *Zuchthaus oder Mutterschaft. Reden, gehalten auf der Protestversammlung der Gesellschaft für Sexualreform gegen die Beschlüsse des Ärztevereinsbundes in Leipzig* (Berlin, 1925)

Siemens, H. W., "Die Proletarisierung unseres Nachwuchses, eine Gefahrunrassenhygienischer Bevölkerungspolitik", *Archiv für Rassen-und Gesellschaftsbiologie*, 12 (1916-18) 43-55

Silberkuhl-Schulte, Maria, "Die Frau in der deutschen Landwirtschaft", *Die Christliche Frau*, 1933, pp. 115-23

Steiner, Herbert, *Sexualnot und Sexualreform. IV Kongreß für Sexualreform. Verhandlungen der Weltliga für Sexualreform* (Vienna, 1931)

Stöcker, Helene, *Die Liebe und die Frauen* (Berlin, 1908)

——, "Modeme Bevölkerungspolitik", *Kriegshefte des Bund für Mutterschutz* (Berlin, 1916)

——, *Petitionen des Deutschen Bundes für Mutterschutz 1905-1916* (Berlin, 1916)

——, *Liebe* (1922)

Stöcker, Helene, Heinz Schnabel, Siegfried Weinberg, *Fort mit der Abtreibungsstrafe!* (Leipzig, 1924)

Suhr, Susanne, *Die wieblichen Angestellten. Arbeits-und Lebensverhältnisse. Eine Umfrage des Zentralverbands der Angestellten* (Berlin, 1930)

Theilhaber, Felix, *Der Untergang der deutschen Juden* (Berlin, 1911)

——, *Das sterile Berlin* (Berlin, 1913)

——, "Zuchthaus oder Mutterschaft", *Beitrllge zum Sexualproblem, 1929*

Thorbecke, Clara, *Reifungsprobleme der proletarischen weiblichen Großstadtjugend* (Berlin, 1928)

Thust, Ilse, *Die Grenzpfähle um den Paragraph 218* (Zwickau, 1931)

Kurt Tucholsky, *Deutschland, Deutschland über alles* (Berlin, 1929; repr. Reinbek bei Hamburg, 1973)

Uhlich-Beil, Else, "Die gegenwärtige sozialhygienische Gesetzgebung", *Bericht der 14. Generalversammlung des Bund deutscher Frauenvereine* (Dresden, 1925) 281

Ungern-Stemberg, Roderick von, "Die Ursachen des Geburtenrückgangs", *Veröffentlichungen aus dem Gebiet der Medizinalverwaltung* 36.7 (1932)

Unselm, Erich, "Bevölkerungsproblem und Bevölkerungspolitik im neuen Staate", *Zeitschrift für soziale Hygiene, Fürsorge und Krankenhauswesen*, Jan 1923, pp. 28-39

——, *Geburtenbeschränkung und Sozialismus. Versuch einer Dogmengeschichte der sozialistischen Bevölkerungslehre* (Leipzig, 1924)

Velde, Th. H. van de, *Die vollkommene Ehe. Eine Studie über ihre Physiologie und Technik*, 20th edn (Leipzig and Stuttgart, 1927)

Vollman, Sigmund, *Die Fruchtabtreibung als Volkskrankheit. Gefahren, Ursachen, Bekämpfung* (Leipzig, 1925)

Weber, Marianne, *Ehefrau und Mutter in der Rechtsentwicklung. Eine Einführung* (Tübingen, 1907)

——, *Frauenfragen und Frauengedanken. Gesammelte Aufätze* (Tübingen, 1919)

——, *Max Weber. Ein Lebensbild* (Heidelberg, 1926; 2nd edn. 1950)

——, *Die Ideale der Geschlechtergemeinschaft* (Berlin, 1929)

Weil, Arthur (ed.), *Sexualreform und Sexualwissenschaft. Vorträge gehalten auf der 1. Internationalen Tagung für Sexualreform auf sexualwissenschaftlicher Grundlage in Berlin* (Stuttgart, 1922)

Wer ist's? Unsere Zeitgenossen (Berlin, 1928)

Wex, Else, *Die Entwicklung der sozialen Fürsorge in Deutschland von 1914–1927* (Berlin, 1929)

Winter, Georg, *Der künstliche Abort. Denkschrift für die praktischen Ärzte* (Berlin, 1919)

——, *Der künstliche Abort. Indikationen, Methoden, Rechtspflege. Für den geburtshilflichen Praktiker* (Stuttgart, 1926)

Winter, Maria, *Abtreibung oder Verhütung der Schwangerschaft? Ein offener Brief an die Frau* (Berlin, n.d.)

Wolf, Friedrich, *Die Natur als Arzt und Helfer* (Stuttgart, 1929)

——, *Sturm gegen den Paragraph 218. Unser Stuttgarter Prozeß* (Berlin, 1931)

——, *Gesammelte Werke*, II (Berlin 1960)

Wolf, Julius, *Der Geburtenrückgang. Die Rationalisierung des Sexuallebens in unserer Zeit* (Jena, 1912)

——, *Die neue Sexualmoral und das Geburtenproblem unserer Tage* (Jena, 1928)

——, *Mutter oder Embryo? Zum Kampf um den Abtreibungsparagraphen* (Berlin, 1930)

Wolff, Charlotte, "Die Fürsorge für die Familie im Rahmen der Schwangerenberatung der Ambulatorien des Verbandes der Berliner Krankenkassen", (MD dissertation, Berlin, 1928)

Wolff, Georg, "Der Menschenverlust un Weltkrieg", *Sozialistische Monatshefte*, 56.1 (1921)

Wolfram, Heinz, *Vom Armenwesen zum heutigen Fürsorgewesen* (Greifswald, 1929)

Zadek, Ignaz, *Frauenleiden und deren Verhütung*, with an appendix, "Die Verhütung der Schwangerschaft", *Arbeitergesundheitsbibliothek* (Berlin, 1907)

Zahn-Harnack, Agnes von, *Die Frauenbewegung. Geschichte, Probleme, Ziele* (Berlin, 1928)

——, *Schriften und Reden, 1914-1950*, ed. Deutscher Akademikerbund (Tübingen, 1964)

Zschommler, Olga, *Malthusianismus. Verhütung der Empfängnis und ihre gesundheitlichen Folgen* (Berlin, 1891)

Zweig, Arnold, *Junge Frau von 1914* (Berlin, 1931; repr. 1980)

采访

Josef Felder (SPD Reichstag member 1932-3), Munich, 20 Apr 1982

Prof. Dr Hans Harmsen (director of the Task Force for the Recovery of the *Volk*, 1925-33), Bendestorf (near Hamburg), 22 Nov 1981

Dr Rudolf Neubert (medical practitioner in Freital, near Dresden, 1923-4), Dresden, 4 Nov 1981

Werner Stephan (DDP chairman 1922-9), Bad Godesberg, 28 Oct 1982

Dr Charlotte Wolff (doctor employed at the birth-control clinic in BerlinNeukölln of the Berlin health-insurance funds, 1928-33), London, 13 July 1982

书信

Dr Barbara von Renthe Fink, Berlin (medical practitioner in Saxony, 1929-47; interested in birth control), autumn 1982

Dr Hans Lehfeldt, New York (founder of the Gesex birth-control clinic, Berlin, 1928-33), autumn 1983

Dr Hertha Nathorff, New York (founder of the marriage-advice clinic of the Red Cross Hospital, Berlin, 1928), autumn 1983

二、二手文献

书籍、小册子、文章

Allen, Ann Taylor, "Mothers of the 'New Generation' : Adele Schreiber, Helene Stöcker and the Evolution of a German Idea of Motherhood, 1900-1914", *Signs*, X.3 (1985) 418-38

Arendt, Hans-Jürgen, "Zum Kampf der KPD um die Einbeziehung der werktätigen Frauen in die revolutionäre deutsche Arbeiterbewegung, 1919-1923", *Wissenschaftliche Studien des Pädagogischen Instituts Leipzig*, 2 (1971)

——, "Eine demokratische Massenbewegung unter Führung der KPD, Frühjahr 1931", *Zeitschrift für Geschichtswissenschaft*, XIX (1971)

——, "Zum parlamentarischen Kampf der KPD für die Rechte von Mutter und Kind in der Weimarer Republik", *Parlamentarischer Kampf und Massenpolitik der KPD in der Weimarer Republik*, II (Halle a.d. Saale, 1980) 5–15

Baader, Gerhard, and Ulrich Schultz (eds), *Medizin und Nationalsozialismus* (Berlin, 1980)

Bajohr, Stefan, *Die Hälfte der Fabrik* (Marburg, 1979)

Banner, Lois, and Mary Hartmann, *Clio's Consciousness Raised* (New York, San Francisco and London, 1974)

Berghahn, V. R., *Modern Germany* (Cambridge, 1982)

Bergmann, Anneliese, "Frauen, Männer, Sexualitität und Geburtenkontrolle", in Karin Hausen (ed.), *Frauen suchen ihre Geschichte* (Munich, 1983) 81–109

——, "Von der 'unbefleckten Empfängnis' zur 'Rationalisierung des Geschlechtslebens'", in J. Geyer-Kordesch and A. Kuhn (eds), *Frauenkörper, Medizin, Sexualität* (Düsseldorf, 1986) 127–58

Berlin Museum, *Eldorado: Homosexuelle Frauen und Männer in Berlin 1850–1950. Geschichte, Alltag und Kultur* (Berlin, 1984)

Bessel, Richard, "'Eine nicht allzu große Beunruhigung des Arbeitsmarktes'; Frauenarbeit und Demobilmachung in Deutschland nach dem 1. Weltkrieg", *Geschichte und Gesellschaft*, 9.2 (1983) 211–29

——, "Unemployment and Demobilisation in Germany after the First World War", in Richard J. Evans and Dick Geary (eds), *The German Unemployed* (London and Sydney, 1987)

——, *Weimar Germany: The Crisis of Industrial Society, 1918–1933. Study Guide*, Open University (Milton Keynes, 1987)

Bessel, Richard, and E. J. Freuchtwanger (eds), *Social Change and Political Development in Weimar Germany* (London, 1981)

Bezucha, Robert, (ed.), *Modern European Social History* (Lexington, Mass., 1972)

Boak, Helen L., "'Our Last Hope'; Women's Votes for Hitler-a Reappraisal", *German Studies Review*, XII.2 (May 1989) 289–310

——, "The State as an Employer of Women in the Weimar Republic", in W. R. Lee and Eve Rosenhaft (eds), *State and Social Change in Germany, 1880–1960* (New York, Oxford and Munich, 1990) 61–98

Bock, Gisela, "Racism and Sexism in Nazi Germany: Motherhood, Compulsory Sterilisation and the State", *Signs*, VIII.3 (Spring 1983) 400–21

——, *Zwangssterilisation im Nationalsozialismus. Studien zur Rassenpolitik und*

Frauenpolitik (Opladen, 1986; English translation forthcoming)

Bolte, K.-M., D. Kappe and J. Schmid, *Bevölkerung, Theorie, Geschichte und Politik des Bevölkerungsprozesses*, 4th edn (Opladen, 1980)

Bridenthal, Renate, "Beyond Kinder, Küche, Kirche: Weimar Women at Work', *Central European History*, June 1973

Bridenthal, Renate, Atina Grossman and Marion Kaplan (eds), *When Biology became Destiny: Women in Weimar and Nazi Germany* (New York, 1984)

Bridenthal, Renate, and Claudia Koonz, "Beyond Kinder, Küche, Kirche: Weimar Women in Politics and Work", in Bernice A. Caroll (ed.), *Liberating Women's History* (Chicago, 1976) 301-29

——, (eds), *Becoming Visible: Women in European History* (Boston, Mass., and London, 1977)

Brinkler-Gabler, Gisela (ed.), *Frauen gegen den Krieg* (Frankfurt a.M., 1980)

Brookes, Barbara, "The Illegal Operation, Abortion 1919-39", in London Feminist History Group (ed.), *The Sexual Dynamics of History* (London, 1983) 165-76

——, *Abortion in England 1900-1967* (London, 1988)

Bullen, R. J., H. Pogge von Strandmann and A. B. Polonsky (eds), *Ideas into Polities: Aspects of European History 1880-1950* (London and Sydney, 1984)

Caplan, Jane, *Government without Administration* (Oxford, 1989)

Castell Rüdenhausen, Adelheid, Gräfin zu, "Unterschichten im 'demographischen Übergang'. Historische Bedingungen des Wandels der ehelichen Fruchtbarkeit und der Säuglingssterblichkeit", in Hans Mommsen and Winfried Schulz (eds), *Vom Elend der Handarbeit* (Stuttgart, 1981) 373-94

Cianfrani, Theodore, *A Short History of Obstetrics and Gynaecology* (Springfield, Ill., 1960)

Conrad-Martius, Hedwig, *Utopie der Menschenzüchtung* (Munich, 1955)

Crew, David, "German Socialism, the State and Family Policy, 1918-1933", *Continuity and Change*, 1.2 (1986) 235-63

Czarnowski, Gabriele, "Frauen-Staat-Medizin", *Beiträge zur feministischen Theorie und Praxis*, 14 (1985) 79-99

——, "Familienpolitik als Geschlechterpolitik", in J. Geyer-Kordesch and A. Kuhn (eds), *Frauenkörper, Medizin, Sexualität* (Düsseldorf, 1986) 263-83

Dahm, Karl-Wilhelm, "German Protestantism and Politics 1918-1939", *Journal of Contemporary History*, 3 (1968) 29-50

Dalhoff, Jutta, Uschi Frey and Ingrid Schöll (eds), *Frauenmacht in der Geschichte*

(Düsseldorf, 1986)

Daly, Mary, *Gyn/Ecology* (London, 1979)

Daniel, Ute, "Fiktionen, Friktionen und Fakten-Frauenlohnarbeit im Ersten Weltkrieg",
in Günter Mai (ed.), *Arbeiterschaft in Deutschland 1914–1918* (Düsseldorf, 1986)

——, "Women's Work in Industry and Family: Germany, 1914–1918", in R. Wall and
J. Winter (eds), *The Upheaval of War* (Cambridge, 1988) 267–96

Davin, Anna, "Imperialism and Motherhood", *History Workshop*, 5 (Spring 1978) 9–67

Dederke, Karlheinz, *Reich und Republik Deutschland 1917–1933* (Stuttgart, 1978)

Deutscher Akademikerbund (ed.), *Die Frauenfrage in Deutschland. Bibliographie*, 8 vols
(Munich, 1974)

*Dokumente der revolutionären deutschen Arbeiterbewegung zur Frauenfrage, 1848–1974.
Auswahl* (Leipzig, 1975)

Donzelot, Iacques, *The Policing of Families: Welfare versus the State* (London, 1979)

Draper, Elizabeth, *Birth Control in the Modern World* (Harmondsworth Middx, 1972)

Duden, Barbara, "Keine Nachsicht gegen das schöne Geschlecht", in S. von
Paczensky, *Wir sind Keine Mörderinnen!* (Reinbek bei Hamburg, 1980) 109–26

——, *Geschichte unter der Haut. Ein Eisenacher Arzt und seine Patientinnen um 1730*
(Stuttgart, 1987)

Ebbinghaus, Angelika, Heidrun Kaupen-Haas and Karl Heinz Roth, *Heilen und
Vernichten im Mustergau Hamburg* (Hamburg, 1984)

Evans, Ianet, "The Communist Party of the Soviet Union and the Women's
Question", *Signs*, XVI (1981) 757–75

Evans, Richard J., *The Feminist Movement in Germany 1894–1933* (London and
Beverley Hills, 1976)

——, *Sozialdemokratie und Frauenemanzipation im deutschen Kaiserreich* (Berlin and
Bonn, 1979)

——, (ed.), *The German Working Class 1888–1933* (London, 1981)

Evans, Richard J., and W. R. Lee (eds), *The German Family: Essays on the Social
History of the Family in Nineteenth-and Twentieth-Century Germany* (London, 1981)

Fee, Elizabeth, and Michael Wallace, "The History and Politics of Birth Control: A
Review Essay", *Feminist Studies* V.I (1979)

Fischer-Homberger, Esther, *Krankheit Frau* (Darmstadt, 1984)

Flechtheim, Ossip K., *Die KPD in der Weimarer Republik* (Frankfurt a.M., 1969)

Flemming. J., C.-D. Krohn, D. Stegmann and P.-Ch. Witt (eds), *Die Republik von
Weimar*, I and II (Düsseldorf, 1979)

Fölster, Elfriede, "Vorkämpferin und Mitgestalterin eines Lebens in Frieden und sozialer Sicherheit. Martha Arendsee", *Beiträge zur Geschichte*, 18.4 (1976) 701-9

Michel Foucault, *The History of Sexuality*, I: *Introduction* (London, 1981)

Frankenthal, Käte, *Der dreifache Fluch: Jüdin, Intellektuelle und Sozialistin* (Frankfurt a.M., 1981)

Frauengruppe Faschismusforschung (ed.), *Mutterkreuz und Arbeitsbuch* (Frankfurt a.M., 1981)

Freeden, Michael, "Eugenics and Progressive Thought", *Historical Journal*, 22 (1979) 666-7

Freier, Anna -E., *Dem Reich der Freiheit sollst Du Kinder gebären* (Frankfurt a.M.,1981)

Frevert, Ute, "Vom Klavier zur Schreibmaschine", in Annette Kuhn and Gerhard Schneider (eds), *Frauen in der Geschichte* (Düsseldorf, 1979) 82-112

——, *Krankheit als politisches Problem 1770- 1880. Soziale Unterschichten in Preußen zwischen medizinischer Polizei und staatlicher Sozialversicherung* (Göttingen, 1984)

——, "Professional Medicine and the Working Classes in Imperial Germany", *Journal of Contemporary History*, 20 (1985) 637-58

——, *Women in German History* (New York, Oxford and Munich, 1989)

Friedrich, Otto, *Before the Deluge: A Portrait of Berlin in the 1920s* (London, 1974)

Fromm, Erich, *Arbeiter und Angestellte am Vorabend des Dritten Reiches* (Stuttgart, 1980)

Gay, Peter, *Weimar Culture: The Outsider as Insider* (London, 1988)

Geary, Dick, "Labour Law, Welfare Legislation and Working-Class Radicalism in the Weimar Republic", in D. Hay and F. Snyder (eds), *Labour, Law and Crime* (London, 1987)

Geyer-Kordesch, Johanna, and Annette Kuhn (eds), *Frauenkörper, Medizin, Sexualität* (Düsseldorf, 1986)

Glass, D. V., *Population Policies and Movements in Europe* (London, 1967)

Göckenjan, Gerd, "Syphilisangst und Politik mit Krankheit", *Sozialwissenschaftliche Sexualforschung*, 1989, pp. 47-62

Gordon, Linda, *Woman's Body, Woman's Right: A Social History of Birth Control in America* (Harmondsworth, Middx, 1977)

Götz von Olenhusen, Irmtraud, *Jugendreich, Gottesreich, Deutsches Reich. Junge Generation, Religion und Politik*, 1928-1933 (Cologne, 1987)

Graham, Harvey, *Eternal Eve* (London, 1960)

Graham, Loren R., "Science and Values: The Eugenic Movement in Germany and

Russia in the 1920s", *American Historical Review*, 82 (1977) 1133-64

Green, Martin, *The von Richthofen Sisters: The Triumphant and the Tragic Mode of Love* (New York, 1974)

Greenwood, Victoria, and Jock Young, *Abortion on Demand* (London, 1976)

Greer, Germaine, *Sex and Destiny: The Politics of Human Fertility* (London, 1984)

Greven-Ashoff, Barbara, *Die bürgerliche Frauenbewegung in Deutschland* 1894-1933 (Göttingen, 1981)

Grossman, Atina, "'Satisfaction is Domestic Happiness' : Mass Working Class Sex Reform Organizations in the Weimar Republic", in M. N. Dobkowski and I. Wallimann (eds), *Towards the Holocaust: The Social and Economic Collapse of the Weimar Republic* (Westport, Conn., 1983) 265-93

——, "The New Woman and the Rationalization of Sexuality in Weimar Germany", in A. Snitow, Ch. Stansell and Sh. Thompson (eds), *Powers of Desire: The Politics of Sexuality* (London, 1984) 190-211

——, "Abortion and Economic Crisis: The 1931 Campaign Against Paragraph 218", in R. Bridenthal et al. (eds), *When Biology Became Destiny* (New Yok, 1984) 66-86

——, "Berliner Arztinnen und Volksgesundheit in der Weimarer Republik: Zwischen Sexualreform und Eugenik", in Christiane Eifart and Susanne Rouette (eds), *Unter allen Umständen: Frauengeschichte in Berlin* (Berlin, 1986) 183-217

——, *Women, Family and the Rationalization of Sexuality: German Sex Reform 1925-1935* (forthcoming)

Hackett, Amy, "Helene Stöcker: Left-Wing Intellectual and Sex Reformer", in R. Bridenthal et al. (eds), *When Biology Became Destiny* (New York, 1984) 109-30

Haeberle, Erwin, *Anfänge der Sexualwissenschaft. Historische Dokumente* (Berlin and New York, 1983)

Hausen, Karin, "Family and Role-Division: The Polarisation of Sexual Stereotypes in the Nineteenth Century-an Aspect of the Dissociation of Work and Family Life", in R. J. Evans and W. R. Lee (eds), *The German Family* (London 1981) 51-83

——, (ed), *Frauen suchen ihre Geschichte* (Munich, 1983)

——, "Mother's Day in the Weimar Republic", in R. Bridenthal et al. (eds), *When Biology Became Destiny* (New York, 1984) 131-52

——, "The German Nation's Obligations to the Heroes' Widows of World War I", in Margaret R. Higonnet et al. (eds), *Behind the Lines: Gender and the Two World Wars* (New Haven, Conn., and London, 1987) 126-40

Herve, Florence (ed.), *Geschichte der deutschen Frauenbewegung* (Cologne, 1982)

Hollis, Patricia, *Ladies Elect: Women in English Local Government 1865-1914* (Oxford, 1987)

Holtfrerich, Carl-Ludwig, *Die deutsche Inflation 1914-1932* (Berlin, 1980)

Huerkamp, Claudia, "Arzte und Professionalisierung in Deutschland", *Geschichte und Gesellschaft*, 6 (1980) 349-382

——, *Der Aufstieg der Ärzte im 19. Jahrhundert* (Göttingen, 1985)

Huss, Marie-Monique, "Pronatalism and the Popular Ideology of the Child in Wartime France", in Richard Wall and Jay Winter (eds), *The Upheaval of War* (Cambridge, 1988)

Inderheggen, Konstantin, *Das Delikt der Abtreibung im Landgerichtsbezirk Mönchen-Gladbach in der Zeit von 1908-1938* (Jena, 1940)

Jochimsen, Luc (ed.), *Paragraph 218. Dokumentation eines 100 jährigen Elends* (Hamburg, 1971)

Juchacz, Marie, *Sie lebten für eine bessere Welt* (Berlin and Hanover, 1955)

Kaplan, Marion A., *The Jewish Feminist Movement in Germany* (Westport, Conn. and London, 1979)

Kaufmann, Doris, *Katholisches Milieu in Münster 1928-1933* (Düsseldorf, 1984)

——, *Frauen zwischen Aufbruch und Reaktion. Protestantische Frauenbewegung in der ersten Hälfte des 20. Jahrhunderts* (Munich, 1988)

Kaupen-Haas, Heidrun (ed.), *Der Griff nach der Bevölkerung. Aktualität und Kontinuität nazistischer Bevölkerungspolitik* (Nördlingen, 1986)

Knapp, Ulla, "Frauenarbeit in Deutschland zwischen 1850-1933", *Historical Social Research*, 28 (Oct 1983) 42-79

——, *Frauenarbeit in Deutschland*, 2 vols (Munich, 1984)

Knodel, John E., *The Decline of Fertility in Germany 1871-1939* (Princeton, NJ, 1974)

Köllmann, Wolfgang, and Peter Marschalck, *Bevölkerungsgeschichte* (Cologne, 1972)

Kontos, Silvia, *Die Partei kämpft wie ein Mann. Frauenpolitik der KPD in der Weimarer Republik* (Basel and Frankfurt a.M., 1979)

Koonz, Claudia, "The Competition for Women's Lebensraum, 1928-1934", In R. Bridenthal et al. (eds), *When Biology Became Destiny* (New York, 1984)

——, *Mothers in the Fatherland: Women, the Family and Nazi Politics* (London, 1988)

Kraiker, Gerhard, *Paragraph 218. Zwei Schritte vorwärts, einen Schritt zurück* (Frankfurt a.M., 1983)

Kunz, Andreas, *Civil Servants and the Politics of Inflation in Germany 1914-1924* (Berlin and New York, 1986)

Laseh, Christopher, "The Family as a Haven in a Heartless World", *Salmagundi*, 34 (Fall 1976) 42–55

Leathard, Audrey, *The Fight for Family Planning: The Development of Family Planning Services in Britain 1921–1974* (London, 1980)

Ledbetter, Rosanna, *A History of the Malthusian League 1877–1927* (Columbus, Ohio, 1976)

Leibfried, Stephan, et al. (eds), *Verschüttete Alternativen in der Sozialpolitik. Seit über einem Jahrhundert* (Cologne, 1981)

Leibfried, Stephan, and Florian Tennstedt, *Berufsverbote und Sozialpolitik 1933* (Bremen, 1981)

——(eds), *Kommunale Gesundheitsfürsorge und sozialistische Ärztepolitik zwischen Kaiserreich und Nationalsozialismus-autobiographische, biographische und gesundheitspolitische Anmerkungen von Dr Georg Loewenstein*, 2nd edn (Bremen, 1980)

Lenman, Robin, "Art, Society and the Law in Wilhelmine Germany: The Lex Heinze", *Oxford German Studies*, 8 (1973–4) 86–113

Lewis, Jane, *The Politics of Motherhood: Child and Maternal Welfare in England, 1900–1939* (London, 1980).

Linse, Ulrich, "Arbeiterschaft und Geburtenentwicklung im Deutschen Kaiserreich von 1871", *Archiv für Sozialgeschichte*, 12 (1972) 205–71

Mackensen, Rainer, *Dynamik der Bevölkerungsentwicklung. Strukturen-Bedingungen-Folgen* (Munich, 1973)

Mann, Gunter (ed.), *Biologismus im 19. Jahrhundert* (Stuttgart, 1973)

Marschalck, Peter, *Bevölkerungsgeschichte Deutschlands im 19. und 20. Jahrhundert* (Frankfurt a.M., 1984)

Marwick, Arthur, *The Deluge: British Society and The First World War* (London, 1965)

Mason, Tim, "Women in Germany 1925–1940: Family, Welfare and Work", *History Workshop*, 1 (Spring 1976) 74–113

McLaren, Angus, *Birth Control in Nineteenth Century England* (London, 1978)

Meyer-Renschhausen, Elisabeth, *Weibliche Kultur und soziale Arbeit. Eine Geschichte der Frauenbewegung am Beispiel Bremens 1810–1927* (Cologne, 1989)

Miller, Susanne, *Marie Juchaez-Leben und Werk* (Bonn, 1979)

Mohr, James C., *Abortion in America* (Oxford, 1978)

Mommsen, Hans, Dietmar Petzina and Bernd Weisbrod (eds), *Industrielles System und politische Entwicklung in der Weimarer Republik* (Düsseldorf, 1974)

Mommsen, Wilhelm (ed.), *Deutsche Parteiprogramme. Deutsches Handbuch der Politik* (Munich, 1960)

Mommsen, Wolfgang, (ed.), *Friedrich Naumann. Werke*, III (Opladen, 1964)

Mosse, George L., *The Crisis of German Ideology: Intellectual Origins of the Third Reich* (London, 1964)

Müller-Hill, Benno, *Murderous Science* (Oxford, 1988)

Kurt Nemitz, "Julius Moses-Nachlaß und Bibliographie", *Internationale Wissenschaftliche Korrespondenz zur Gechichte der Arbeiterbewegung*, 10.2 (1974) 219–41

——, "Julius Moses und die Gebärstreik-Debatte 1913", *Jahrbuch des Instituts für Deutsche Geschichte*, 14 (1985) 261–76

Neubert, Rudolf, *Mein Arzfleben. Erinnerungen* (Rudolstadt, 1974)

Neuman, R. P., "Industrialization and Sexual Behaviour: Some Aspects of Working-Class Life in Imperial Germany" ', in R. Bezucha (ed.), *Modern European Social History* (Lexington, Mass., 1972) 270–98

——, "Working-Class Birth Control in Wilhelmine Germany", *Comparative Studies in Society and History*, 20 (1978) 408–28

Newton, Judith L., Mary P. Ryan and Judith Walkowitz (eds), *Sex and Class in Women's History* (London, 1983)

Niedermeyer, Albert, *Handbuch der speziellen Pastoralmedizin*, vols I–VI (1950; repr. Vienna, 1952)

Niggemann, Heinz, *Emanzipation zwischen Sozialismus und Feminismus* (Wuppertal, 1981)

Noakes, Jeremy, "Nazism and Eugenics: The Background to the Nazi Sterilisation Law of 14 July 1933", in R. J. Bullen and H. Pogge von Strandmann (eds), *Ideas into Politics* (London and Sydney, 1984) 74–94

Noonan, John T., *Contraception: A History of Its Treatment by the Catholic Theologians and Canonists* (Cambridge, Mass., 1965)

——(ed.), *The Morality of Abortion: Legal and Historical Perspectives* (Cambridge, Mass., 1970)

Nowak, Kurt, *"Euthanasie" und Sterilisierung im "Dritten Reich"*, 3rd edn (Göttingen, 1984)

Nye, Robert A., *Crime, Madness and Politics in Modern France* (Princeton NJ, 1984)

Obelkevich, Jim, Lyndal Roper and Raphael Samuel (eds), *Disciplines of Faith: Studies in Religion, Politics and Patriarchy* (London, 1987)

O'Brien, Mary, *The Politics of Reproduction* (London, 1981)

Paczensky, Susanne von (ed.), *Wir sind Keine Mörderinnen!* (Reinbek bei Hamburg, 1980)

Paczensky, Susanne von, and Renate Sadronowski (eds), *Die neue Moralisten. Paragraph 218 -vom leichtfertigen Umgang mit einem Jahrhundertthema* (Reinbek bei Hamburg, 1984)

Petchesky, Rosalind Pollock, "Reproductive Freedom: Beyond 'A Woman's Right to Choose' " , *Signs,* V.4 (1980) 661–85

——, *Abortion and Woman's Choice: The State, Sexuality and Reproductive Freedom* (New York and London, 1984)

Peterson, Brian, "The Politics of Working-Class Women in the Weimar Republic" , *Central European History,* X.2 (June 1977) 87–111

Petzina, Dietmar, Werner Abelshauser and Anselm Faust, *Sozialgeschichtliches Arbeitsbuch III: Materialen zur Statistik des Deutschen Reiches 1914– 1945* (Munich, 1978)

Peukert, Detlev J. K., "Der Schund-und Schmutzkampf als 'Sozialpolitik der Seele' " , in H. Haarmann et al. (eds), *"Das war ein Vorspiel nur ... ", Bücherverbrennung Deutschland 1933* (Berlin, 1983) 51–64

——, *Grenzen der Sozialdisziplinierung: Aufstieg und Krise der deutschen Jugendfürsorge 1878– 1932* (Cologne, 1986)

——, *Jugend zwischen Krieg und Krise.* (Cologne, 1987)

——, *Die Weimarer Republik* (Frankfurt a.M., 1987)

Pommerin, Reiner, *Sterilisierung der Rheinlandbastarde. Das Schicksal einer farbigen Minderheit 1918– 1937* (Düsseldorf, 1979)

Pore, Renate, *A Conflict of Interest: Women in German Social Democracy, 1919– 1933* (Westport, Conn., 1981)

Preller, Ludwig, *Sozialpolitik in der Weimarer Republik* (1949; repr. Kronberg im Taumus and Düsseldorf, 1978)

Prokop, Ulrike, *Weiblicher Lebenszusammenhang* (Frankfurt a.M., 1976)

Pross, Christian, and Rolf Winau (eds), *Nicht mißhandeln. Das Krankenhaus Moabit* (Berlin, 1984)

Quataert, Jean, *Reluctant Feminists in German Social Democracy 1885– 1917* (Princeton, NJ, 1979)

Rantzsch, Petra, "Für die Rechte der Frauen und Mütter" , *Mitteilungsblatt des Forschungsgemeinschaft "Geschichte des Kampfes der Arbeiterklasse um die Befreiung der Frau",* 2 (1980) 16–25

Ray, Larry J., "Eugenies, Mental Deficiency and Fabian Socialism between the Wars", *Bulletin of the Society for the Social History of Medicine*, 30-1 (June-Dec. 1982) 30-5

Renthe-Fink, Barbara von, *So alt wie das Jahrhundert. Lebensbericht einer Berliner Ärztin* (Frankfurt a.M., 1982)

Riley, Denise, "Free Mothers: Pronatalism and Working Women in Industry at the End of the Last War in Britain", *History Workshop*, 11 (1981) 59-118

Rosenbaum, Heidi, *Formen der Familie* (Frankfurt a.M., 1982)

Rosenhaft, Eve, "Working-Class Life and Working-Class Politics", in R. Bessel and E. J. Feuchtwanger (eds), *Social Change and Political Development in Weimar Germany* (London, 1981) 207-40

Roth, K. H. (ed.), *Erfassung und Vernichtung* (Berlin, 1984)

Rupp, Leila J., "Mother of the *Volk*. The Image of Women in Nazi Ideology", *Signs*, III.2 (1977) 362-79

Sachse, Carola, "Von 'Güterströmen' und 'Menschenströmen' ... Betriebliche Familienpolitik bei Siemens 1918-1945", in Christiane Eifert and Susanne Rouette (eds), *Unter allen Umständen: Frauengeschichte(n) in Berlin* (Berlin, 1986)

——, "Industrial Housewives: Women's Social Work in the Factories of Nazi Germany", *Women in Society*, 11-12 (1987)

Sachße, Christoph, *Mütterlichkeit als Beruf* (Frankfurt a.M., 1986)

Saran, Mary, *Never Give up: Memoirs* (London, 1976)

Schenck, Herrard, *Die feministische Herausforderung* (Munich, 1977)

Schlüter, Anne, "Wissenschaft für die Frauen? Frauen für die Wissenschaft! Zur Geschichte der ersten Generation von Frauen in der Wissenschaft", in Ilse Brehmer et al. (eds), *Frauen in der Geschichte*, IV (Düsseldorf, 1983)

Schneck, Peter, "Wilhelm Liepmann (1878-1939)", *NTM. Zeitschrift für die Geschichte der Naturwissenschaften, Technik und Medizin*, 17.2 (1980) 102-20

Schneider, Petra, *"Weg mit dem Paragraphen 218". Die Massenbewegung gegen das Abtreibungsverbot in der Weimarer Republik* (Berlin, 1975)

Schwartz, Max (ed.), *Biographisches Handbuch der Reichstage* (Hanover, 1965)

Schwarzer, Alice, *So fing es an! Die neue Frauenbewegung* (Munich, 1983)

Shorter, Edward, *A History of Women's Bodies* (London, 1983)

Showalter, Dennis, *Little Man What Now? "Der Stürmer" in the Weimar Republic* (London, 1982)

Smith-Rosenberg, C., and Charles Rosenberg, "The Female Animal. Medical and

Biological Views of Woman and her Role in Nineteenth Century America", *Journal of American History*, 60 (1973) 332-56

Soden, Kristine von, "Verwünschungen und Prophezeiungen. Die Befürworter des Paragraphen 218 in der Weimarer Republik", in S. von Paczensky (ed.), *Wir sind keine Mörderinnen!* (Reinbek bei Hamburg, 1980) 38-48

——, "Auf der Suche nach den fortschrittlichen Ärzten", in S. von Paczensky and R. Sadronowski (eds), *Die neuen Moralisten* (Reinbek bei Hamburg, 1984) 127-37

——, "Auf dem Weg zur 'neuen Sexualmoral' ", in Johanna Geyer Kordesch and Annette Kuhn (eds), *Frauenkörper, Medizin, Sexualität* (Düsseldorf, 1986)

——, *Die Sexualberatungsstellen der Weimarer Republik 1919-1933* (Berlin, 1988)

Soloway, Richard, *Birth Control and the Population Question in England* (London, 1982)

Spree, Reinhard, "The Impact of the Professionalisation of Physicians on Social Change in Germany during the Late 19th and Early 20th Centuries", *Historical Social Research*, 15 (July 1980) 24-40

——, *Soziale Ungleichheit vor Krankheit und Tod* (Göttingen, 1981)

——, "Der Geburtenrückgang in Deutschland vor 1939", *Demographische Informationen*, 1984, pp. 49-68

Steakley, James P., *The Homosexual Emancipation Movement in Germany* (New York, 1975)

Stephan, Werner, *Aufstieg und Verfall des Linksliberalismus, 1918-1933. Geschichte der Deutschen Demokratischen Partei* (Göttingen, 1973)

Stephenson, Jill, *Women in Nazi Society* (London, 1975)

——, "'Reichsbund der Kinderreichen' : The League of Large Families in the Population Policy of Nazi Germany", *European Studies Review*, IX (1979) 351-75

——, *The Nazi Organisation of Women* (London, 1981)

Stoehr, Irene, "Fraueneinfluß oder Geschlechterversöhnung?", in J. Geyer Kordesch and A. Kuhn (eds), *Frauenkörper, Medizin, Sexualität* (Düsseldorf, 1986) 159-91

——, "Neue Frau und Alte Bewegung? Zum Generationenkonflikt in der Frauenbewegung der Weimarer Republik", in J. Dalhoff et al. (eds), *Frauenmacht in der Geschichte* (Düsseldorf, 1986) 390-402

Stürzbecher, Manfred, "Standesamt und Empfängnisverhütung", *Gesundheitsfürsorge*, IV.8 (1954)

——, "Zur Geschichte von Mutterschutz und Frühsterblichkeit", *Gesundheitspolitik*, 8.4 (1966)

——, "Anstalts-und Hausentbindungen in Berlin 1903-1970", *Bundesgesundheitsblatt*,

XV.19 (1972) 273–80

Syrup, F., *Hundert Jahre staatlicher Sozialpolitik 1839–1939* (Stuttgart, 1957)

Tennstedt, Florian, "Alfred Blaschko und das wissenschaftliche und sozialpolitische Wirken eines menschenfreundlichen Sozialhygienikers im Deutschen Reich", *Zeitschrift für Sozialreform*, 25 (1979) 9, pp. 513–23; 10, pp. 600–13; 11, pp. 646–67

Theweleit, Klaus, *Male Fantasies*, I: *Women, Floods, Bodies, History* (Cambridge, 1987)

Thomann, Alfons, *Alfons Fischer (1873–1936) und die Badische Gesellschaft für soziale Hygiene* (Cologne, 1980)

Thönnessen, Werner, *The Emancipation of Women: The Rise and Decline of the Women's Movement in German Social Democracy 1863–1933* (London, 1976)

Treue, Wolfgang, *Deutsche Parteiprogramme seit 1861* (Göttingen, 1968)

Tutzke, Dietrich, *Alfred Grotjahn und die Sozialhygiene* (Leipzig, 1959)

——, *Zur Entwicklung der Sozialhygiene im 19. and 20. Jahrhundert* (Berlin, 1976)

——, *Alfred Grotjahn* (Leipzig, 1979)

Uhlich-Beil, Else, *Ich ging meinen Weg. Lebenserinnerungen* (Berlin, 1961)

Usborne, Cornelie, "Abtreibung: Mord, Therapie oder weibliches Selbst bestimmungsrecht? Der Paragraph 218 im medizinischen Diskurs der Weimarer Republik", in J. Geyer-Kordesch and A. Kuhn (eds), *Frauenkörper, Medizin, Sexualität* (Düsseldorf, 1986) 192–236

——, "The Christian Churches and the Regulation of Sexuality in Weimar Germany", in Jim Obelkevich, Lyndal Roper and Raphael Samuel (eds), *Disciplines of Faith: Studies in Religion, Polities and Patriarchy* (London, 1987) 99–112

——, "'Pregnancy is the Woman's Active Service': Pronatalism in Germany during the First World War", in R. Wall and J. Winter (eds), *The Upheaval of War* (Cambridge, 1988) 389–416

——, "Abortion in Weimar Germany: The Debate amongst the Medical Profession", *Continuity and Change*, V.2 (1990) 199–224

——, "Die Stellung der Empfängnisverhütung in der Weimarer Gesundheits-und Bevölkerungspolitik", in J. Reulecke and A. gräfin zu Castell Rüdenhavsen (eds), *Stadt und Gesundheit: Zum Wandel von Volksgesundheit und Kommunaler Gesundheitspolitik im 19. und frühen 20. Jahrhundert* (Stuttgart, 1991) 271–85

Wachenheim, Hedwig, *Vom Großbürgertum zur Sozialdemokratie. Memoiren einer Reformistin* (Berlin, 1973)

Wall, Richard, and Jay Winter (eds), *The Upheaval of War: Family, Work and Welfare in*

Europe, 1914-1918 (Cambridge, 1988)

Wawerzonnek, Marcus, *Implizierte Sexualpädagogik in der Sexualwissenschaft 1886-1933* (Cologne, 1984)

——, *Magnus Hirschfeld. Kommentierte und annotierte Gesamt-Biobibliographie* (Hamburg, 1986)

Weber-Kellermann, Ingeborg, *Die deutsche Familie. Versuch einer Sozialgeschichte* (Frankfurt a.M., 1974)

Weeks, Jeffrey, *Sex, Politics and Society: The Regulation of Sexuality since 1800* (London, 1981)

Weindling, Paul, "Theories of the Cell State in Imperial Germany", in Charles Webster (ed.), *Biology, Medicine and Society 1840-1940* (Cambridge, 1981) 99-155

——, "Die Preußische Medizinalverwaltung und die 'Rassenhygiene'", *Zeitschrift für Sozialreform*, 1984, pp. 675-87

——, "The Medical Profession, Social Hygiene and the Birth Rate in Germany' 1914-18", in Richard Wall and Jay Winter (eds), *The Upheaval of War* (Cambridge, 1988) 417-38

——, *Health, Race and German Politics between National Unification and Nazism 1870-1945* (Cambridge, 1989)

——, "Eugenics and the Welfare State during the Weimar Republic", in W. R. Lee and Eve Rosenhaft (eds), *State and Social Change in Germany 1880-1960* (New York, Oxford and Munich, 1990) 131-60

Werth, Alvin, *Papal Pronouncements on Marriage and the Family: From Leo XIII to Pius XII, 1878-1954* (Milwaukee, 1955)

Wheeler, Robert F., "German Women and the Communist International: The Case of the Independent Social Democrats", *Central European History*, VIII.2 (June 1975) 113-39

Wickert, Christl, *Unsere Erwählten. Sozialdemokratische Frauen im Deutschen Reichstag und im Preußischen Landtag 1919 bis 1933*, 2 vols (Göttingen, 1986)

Wickert, Christl, Brigitte Hamburger and Marie Wienau, "Helene Stöcker and the Bund für Mutterschutz (League for the Protection of Motherhood)", *Women's Studies International Forum*, V.6 (1982) 611-18

Wickham, James, "Working Class Movement and Working Class Life: Frankfurt am Main During the Weimar Republic", *Social History*, 8.3 (1983)

Wiener Historikerinnen, *Die ungeschriebene Geschichte. Dokumentation des 5.*

Historikerinnentreffens in Wien, April 1984 (Vienna, 1984)

Wilson, Elisabeth, *Women and the Welfare State* (London, 1977)

Winter, Irina, "Der Verein sozialistischer Ärzte. Ein Beitrag zur Geschichte des Ärztestands", *Zeitschrift für ärztliche Fortbildung*, 19 (1964)

——, "Zur Geschichte der Gesundheitspolitik der KPD in der Weimarer Republik", *Zeitschrift für ärztliche Fortbildung*, 67.9 (1973) 445-72, 498-526

With, Hans de, *Gustav Radbruch. Reichsminister der Justiz* (Cologne, 1978)

Wolff, Charlotte, *Hindsight: An Autobiography* (London, 1980)

——, *Magnus Hirschfeld: A Portrait of a Pioneer in Sexology* (London, 1986)

Woycke, James, *Birth Control in Germany 1871-1933* (London, 1988)

Zeller, Susanne, *Volksmütter. Frauen im Wohlfahrtswesen der zwanziger Jahre* (Düsseldorf, 1987)

Hans-Günter Zmarzlik, "Social Dawinism in Germany Seen as a Historical Problem", in Hajo Holborn (ed.), *Republic to Reich: The Making of the Nazi Revolution* (New York, 1972)

学位论文

Auerswald, Leopoldine, "Zum Kampf der Kommunistische Partei Deutschlands um die Einbeziehung der proletarischen Frauen in die revolutionäre deutsche Arbeiterbewegung in der Zeit der revolutionären Nachkriegskrise (1919-1923)" (PhD, Pädagogische Hochschule Clara Zetkin, Leipzig, 1976)

Bergmann, Anna, "Die 'Rationalisiering der Fortpflanzung': Der Rückgang der Geburten and der Aufstieg der Rassenhygiene/Eugenik im Deutschen Kaiserreich 1871-1914" (PhD, Free University of Berlin, 1988)

Boak, Helen, "The Status of Women in the Weimar Republic" (PhD, Manchester, 1982)

Brookes, Barbara, "Abortion in England, 1919-1939. Legal Theory and Social Practice" (PhD, Bryn Mawr College, Pa, 1982)

Bublitz, Bernd, "Die Stellung des Vereins sozialistischer Ärzte zur Frage der Geburtenregelung von 1927 bis 1933" (DM, Kiel, 1973)

Czarnowski, Gabriele, "Ehe-und Sexualpolitik im Nationalsozialismus. Medizin und Politik in ihrer Bedeuting für das Geschlechterverhältnis" (PhD, Free University of Berlin, 1989)

Fessenden, Patrida, "The Role of Women Deputies in the German National Constituent Assembly and the Reichstag, 1919-1933" (PhD, Ohio State

University, 1976)

Fink, Petra, "Bevölkerungspolitik in Deutschland vor der Jahrhundert wende bis zum Ende des Ersten Weltkriegs. Ideologie, Gruppierungen, Pläne, Maßnahmen" (MA, Hamburg, 1983)

Freigang, Werner, "Die Frauenpolitik der KPD in den Jahren der relativen Stabilisierung des Kapitalismus" (PhD, Karl Marx University, Leipzig, 1971)

Grossmann, Atina, "The New Woman, the New Family and the Rationalization of Sexuality: The Sex Reform Movement in Germany 1928-1933" (PhD, Rutgers University, New Brunswick, NJ, 1984)

Günther, Maria, "Die Institutionalisierung der Rassenhygiene an den deutschen Hochschulen vor 1933" (DM, Johannes-Gutenberg University, Mainz, 1982)

Hamburger, Brigitte, "Der Neomalthusianismus und die Behandlung bevölkerungspolitischer Probleme in den Veröffentlichungen des 'Bundes für Mutterschutz' in den Jahren 1905-1918, unter besonderer Berücksichtigung von Mutterschutz, Empfängnisverhütung und Abtreibung" (MSoc, Göttingen, 1981)

Harvey, Elizabeth, "Youth and the State in the Weimar Republic: A Study of Public Policies towards Working-Class Adolescents in Hamburg" (DPhil, Oxford, 1987)

Jahns, Helmuth, "Das Delikt der Abtreibung im Landgerichtsbezirk Duisburg in der Zeit von 1910 bis 1935" (JurD, Friedrich-Wilhelm University, Bonn, 1938)

Köhler, Wollgang, "Das Delikt der Abtreibung im Bezirk des Landgerichts Gera in den Jahren 1896 bis 1930" (JurD, Friedrich Schiller University, Jena, 1935)

Krieger, Werner, "Erscheinungsformen und Strafzumessung bei der Abtreibung. Dargestellt an hand von Gerichtsakten des Landgerichts und Amtsgerichts Freiburg/Br. 1925-1951" (JurD, Freiburg i.B., 1953)

Kroll, Jürgen, "Zur Entstehung und Institutionalisierung einer naturwissenschaftlichen und sozialpolitischen Bewegung: Die Entwicklung der Eugenik/Rassenhygiene bis zum Jahre 1933" (PhD, Tübingen, 1983)

Lenning, Robert, "Max Hirsch: Sozialgynäkolgoie und Frauenkunde" (MD, Free University of Berlin, 1977)

Nadav, Daniel S, "Politics of Social Hygiene in Germany. Julius Moses and Social Hygiene in the Second Reich and Republic of Weimar" (PhD, Tel-Aviv, 1981)

Nell, Adelheid von, "Die Entwicklung der generativen Strukturen bürgerlicher und bäuerlicher Familien von 1750 bis zur Gegenwart" (PhD, Bochum, 1973)

Pore, Renate E., "The German Social Democratic Women's Movement 1919-1933" (PhD, West Virginia, 1977)

Quataert, Jean, "The German Socialist Women's Movement 1890-1918: Issues, Internal Conflict and the Main Personages" (PhD, University of California, Los Angeles, 1974)

Ryter, Annamarie, "Abtreibung in der Unterschicht zur Beginn des Jahrhunderts. Eine empirische Untersuchung von Strafgerichtsakten des Staatsarchivs Basel-Stadt" [MA (Lizentiatsarbeit), Basel, 1983]

Scholz, Siegfried, "Medizinische Geschichte der Empfängnisverhütung" (MD, Ludwig-Maximilian University, Munich, 1969)

Schultze-Caspar, Astrid, "Die Diskussion um die Reform des Paragraphen 218 zur Zeit der Weimarer Republik im Deutschen Reichstag und unter den Ärzten" (DM in dentistry, Johann Wolfgang Goethe University, Frankfurt a.M., 1981)

Steinecke-Fittkau, Verena, "Die Bewegung zur Abschaffung des Paragraphen 218 in der Weimarer Republik dargestellt am Beispiel der Ärztin Else Kienle" (MA in sociology Bremen, 1986)

Stürzbecher, Manfred, "Die Bekämpfung des Geburtenrückgangs und der Säuglingssterblichkeit im Spiegel der Reichstagsdebatten 1900-1930. Ein Beitrag zur Geschichte der Bevölkerungspolitik" (PhD, Free University of Berlin, 1954)

Usborne, Cornelie, "The Workers' Birth Control Group and the First Labour Govemment. The Fight for Free Contraceptive Advice in Maternity and Child Welfare Centres in 1924" (research project, Open University, Milton Keynes, 1979)

——, "Population Policy and Fertility Control in Germany 1910-1928" (PhD, Open University, Milton Keynes, 1989)

Wagner, Günter, "Die Reformbestrebungen zur Neugestaltung des Nichtehelichenrechts. Eine analytische Dokumentation" (JurD, Justus Liebig University, Gießen, 1971)

Wolff, Charlotte, "Die Fürsorge für die Familie im Rahmen der Schwangerenberatung der Ambulatorien des Verbandes der Berliner Krankenkassen" (MD, Berlin, 1928)

索 引

译后记

　　历史学家对于真理的探求方法看似总是迂回的，绕开了其所栖身于的时代命题，但是在深谙其扎实积累的工作后，笔者为作者厄斯本的一种称得上执拗的繁茂好奇心以及充满耐力的精细分析与材料求证感到钦佩。如此的工作方式与笔者熟悉的哲学研究方法大相径庭，但可以说惊喜重重。填补空白有时并不是一种乐观的、专属于学者的研究综述口号。她的雄心也不仅仅在于总结与还原"身体"在一个特定时代窗口中的遭遇与真相，而是诚恳地，试图以其独特的思维角度带领读者的自我，走出对于一小段历史的自我理解与前见，走入女性生命在魏玛共和国这样一个奇特的国家政治体中被多重力量关系裹挟时的自由空间。对于女性生育自由的披露即是宏观上社会机体的话语产物，也是微观上与无数个实在个体相关的意愿表达。

　　笔者在德意志这片土地学习生活也有几年有余，深感社会政治话语与政策对于真实生活其中的人民的心态搅动可谓立竿见影。与一百年前的这个国家的女性身体话语表达相对照，我们不得不关注自由的诉求在何种意义上在时代真相中被塑造。相比较追求进步，我更相信一种自身历史的回溯，以及对于自身历史思维的角度的回溯，始终是必要且具有意义的，因为嵌入在时代中的冷静旁观也必须通过超越时代的普遍关注才可通达。

这部翻译之作，也是跨越时空的女性友谊见证之物。笔者与另一译者田琪，编辑好彦相识于北大燕园，硕士毕业后我们各自走向不同的社会土壤，因着厄斯本这位优秀的女性历史学家我们跨越山海，在文字之中延续了对于彼此的惺惺相惜。我和田琪二人都非历史学领域的工作者，固然译者的自我始终应当隐而不显，知识受限和疏漏之处，也请读者多多包涵。愿我们共同享受停驻在这一文本的目光交汇片刻。

李尚蓉

二〇二五年三月写于莱茵河畔

这次翻译工作是我在好朋友尚蓉的邀请下首次尝试进行的一次学术翻译。选择这本书并非偶然，它探讨了 20 世纪初德国对女性身体的干预与生育政治，这一主题恰恰契合了我长期以来对性犯罪和女性主义研究的兴趣。

翻译过程中，我被书中对"身体史"的细致剖析，以及德国政府如何通过生育政策在集体利益与个人自由之间进行博弈深深吸引。作者通过对魏玛共和国时期的性与生育政策的研究，揭示了女性在生育自主权与国家政治需求之间的复杂位置。这种分析不仅为我提供了新的学术视角，也让我对当代女性主义运动的历史根源有了更深的理解。

翻译过程并非一帆风顺。原文涉及大量历史背景、专业术语以及跨学科的知识体系。为了准确传达作者的意图，我查阅了大量资料，并与尚蓉进行多次讨论。她的学术背景与经验给予了我很大帮助，使得译文不仅保持了原文的严谨性，也更加贴近中文读者的理解习惯。同时，上海人民出版社编辑黄妤彦的专业指导和细致审校也为译文的准确性和流畅度提供了宝贵的支持。

此外，我也在翻译过程中不断思考性别与权力、国家政策与个人自由之间的关系。书中关于女性身体被国家视作"生育机器"的描述，让我联想到当代社会中对女性身体与性权利的控制。透过这次翻译，我更加坚定了自己在性别研究领域深入探索的决心。

最后，我要感谢尚蓉给予我这个机会，感谢她对我专业知识的信任，以及在翻译过程中给予的支持与鼓励。我与尚蓉的友谊得以在此次合作中进一步升华，也让我更加珍惜与这位优秀的女性研究者之间的链接。同时，感谢上海人民出版社编辑黄妤彦的帮助，使得这次翻译更加顺利。希望这次翻译能够帮助更多中文读者了解德国女性主义史，也为性别研究领域的交流贡献一份微薄之力。

施田琪

图书在版编目(CIP)数据

被争夺的身体 ：魏玛德国的生育制度 ／（德）科尔
纳利·厄斯本（Cornelie Usborne）著 ；李尚蓉，施田
琪译. --上海 ：上海人民出版社，2025. -- ISBN 978
- 7-208-19487-8

Ⅰ. C924.516

中国国家版本馆 CIP 数据核字第 2025F6Q569 号

责任编辑　黄好彦
封面设计　施雅文

被争夺的身体:魏玛德国的生育制度

［德］科尔纳利·厄斯本 著

李尚蓉　施田琪 译

出　　版　上海人民出版社
　　　　　（201101　上海市闵行区号景路 159 弄 C 座）
发　　行　上海人民出版社发行中心
印　　刷　江阴市机关印刷服务有限公司
开　　本　889×1194　1/32
印　　张　12
插　　页　5
字　　数　280,000
版　　次　2025 年 6 月第 1 版
印　　次　2025 年 6 月第 1 次印刷
ISBN 978 - 7 - 208 - 19487 - 8/K·3481
定　　价　88.00 元